中学地理教科书研究

中学地理教科书探究活动研究

Research on Inquiry Activities in Geography Textbooks for Secondary Schools

◎ 王民　张鹏韬　伊娜／著

中国地图出版社
·北京·

图书在版编目（CIP）数据

中学地理教科书探究活动研究 = Research on Inquiry Activities in Geography Textbooks for Secondary Schools / 王民著. -- 北京：中国地图出版社，2024.12. -- (中学地理教科书研究丛书).
ISBN 978-7-5204-4517-7

Ⅰ. G633.552

中国国家版本馆CIP数据核字第2024RZ9762号

中学地理教科书研究丛书
中学地理教科书探究活动研究
Research on Inquiry Activities in Geography Textbooks for Secondary Schools

出 版 发 行	中国地图出版社
社　　　址	北京市白纸坊西街3号
邮 政 编 码	100054
电　　　话	010-83543863
地图教学网	www.ditu.cn
电 子 邮 箱	ditujx@sinomaps.com
印　　　刷	涿州市荣升新创印刷有限公司
经　　　销	新华书店
成 品 规 格	184mm×260mm
印　　　张	21.5
版　　　次	2024年12月第1版
印　　　次	2024年12月河北第1次印刷

书　　　号	ISBN 978-7-5204-4517-7
定　　　价	48.00元
审 图 号	GS京(2024)2432号

中学地理教科书研究丛书
编写委员会

主　　任	陈　平　王　民
副 主 任	徐根才　蔚东英　陶宁平　田　忠　马宝艳
委　　员	（按姓氏笔画为序）

马　箐　马　巍　王　英　王　强　兰大鹏
朱小丽　伊　娜　刘　鹏　孙　玥　李　斌
李春梅　何亚琼　张九零　张万春　张鹏韬
陈　瑶　陈亚娇　陈思吉　林　珏　周代许
赵　亮　胡志刚　相远红　廖　倩

目 录

◎ 第一章　绪论 /1

◎ 第二章　教科书探究活动研究方法 /9
　　第一节　教科书中探究活动的研究 /10
　　第二节　地理教科书中探究活动的比较研究 /13

◎ 第三章　英国地理教科书探究活动研究 /19
　　第一节　概述 /20
　　第二节　探究活动案例 /21
　　第三节　研究结果 /61

◎ 第四章　美国地理教科书探究活动研究 /73
　　第一节　概述 /74
　　第二节　探究活动案例 /76
　　第三节　研究结果 /92

◎ 第五章　德国地理教科书探究活动研究 /115
　　第一节　概述 /116
　　第二节　探究活动案例 /117
　　第三节　研究结果 /144

◎ 第六章　法国地理教科书探究活动研究 /147
　　第一节　概述 /148
　　第二节　探究活动案例 /149
　　第三节　研究结果 /181

◎ 第七章　俄罗斯地理教科书探究活动研究 /183
　　第一节　概述 /184
　　第二节　探究活动案例 /185
　　第三节　研究结果 /200

◎ 第八章　澳大利亚地理教科书探究活动研究 /203
　　　第一节　概述 /204
　　　第二节　探究活动案例 /205
　　　第三节　研究结果 /233

◎ 第九章　日本地理教科书探究活动研究 /237
　　　第一节　概述 /238
　　　第二节　探究活动案例 /239
　　　第三节　研究结果 /263

◎ 第十章　韩国地理教科书探究活动研究 /267
　　　第一节　概述 /268
　　　第二节　探究活动案例 /271
　　　第三节　研究结果 /292

◎ 第十一章　新加坡地理教科书探究活动研究 /297
　　　第一节　概述 /298
　　　第二节　探究活动案例 /299
　　　第三节　研究结果 /311

◎ 第十二章　中国地理教科书探究活动研究 /313
　　　第一节　概述 /314
　　　第二节　探究方式 /314
　　　第三节　研究结果 /324

◎ 第十三章　结论与启示 /327

◎ 后记 /332

第一章

绪论

一、问题的提出

现代社会对人才的要求越来越不局限于知识，而更注重解决问题的能力和综合素质。这一趋势促使教育进行了相应的改革，逐渐提倡"授人以鱼，不如授人以渔"。随着课程改革的不断深入，我国于21世纪伊始颁布了《基础教育课程改革纲要（试行）》，提出了一系列改革目标，以改变以往课程过于注重知识传授的倾向，倡导学生主动参与、乐于探究，培养学生搜集和处理信息的能力、分析和解决问题的能力，以及交流与合作的能力。

在这一背景之下，地理课程由于内容广泛、紧密联系实际，成为摸索探究教学的重要学科之一。2003年教育部颁布了《普通高中地理课程标准（实验）》，其中的基本理念之一是"重视对地理问题的探究"，提出要"开展地理观测、地理考察、地理实验、地理调查和地理专题研究等实践活动"。2018年初教育部又颁布了《普通高中地理课程标准（2017年版）》，提出地理学科的四个核心素养，进一步要求"创新培育地理学科核心素养的学习方式。根据学生地理学科核心素养形成过程的特点，科学设计地理教学过程，引导学生通过自主、合作、探究等学习方式，在自然、社会等真实情境中开展丰富多样的地理实践活动"。在实际教学中，大力提倡开展探究活动，引导学生运用所学知识解决问题、培养能力，这也是落实核心素养的重要教学方式。地理教科书是探究活动素材的主要载体，为探究学习和活动提供了主题、信息和方法等多方面的支持，是地理探究学习的重要资料，教师的教学以教科书为基础展开，学生的学习以教科书为依托进行。

但在现实中，探究教学的效果却并不十分理想，在时间安排、学生参与程度、情境创设和问题设置等方面存在诸多问题。这就不禁引发我们对探究活动的反思：首先是对教学操作层面的反思，如教师的组织管理、提问方式等；其次便是对探究活动设置的反思，如时间安排、活动数量、内容、技能要求和实施条件等。本书以此为出发点，基于对教科书中探究活动设置的反思，结合相关理论成果，对不同国家高中地理教科书中的探究活动进行比较分析。

二、探究活动的理论基础

18世纪，法国启蒙思想家卢梭提出"自然教育理论"，主张以天性为师，儿童从经验中学习，而经验来源于实践和探究，这是探究思想的萌芽。1916年，美国教育家约翰·杜威发表了《民主主义与教育》，针对脱离儿童的生活经验、纯知识灌输的美国传统教育模式，提出"以儿童为中心""从做中学"等教育方法，创立问题教学法，并根据思维过程的五个步骤或五种形态，提出了实施问题教学法的五个步骤：设置疑难情境、确定问题、提出假设、制订解决问题的方案并实施等。这种体现探究思想的教学模式对美国的教育产生了深远的影响，同时为探究教学的提出奠定了基础。

把探究教学作为一种重要的教学模式加以研究的首倡者是美国著名教育家施瓦布。他于1961年提出了"探究的理科教学"的观念，主张要引导学生像科学家那样对世界进行探究，使学生接触问题情境，提出问题并作出假设，启发学生设计实验、处理信息并形成结论。这种学习方式类似美国心理学家、教育家布鲁纳提倡的发现法，两种方式虽有差别，但核心思想都是主张教师负责创设问题情境，引导学生通过再发现，积极思考、自己体会，在"做"科学的过程中掌握概念和原理，体会科学知识、科学方法和科学态度的真谛[①]。从此，探究逐渐作为现代教育的一种学习和教学模式，被广泛地研究和应用。

随着探究思想的不断发展，与其对应的各种教学理论也不断涌现，支持并推动着探究教学的开展。其中，建构主义理论和主体教育理论最具指导意义。

建构主义理论的提出被认为是当代教育心理学领域里发生的一场革命。建构主义理论认为，知识只不过是人们对客观世界的一种解释或假说，并不是对现实世界的唯一解释，更不是问题的最终答案；知识是由学生自己建构的，学习不是学生被动地接受知识的过程，而是学生主动地生成自己的经验、解释和假设的过程。建构主义理论强调学生才是教学活动真正的中心，注重充分发挥学生的主体作用。教学不能无视学生原有的知识经验，从外部灌输新知识，而要把他们原有的知识经验作为新知识经验的生长点，引导学生从原有的知识经验中"生长"出新的知识经验。显而易见，建构主义理论在知识观、学生观和学习观三个方面，都充分体现了探究的思想，为探究教学的开展奠定了坚实的理论基础。

主体教育理论是针对我国传统教育中严重忽视人的发展这一问题而提出的。该理论认为学生是教育的唯一主体，主张教育的意义在于启发人的自我觉醒，启迪人的智慧，激发人的发展潜能，促使人不断寻求对生活现状和自我现状的超越，成为具有主体性的人。主体教育理论强调学生是自身发展的主体，学生的活动是其发展的形式和基础。该理论还指出，学生在活动中不仅受活动内容的影响，而且也受活动方式的影响。活动方式不同，他们在活动中的地位就不同，他们的需要、动机、目的和态度等也不相同，因此他们的发展所受到的影响也就不同。可以看出，主体教育理论重视学生的主体性和自我潜能的发展，并且特别关注活动对于学生发展的重要作用，指出只有通过主体积极主动地参与活动，教育才能将外在的要求内化为学生的自身素质。

以这些经典理论为基础，随着现代教育理论的不断更新，探究教学模式通过吸纳各种传统教学模式的优点逐步形成和发展起来，而"探究活动"正是这种模式的具体实施方式和体现形式之一，充分体现了探究的理念和特点。

---

① 裴娣娜主编，全国十二所重点师范大学联合编写. 教学论 [M]. 北京：教育科学出版社，2007：85.

三、概念界定

1. 探究的内涵

对"探究"一词的定义有多种来源,依据《辞海》(2020年版)的解释,其含义为"深入探讨,反复研究";依据《牛津英语词典》的解释,探究是求索知识和信息,特别是求真的活动;是搜寻、研究、调查、检验的活动;是提问和质疑的活动。通过文献研究发现,研究人员对探究的阐释大体可分为两类:一类是把探究描述为科学家所做的工作,即科学家经过长期对自然现象及规律不断地探索,从中形成的有效的认识和实践方式;另一类是把它放在教学中来认识,即学生为获得知识经验、领悟科学家研究自然界的思想观念和方法而进行的各种活动。美国的《国家科学教育标准》对"探究"给出了明确的表述:"探究又称科学探究,指的是科学家用于研究自然并根据研究所获事实证据进行解释的多种方式。科学探究也指学生构建知识、形成科学观念、领悟科学方法的各种活动。"但是在讨论科学教育的文献中,无论是"探究"还是"科学探究",除特别注明外,通常都是指探究式的教学活动而非科学研究。可见,这种表述是认同了探究的双重含义,也指出了探究教学与科学探究的渊源,反映了探究教学的本质特征,因而更为贴切,也为大多数研究者所认同。

2. 探究教学与探究学习

探究教学的概念是在探究概念的基础上衍生而来的,相比探究而言,前者更强调从教与学的双重角度来定义,更侧重教学方法。到目前为止,学术界关于探究教学的定义说法不一,还没形成共识。王民等强调探究教学的科研情境,认为探究教学实质上是将科学领域的探究行为引入课堂,使学生通过类似科学家的探究过程理解科学概念和科学探究的本质,并形成科学探究能力的一种教学方法。它不是以一般的知识掌握为目的,而是以解决问题为中心,以学生发展为主体,注重学生的独立认知活动,通过探索、研究来获取知识,着眼于培养创造性的思维能力和意志品质[①]。

马峰等对探究教学的定义和特征进行了较为全面的阐述,将探究教学定义为在教师指导下学生运用探究的方法进行学习,主动获取知识、发展能力的实践活动。它包括发现并提出问题、假设和猜想、收集证据、分析论证、得出结论、评估交流等基本环节,并具有七个特征:主动性、亲历性、创新性、注重知识的深层理解、注重学生科学精神的培养、重视合作学习、重视形成性评价[②]。

陈志明关注了生活实际与地理学科的密切联系,从教学过程的角度给出了地理探究教学的定义,他认为地理探究教学是指以现行地理教材和学生周围生活实际为基本探究内容,在

---

① 王民,仲小敏. 地理教学论 [M]. 北京:高等教育出版社,2010:106.
② 马峰,徐学伟. "探究性教学"解析 [J]. 生物学杂志,2004 (8):52-54.

教师创设情境、指引方向和把握深度的引导下，学生通过独立自主学习和合作讨论进行地理思考、地理探索和地理创新等多种解难释疑的尝试活动，将学生所学知识应用于解决实际问题，最终达到培养学生必备的地理素养、创新能力，增强学生地理情感目的的一种教学形式[①]。

在教育学领域，研究人员主要是将探究作为个体的一种学习方式来进行研究。探究学习即从探究教学的概念中分化出来，更关注学生的学习方式。施瓦布侧重于儿童的自主性，认为探究学习是儿童通过自主地参与获得知识的过程，掌握研究自然必需的探究能力，同时形成认识自然的基础——科学概念，进而形成探索未知世界的积极态度。

徐学福通过对探究学习与问题解决学习、发现学习、研究性学习这四种学习方式进行比较研究，认为探究学习是指学生在教师指导下，为获得科学素养而以类似科学探究的方式所开展的学习活动[②]。

陈彬比较了探究学习与自主学习、合作学习概念的区别，提出探究学习是指学生自主发现问题、探究问题和解决问题的学习过程[③]。

3. 探究活动

探究活动是探究学习的基础与核心。《普通高中地理课程标准（实验）》（2003年版）提出要"重视对地理问题的探究"，并列举了一些探究活动的基本实践形式，包括地理观测、地理考察、地理实验、地理调查和地理专题研究等[④]。探究活动是探究学习的基础与核心，教科书中探究活动的设置旨在实现课改的理念，改变以往课程注重知识传授的倾向，培养学生搜集和处理信息的能力、分析解决问题的能力以及合作与交流的能力。

学术界普遍认可探究活动在探究学习中的核心地位，对其定义的认识也比较一致。具有代表性的定义是：探究活动是指学生们运用已有的知识经验认识和体会科学家们研究自然的思想观念和方法而进行的各种活动[⑤]。

本书研究的是教科书中的探究活动，是以文字形式表述的探究活动问题和指导，即教科书中明确标出的课题、探索和活动等，让学生对此进行思考学习、探究讨论的部分。探究活动在教学设计上一般是按照几个固定步骤进行的，我们称之为探究教学的一般过程。

肖海丰指出，地理探究学习的过程一般应包含多个步骤（图1-1）。创设问题情境阶段即通过情境展示，引发学生的认知冲突，从而引导学生发现问题；学生按照提出的问题自行组合，选择自己感兴趣的问题进行探讨，每组同学对选定的问题提出各种假设，并在讨论的

---

① 陈志明. 地理探究教学：概念、内涵及策略 [J]. 中国科教创新导刊，2011（6）：88-89.
② 徐学福. 美国"探究教学"研究30年 [J]. 全球教育展望，2001（8）：57-63.
③ 陈彬. 中学地理学科"自主、合作、探究学习方式"课题研究与实践 [J]. 福建教育学院学报，2003（9）：28-30.
④ 中华人民共和国教育部. 普通高中地理课程标准（实验） [M]. 北京：人民教育出版社，2003.
⑤ 郝建仕. 人教版和北师大版高中生物教材中探究活动的比较研究 [D]. 重庆：西南师范大学，2011.

基础上确定唯一的假设；在形成假设的基础上，小组成员要为完成探究制订详细的计划，计划需覆盖资料的搜集、小组分工和时间安排等各个方面；然后按照计划依次进行，并在最后进行交流反思，并由教师和学生共同进行评价[①]。

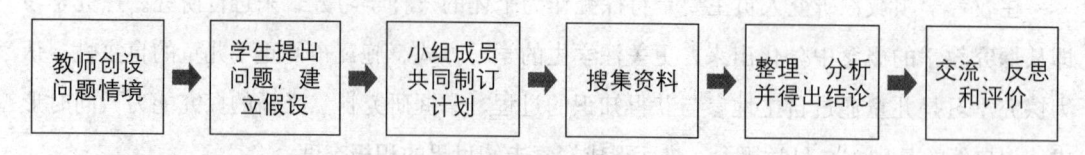

教师创设问题情境 → 学生提出问题，建立假设 → 小组成员共同制订计划 → 搜集资料 → 整理、分析并得出结论 → 交流、反思和评价

图 1-1 地理探究学习的一般步骤

在对比了教科书中探究活动包含的步骤之后，可以发现有些探究活动包含的步骤齐全，而有些只包含部分步骤。肖海丰将两者分别称为完全探究和部分探究。从这种划分角度来看，在我国中图版高中地理教科书中，除贯穿每章的课题属于完全探究之外，其余探究活动多为部分探究，仅包含完全探究的部分步骤，这也是本书所要研究的重点对象。

从程序上看，部分探究也可以被视为把完全探究的某些程序省去，如李家清提出了探究式地理教学过程模式的6个步骤，他认为其中第4步"提出假设"应根据具体的探究主题作为可选项。这些步骤如下[②]：

（1）确定主题（给学生提供需要调查、探究的问题范围及所要使用的方法）；

（2）制订方案（引导学生确定调查、探究中的困难，并把困难转化为问题，组织学生对问题进行思考，尝试提出解决问题的思路和方案）；

（3）搜集资料（学生进行资料搜集、分析和整理）；

（4）提出假设（根据资料分析提出假设，科学探究，验证假设）；

（5）得出结论（学生初步得出结论，在此基础上，师生共同讨论，得出一致结论）；

（6）迁移运用（教师提供新的课题，要求学生运用结论进行评价或作新的探究）。

从探究活动的类别来看，我们可以根据探究学习的划分依据，把探究活动分为包含所有探究步骤的完全探究活动和包含部分探究步骤的部分探究活动。综合来说，探究活动是探究学习过程中学生获得知识、提升能力的具体实施和体现形式的载体，即学生为获得科学知识和素养，运用已有知识经验探讨新知、解决问题并获得新的思想观念和方法的学习活动。

上述研究涉及的探究、探究教学、探究学习、探究活动这几个概念，在本质上都是探究思想的具体表现，只是侧重点和表述的角度不同。探究教学更侧重于从教学过程和教师的角度，强调的是教师创设情境、学生独立探究的教学方式，而探究学习则侧重于从学习方式和学生的角度，强调的是学生积极主动参与的学习方式。

[①] 肖海丰. 探究学习方式在地理教学中的应用研究 [D]. 长春：东北师范大学，2003.
[②] 李家清. 新理念地理教学论（第2版）[M]. 北京：北京大学出版社，2013：152.

四、研究方法

1．文献分析法

文献分析法主要用于搜集、鉴别、分析、整理文献资料，分析概括出相关概念的含义、探究活动类型、知识技能目标的划分、问题设置维度的评定等。

2．比较分析法

比较分析法主要用于对比各国高中地理教科书中的探究活动，从总体情况和具体案例两个不同层面，通过定量和定性分析进行比较，从而发现这些教科书的特点和不同之处，得出结论。

3．访谈法

访谈法主要用于对不同国家中学地理教科书探究活动具体案例设置的研究，访谈有经验的中学教师，对相同模块的探究活动设置进行评价。

4．案例分析法

案例分析法应用于各国地理教科书中探究活动实际教学效果的对比，观察相同主题下的不同探究活动设置在相近班级的教学情况，通过具体教学案例进行探究效果的对比分析。

五、研究对象

本书基于对地理教科书中探究活动设置的反思，结合相关理论成果，选择英国、美国（两套）、德国、法国、俄罗斯、澳大利亚、日本、韩国、新加坡和中国共10个国家共计11套高中地理教科书进行比较分析。

在学段上选择高中阶段，是因为高中是学生深入学习地理知识、掌握地理技能、提高能力的重要阶段。从教学内容来看，初中地理传授的多为识记性的事实性知识，便于理解；高中地理更侧重于系统知识的理解和应用，单独的讲授式教学不易帮助学生理解，而通过探究教学则可以更好地让学生通过自己的努力获取知识，加深对知识的记忆和理解，且高中地理知识的难度和复杂程度，也更适合开展多样的探究活动。从学情看，高中生具备了一定的认知基础和实践能力，更有能力通过探究进行学习，可以设计多层次的探究活动以满足其学习需求。

六、研究意义

本研究旨在通过比较，系统、深入地了解我国现行地理教科书中的探究活动，在认识地理教科书中探究活动的特点和存在问题的基础上，借鉴他人的研究经验，进行优化组合。

在教学理论方面，有助于丰富我国地理教育比较研究的内容和方法，客观描述不同国家高中地理教科书中探究活动的基本设置情况和特点，比较分析各国高中地理教科书中的探究活动，并提出一个比较系统完整的教科书探究活动的比较维度和指标，为后续进行地理教育比较研究提供内容基础和方法论上的启示。

在教学实践方面，有助于地理教师加深对探究活动的认识，使他们从探究内容、技能、能力需求、问题设置等多方面对探究活动进行整体把握，从而更好地使用地理教科书中的探究活动。

在地理教科书的编制和修订方面，有助于我国地理教科书编制者开阔视野，为其提供理论和实践依据，使探究活动满足新课标的要求，为地理教科书的编制和修订提供借鉴。

第二章

教科书探究活动研究方法

第一节 教科书中探究活动的研究

一、探究活动的分类

探究活动是一个多维度的复杂活动，不同学者从不同的维度对探究活动进行分类，这些维度大致可以概括为探究形式、认知途径、探究目的和问题设置。

1. 探究形式

周文彩通过研究鲁教版高中地理教科书，将探究活动分为观察类、巩固类、调查类、演示类和讨论类等形式[1]。黄丹凤在对我国四套初中地理教科书中的探究活动进行研究后指出，"活动"内容的设计主要分为讨论、读图与绘图、调查和动手操作等种类[2]。

2. 认知途径

国外学者根据探究方法的不同，将探究活动分为由低到高四种层级：验证性探究、结构式探究、指导性探究和开放性探究[3]。陆启威指出教师应让学生以最佳的探究方式和思维路径去开启知识的宝藏，因此认知途径应该成为教学的基本探究方式，即实验、推理、假想、阅读、观察和讨论[4]。

3. 探究目的

王晶莹按照探究目的的不同将探究活动分为发现式探究（发现事物的特点、性质和规律等方面的探究活动）、应用式探究（为解决各类应用性问题而进行的探究活动）、表达式探究（为表达抽象的观念或描述复杂的事物而创造形式化表达方式的探究活动）和训练式探究（为培养某种技能而进行的探究活动）[5]。

4. 问题设置

陈庭按照探究的问题设置，将探究活动分为条件性探究、结论性探究、存在性探究和变换性探究[6]。毕华林归纳了教科书中三种比较常见的探究活动形式：实验型探究、讨论型探究和调查型探究[7]。

---

[1] 周文彩. 浅析高中地理"活动"内容的处理方式 [J]. 新课程（中学），2010 (11)：177.
[2] 黄丹凤. 试论初中地理新教材中不同类型"活动"的教学 [J]. 新课程学习，2010 (11)：60.
[3] BANCHI H, BELL R. The many levels of inquiry [J]. Science & Children, 2008, 46：26–29.
[4] 陆启威. 自然教学中的六种探究方式 [J]. 教学与管理，2002 (2)：43–44.
[5] 王晶莹. 中美理科教师对科学探究及其教学的认识 [D]. 上海：华东师范大学，2009.
[6] 陈庭. 论地理探究思维能力的培养 [J]. 中学地理教学参考，2001 (6)：43–44.
[7] 毕华林. 走向生本的教科书设计研究：以中学化学教科书设计为例 [D]. 济南：山东师范大学，2006.

二、探究活动的目标

根据布鲁姆的目标分类和加涅的学习结果分类，一般把教学目标分成认知、动作技能和情感三个方面。对应到探究活动设计上，不同学者对其进行研究，得到了知识、能力和情感这三方面的目标结论。

彭聃龄将地理探究教学的目标分为认知目标、能力目标、情感态度和价值观目标三类。

（1）认知目标：包括地理基础知识、地理探究方法知识和策略知识。

（2）能力目标：包括认知能力（地理感知能力、想象能力、思维能力）、发现问题和问题定向能力、主动获取并处理地理信息的能力、地理创新意识和创新实践能力。

（3）情感态度和价值观目标：包括探究地理事物的志趣、地理可持续发展观念、地理探究的科学精神、地理合作的群体意识等[1]。

熊国权指出探究教学所要达到的知识目标主要包括地理学科知识和方法、策略性的知识；能力目标则主要包括地理仪器的使用、地图和地理图表的运用、地理观测、实验、调查、野外实习的技能以及发现问题、寻找证据、分析与解释、交流与质疑、结论与迁移的能力；情感目标除地理学科本身所具有的情感性目标之外，还包括探究性情感目标：对地理探究实证性特征、理性特征以及社会性特征的感受与理解[2]。

郝建仕将探究活动中涉及的技能分为两类：一类为基础的过程技能，包括观察、分类、测量、交流、推断和预测技能；另一类是综合的过程技能，包括识别与控制变量技能、形成和验证假设技能、实验技能、采集和解释数据技能、研究反思技能[3]。

上述研究在知识和情感方面的目标差异不大，但在能力目标上的表述却不太一致。对此，可以参考《地理教育国际宪章》对学生基本能力的归类方法，其主要包括四项基本能力：获取地理信息的能力、表达交流的能力、提出问题的能力、分析问题和解决地理问题的能力[4]。

三、探究活动的问题设置

不少学者将问题看作探究活动的核心，整个探究活动围绕问题进行。问题设置的水平直接影响探究活动的开展效果和学生的学习效果。探究活动的问题设置也引发了不少学者的关注，这些研究大致可以分为对问题设计的策略研究和对问题作用与分类的研究。

在问题设置的策略研究方面，彭聃龄提出问题设置要考虑到学生已有的知识、能力情况，要能够激发学生的动机，要让学生集中在一个特定的而非一般的问题上[5]。熊国权提出问题设置的高级性和科学性的策略，同时归纳了问题设置应有的七个特点：生活性、热点性、假设性、

---

[1] 彭聃龄. 普通心理学（第2版）[M]. 北京：北京师范大学出版社，2001.
[2] 熊国权. 地理探究式教学设计研究 [D]. 武汉：华中师范大学，2008.
[3] 郝建仕. 人教版和北师大版高中生物教材中探究活动的比较研究 [D]. 重庆：西南师范大学，2011.
[4] 冯以浤. 地理教育国际宪章 [J]. 地理学报，1993（4）：3-10.
[5] 同[1]

矛盾性、比较性、开放性和综合性[①]。

在问题作用与分类研究方面，陈海霞注意到了问题在教科书中的分布情况，将其归纳为正文开始前、一段正文或章节结束后、正文中随时出现、各栏目及图表中出现等四类，并探讨了其目的和设计策略[②]。美国学者沃尔夫曾把问题分为参考性问题、解释性问题、过渡性问题、假说性问题四种类型。

（1）参考性问题。这种问题驱使学习者超越目前所得到的信息，更加深入地探析问题的来源、变化等。

（2）解释性问题。如果参考性问题需要学习者另行寻找信息以填补已有信息出现的空缺，那么解释性问题是对信息或观点次序的理解。

（3）过渡性问题。过渡性问题用于扩展学习者思维的广度，帮助他们进行知识的迁移与转化。

（4）假说性问题。假说带有可证伪性、暂时合理性，允许学习者通过其他途径来检验目前的结论，因此，假说性问题可以有效阻止学习者在探究中的浅尝辄止，促使他们反复验证，以求合理[③]。

四、探究活动的版面图表设计

国外学者对于版面图表设计的研究较多，多从教材的结构设计、图表插图安排等微观方面进行研究。

有的国外学者认为学生不会自发地对插图、图片及需要特别注意的内容有所关注，教科书应设计一些指导性的内容来引导他们。许多国外学者都指出教科书要培养学生终身学习的能力，在编写时要注意从学生熟悉的内容入手，逐步深入。此外，也有国外学者基于认知心理学和对理解力的研究，认为人的注意力是有限的，复杂的设计会阻碍理解，因此好的设计应该是简单的[④]。

综上可见，目前学术界对探究活动的研究涉及面较广，且每一方面都从不同角度得出了多样的结论，但仍然缺乏一种公认性的结论。

五、探究活动的设计要求

教科书的编制设计一直以来都是引人关注的问题，而近年来随着探究教学的不断深入发展，对教科书的探究活动和探究性的研究也成为越来越多学者关注的焦点。

从地理教科书探究性的总体设计原则和要求来看，高俊昌从基本要求、组织形式、基本原则、一般程序四个方面，对地理教科书探究性设计做了较为全面的研究。他提出地理教科

---

① 熊国权. 地理探究式教学设计研究 [D]. 武汉：华中师范大学，2008.
② 陈海霞. 高中地理教科书的自学式特征研究 [D]. 上海：华东师范大学，2006.
③ 路莉莉. 探究式教学在初中报刊阅读教学中的实证性研究 [D]. 大连：辽宁师范大学，2008.
④ 同①。

书探究性设计的四项基本要求：选定地理原理、规律、方法、观念等可探究的内容；评价探究的元认知基础；扫除探究过程的障碍；估算探究时间。高俊昌还提出了地理教科书探究性设计的四项基本原则：阶梯性原则、逻辑性原则、实践性原则和开放性原则[①]。

　　熊国权认为，从探究选题的角度来看，地理探究教学的选题应遵循三项原则：探究的必要性、可行性和灵活性，即要使探究活动的设计在教学模式选择和知识重要性两方面有必要性，要充分考虑探究教学的自身特点、教学内容的特点、现有的教学资源、教师自身情况和学生已有的知识水平，同时兼顾探究方式的灵活性[②]。另外，陈海霞提出地理探究活动的设计要具有操作性、适应性和趣味性，即要从探究活动实施的条件方法、内容选择、表达方式等方面，关注教科书中探究活动的设计[③]。肖海丰也持类似观点，他还强调了地理探究活动的可行性，即要在技术、经济、时间和安全方面可行；同时也要考虑到探究活动的可接受性，因此在选择探究方式时，应考虑家长和社会是否能接受[④]。顾绍琴认为一个好的科学探究活动应具备以下主要特征：可行性、有价值、情景化、有意义、符合道德、可持续[⑤]。

　　上述研究从探究活动的内容选择、开展形式、表达方式、实施条件和活动联系等，得出了地理教科书探究活动设计的基本原则和要求，其中被提及次数最多的是探究活动的可行性，这是地理教科书编者在设计探究活动时需首要考虑的因素。

第二节　地理教科书中探究活动的比较研究

一、地理教科书探究活动研究

　　目前关于教科书的比较研究较多，但是具体到地理探究活动的研究则较少，大致可以分为国内不同版本教科书间的比较、国内外教科书的比较、国外教科书的介绍启示这几类。就其比较内容来看，多是从活动数量、开展形式等方面进行的描述性研究。

　　万国平在《新课程高中地理教材（实验）比较研究》中，以教科书编写的基本理论为依据，对四个版本的高中地理教科书（实验）与高中地理课程标准进行契合度分析，较为深入地对四个版本的高中地理教科书（实验）的结构、风格和表层系统进行了比较研究，进而得出四个版本教材各自的特点，为高中地理教科书（实验）的完善提出建议[⑥]。

---

① 高俊昌. 教材探究性设计初探：以《义务教育课程标准实验教科书·地理》（人教版）为例 [J]. 课程·教材·教法，2006（12）：54-57.
② 熊国权. 地理探究式教学设计研究 [D]. 武汉：华中师范大学. 2008.
③ 陈海霞. 高中地理教科书的自学式特征研究 [D]. 上海：华东师范大学，2006.
④ 肖海丰. 探究学习方式在地理教学中的应用研究 [D]. 长春：东北师范大学，2003.
⑤ 顾绍琴. 中学地理科学探究活动研究 [D]. 上海：华东师范大学，2010.
⑥ 万国平. 新课程高中地理教材（实验）比较研究 [D]. 武汉：华中师范大学，2006.

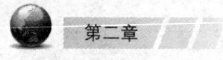

郝建仕在《人教版和北师大版高中生物新教材中探究活动的比较研究》中，从类型与水平、探究技能、探究思维等方面着手对人教版和北师大版高中生物新教科书中的探究活动进行了比较研究，并通过实地调查考察了探究活动在课堂教学中的落实情况，了解探究活动在实施过程中遇到的一些问题，针对这些问题笔者提出了一些意见和建议[①]。

姚连凯等比较了我国内地《自然灾害与防治》与香港《地理议题探索4A》中"活动"栏目的设置，从活动数量、图像设置、开展形式和问题设置四个方面进行了对比分析，指出了两地教科书活动设置中尚需完善之处[②]。

宫作民等在《英美地理探究式学习的启示》中，通过对美英课程标准和对探究学习定义的解读比较，针对我国开展地理探究式学习存在的问题，在宏观理念、实施途径、学生参与和学习内容这几方面提出了建议[③]。

陈红在《探究式学习在英国中学地理教材中的体现》中，以英国教科书的课题呈现方式、课文内在结构、课文栏目设置等几个方面进行了全面介绍和分析，对我国中学地理教科书探究性的研究有重要的启示[④]。

陈海霞在《高中地理教科书的自学式特征研究》中，从栏目设置、技能内容两个方面，对美国的《科学探索者》、英国的《高阶地理》以及我国的四个版本高中地理教科书中的技能训练模块进行了比较，总结出了各自的特点[⑤]。

上述学者研究得出的结论，为本书开展研究提供了理论和实践依据。但学者们对地理教科书中"探究活动设置的多少对学生学习的影响""部分探究和完整探究的优劣"等重要问题都缺乏系统的研究。同时，学者们在中外对比研究方面并没有形成系统全面的方法，也没有对各国的对比作出系统全面的评价，多数只是停留在数量调查这一个层面上，缺乏深入比较。针对这些问题，本书展开深入研究。

根据现有的书籍资料，本研究选取了英国、美国、德国、法国、俄罗斯、澳大利亚、日本、韩国、新加坡和中国等国的高中地理教科书，对书中的探究活动进行系统的对比分析。其中，从总体上对探究形式、内容选择、能力技能目标和问题设置等方面进行分类定量分析，然后选择具体案例进行定性的观察访谈分析，由此得出各国探究活动的特点和相互之间的差异，并依此对编制修订我国中学地理教科书中的探究活动提出建议。

二、探究活动的基本探究形式

本书结合各国教科书中的探究活动设置，按照探究活动的完成方式，将其探究形式分为思考、观察、调查、实验和交流五大类。

---

① 郝建仕. 人教版和北师大版高中生物教材中探究活动的比较研究 [D]. 重庆：西南师范大学，2011.
② 姚连凯，邓娴. 内地、香港高中地理教科书"活动"设置比较 [J]. 地理教育，2009（5）：59-60
③ 宫作民，秦雪. 英美地理探究式学习的启示 [J]. 中学地理教学参考，2004（5）：4-5
④ 陈红. 探究式学习在英国中学地理教材中的体现 [J]. 中学地理教学参考，2005（6）：55-56
⑤ 陈海霞. 高中地理教科书的自学式特征研究 [D]. 上海：华东师范大学，2006.

1. 思考类探究

思考类探究是指由教科书提供明确的问题，学生结合课文内容或探究活动所给的材料，通过自己的思考分析完成的探究活动。它具备较强的独立性，每个学生可以依据材料独立完成，也可通过交流得到全面理解。总之，思考类探究用来提高学生对知识的深入理解和分析能力。

2. 观察类探究

观察类探究是指学生通过观察，对现象进行分析归纳，依据问题得出自己的结论的探究活动。这类活动通常分为两类：一类是文本观察，即学生通过对教科书中提供的图像（多为地图、景观图和统计图表）进行观察，分析图中所给信息，发现特点，回答相应问题；另一类是野外观察，包括对太阳高度、月相、地质构造等实际现象的观察，此类活动有利于让学生将理论知识与实际情况结合在一起，锻炼学生细致观察分析的能力，从实际现象中印证理论、寻找问题并总结规律的能力。同时，野外观察还有利于培养学生的动手操作能力。

3. 调查类探究

调查类探究是指学生通过上网查询、户外调查等方式搜集资料，并对得到的资料进行汇总分析，进而得出结论的活动。该类活动多会占用学生的课余时间，鼓励学生运用自己的知识经验，对周边事物或社会现象进行调查、访谈，并对调查和访谈资料进行分析，进而得出结论。该类活动可以使学生更好地了解社会，在实际情境中加深对知识的理解。同时，学生在调查、访谈的过程中，还能提升与人沟通的能力。

4. 实验类探究

实验类探究是指通过教师的实验展示或学生的亲自实验，让学生从实验准备、实验操作、实验现象观察和分析，以及结果讨论中，体会科学研究过程，深刻理解所学知识的探究活动。该类探究活动对学校的设施条件要求较高，并且需花费较多时间和精力，但它不仅有利于学生更好地理解所学知识，而且也非常有利于培养学生的创造力和动手操作能力，对学生的培养较为全面，处于较高的水平层次。

5. 交流类探究

交流类探究是指学生围绕某段课文内容或探究活动提供的资料，就某一问题进行讨论交流，在交流中逐渐完成对该问题的全面理解，进而形成自己的观点并与他人分享。该类活动通常以小组讨论的形式进行，然后以小组为单位进行成果展示。同时，该类活动所设定的问题，通常是实际生活中的问题而非理论知识，旨在让学生结合所学知识分析实际问题，学会发现问题并对问题进行分析评价，并感受地理在现实生活中的作用。

三、探究活动的内容分类

探究活动的探究内容，即探究活动的探究对象或主题；讨论探究活动的内容，即讨论该活动是针对什么进行的探究。本书结合各国教科书的具体情况，将探究内容分为地理概念、地理过程、地理事实和实际问题四大类。

1. 地理概念

地理概念的掌握是地理学习中最基础的环节。对地理概念的探究，其目的多为加深对概念的理解，强调知识的陈述性和识记性，掌握地理概念是后续学习的基础。例如对时区、城市空间结构的探究等，就属于对地理概念的探究。

2. 地理过程

对地理过程的探究是在掌握地理概念的基础之上，应用已有知识进行理论分析、印证或得出相应的地理过程及原理。对该内容的探究，是对地理知识的深入理解分析，强调知识的过程性，有利于培养学生的分析性思维。例如，对水循环过程、人口增长过程、产业转移过程等内容的探究，就属于对地理过程的探究。

3. 地理事实

对地理事实的探究，多结合地图等，利用观察和调查的形式，对某一事物的分布、特点等进行描述性探究。它介于对理论知识和实际问题的探究之间，是实现理论应用于实际的过渡。例如，对三大经济带的特征的描述、环保标志的调查等，就属于对地理事实的探究。

4. 实际问题

对实际问题的探究，即应用教材中的理论知识来审视、解决实际生活中的问题，属于较高的认知层次。对该内容的探究又分为在实际情境中发现问题、评价问题和解决问题这三个水平层次，教科书会根据不同的层次内容，提供相应的材料。例如，对身边环境问题的调查分析、气候变暖对中国的影响的探究等，就属于对实际问题的探究。

总体来说，这四大类内容分别属于不同的认知层次和难易水平，较好地将地理知识从理论到实际这两方面联系起来，构成一个较为完整的探究内容体系，其间的相互关系可依据图 2-1 进行归纳。

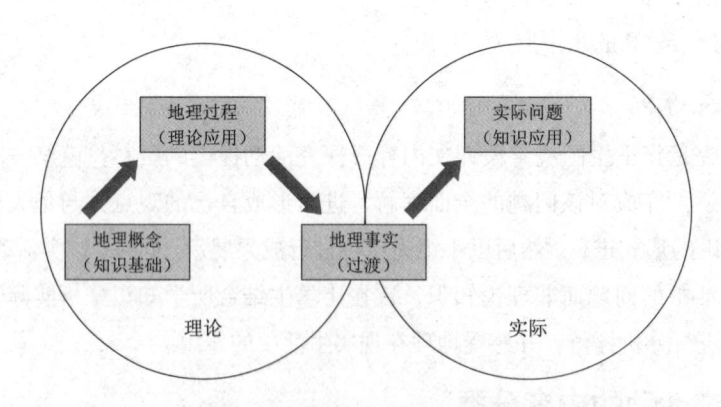

图 2-1 地理教科书中探究活动的探究内容关系

从图 2-1 中可以看出，四类内容可以按照两个维度进行划分，它们的认知层次在不断增加，难度也有所增大。其中，地理概念和地理过程是对地理学理论的把握，由此产生的探究活动主要目的在于认识地理学的概念和规律；实际问题是将所学地理知识应用于实际情境中的体现，具有最高的认知层次和学习难度；地理事实是从理论到实际的过渡，认知层次要高于地理过程，但难度却有所降低，便于学生完成从理论到实践的认知转换。本书依照这种内容分类方法对教科书中的探究活动进行对比研究。

四、探究活动的探究技能与能力

探究活动除能让学生在活动过程中加深对知识的理解外，还能培养学生在自主学习中所需的探究技能与能力。因此，每个探究活动的设置，都有一定的技能和能力目标。技能多是外显的、可观察且可评定的，即通常所说的操作技能，而能力则多是内在的，是用于支配行为的思维方式。

1. 探究技能分类

综合性和区域性是地理学科的两大特点。地图是其最独特的表达形式，同时学科本身还涉及实验、测量、实地考察等野外活动。因此，地理探究活动中的技能主要包括使用地理仪器的技能、读取分析地图图表的技能、观测技能、实验技能、调查技能和野外实习技能。

2. 探究能力分类

地理探究活动所涉及的思维能力，和其他学科类似。布鲁姆在其认知层次分类体系中，将认知层次分为记忆、理解、应用、分析、综合和评价这六个部分，如表2-1所示。

表2-1　布鲁姆行为动词的思维技能层次[①]

如果你想测量	在练习中使用这些关键词
记忆	list, describe, define, label, repeat, name, fill in, identify, what, when, who
理解	paraphrase, explain, why, review, match, discuss, translate, interpret
应用	apply, construct, draw, simulate, sketch, employ, restructure, solve, calculate, determine
分析	classify, dissert, distinguish, differentiate, compare, contrast, categorize, separate, break down, subdivide, model
综合	create, invent, predict, design, imagine, improve, propose, combine, relate, put together, integrate, assemble, collect
评价	judge, argue, assess, appraise, decide, defend, select, debate, evaluate, choose, rate, verify, justify, critique, recommend

---

① FOUBERG, EERIN H. Concept learning through writing for learning: Using journals in an introductory geography course [J]. Journal of Geography, 2000, 99 (5): 196-206.

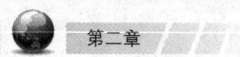

本研究将这六大认知层次结合具体的探究活动，得出探究活动中所需要的思维能力，主要包括发现问题的能力、解释分析的能力、预测决断的能力和交流讨论的能力，并以此为标准，对各国教科书探究活动的技能与能力水平进行比较。

五、探究活动的问题设置

学习活动通常是在一定的问题情境中产生的，通过问题设置激发起学生积极思维和探究的欲望。问题是探究学习的开端，探究的全部过程都是围绕问题展开的。因此，在研究教科书中的探究活动时，对问题设置的分析是必不可少的。通过问题的设置情况，可以研究探究活动的开放性，以及对学生思维水平的要求等多方面的特点。

根据问题设置的特点和要求不同，可以将设置的问题分为提示性问题、渐进性问题和开放性问题三类。

1．提示性问题

提示性问题多为单一出现的具有引导作用的问题，旨在让学生明确探究的入手点和思考方向。此类问题多用于对课文内容的理解分析，认知层次相对较低，多用于培养学生的分析性思维。

2．渐进性问题

渐进性问题是将探究主题分成若干小问题，用于对较复杂问题的分析探究，使探究过程的设置由简单到复杂、由表及里。通过对问题层层深入地分析，引导学生逐步完成探究活动全过程。此类问题多用于培养学生的分析能力和创造性思维。

3．开放性问题

开放性问题是一种主观题，学生可以给出多种可能的答案或解释，形式多样。这类问题更侧重于培养学生形成自己的观点，提高解决问题的能力，多用于培养学生的创造性思维和批判性思维。

第三章

英国地理教科书探究活动研究

第一节　概述

本研究选取的英国地理教科书为《高阶地理》（*Advanced Geography*），由牛津大学出版社于 2000 年出版，分 21 章，共 464 页。其中前 10 章为自然地理，后 11 章为人文地理。各章具体章名，如表 3-1 所示。

表 3-1　《高阶地理》内容一览

内容	章次	章名	内容	章次	章名
自然地理	1	板块构造	人文地理	11	人口
	2	风化、岩石和地势		12	乡村聚落
	3	斜坡与滑动		13	城市聚落
	4	水文学		14	工业
	5	河流与河流地貌		15	服务业
	6	海岸		16	农业
	7	冰川		17	能源
	8	气候与天气		18	运输与贸易
	9	土壤		19	区域不均衡
	10	生态系统		20	旅游业
	—	—		21	发达与不发达

从各章所占篇幅来看，自然地理部分共 220 页，平均每章为 22 页；人文地理部分共 233 页，平均每章约 21 页。由此可见，二者的章分配比重还是很相近的。不过就单独章节来看，篇幅最多的为第 8 章"气候与天气"，达 36 页；篇幅最少的为第 2 章和第 3 章，均为 14 页。前者的篇幅比后两者的两倍还多，可见，本书在单独章上的篇幅差异还是比较大的，这与章的具体内容有密切的关系。

从章内结构来看，每章内容可分为以下四个部分：

（1）正文；

（2）探究活动；

（3）习题；

（4）参考书目。

其中，探究活动分为四个模块：技能（Skills）、剖析（Surgery）、研讨（Seminar）和案例研究（Case study）。四个探究模块在本书中占有重要地位，书中的目录部分除了给出各章的名称以外，还专门给出了四个探究模块的活动名称。每个模块都有自己特定的作用和目的，有独立的内容和探究方式，并且这四个模块的数量、顺序和出现位置不是固定的，而是依据模块自身的技能训练目标和课文具体的内容而定。例如，有一些特殊章可能会缺失某一模块，也有一些章会出现多个属于同一模块的探究活动。

第二节　探究活动案例

一、技能模块

技能 1　策划和书写一篇短文

文章书写是有要求的。一般来说，文章标题和包含的材料会提示短文的书写方式。尽管如此，对所有文章来说，你需要做到以下两点：

- 准确理解主题
- 策划你的答案

最好在文章的思考和策划上花些时间，这样不会浪费时间去写无关的材料。例如，用 25 分钟书写相关材料的文章要比用 35 分钟书写无关材料的文章更有价值。

阅读主题

认真阅读主题，在关键词和讨论的主题下划线，或许有一些关联词，例如"and""either""or"等。带有"and"的问题，往往需要一些注释。

指令词

你要知道指令词的含义。下面的关键词提示了文章要从什么角度书写或如何利用材料。

- Analyse　认真分析材料细节
- Assess　对重要性进行评估
- Compare　寻找要素的相似点和区别点
- Contrast　找出区别之处
- Criticise　给出评论
- Describe　描述细节和特点
- Discuss　给出正反两面的讨论
- Distinguish　呈现区别之处
- Evaluate　评估重要性
- Examine　详细调查
- Explain　详细解释说明
- Illustrate　举例说明
- Justify　提出意见
- Outline　概述主要内容，而非细节内容

文章类型

有三种主要的文章类型：记叙文、说明文和议论文，此外还有一些其他的分类。记叙性

的文章是最简单的，需要对事实进行回忆。说明文要求对特殊事物进行说明或阐释。议论文要求用一个论点贯穿全文，并且该论点需要足够的论据来支撑。还有一种可能，你得到一篇准备好的议论文，要求你说出在何种程度上同意其论点。

书写文章

对文章思考和计划是至关重要的。文章质量比文章长度重要。有一种构思文章的方法是"点——组合——秩序"法。首先写出与文章相关的"点"，然后将这些"点"组合，最后把它们按重要性进行排列。

文章结构具有逻辑性，该文就易于被读者接受。一个好的文章结构，不但要求有对事物的总体看法，还需要有支撑这种看法的细节内容。

书写导言是重要的环节。很多考官在阅读导言后就对考生的文章进行评级。导言应该是这样的：

- 详细说明标题的条件
- 给出辩论的思路
- 列出重要的要素
- 确定需要使用的案例

导言务必清晰有效。如同报纸文章的导言能抓住人们的注意力，在书写文章导言时要给出辩论的主要思路，让考官即刻明白你的思路。

文章的主体是讨论，每个段落应该有一个主题句或者关键句，其余的就是提供支持论点的论据。段落之间必须有衔接，衔接方式有很多种：

- 回归前述论点（例如，"这个结果导致……"）
- 按时间顺序连接
- 比较（例如，小城镇也存在环境问题）
- 对照（例如，反而，英国的经济以服务业为基础）

整篇文章的质量要高，使用关键词和短语至关重要，这会使文章简明易懂。这些关键词和短语虽然短小，却可以使文章的论述思路更加清晰。

结论比单纯的概括重要得多，结论需要包括：

- 评估主题的性质
- 检查所涉及的要素的重要性
- 找出所用材料的独特性（每个例子都是不同的）
- 以一个问题结束（例如，即使我们能预测地震和火山喷发，但我们可以让人们搬离灾害区吗？）

技能5　测量河流

河流是地理学研究的对象。当进行野外河流勘测和研究工作时，保证测量工作的安全是非常必要的，因此最好选择测量较小的河流，如 0.5 米左右深、2～3 米宽的河流就很适合。

通过测量河流，一些河流的地貌特征可以被评估出来：
- 下游宽度和深度的变化
- 漫滩水位和通常水位
- 曲流和浅滩间剖面的变化

测量河流的宽度、深度和特征区域等操作较简单，如图 3-1 所示。沿着河道任一点插上标杆，用一根 20 米长的绳子横跨过河流即可测出河流的宽度。接下来按设定的间隔测量河流深度，比如每隔 50 厘米进行测量。

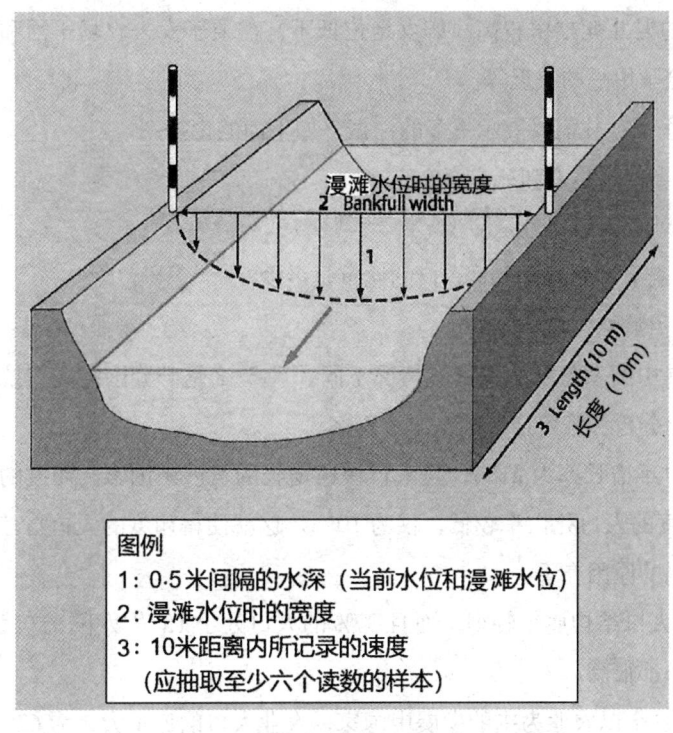

图 3-1 河流测量方式示意

测量流速有两种主要的方法。一是利用流量计，每个流量计都能将流量转变为每秒流过的长度并显示在刻度上。利用流量计可以记录流速随深度如何变化。在定好的深度处读出数值，比如深度每隔 20 厘米处，或者在定好的长度处，比如长度每隔 50 厘米处（根据河流长来确定）。这样会提供足够的数据显示河流横截面上流速随深度如何变化。将流速变化曲线与河流剖面曲线进行对比会是一项很有价值的研究。

二是利用漂浮物测量流速。如将橘子扔进河中，记录它每漂流 10 米所用的时间。在同一地点至少做 6 次以保证数据的可靠性。由于河流表面的流速大于河流的平均流速，因此将你得到的数值乘以 0.8 会更接近平均流速。

测量河流冲积物也很容易操作，并且会获得很多的数据。有许多方法可以完成这项工作。沿着河流随意选 30 个点采集河底岩石。可以对比采集自河流上流和下流的 30 块石头的长度（长轴）和形状（磨圆度）。如果要说明河流内部条件如何改变下游流速，就得在固定间隔处收集这些信息。例如，可沿河流每隔 2 000 米设置采集点。

河流的纵切面很难测量，这是因为河床通常并不平直。然而，测量水面的纵剖面也是可行的。将两根标杆插入河床，这样河流的水位在每根标杆上都显示出同样的高度。

技能 11　利用论据支持答案

有论据支撑的答案比较容易取得较好的成绩。地理判卷人会在答案中寻找论据。在普通中等教育阶段，你应该论述发展中国家的出生率比发达国家高的原因。其原因可能包括：部分发展中国家的婴儿死亡率较高、妇女地位低下、需要子女去农场干活和为父母养老、男性家族的继承、避孕用品的缺乏等。

在 A 级水平上，你需要展示更多的论据，如下面的论据：

- 什么是婴儿出生率和死亡率？
- 农业的就业人口比重是多少？
- 能得到避孕用品的人占总人口的比重是多少？
- 人口的年龄结构是怎样的？

另外，发展中国家与发达国家的情况不同。表 3-2 是部分国家人口统计数据，我们可从其中的信息作出分析和评价，总结出一个答案。

印度的人口年增长率为 21‰，是人口快速增长的发展中国家。印度的人口出生率很高，达到 31‰；印度的人口死亡率较低，仅为 10‰，这就使得印度的人口自然增长率很高。印度人口出生率很高的原因在于：

1．印度的人口结构属年轻型，而且 37% 的人口处于 15 岁以下，这就使得未来很多年印度的人口增长率都很高。

2．印度是一个以农业为主的发展中国家，农业人口的比重大，为 62%，大多数人受雇于农场，因此需要许多人在农场干活。

3．印度的婴儿死亡率很高，为 88‰，因此需要很高的人口出生率进行补偿。避孕用品的使用水平相对较低，避孕药使用率为 43%。人们习惯拥有大家庭——平均每个妇女生育四个小孩。印度的识字率为 50%，教育支出占国民生产总值的比重为 3.5%，因此，印度人口存在受教育程度低和贫困率高等问题。

相对地，英国是一个发达国家，主要特征是人口年增长率低，每年 2‰；人口出生率低，为 14‰；婴儿死亡率低，为 8‰。大多数人受雇于服务产业，2% 的人受雇于农场，因此不需要小孩去辅助农场工作。另外，英国的人口老龄化严重，21% 的人超过了 60 岁，因此处于生育年龄的人口相对较少，家庭会对成员进行规划（超过 80% 的家庭进行了家庭成员规划）。

表 3-2 世界部分国家人口统计数据

	项目	巴西	印度	日本	南非	英国	美国
因素	人口数量/100 万	159.1	943	125.1	44	58.3	263.6
	面积/1 000km²	8 515	2 980	378	1 219	244	9 370
	人口密度/(人·km^{-2})	19	317	332	36	241	28
	人口年增长率/‰	18	21	4	22	2	5
	出生率/‰	26	31	12	31	14	14
	死亡率/‰	8	10	8	9	12	9
	婴儿死亡率/‰	57	88	5	62	8	8
	平均寿命/岁	66	60	78.6	62	75.8	75.6
	城市人口比重/%	76	26	77	50	89	76
	每位妇女生育的小孩数量/个	3	4	2	4	2	2
	避孕药使用率/%	66	43	64	50	81	74
年龄结构	0~14 岁/%	35	37	19	37	19	21
	15~59 岁/%	58	56	64	57	60	62
	≥60 岁/%	7	7	17	6	21	17
职业/产业	农业人口占比/%	25	62	7	13	2	3
	工业人口占比/%	25	11	34	25	28	25
	服务业人口占比/%	50	27	59	62	70	72
	人均年收入/美元	2 820	290	31 450	2 900	17 970	24 750
	每年人均能源消耗/t	0.44	0.35	4.74	2.49	5.4	10.74
	识字率/%	81	50	99	81	99	99
	教育支出占国民生产总值的比重/%	3.7	3.5	5	3.8	5.3	7
	军事支出占国民生产总值的比重/%	1.2	2.2	1	3	4	5.3

技能 13 示意图

示意图是大致描述事物的图。它表达不是很精确，但仍能提供大概的信息。与之相对的，地图能详细表现一个区域的特征。图 3-2 是南牛津郡的城市发展示意图，虽然它并没有详细信息，但它用最简便的方式表示出了最重要的信息。因此，注记和符号就显得很重要了。以下是图 3-2 所表示的重要信息。

- 重要的自然特征，如泰晤士河的冲积平原
- 中心商务区的位置、延伸方向和范围
- 地图上的"关键点"使其更有趣
- 低密度的房屋和充裕的绿化用地
- 住宅区和娱乐休闲区连接

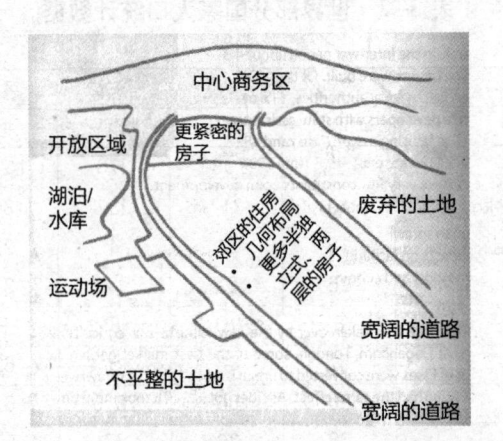

图 3-2 南牛津郡的城市发展

技能 14 区位商

区位商是衡量在一个特定地区某种产业集中度的标准，计算方法如下：

(在 X 地区 A 产业所雇用的人数 $/X$ 地区总雇用人数) / (全国 A 产业雇用人数 / 全国总雇用人数)

在某些情况下它被写为：

$$(Ri/Ni) \ / \ (R/N)$$

其中 $Ri=X$ 地区 A 产业所雇用人数，$Ni=X$ 地区总雇用人数，$R=$ 全国 A 产业雇用人数，$N=$ 全国总雇用人数。

- 区位商 >1.0 表示该地区的此产业有高于全国平均水平的表现
- 区位商 =1.0 表明该地区的此产业与全国平均水平相同
- 区位商 <1.0 表示该地区的此产业表现低于全国平均水平

比如，在牛津的 40 000 名从业人员中有 2 000 人从事教育事业，而英国 20 000 000 名从业人员中有 200 000 人从事教育事业，其区位商计算方法如下：

$$(2\,000/40\,000) \ / \ (200\,000/20\,000\,000) = 0.05/0.01 = 5$$

这表明牛津从事教育事业的人数是全英国平均水平的五倍。由此可得出教育事业对地方经济发展的重要意义。

问题

1. 有调查显示，1981 年苏格兰的从业人员一共有 200 200 人，其中有 51 100 人从事制造业工作。从整个英国来看，21 893 000 名从业人员中有 6 214 000 人从事制造业工作。1994 年的数据显示了苏格兰的从业人员共有 1 986 000 人，但从事制造业工作的人却减少到 355 000 人。同一时期，英国 21 562 000 名从业人员中从事制造业的人数减少到 4 321 000 人。

(a) 计算苏格兰地区 1981 年与 1994 年制造业的区位商。

(b) 评论你所计算出的数据的差异。

2. 表 3-3 的数据展示了不同国家的职业人口占比。参考图 3-3 表现形式，标记出表 3-3 中各个国家的职业人口占比。将标点的国家按照数值的大小进行分组。

表 3-3　世界部分国家职业人口占比

国家	农业人口占比 /%	工业人口占比 /%	服务业人口占比 /%
墨西哥	22	18	60
巴西	25	25	50
中国	73	14	13
埃及	42	21	37
韩国	17	36	47
新加坡	0	35	65
美国	3	25	72
英国	2	28	70
德国	3	39	58
俄罗斯	20	46	34
波兰	27	37	36

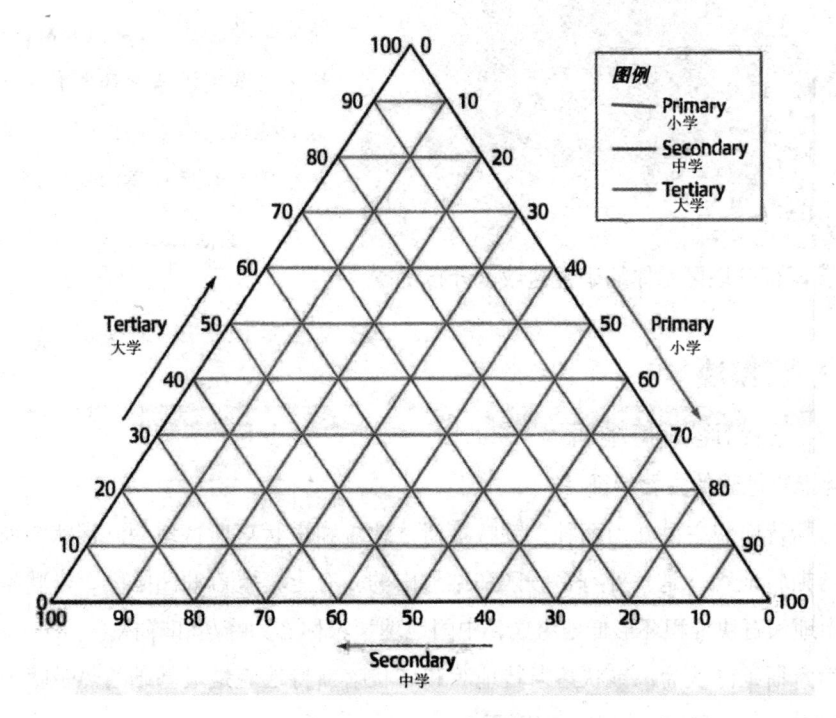

图 3-3　"三角图"

技能 16　地图描述

在阅读地图时有一些关键的要素需要注意，包括：

1. 最大值；
2. 最小值；
3. 趋势；
4. 例外。

识别地名和使用地图中的数据是地图描述的重要素养。例如，图 3-4 显示了英国部分地区水体的硝酸盐浓度。一个好的描述应该像下面这样：

英国水资源中的硝酸盐浓度有着独特的分布特征。浓度最高的地区位于英国东部，可达 11.3 毫克/升以上；而浓度最低的地区为苏格兰、英格兰西北部和威尔士中部，浓度是 2.8 毫克/升。总体来说，硝酸盐浓度从东向西有逐渐递减的趋势。然而，也存在一些例外的地方，如英国东南部也有硝酸盐浓度较低的地区，而在西南部和西北部也有一些硝酸盐浓度较高的地区。

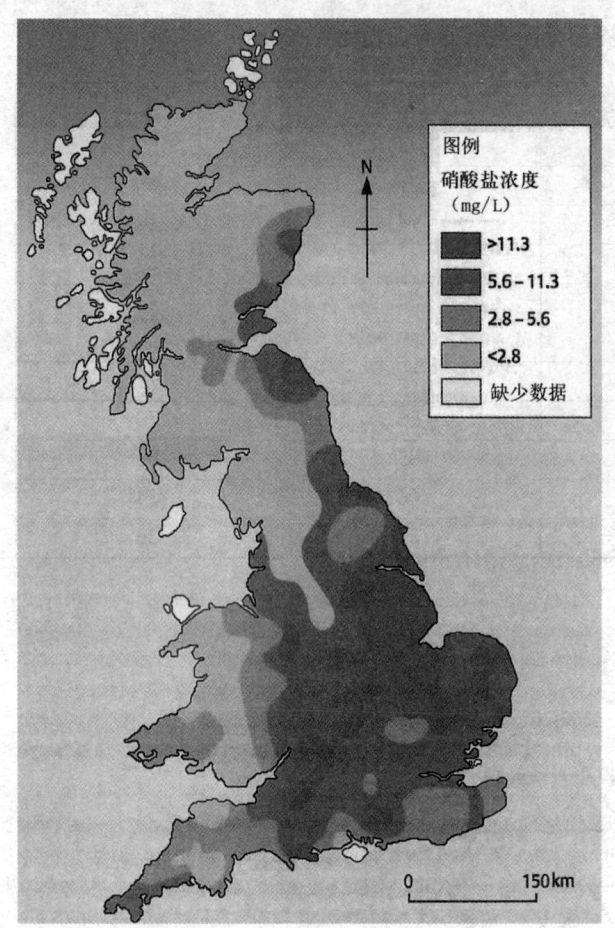

图 3-4　英国部分地区水体的硝酸盐浓度分布示意

二、剖析模块

剖析 2　热带喀斯特地貌

热带喀斯特地貌的主要特征

热带喀斯特地貌主要分为两种：锥状喀斯特地貌和塔状喀斯特地貌。锥状喀斯特地貌，又称盆地喀斯特地貌，是一种有平缓区和锥形山的、有土壤覆盖的凹陷区。塔状喀斯特地貌是由垂直山地和石块堆积环形低地组成，中国地理学家称之为峰丛和峰林。

地理学家斯维汀认为，锥状喀斯特地貌和塔状喀斯特地貌是最基础的热带喀斯特地貌类型，它们的水文条件和地质构造等差别很大。

热带喀斯特地貌变化多样的原因

热带地区和温带地区的地貌发育相似，其变化多样的原因在于：

- 岩石的厚度和宽度的变化
- 接合点分布
- 植被的存在（尽管在热带地区水溶解二氧化碳的能力比较弱，但由于气温较高，地表中的微生物和植物根系会产生大量的二氧化碳，仍有部分二氧化碳溶解在土壤水中。）

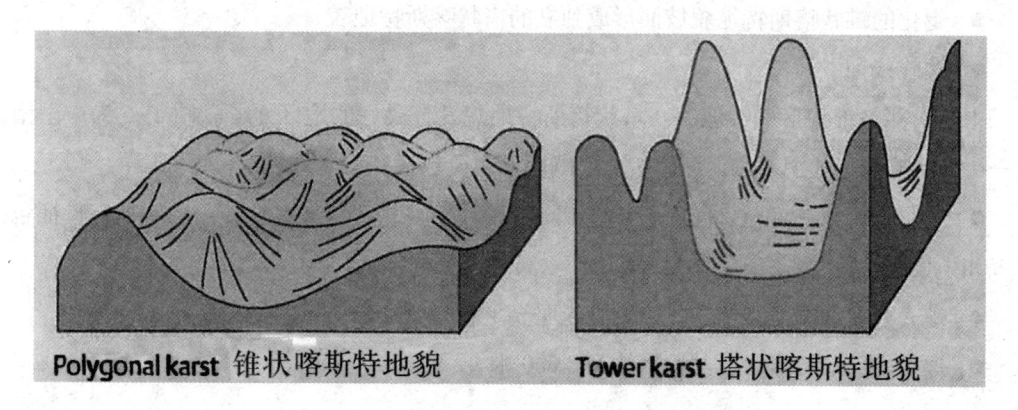

![Polygonal karst 锥状喀斯特地貌　　Tower karst 塔状喀斯特地貌]

图 3-5　锥状喀斯特地貌和塔状喀斯特地貌

锥状喀斯特地貌的形成过程

锥状喀斯特地貌的特点是其周边的山地高度大致相同。在牙买加，山地高度可达 160 米，其基底海拔为 300 米。这种山地是溶蚀作用的结果，在一些热带地区，这种山地如同温带地区的干燥峡谷和石灰坑一样，分布较普遍。锥状喀斯特地貌的形成区域一般具备以下条件：

- 上升构造运动较频繁
- 河流下切作用强烈

坑洞的间隔由原始的河流网决定。河流流速影响石灰岩的溶解速度，如在河流交汇处，特别是在暴风雨时，水流湍急，容易导致石灰岩特定部分的加速溶解。流水对石灰岩的溶蚀会持续深入到河流平地层，造成封闭洼地和石灰坑。当达到平地层时，水流变为侧流占主导，垂直流动比较少，因此沉淀后形成的是浅显的平原。

塔状喀斯特地貌的形成原因

塔状喀斯特地貌比锥状喀斯特地貌的圆锥山地更具变化性，在沙捞越（马来西亚的一个州）一带，山地高度能从几米变化到 150 多米。而在马来群岛其他地区、加勒比海地区和中国南方等地区，塔状喀斯特地貌的主要特点是有垂直的悬崖，底部有洞穴和凹槽，最险峻的塔状喀斯特地貌形成于厚重的逐渐倾斜上升的石灰岩地带。根据斯维汀的说法，塔状喀斯特地貌形成于下列地带：

- 构造上升活动不存在或者很少的地带
- 石灰岩很接近于非石灰岩的地带
- 水平面很接近地面的地带

在湿润的季风区，河流流经石灰岩，侵蚀岩石表面，留下残余石块在河流冲积平原上。

尽管如此，没有单独一个理论能解释包含所有塔状喀斯特地貌的形成原因。不同地区塔状喀斯特地貌的形成机制不同，包括：

- 不同阻力产生不同的岩石侵蚀
- 不同溶液的酸碱性不同
- 退化的锥状喀斯特地貌坡面形成独立的塔状喀斯特地貌
- 边线侵蚀

中国南部是锥状喀斯特地貌和塔状喀斯特地貌发育最好的地区之一。图3-6为中国南部的一个塔状喀斯特地貌示意，该地貌的影响因素主要包括：

- 大量的降水。超过2 000毫米的年降水量（中国北部年降水量较少，石灰石特征包括陡壁和干燥峡谷）
- 地壳长时期的缓慢抬升，广阔且光照充足的高原
- 厚实的石灰岩岩床，其厚度达到3 000米

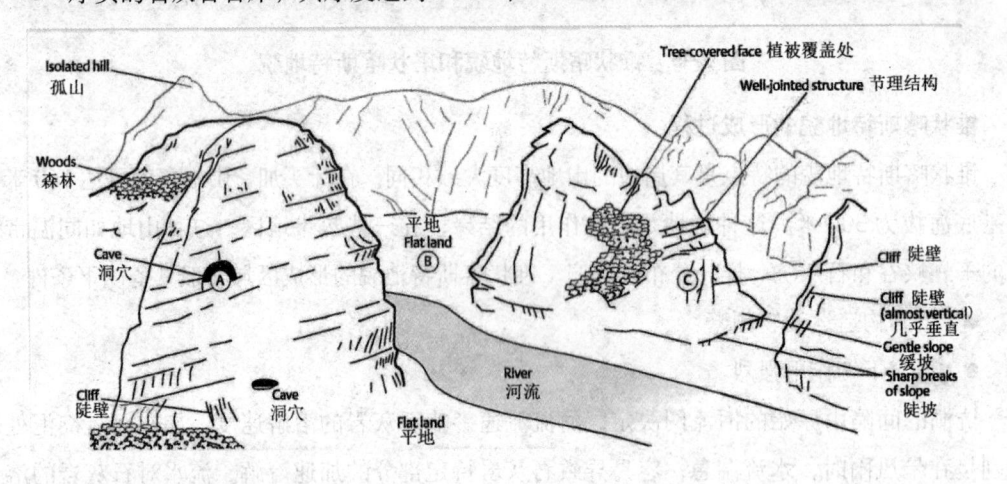

图3-6　中国南部的一个塔状喀斯特地貌示意

问题

1．解释图3-6中A、B、C所标记的地貌类型的起源和形成。
2．温带地区和热带地区的喀斯特地貌有什么不同？

剖析4　水量平衡

什么是水量平衡？

水量平衡显示一个区域的收入水量和支出水量的关系。

一般描述如下：

降水量 $=Q$（流入量或流出量）$+E$（土壤水分蒸发、植物蒸腾损失总量）$\pm$ 存储量变化量（如地面上、土壤中的水和地下水）

这些变化很难准确测量。

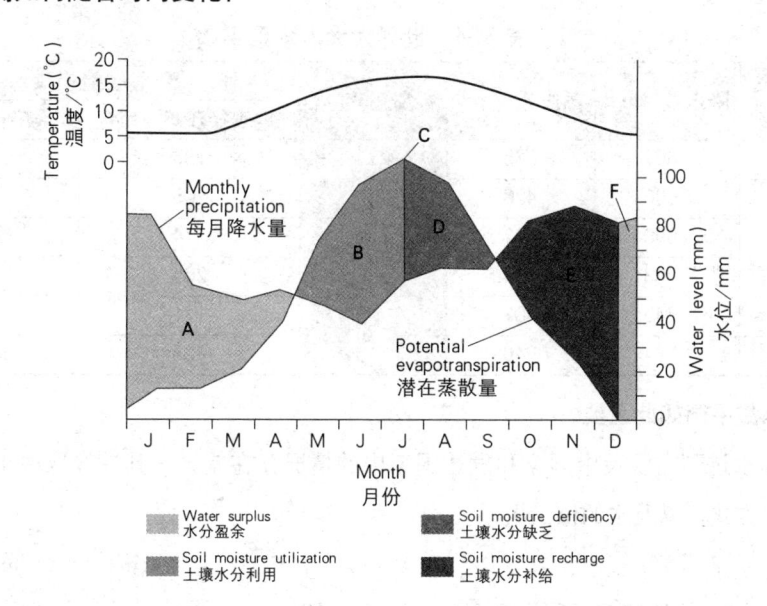

水量平衡如何随着时间变化？

图中图例：
- Monthly precipitation 每月降水量
- Potential evapotranspiration 潜在蒸散量
- Water surplus 水分盈余
- Soil moisture utilization 土壤水分利用
- Soil moisture deficiency 土壤水分缺乏
- Soil moisture recharge 土壤水分补给

A 降水量＞潜在蒸散量，土壤水分储存盈余，此时土壤水分补给给植物、径流和地下水。

B 潜在蒸散量＞降水量，水分被植物消耗或者直接蒸发（土壤水分利用）。

C 土壤水分此时已经消耗光了。此时任何降水都会被土壤吸收而不是产生径流，水位会下降或者河水完全变干。

D 随着水分储存的消耗，土壤水分变得缺乏，此时潜在蒸散量＞降水量。植物必须作出调整以生存下来；农作物必须要灌溉了。

E 降水量＞潜在蒸散量，土壤又开始储存水分了（土壤水分补给）。

F 土壤水分储存盈余。田间持水量已经饱和了，再增加的降水则会溢出，增加地下水位，地下水储存会增加。

图 3-7 英格兰南部某区域的局部水量平衡关系

图 3-7 显示了英格兰南部某区域的水量平衡关系。降水量在 1-4 月、10-12 月超过土壤潜在蒸散量，而土壤潜在蒸散量在一年中的其他时间超过了降水量。在 5 月和 6 月，有大量的存储水蒸发，而在 7 月至 9 月之间，蒸发量下降。在这个时期，农民对农作物的灌溉显得极为重要。

另外，有一些长期的变化。例如，英国的水量平衡在末冰期变化很大，本来这个变化应该出现在下个世纪，因为全球变暖导致英国的温度上升，改变了其降水格局。

水量平衡的空间变化

水量平衡在国家之间和大陆之间的变化很显著。表 3-4 显示了各大洲的平均降水量、蒸发量和径流量。径流量分为地下径流量和地表径流量。在一些地方，汛期径流量有一些季节差异。因此，一年中的一些时期会出现水量不足，而在其他时期则水量过多。地下径流量较

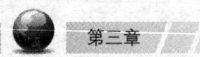

为稳定，体现了水的长期可利用性。

表3-4 世界六大洲水量平衡

地区	降水量/mm	蒸发量/mm	径流量/mm	径流构成	
				地表径流量/mm	地下径流量/mm
欧洲	657	375	282	185	97
亚洲	696	420	276	205	71
非洲	696	582	114	74	40
大洋洲	803	534	269	205	64
北美洲	645	403	242	171	71
南美洲	1 564	946	618	395	223

为什么水量平衡如此重要？

水缺乏和水过剩在发展中国家和发达国家中的情况存在差异。其差异取决于水的获得方式、水的利用方式，以及水的供给关系。

问题

1．读表3-4，描述和解释降水量和蒸发量的变化。

2．计算六大洲地表径流量和地下径流量的比重。描述你的计算结果。

3．计算六大洲降水量中形成地下径流量的比重，描述你的计算结果。

剖析15 服务业的定义和分类

什么是服务业？

服务业是指那些不生产和制造产品的活动，包括教育、福利、法律、行政等部门。从事服务业的人一般受过高等教育，拥有高技术、高收入，但也有部分人受教育水平较低，收入和技术水平也较低，而在这两者之间几乎没有中间人群。一些服务业在任何距离向消费者提供服务，这就是基础服务业；另一些只在一定范围内向消费者提供服务，这就是非基础服务业。表3-5为服务业概况。

表3-5 服务业概况

- 在生活消费品的花费中有75%～80%表现在了服务投入（研发、制订生产计划、管理、市场、调配）方面，而剩下的才是原材料和生产开销
- 服务很难衡量和量化
- 针对家庭消费的服务业正在增长
- 由于交通运输能力的提高，服务消费者对近距离的传统服务需求正在减少，服务提供者平均有1/3的服务是向其他地区提供的
- 理论上，大城市中大部分的高端商务服务业的位置，都更接近信息输入点。事实上，这是由是否能否招募到高技术人才所决定的
- 传统上，服务业在当地经济增长中的角色被认为是很被动的。现在许多服务业获得了基础职能和向其他地区出口的权利。由于他们对出口活动的支持，其他的也都可以被认为是基础
- 地方分权的存在使客户和信息源不再集中在本地。反之，汽车的可达性和停车的便捷度都影响着服务业的选址

服务业是如何定义的？

定义服务业并不简单。对服务业定义虽然不可能对所有的服务行业都进行说明，但可以表现出它们的共同特点。表 3-6 为服务业的趋势，表 3-7 为服务业的特点。

表 3-6　服务业的趋势

服务业的五个重要趋势是：
- 大公司发挥重要作用
- 公司的国际性更强
- 中小型服务公司在地区经济发展中的作用越来越重要
- 交通能力的提高使得服务业更加国际化
- 劳动力资源分化为两种，一种是人数很少的高技术高薪雇员，而另一种是人数众多的低技能低薪工人

表 3-7　服务业的特点

- 在典型的服务业里生产者和消费者是面对面的
- 用户分享产品
- 更依赖劳动力而非资本
- 产品的质量由劳动力的质量决定
- 许多服务业雇员是脑力劳动者
- 没有明确的产品可以用来衡量

请注意，服务业之间也有一些差别：

- **基本公共服务**是政府或机构提供的纯公共产品性质的服务，主要包括公共卫生、普及义务教育、社会保障等。
- **非基本公共服务**是政府或机构提供的准公共产品性质的服务，主要包括非义务教育、新闻出版、文化体育、公共交通、基础电信等。
- **私人服务**由市场参与者提供，其范围包括清洁业、零售业、商业、银行业、保险业等。

应用最广泛的分类是什么？

应用最广泛的分类方法之一是布朗宁等学者提出的服务业分类方法。该方法定义了四个主要的分类：

- 分配服务——交通运输、批发和零售
- 生产服务——金融、保险、商务服务
- 社会服务——卫生、教育、邮政服务和政府服务
- 个人服务——家庭或个人的服务、旅馆和餐厅、维修、娱乐

另一个广泛应用的分类方法是三分法：高秩序的生产服务、低秩序的消费服务和旅游业。这些类型的服务业是一个地区发展能否成功的决定因素。例如，一些依赖于客户的部门，比如邮政业、学校或超市，很难吸引额外的经济增长（乘数效应）。而生产服务，如国际金融保险，能引起很强的乘数效应，可以对地区和国家的经济增长作出很大的贡献。

一些公司能将本地服务市场转化成国际服务市场。一个小的银行或建房互助机构只能为当地（非基础）市场服务。如果它转型服务于国际（基础）市场，它将有效地从生活服务业转型为生产服务业。典型的例子如建房互助协会、零售业和旅游业公司，这些公司比较容易从地方公司发展转变为国际机构。

表3-8为工业社会与服务业社会比较。

表3-8　工业社会与服务业社会比较

工业社会	服务业社会
大量生产	差异化生产
长系列生产	短系列生产
标准化	灵活性和复杂性
规模经济	广度经济
资本是最重要的生产要素	知识和创造力是最重要的生产要素
货物生产是最重要的功能	开发、计划、管理和市场营销是最重要的功能
成本最小化	品质最优化
价格竞争	产品（质量、服务、适应客户的需求）竞争
稳定和同质的市场	变化和细分的市场
国内市场	国际市场
大众消费	个人消费
单调的日常工作	自动化
标准的职业要求	高学历和多样化的职业要求
工作专业化	工作丰富化

问题

1. 定义下面的词语：生产性服务和消费性服务；基础服务业与非基础服务业；乘数效应。
2. 表3-7所描述的特点与服务业有哪些联系？对零售业、教育业、旅游业、商业等进行调查。

剖析19　区域发展不平衡的原因

为什么出现不平衡？

1957年，经济学家缪尔达尔在《经济理论与不发达地区》一书中提出，随着时间的推移，经济发展将会增加区域间的不平衡，而不会缩小区域间的差距。他认为发展不平衡是因为最初的相对优势，如地域、矿产或劳工等资源优势。这些相对优势对工业产生最初的刺激，发展成为特殊区域，不断累积成为优势。例如，基础设施快速发展，技术工作压力，税收增加，区域知名度提高，吸引了更多的投资，这确保了该区域经济快速发展并持续领先于其他区域。

为什么随着时间推移不平衡会加剧？

空间相互作用促使技术工人、投资、新技术等向发展较好的地区集中，形成极核。同时，外围区域集聚着极核生产出来的制造业产品。当极核扩展，便会刺激周边地区的发展，这是由消费需求增加导致的。

区域不平衡发展的主要阶段是什么？

缪尔达尔模型分为三个主要阶段：

- 工业化前阶段，没有区域不平衡
- 工业化阶段，某一地区的经济发展及回波效应使不平衡加剧
- 因为扩散效应使区域不平衡缩小

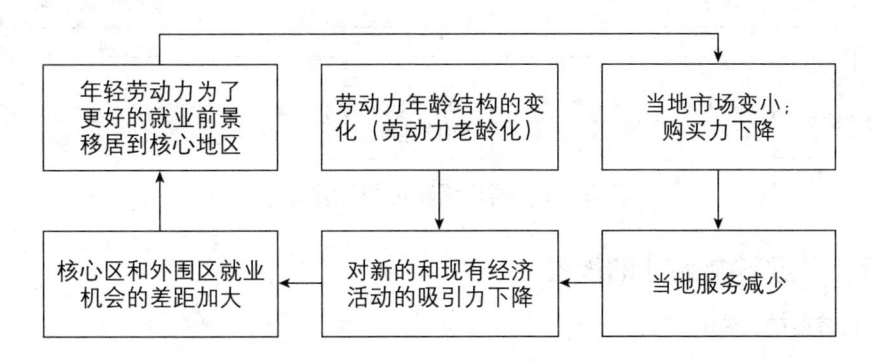

图 3-8 劳动力迁移的恶性循环

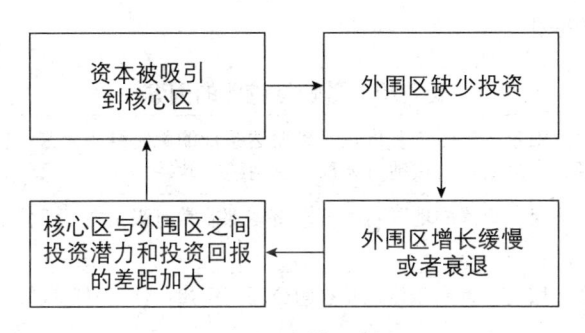

图 3-9 投资的恶性循环

循环累积因果理论的用途是什么？

循环累积因果理论是人文地理学最重要的理论，既可以应用于全球地理，也可以应用于区域地理。缪尔达尔的理论在区域规划中被广泛应用。该理论也被用于增长极理论：区域因为某些原因而在资源、劳动力或市场中拥有优势。这些区域在经济上更具吸引力从而被规划者重视，形成自然增长极，增长极向周围扩散的速度比其他地区大。这些地区由于城市工业和通畅的交通等因素进入综合性发展，如法国的敦刻尔克和马赛—福斯，意大利南部的塔兰托。

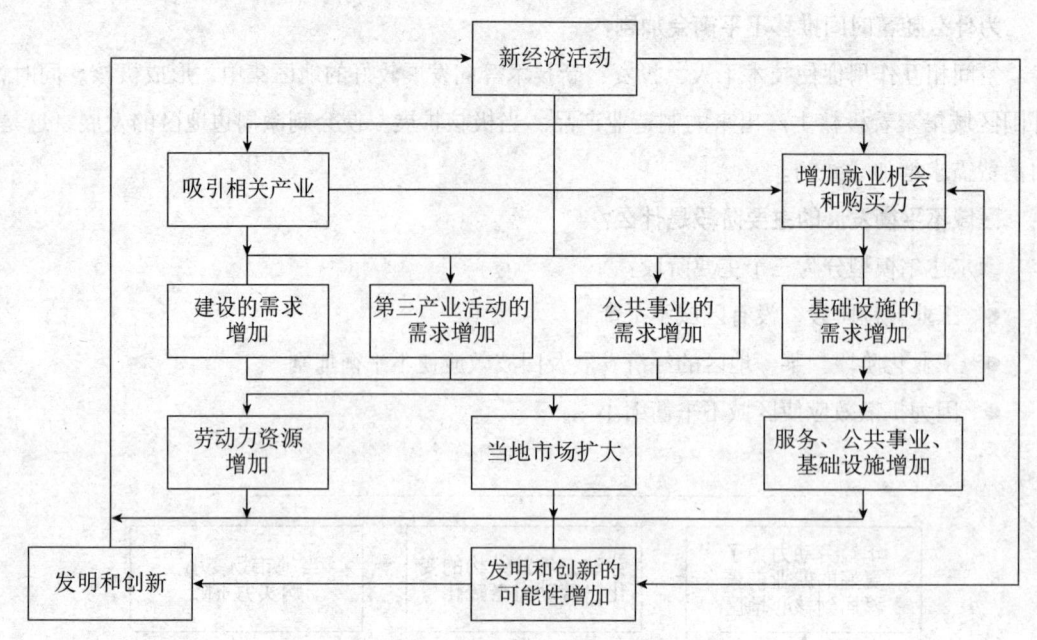

```
                    新经济活动
                   ↙          ↘
         吸引相关产业         增加就业机会
                              和购买力
         ↓      ↓       ↓         ↓
      建设的   第三产业活动的  公共事业的   基础设施的
      需求    需求增加    需求增加    需求增加
      增加
         ↓              ↓            ↓
      劳动力资源        当地市场扩大   服务、公共事业、
      增加                           基础设施增加
         ↓              ↓
      发明和创新    发明和创新的
                   可能性增加
```

图 3-10 循环累积因果理论示意

剖析 20　影响旅游业的因素

影响旅游业的因素有哪些?

影响旅游业的因素有很多，包括自然的、社会的、经济的和政治的因素，研究这些因素对认识旅游业非常有用。表 3-9 是影响旅游业的因素，表 3-10 是选定目的地的气候数据，表 3-11 是英国社会的变化。

表 3-9　影响旅游业的因素

自然景观：山脉（尼泊尔），生物多样性（哥斯达黎加的蒙特维德云雾林、地中海沿岸），森林（亚马孙雨林），沙漠（突尼斯），极地（冰岛），河流大峡谷。
气候：温暖、阳光充足、干燥的地区对大多数游客非常有吸引力；气候的季节性导致旅游业的季节性。
文化：语言、习俗、服装、食品、建筑和主题公园。例如：休闲（巴黎）、宗教（麦加）、教育（牛津）。
社会因素：日益富裕、休闲时间、更长的假期、带薪假期、更好的机动性、更便捷的交通、更多的职业女性、游客的年龄和所处的人生阶段。
经济因素：汇率、外汇、就业、乘数效应、基础设施、经济漏损。
政治因素：例如，1998 年科索沃危机导致美国赴巴尔干半岛的游客减少。
疾病：疟疾、艾滋病和霍乱导致游客减少。例如，1997 年多米尼加共和国的高发病率导致旅游人数下降。
体育赛事：国际足联世界杯（法国，1998 年）、奥运会（悉尼，2000 年）、板球世界杯（英国，1999 年）等盛事使得旅游业收入小幅增长。

表 3-10　选定目的地的气候数据

英国 伯明翰														
月份	1	2	3	4	5	6	7	8	9	10	11	12	计数值
最高气温 /℃	5	6	9	12	16	19	20	20	17	13	9	6	13
最低气温 /℃	2	2	3	5	7	10	12	12	10	7	5	3	7
平均气温 /℃	3	4	6	8	11	15	16	16	14	10	7	5	10
降水量 /mm	74	54	50	53	64	50	69	69	61	69	84	67	764
美国 迈阿密														
最高气温 /℃	24	25	27	28	30	31	32	32	31	29	27	25	28
最低气温 /℃	14	15	16	19	21	23	24	24	24	22	18	15	20
平均气温 /℃	19	20	21	23	25	27	28	28	27	25	22	20	24
降水量 /mm	51	48	58	99	163	188	170	178	241	208	71	43	1 518
突尼斯 突尼斯														
最高气温 /℃	15	16	18	21	25	29	32	33	30	25	20	16	23
最低气温 /℃	7	7	8	11	14	18	20	21	19	15	11	7	13
平均气温 /℃	11	12	13	16	19	23	26	27	25	20	15	12	18
降水量 /mm	65	49	43	40	22	10	2	7	34	56	54	62	444
巴西 里约热内卢														
最高气温 /℃	29	30	29	27	25	25	24	25	24	25	26	28	26
最低气温 /℃	23	23	22	21	19	18	17	18	19	19	20	22	20
平均气温 /℃	26	26	25	24	22	21	21	21	21	22	23	25	23
降水量 /mm	125	122	130	107	79	53	41	43	66	79	104	137	1 086

表 3-11　英国社会的变化

项目	1891 年	1951 年	1971 年	1991 年
人口 / 万人	2 723.1	4 115.9	4 641.2	4 811.9
平均每周工作时长 / 小时	56～60	44.8	40.4	40.0
带薪年假 / 周	稀有	1～2	2	≥4
营运汽车 / 万辆	忽略不计	210	1 040	1 970
国外游客 / 万人次	忽略不计	300	1 400	3 000

交通运输对旅游业有怎样的影响？

喷气式客机特别是宽体客机的出现，增加了客运量，并且减少了人们的旅行时间和航空消费。如果游客仍然承担着 20 世纪 50 年代的旅行费用和时间，那么长途旅游将不会有迅速发展。

经济和政治对旅游业有什么影响？

自 20 世纪 50 年代以来，世界大部分地区的繁荣程度大幅提高，促进了旅游业的发展。政局的稳定对旅游业也同样重要。直到 20 世纪 90 年代末，西欧几乎没发生过政治和军事冲突，而在政局不稳定的东欧情况则正好相反。

旅游者们发生了怎样的变化？

旅游业的发展是由于旅游更方便了，旅游者也更有能力去旅游了，更愿意旅游了。一些积极的影响因素包括：

- 教育水平的提高和旅游从业者的业务培训
- 外语的普及
- 旅游手续的简化，如关税和机场检查变得更简便
- 电脑的应用使得旅游者可以获得航班和住宿的有效信息
- 信用卡的全球应用使得金融操作和购买变得简单
- 电信的发展使得与家里的联系更便捷
- 住宿和其他服务，如国际酒店、连锁餐厅、汽车出租公司等的标准化，减少了人们对出国旅游的混乱印象

问题

1. 表 3-10 提供了伯明翰、迈阿密、突尼斯和里约热内卢的气候数据。使用这些数据绘制气候图表。与其他地区比较，伯明翰的气候有哪些优势和吸引人的地方？

2. 表 3-11 展现了自 1891 年以来英国社会的一些变化。简要解释其中两项社会因素是如何促使其旅游业增长的。

三、研讨模块

研讨 5　伊尔斯托姆曲线

河流携带能力和最大颗粒的半径有关，临界侵蚀速度是给定大小的颗粒能被移动的最低速度。这些变量的关系可以用伊尔斯托姆曲线来表示。例如，砂比粉砂（淤泥）和黏土容易移动是因为细微颗粒更易于附着。湍流带动体积较大的砂砾和鹅卵石，临界速度是图表中的一个区域而不是一条直线。

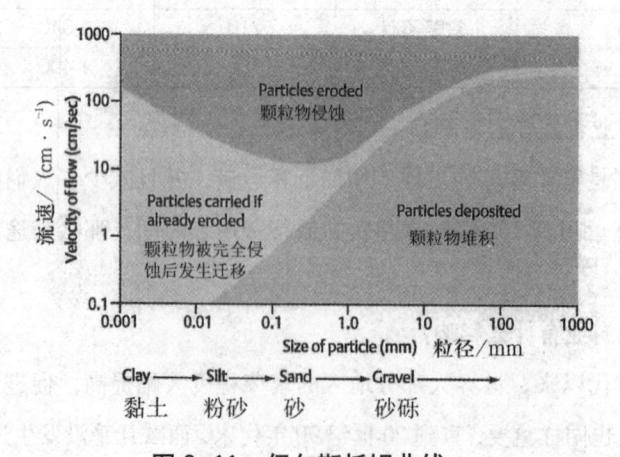

图 3-11　伊尔斯托姆曲线

伊尔斯托姆曲线有三个重要的特征：

● 最小和最大颗粒需要高速水流来带动。例如，在直径0.1毫米到1毫米之间的颗粒需要速度大约100毫米/分钟的水流来带动，黏土（0.01毫米）和砂砾（>2毫米）需要速度超过500毫米/分钟的水流来带动。黏土因为内部凝聚力产生抗携带能力，砂砾则是因为其重量。

● 高流速水流携带能力比传输能力强。

● 当流速降低到一个特定的水平（沉淀或下沉速度），这些颗粒就会沉积。

菲利普·伊尔斯托姆（Filip Hjulström，1902—1982）利用平均水流来定义沉积物携带、传送和沉淀状况。伊尔斯托姆曲线显示给定流速的携带能力。下沉速度是颗粒沉淀时的流速。它是颗粒密度、大小和形状以及水流的速度和密度的函数。因此，在同一河道可以同时存在沉积物携带和沉降，这个过程贯穿了整个曲流。

伊尔斯托姆曲线的缺陷

● 水流速度在这条曲线上显示的是河道平均水流速度，不是沉积物所在河道底部的流速。固定大小的颗粒能被携带的水流速度并不是唯一的。

● 河床水流速度是最重要的，平均流速随着水深而增加。伊尔斯托姆曲线没有将水深纳入计算中。

● 曲线表示的是平滑河道的情况，而大多天然河道都是不规则的。

● 伊尔斯托姆曲线主要由河床沉积物的固定方式决定。

● 尽管伊尔斯托姆曲线对淤泥河道和含砂河道而言很适用，但对砂砾河道却不适用。因为砂砾河道大多数时间只有极少或者没有沉积物被传送或沉淀。

图3-12　塔斯马尼亚岛的泥沙河——国王河

问题

1．为什么河床水流速度比河道水流速度对于衡量河流侵蚀更加重要？

2．图 3-11 表示水流速度和被携带物质的大小的关系。利用这幅图，描述地貌形成过程的水流速度变化，以及在沉积物颗粒大小差异较大时地貌形成过程的可能水流临界速度。

研讨 8　温室效应的影响

温室效应是特定气体吸收了地面放出的长波辐射，使地表与低层大气温度增高。总体来说，引起温室效应的温室气体，如二氧化碳、甲烷和氯氟烃等，将地面温度抬升了 33℃ 左右（和没有大气的月球比较）。温室气体的特征（见表 3-12）、温室效应的形成（见图 3-13）、温室效应对全球变暖的影响（见图 3-14）等都存在变化。

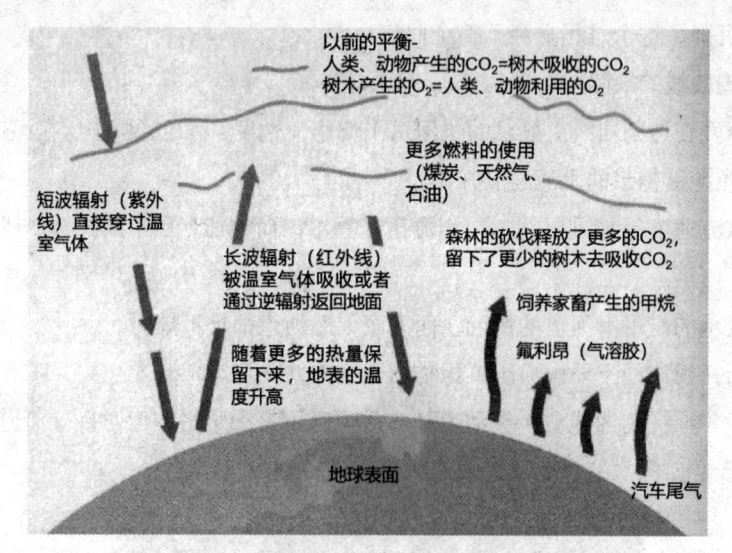

图 3-13　温室效应

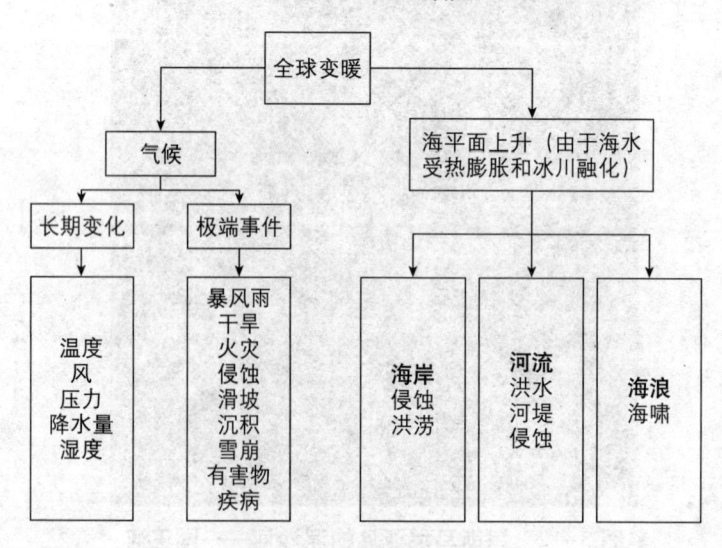

图 3-14　温室效应的影响

表 3-12 温室气体的特征

温室气体	平均大气浓度/ppm	每年变化率/%	直接导致全球变暖的可能性	时间/年	间接影响的类型
二氧化碳	355	0.5	1	120	无
甲烷	1.72	0.6～0.75	11	10.5	积极
一氧化二氮	0.31	0.2～0.3	270	132	不确定
氟利昂-11	0.000255	4	3 400	55	消极
氟利昂-12	0.000453	4	7 100	116	消极
一氧化氮	缺资料	缺资料	缺资料	不足一年	积极
氮氧化合物	缺资料	缺资料	缺资料	缺资料	不确定

温室气体的不断增加是全球变暖的主要原因。二氧化碳浓度增加的主要原因是人类活动——化石燃料（煤、石油和天然气）的燃烧和森林砍伐。热带雨林被砍伐和焚烧，不仅增加了大气中的二氧化碳含量，也减少了将二氧化碳转化为氧气的树木数量。

甲烷是全球变暖的第二大因素，每年增幅为1%。据估计，牲畜将其10%以上的食物转化为甲烷，每年释放1 000万吨甲烷到大气中。沼泽和稻田是甲烷另一个重要来源，稻田每年释放15 000万吨甲烷。随着全球变暖，底部有永久冻结带的沼泽融化，释放出大量的甲烷。氟氯烃的合成化学品破坏了臭氧层，吸收了长波辐射。氟氯烃以每年6%的速度增长，甲烷的吸热能力是二氧化碳的10 000倍。现代温室效应的迹象是二氧化碳水平和温度之间的综合作用（现代记录始于1860年）：

- 20世纪平均温度增加了5℃以上
- 1998年7月是记录中最热的月份
- 上个10年是有记载的最暖时期

尽管如此，温室气体变化也存在自然因素的影响，其中一部分要追溯到16万年前。地球围绕太阳的运行轨道的变化导致了二氧化碳浓度的增加，从而导致全球温度的变化。因此，全球变暖有自然和人为两个方面的因素。

全球变暖的影响很复杂：

- 海平面上升，导致地势低的沿海地区被淹没
- 暴风雨频率增加
- 农业分布的变化
- 生物灭绝
- 英国的自然、社会和经济环境的明显变化

直到19世纪90年代中期，新策略才被人们所接受并认真实施。最显著的指标是温室气体排放量的降低。有两个主要的策略：

- 减少温室气体的排放
- 增加温室气体的"碳汇"和"存储"，如多种植树木，具体如表3-13所示。

Where carbon dioxide leads, temperature follows

CO₂ 浓度升高时，温度也跟着上升。

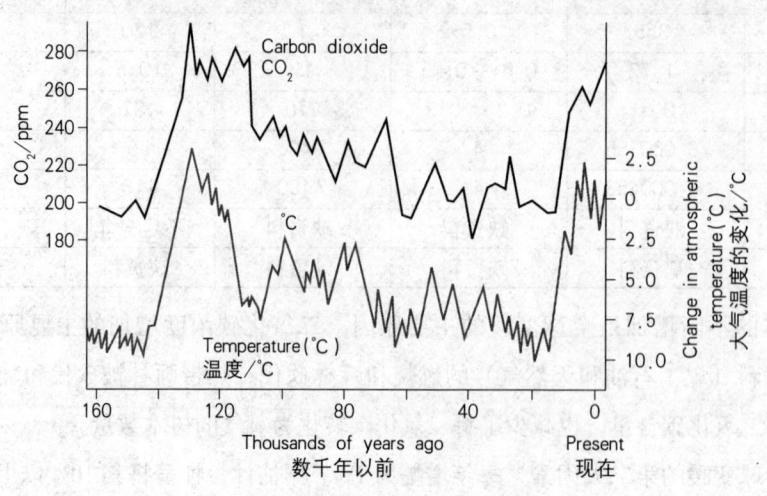

图 3-15　温室效应的证据

表 3-13　减轻温室效应影响的方法

能量部分
- 引进电子产品碳税
- 引进更高的二氧化碳税，在非能量集中产业保持现存的能量税
- 引进热和能综合能量税
- 引进省电方法（包括国内供给标准）

运输部分
- 国家车辆和税务新法规（减少长途旅行）
- 扩展公共运输系统
- 设置轻型车辆碳的排放量
- 进一步发展车辆和燃料的环境分类系统
- 降低道路通行的平均速度
- 所有的运输项目和基础设施投资都要求进行环境影响评价
- 电动车辆的引入试验

其他温室气体
- 降低农业氮肥的使用
- 扩大废弃物中甲烷的提取
- 降低铝业中碳氟化合物的排放，像化工产业一样取缔其使用。降低碳氟水化物的使用

问题

1. 温室效应是什么？

2. 解释术语：全球变暖潜能值

3. 为什么全球变暖将增加暴风雨的频率和强度？为什么甲烷和氟氯烃的增加比二氧化碳增加更需要关注？

研讨10　生物多样性

生物多样性是指地球上各种各样的生命，即动物、植物及微生物，涉及变种，种间的相互依赖的复杂性总称。地理学者已经开始专注于种群及生态系统的多样性。

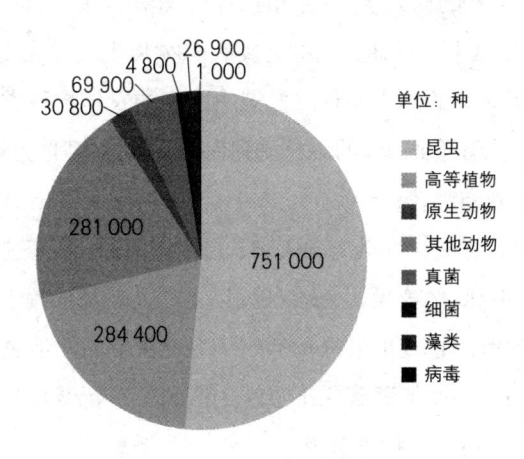

图 3-16　生物多样性

分类学家对生物进行分类。由图 3-16 可见，昆虫在世界生物多样性中占主导地位。基因分类技术的使用表明：单细胞微生物比昆虫和植物有更多的类型。

据推测地球上有 3 亿多种物种，然而已被确定的物种只有 140 万种。热带地区生物多样性丰富。热带森林面积占全球森林面积的 70%（全球森林面积约占全球陆地面积的 30%），但热带森林中的物种占全球物种的比重却超过 50%，其中昆虫种类占全球的 80%，灵长类动物占全球的 90%。巴西、印度尼西亚和马达加斯加哺乳动物种类占全球总量的比重超过 55%。美洲热带地区约有开花植物 85 000 种，而欧洲约仅有 11 300 种。

海洋岛屿物种极其丰富，因为那里生物群的进化与大陆隔离。夏威夷 90% 以上的植物在其他地区尚未被发现。

湿地生物也较为多样，湖泊、红树林、沼泽是生物多样性的重要源头。比如，孟加拉地区孙德尔班斯湿地是仅存的孟加拉虎栖息地。保护一个物种可以挽救其他物种，人们在印度保护老虎栖息地挽救了 300 多种鸟类、55 种哺乳动物和 36 种爬行类动物。

尽管物种的灭绝是一个自然的过程，但是目前生物种类减少的速度是有人类干扰前的 1 000 ~ 10 000 倍，在过去的 400 年间就有超过 400 种的鸟类和哺乳动物灭绝，而且这种趋势还在加剧：若按照目前的形势继续发展，到 2050 年将有超过 6 000 种的植物灭绝。此外，大型食肉动物类关键物种的灭绝将会由于生态平衡的破坏而导致一系列相关物种的灭绝。

生物多样性面临多种威胁，其中之一是对森林的破坏。热带森林正以每年 1 100 万公顷的速度遭受破坏，其主要原因是交替耕作并非商业砍伐，放牧、开垦土地以及开辟道路也是对生物多样性产生危害的不可忽视的因素。

在欧洲，沼泽排水是生物多样性面临的一个主要威胁。在美国，现存沼泽已不足1600年前的一半。家庭、工业、农业污染物对河流、湖泊的污染日益严重。例如，瑞士就有18 000多个被污染的湖泊。渔业的过度捕捞减少了水生物种。濒临灭绝物种交易也是很大威胁，美国每年需进口超过1 000万美元的仙人掌，英国的兰花已非常少见了。引进的物种破坏了岛上的许多生物群落，自1600年以来，已知灭绝的鸟类有90%以上发生在岛屿。此外，现代的农作方法使改良的物种取代了原有的野生物种。发展中国家的农作物种类最多的区域物种生存环境的压力最大。目前全球只有不到5%的雨林受到保护，科学家呼吁这一比例至少达到10%，实际上雨林的保护需要达到20%。

生物多样性有着重要的意义，每年全球依赖于自然资源的药品商业价值超过200亿美元，物质财富价值更是高达18 000亿美元，全球60%以上的人口都依赖于传统药材，这些药材大多来源于植物。以奎宁为例，它被用来抵抗疟疾，毛地黄中的洋地黄可用来治疗精神紊乱。动物物种也很重要，用马达加斯加蔷薇色玉黍螺生产的长春新碱和长春碱可治疗儿童白血病及霍奇金病，蜜蜂毒液则可用于治疗关节炎。

传统植物具有很高的经济价值、医药价值、生态价值和文化价值，许多新药物是来自对传统药材的开发。表3-14是民族植物学在阿司匹林等药物开发上的应用。

表3-14　民族植物学的药物开发

像许多药物一样，阿司匹林是在科学家开始分析用于传统草药治疗的植物的化学成分后才开发出来的。这种民族植物学方法可能揭示未来的药物治疗。		
药物	药用	植物来源
阿司匹林	减轻疼痛和炎症	菲律宾金盏花
可待因	减轻疼痛和抑制咳嗽	罂粟
吐根酊	催吐	吐根
毛果芸香碱	降低眼压	辣椒果
伪肾上腺素	减轻鼻塞	麻黄
奎宁	对抗疟疾	金鸡纳
利血平	降低血压	蛇根木
东莨菪碱	缓解晕车	曼陀罗
茶碱	疏通支气管道	茶花
长春花碱	抵抗霍奇金病	长春花

研讨12　乡村剥夺

偏远的乡村地区存在以下现象：对劳动力需求的下降、失业、低工资、不适合的技能、服务业的衰落、有限的新发明、人口减少、贵族化、低落的士气、不易到达、高依赖率、抛弃和萎靡、公共服务高消费。

和城市的空间高度集聚不同，乡村绵延广阔，占据了一个国家的很大面积。很多乡村地区都经历过服务业的衰退，部分是由于私家汽车的发展所导致的。

由于长期的人口减少，人们对服务的需求降低。这导致了服务业的社会需求和经济生存能力之间的矛盾，尤其体现在乡村运输方面。随着更多人使用私家汽车，公共汽车公司的乘客越来越少。为了使收支平衡，他们增加了运费，这使得乘客更少，衰退也就加剧。这种情况选择性地影响了一些社会群体，如老年人、残障人、低收入人群和一些年轻人。此外，这些人对于在哪儿购物的选择较少，所以他们要付更高的价钱，这加重了他们的贫困，如图 3-17 所示。

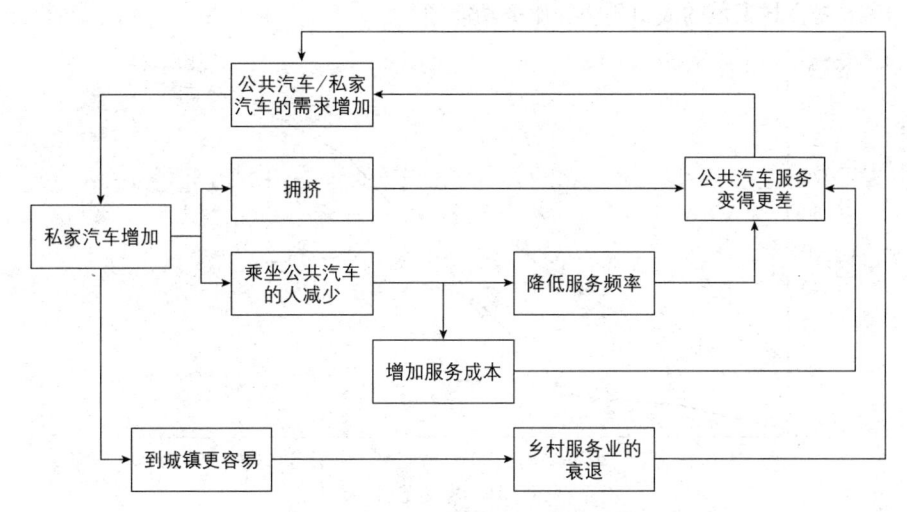

图 3-17　乡村地区减少的交通

对于诺福克和威尔特郡的研究表明了人口规模和提供服务的数量之间的复杂关系。尽管 20 世纪 70—80 年代诺福克人口都有增长，但服务业仍然衰落。当人口增加时，一些服务需要人口聚集达到经济上的规模效应才能存在。例如，医生越来越多地倾向于团队经营。这些要求人口阈值约为 6 000 人，为了能做外科手术，该值为 4 000 人。因此，更少的聚居区对医生的直接需求增加。

20 世纪 90 年代的乡村剥夺

乡村发展委员会于 1991 年对乡村服务的调查显示：

- 39% 的乡村没有商店
- 40% 的乡村没有邮局
- 51% 的乡村没有学校
- 29% 的乡村没有乡村礼堂
- 73% 的乡村没有每天的公交服务
- 少于 10% 的乡村没有银行或建筑区，没有托儿所，以及牙医、列车
- 只有 40% 的乡村有小学，而且通常是 500 人以上的乡村
- 只有 16% 的乡村有长期的外科手术室
- 只有 5% 的乡村有学校外的托儿所

- 61%的不足300人的乡村聚居区有一个或更多的周移动商店，乡村地区的日常需求要依靠当地商店

在乡村地区，服务业倾向于集中在大一些的村和镇。总体上，大多数人认可的服务很少，且互相离得较远。由于公共汽车的短缺，居民严重依赖私家汽车，去获得必要的服务、娱乐或其他服务。尽管乡村的私家汽车拥有量高于城镇，但是大多数人，尤其是老人和女人，几乎不用或很少用到汽车。

图3-18是乡村聚落的人口规模和服务功能图。

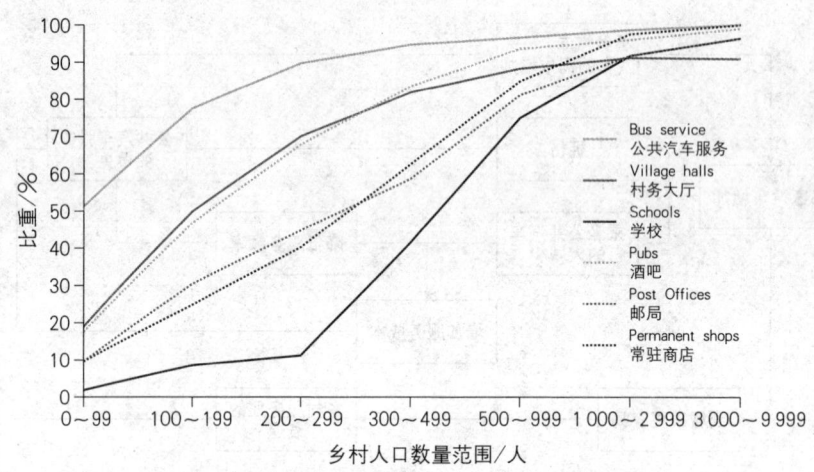

图3-18 乡村聚落的人口规模和服务功能

问题

1. "剥夺"一词有什么含义？
2. 在乡村地区和城市内部的"剥夺"有哪些相同和不同之处？
3. 乡村剥夺的主要原因是什么？
4. "剥夺"是如何随着私人交通运输工具的变化而变化的？

研讨14 跨国公司

什么是跨国公司？

跨国公司是在许多国家运作的机构。通常，跨国公司的研究、发展和决策部门都是在发达国家的中心地区，而装配和制造部门则是在发展中国家或经济萧条的外围地区。

帝国化工成立于1926年，其总部设在英国。它有13万名雇员，每年销售额大约为65亿英镑。帝国化工是英国工业的旗舰之一，它是一个巨大的集合体，几乎涵盖制造与化学相关的所有产品，包括肥料、纤维制品、炸药、涂料、石化产品、制药和塑胶业。现在它的销售和盈利依赖的主要市场在英国，以及欧盟、北美洲、亚洲和大洋洲等。

跨国公司为什么这么重要？

跨国公司能为其所在地区带来极大的好处，这包括：

- 提供职业

- 教育和技术的进步
- 对国家的投资和援助
- 国家重视制造业的发展
- 重要设备的进口
- 能源资源的发展

另一方面，跨国公司也有一些弊端：

- 当地劳动力被剥削
- 极少的技术工人会被雇佣
- 大部分的利润会流向海外
- 当地矿产资源的出口和工业产品的进口矛盾突出
- 机械化降低了社会对劳动力的需求
- 增加进口产品和原油将会导致国家债务增加

经济力量

跨国公司的经济交易遍布全球，而且这些公司对城市、地区以及国家有强大影响力。埃克森和通用汽车（在所有跨国公司中排名第一和第二）的销售额几乎等于整个瑞士的国内生产总值（GDP），而排名第45位的跨国公司帝国化工则以其稳固的销售额与前东德的国内生产总值相当。

- 如此巨大的机构需要庞大的计划编制和调配以保证他们的工厂有足够的原料和配件供应，市场有足够的产品供应，办公有足够的信息供应。因此，跨国公司转变为拥有广阔内部市场的计划经济。大量的原料、配件、产品、资金和信息跨越了国界，成为贸易项目。大约1/3的贸易来自跨国公司的内部调配，这些调配通过税务征收的方式为政府提供了收入。

- 经济势力来自资产的所有者，比如工厂、仓库、旅馆、矿藏和森林的所有者。全球七大跨国公司就占据了全球23%的铜产量。

- 跨国公司虽然不占有资产，但跨国公司却能控制资产。虽然很多发展中国家拥有本国的资源，但跨国公司却控制着市场和货物的流通。

- 跨国公司雇佣大量的人员。全球有超过5 000万人在为跨国公司工作。

- 政府对跨国公司实行经济上的激励政策。例如，马来西亚政府建立了四个出口地区，原料、重要产品和新型设备进口免关税，并提供基础性服务，特别是工厂和土地租用费用远低于市场价格。

政治力量

- 经济实力强大的跨国公司也拥有相当强大的政治力量。然而，跨国公司的政治力量要受限于政府的一些限制政策，比如进口配额和当地保护政策。

- 相对于外资公司，政府更倾向于保护本国企业的利益，比如国外公司在日本运营难度很大。

跨国公司如何应对世界经济危机？

从1945年到20世纪70年代初期，跨国公司疯狂地扩张业务。1950年，全球315家大型跨国公司中，有81%的公司只在6个国家内经营。到了1970年，有88%的公司都在超过6个国家经营了。公司向跨国化转变的时间比以前更短了，以便更早地赚取海外市场的利润。

需求的减少和竞争的增加将会造成非常不利的经济状况。为了生存和发展，跨国公司不得不作出改变，其运用的三个主要策略是：合理化、改组和多样化。合理化涉及减少劳动力数量，用机器取代工人。与此相对，改组包括生产、管理和市场的整合，比如生产和管理的转包。因此，跨国公司开始整合工厂、办公室以形成生产和管理的层次。产品的不同组件在不同的配件工厂制造，然后运送到其他工厂中转或最终装配。多样化即开发新的产品，特别是金融服务。金融服务拓宽了跨国公司的业务范围，使公司免受金融风波的冲击。跨国公司现在的变化：

- 通过转包的方式间接地缩减雇佣人数
- 在全球范围内对生产、管理和市场进行整合
- 资金日趋集中化

对这些变化，从地理学上可得出多个推论：

- 商务、交通、通信等不断增多
- 跨国公司的劳动力资源比以前更趋于国际化了，比如，帝国化工的外国雇员占比已经超过了50%
- 管理的整合导致跨国公司向个别的"世界城市"集中，这可以更多地接收资金、咨询、信息等。市场和管理被外包到火奴鲁鲁（檀香山）、香港、迈阿密、新加坡这样的城市。这些城市被看作各大洲的中心城市。这些城市有一个增长型的市场，一个不断完善的服务部门，一个成长中的"雅皮士"人群和豪华住宅区
- 局部裁员意味着跨国公司将劳动密集型产业分散到有着廉价劳动力的发展中国家，因此形成了新的国际分工和空间劳务分布

问题

1. 跨国公司是什么意思？
2. 为什么跨国公司很重要？
3. 近几十年，跨国企业发生了哪些变化？

研讨20　旅游业的影响

旅游业的发展是与很多环境、社会和经济因素联系在一起的。旅游业的积极影响也是多样的：

- 国外的大规模直接投资促进了经济发展
- 提高了与国家间交流的水平
- 增强了贸易平衡

- 创造了就业机会
- 促进了基础设施的建设，为旅游者和当地居民都带来了好处
- 经济的多样化
- 创造了新的环境和经济增长点

然而，旅游业也会产生消极的经济影响：

- 增加了对国外投资者和公司的依赖性
- 转移了其他发展地区的投资
- 依赖于季节性、低收入、非技能劳动力

经济影响的规模很难衡量，这是因为：

- 发展的范围有所不同。比如，国际、国家、地区或本地的范围不同
- 旅游者本身的质量有所不同。比如，低消费的背包旅行者和奢侈的旅游精英所产生的影响会有所不同
- 经济的本质，将影响到不依赖于进口的满足旅游者需求的能力
- 经济漏损的总量（漏损是国家收入流失的部分，比如为了支持旅游业所进口的货物和服务，或者向外国投资者付出的利润）；通常，经济发展程度越高，漏损的程度越低。

旅游业在经济发展中的消极影响

旅游需求相关的几个因素：

- 原料（生产和出口）国的经济不景气
- 节假日价格的变化，与国外交流价格的变化，以及旅游业内部的价格战
- 交通费用的变化，特别是原油和航空机油的价格变化
- 旅游目的地经济低潮和不稳定的政局，如1997年的亚洲金融危机
- 战争冲突和政局动荡，如北爱尔兰的动乱和巴尔干半岛国家的分裂
- 负面的影响，包括犯罪率上升，疾病和瘟疫增多，甚至暂时的经济低迷

旅游业与当地土地价格、劳动力价格和货物价格有很大的关系。旅游业的雇佣有以下几个特点：低薪、服务性和低技术、兼职和季节性、过度依赖女性等。旅游业也会带来外在的负面影响，旅游业发展引起更大的社会问题和环境消耗。例如，旅游业会带来交通堵塞，供水和污水处理系统的超负荷运转，环境污染和犯罪率上升等难以估量的负面影响。

对野生动植物的影响

希腊的扎金索斯岛是红海龟的筑巢地。红海龟的主要栖息地浅滩吸引了大量的游客。旅游业对红海龟长期生存环境的威胁已经开始显现，这些威胁大部分都是间接的。比如，夏季中期红海龟在离海岸线10～15米的沙滩上产卵。然而：

- 一些产卵地在海滩开发的时候被破坏了
- 产卵的雌龟和幼龟（趋光性的）会被海滩边的酒吧和咖啡厅的灯光所迷惑，搁浅在远离海水的地方

- 噪声也是造成海龟迷惑和混乱的原因
- 沙滩上的汽车交通,其尾气排放降低了红海龟巢室的含氧量,会使红海龟繁衍失败
- 水污染会导致红海龟生存的灾难,红海龟会将塑料袋和食品包装物错当成水母或海蜇吃掉

试图让红海龟产卵地的减缓破坏速度和限制旅游活动的努力,遭到了以旅游业为生的当地居民的反对,同时很多游客也忽视了对红海龟产卵地的保护。

对水的影响

意大利亚得里亚海沿岸地区的旅游胜地里米尼,由于水质恶化导致游客数量下滑。除沿海旅游点的垃圾之外,沿岸河流还将大量的城市、农业和工业垃圾输送到亚得里亚海。另外,亚得里亚海的潮汐作用使污染物逐渐堆积,产生了大量海藻,特别是在夏季尤为突出。这些现象在1988年首先出现,并在1989年明显加剧,引起了媒体的广泛关注。1990年当地的旅游业收入下降了60%。为了解决这些表面问题(而不是本质原因),相关部门仅仅是用浮动障碍物减少沿岸的海藻,一些酒店则提供了移动海藻浴池。一个旅游胜地就这样接近了其生命循环的终点,媒体报道产生的负面影响仅仅是加快了其衰落的速度,里米尼就是这样一个生动的例子。

旅游业的发展对环境、社会和经济等产生重大影响,表3-15是旅游业的影响。

表3-15 旅游业的影响

影响的领域	消极影响	积极影响
生物多样性	破坏繁殖模式;捕杀动物(狩猎)以消遣或供应纪念品;生态环境的破坏和物种组成的改变;植被破坏	将鼓励保护动物作为吸引力
侵蚀和物理破坏	土壤侵蚀;践踏对土地造成的损害;主要基础设施超负荷运转,例如供水系统超负荷运转	旅游业收入用于资助土地修复和场地修复;旅游需求推动基础设施改善
污染	污水、燃料泄漏和游船垃圾造成的水污染;空气污染,例如车辆废气;噪声污染,例如来自车辆或旅游景点的噪声;乱扔垃圾	进行清洁工作,以保护该地区对游客的吸引力
资源基础	地表水和地下水的耗竭;调配水资源以满足游客的需要,例如高尔夫球场或泳池;当地燃料枯竭;当地建筑材料资源的消耗	开发新能源和增加能源供应的途径
视觉和建筑的改变	土地从农业用地转换到旅游业用地;旅游开发对自然和非自然景观的不利视觉影响,导致观感改变;引入新的建筑风格	土地或废弃用地的新开发;改善景观,例如清除弃置的废物;更新建筑或使已建好的建筑现代化;废弃建筑物的再利用

对文化的影响

随着全球化的深入,人们对异国文化、独特的服饰、语言、饮食和艺术的兴趣逐渐升温。宾馆和游客之间的对立观点也开始增多。比如:

- 开发/减少开发
- 未工业化和工业化/后工业化

- 传统／现代
- 服务／贫穷

旅游业对文化的影响主要体现在对旅游目的国、游客输出国文化的影响。游客和当地居民在许多情况下会产生冲突，比如游客在买东西的时候，游客与当地人享用相同设施的时候。此外，影响还限于当地的自然条件。在大城市这样的影响会少很多，而在小的田园村庄旅游业所带来的影响则会深远得多。

影响反映出距离衰退规律，离旅游胜地越远，所受的影响就越小；离旅游胜地越近，所受的影响就越大。如果当地社会群体比较弱小，或乡村封闭且未开发，几乎所有方面都与游客相冲突，那么这个地区受到的社会影响将会相当大。在当地人和游客的文化习俗很相近的地方，旅游业带来的影响会小很多。

表 3-16 是旅游业对目的地的影响。

表 3-16 旅游业对目的地的影响

积极影响
- 增加对旅游目的地的社会和文化的了解、理解 - 提升旅游目的地在国际社会的文化声誉 - 引入更现代的价值观和实践活动 - 振兴传统手工艺和表演艺术
消极影响
- 文化的破坏和商业化 - 动摇与传统习俗有关的价值观，以供游客消费 - 外来生活方式和传统生活方式之间的紧张关系加剧 - 当地语言和文化的衰落 - 当地消费新趋势的出现 - 增加诸如赌博和卖淫之类的反社会活动的风险

以上的讨论是假设去任何地方旅游的游客都是来自有着不同生活状态和文化背景的地区。通过北美印第安人和因纽特人的传统手工业，可以看出旅游业对其产生的负面影响。在大规模生产的背后，往往隐藏着对当地设计和手工的粗劣的仿造品。其中有一些问题升级了：

- 他们是否可信？
- 他们是真正的文化象征吗？
- 他们能代表当地文化吗？
- 是当地居民还是那些工厂所有者们得到了实惠？
- 加拿大制造和当地印第安人制造哪个更可信？
- 这些作品是否违反了版权法？
- 这些当地印第安人的象征是正确和可信的么？

经常会有关于旅游业是否会导致道德观和价值观改变的争论。通常，当旅游者为一个新的地区带来不同的生活方式后，这个地区会发生改变。在某些情况下，旅游者发现他们所到之处的社会和道德价值更具包容性。比如，去过斯堪的纳维亚半岛国家或荷兰的游客可能发现，当地对性、同性恋、吸毒和卖淫有着与他们不同的看法。

巴厘岛的文化旅游

旅游业对巴厘岛来说有着非常深远的积极社会效应。1958年巴厘岛成为印度尼西亚的重要区域,发展巴厘岛的旅游业为印度尼西亚增加了外汇收入,但也对当地的传统文化产生了威胁。在允许巴厘岛发展旅游业的同时,印度尼西亚政府试图给外界营造一个积极的印象。经过不断努力,巴厘岛政府很快就意识到发展旅游业所带来的政治和经济效益。他们采取的策略是:

- 以旅游业作为主要的吸引点
- 发展新的旅游胜地以增加国家的经济收入
- 利用国际社会对巴厘岛的关注度提升巴厘岛在印度尼西亚的政治地位

为了使文化成为其重要的旅游资源,巴厘岛人保护他们的传统文化遗产。旅游业使该地区逐渐繁荣起来,而巴厘岛人的传统习俗、技术和艺术也因此得到了复苏和传承,使巴厘岛的文化特征更为鲜明。

问题

1. 查阅词典,解释"文化"一词。
2. 列出几条旅游业对社会文化的影响。
3. 在什么情况下,文化会对旅游业有积极影响?

四、案例研究模块

案例研究3　1998年意大利泥石流

图3-19　1998年意大利泥石流

坎帕尼亚和卡拉布里亚是意大利最易受灾的地区，从1892年以来，科学家记录了上述地区发生的至少1 173次严重的崩塌。从1945年以来，崩塌和洪水导致平均每月有7人死亡。从地理学上讲，这片区域不稳定，有活火山（如埃特纳火山和维苏威火山），多山地、急流。

1998年5月，泥石流突袭坎帕尼亚，有近300人丧生。受损失最大的地区是萨尔诺，萨尔诺是一个有35 000人的镇，在两周内降下了相当于一年的降水量。坎帕尼亚区宣告出现紧急事件，拨款1 800万美元用来修复泥石流造成的破坏。

大多数地质灾害的原因被归咎于人类活动：

- 萨尔诺河水量减少
- 河床被铺上了水泥
- 山地周围的黏土因为森林火灾和砍伐森林严重流失
- 房屋建造在崩塌易发生区
- 20世纪60年代意大利的迅猛工业化导致了修路、砍伐森林、建造房屋等的失控

萨尔诺镇超过20%的房子都是未经许可修建的，有很多简易房子是建在公元前79年维苏威火山喷发的火山沉积物上。大雨冲蚀火山沉积物，每年有近9亿吨被冲蚀掉。这个地区的地质脆弱性多归因于乱建房屋和缺少建筑规划，如表3-17所示。

表3-17 自1950年以来意大利遭受的灾害

年份	地点	灾害	死亡人数／人
1951	卡拉布里亚	洪水	100
1951	波莱希内，威尼托	洪水	89
1954	萨勒诺，坎帕尼亚	洪水	297
1963	隆加罗内，威尼托	滑坡，洪水	1 800
1966	佛罗伦萨，托斯卡纳	洪水	35
1985	瓦尔迪斯塔瓦，特伦蒂诺	滑坡，洪水	269
1987	瓦尔泰利纳，伦巴第	洪水，滑坡	53
1994	亚历山德里亚，皮埃蒙特	洪水	68
1996	韦西里亚，托斯卡纳	洪水，滑坡	14

随着西班牙、葡萄牙、希腊、土耳其这些国家的发展，崩塌灾害也在这些国家不断发生。整个欧洲南部为了发展经济而焚烧森林。地中海周围越来越多的焚烧森林事件并不是巧合。很多是开发者故意为之，其结果导致他们生活的区域失去了自然美丽和森林保护。焚烧森林使林下土壤变得不稳固。地表杂物被清除后，人类的开发活动就展开了。

在整个欧洲，最早期的扩展或建造房子并没有规划和审批制度。修建房屋多在夏天，赶在很多政府官员不办公期间。在西西里，近20 000栋假期房屋被建在海滩上、悬崖边上、沼泽中，缺少建筑规划。意大利有217 000多栋房子是在没有许可的情况下建造的，许多房子都

没有适当的排水管道和地基。有些房子靠近河床，暴雨来时就会被淹没。仅有15 000户居民的意大利坎帕尼亚的小镇，完全是在没有任何许可的情况下而建造起来的。

问题

1. 意大利处在泥石流威胁下的自然原因是什么？
2. 这个地区受泥石流威胁增大的人为因素有哪些？
3. 为什么地中海地区的泥石流威胁在增大？

案例研究 9.2　学校附近的土壤

学校附近有很多土壤可供研究。例如，观察它的厚度、有机质含量、水分含量、质地、渗透率和酸碱度。土壤很适合用来设计作业，因为在很小的范围它们就能被采集到，也具有多样化的特点，可以用来进行比较。挖掘土壤进行研究需要得到许可。讨论的问题可能包括：

- 玫瑰园（或学校其他任何正式园地）的土壤与运动场的土壤有何不同？
- 落叶树下的土壤和松树下的土壤特点相同吗？
- 地面倾角和距水源远近对土壤水分含量有何影响？

土壤深度

使用土壤钻或铲子向下挖，一直挖到下面的岩床为止，可以测量土壤深度。对于城市的学校，很多土壤下面是松散的碎石。这样的碎石可以看作岩床。

土壤深度以厘米为单位记录。研究的问题包括不同的坡角、地形和所处位置（顶端、中部、底部）土壤深度的变化。

酸碱度

可用一些普通的指示剂来检测土壤酸碱度，具体的方法是：

1. 提取一份已知深度的土壤样品
2. 将1～2厘米的土壤放入试管底部
3. 加入1～2厘米的硫酸钡溶液（可使泥土沉淀，留下澄清的溶液）
4. 向试管中注入蒸馏水并摇晃
5. 向澄清的溶液中加入几滴指示剂。将溶液的颜色与色彩表进行对比，酸碱度可以读到灵敏度为0.5的数值。

酸碱度反映化学物质的活性，通过化学实验可以检测出土壤的养分含量。

质地

土壤的质地要通过一系列的筛选，分级分离沙子、淤泥和黏土以便得到精确的测量记录。通过精确计算沙子、淤泥和黏土的比例，而后对照三角形的土壤质地表，就可以对土壤质地进行评估了。

表3–18是用手指测土壤的质地。

表 3-18 用手指测土壤的质地

土壤湿润度要适中，如果土壤湿度饱和，应该降低湿度。用食指和拇指轻轻地揉搓泥土。
测试 1：土壤是否形成一个球团？
容易形成···（转到测试 2）
有点难形成···壤质砂土
但是测试 1 和测试 2 都要用来检查
不能形成··砂土
测试 2：当球团被按在拇指和食指之间时会发生什么？
连贯地粘在一起···（转到测试 3）
有崩碎的趋向···砂质壤土
但是测试 3 和测试 4 都要用来检查
测试 3：稍加湿后，球团能滚成一个高高的圆柱（约 5mm 高）吗？
能···（转到测试 4）
不能，球会塌下来···砂质壤土
测试 4：再稍微湿润一下，球团能滚成一个矮矮的圆柱（约 2mm 高）吗？
能···（转到测试 5）
不能··砂质壤土
测试 5：圆柱能弯成马蹄形而不开裂吗？例如，在手的侧面。
能···（转到测试 7）
不能···（转到测试 6）
测试 6：如果再增加水分，对土壤的总体"感觉"是什么样的？
光滑的，糊状的···粉砂壤土
粗糙的，有磨蚀感的···砂质粉砂壤土
测试 7：能否将圆柱两端连接而不开裂，形成直径约 25mm 的环？（如果有必要，可以用更多的水分重新开始测试。）
能···（转到测试 9）
不能···（转到测试 8）
测试 8：如果再增加水分，对土壤的总体"感觉"是什么？
非常有砂质感···砂质黏土
硬度适中···黏质壤土
柔软的···粉砂黏壤土
测试 9：在不重新润湿的情况下，可以用拇指打磨表面吗？
能，很光亮的表面···（转到测试 10）
能，但砂质颗粒是非常明显的··砂质黏土
不能···（转到测试 8）
测试 10：彻底湿润后，土壤在手指上的黏度是怎样的？
非常黏··黏土
中度黏··粉质黏土

土层

土层是土壤中可辨识的层。城市中的很多地方（如花园）的土壤受到人类活动的影响，如落叶被清扫、草丛和树木的修剪。土层可通过多项指标进行区别，这些指标包括颜色、酸碱度、化学成分、质地和结构。在某些情况下，土层有很明显的变化，特别是渗透率很高的灰壤，其生物种类却很少。多数学校周围的土壤分辨模糊，因此提取不同层的样品就非常重要。如果土壤有不同的颜色（它们之间很有可能相互交错），每种不同的颜色提取一个样品。红色的土壤表明铁的存在，高渗透率的土壤呈灰白色，渗透率适度的土壤呈亮棕色。

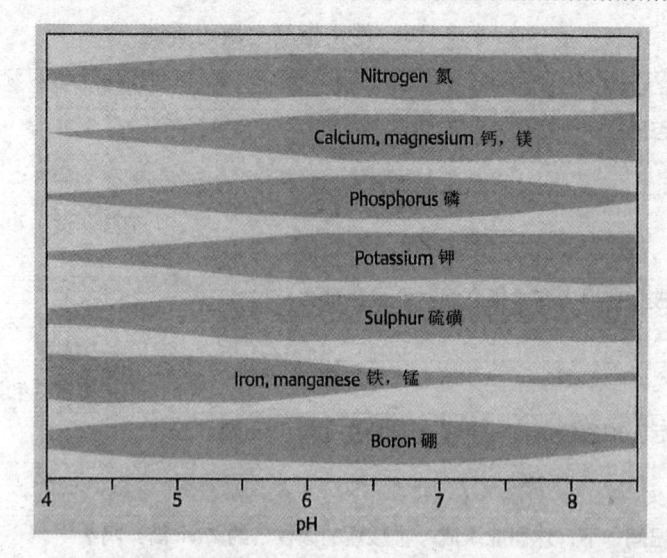

图 3—20　土壤的 pH 值和土壤中可被植物利用的有机物的关系

问题

1. 图 3—20 显示了土壤的 pH 值和土壤中可被植物利用的有机物的关系。

　　（a）哪种养分在碱性土壤中最难转移？

　　（b）在下列哪个 pH 值范围内养分能最大限度地转移：4.5～5.0，5.0～5.5，5.5～6.0，6.0～6.5，7.0～7.5，7.5～8.0？

　　（c）土壤中钙离子的存在使得钾离子和磷离子的溶解度降低。石楠花需要丰富的钾离子和磷离子。在哪种土壤环境中可能会有这种植物生长？为什么？

案例研究 11.2　印度消失的数百万人口

　　世界的男女人口比是 100∶105。在印度，男女人口比是 100∶93，有大量女性人口被消失了。联合国儿童基金会（UNICEF）认为，"没有什么统计数据比 4 000 万到 5 000 万女孩和妇女从印度人口中消失更为可耻"。

　　假如性别平衡自然发展，印度妇女数量原本应该增加至少 4 000 万人。很多女孩被流产了，还有很多是生育后被杀死的。女孩的降生成为家庭财富的负担。印度人认为需要一个男性继承人来继承家族名分，而女孩，被认为是"别家财产"，出嫁还需要陪送很多嫁妆。尽管有"反嫁妆法则"，但这些思想毁坏了较为贫穷的家庭和有很多女孩的家庭。

　　嫁妆威胁促使很多家庭用残暴的方式解决这个问题。在比哈尔这样的贫穷地区，有助产婆扼死女婴的说法。在印度，妇女到医院去检查胎儿的基因缺陷时，大多数都会照例检查胎儿的性别。如果确定是女孩，流产就会相继而来。政府统计表明：在孟买 8 000 例检查后的流产中，7 999 例的胎儿是女孩。因此，印度人口性别的不平衡加剧：1901 年，男女人口比是 100∶97；但在 1990 年后，男女人口比就只有 100∶93。1994 年，性别检测被禁止，但实际上大家仍在继续做性别检测。

女孩出生后的境况比她的兄弟们困难得多。在农村地区，男孩去上学，女孩多留在家里帮忙做家务。女性的识字率只有40%，而男性有65%。国际儿童基金会报道：每年有不少于5 000名印度妇女被她们的姻亲烧死，因为家族不能提供足够的嫁妆。

历史上，印度社会中妇女的地位是很悲惨的，得不到地主和领主准许出生的女婴即便出生，也要被烧死。萨蒂制度在19世纪就废止了，但妇女的地位仍很难得到改善。如果生出一个男孩，那就是幸福；如果是个女孩，那就是灾难。

印度社会妇女地位卑微、识字率低的现象在其他发展中国家也是存在的，这个问题已经引起世界普遍关注。图3-21是部分国家女性的识字率和人口增长率的比较。

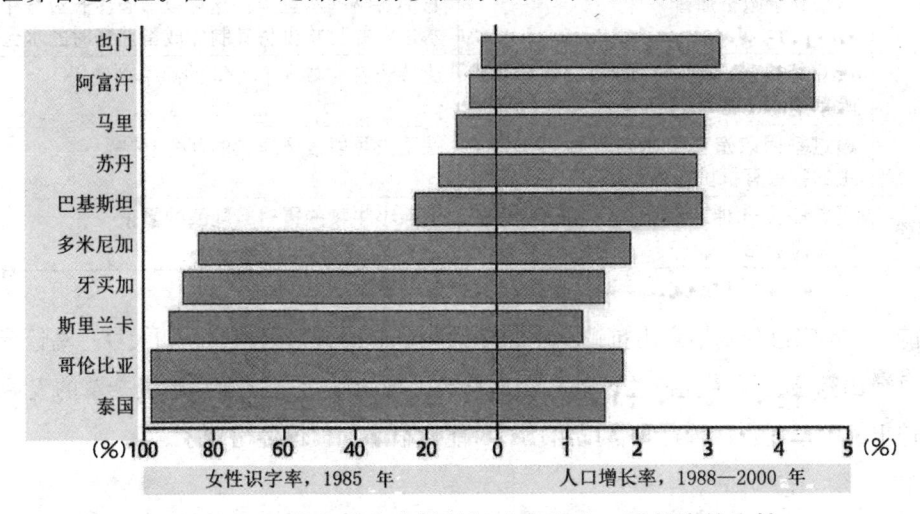

图3-21 部分国家女性的识字率和人口增长率的比较

问题

1．你认为"人权"这一词语意味着什么？印度的人权是不是人人平等的？你能找到哪些证据来证明你的观点？

2．查阅词典解释"嫁妆"这个词的意思。

3．"性别选择性堕胎"是什么意思？印度一些贫困和落后地区存在性别选择性堕胎和遗弃女婴的现象吗？请举例说明。

案例研究16.2 转基因食品

生物技术公司声称转基因作物可以提高农作物的收成，使环境获益并有助于避免可能到来的全球粮食危机。持批评意见者认为，生物技术可能损害环境、威胁人类健康并使消费者丧失自由选择的权利。1999年，转基因食品遭到批评。科学家的研究表明，转基因土豆损害老鼠的免疫系统和关键器官，后续研究验证了这种观点。自然生长的土豆会隐含（不释放）多种毒性化学物质，而遗传改良后的转基因土豆因为刺激了天然土豆的毒性释放，使实验室的老鼠食用后受到伤害。

两种新的转基因作物受到很大的关注。一种是美国孟山都公司研发的转基因土豆，能够抵抗这个公司自身的除草剂；另一种是能抵抗欧洲钻孔虫的转基因玉米。

这种转基因土豆被美国、加拿大和日本种植后，1996年欧盟允许进口转基因食品，转基因土豆占美国出口欧盟转基因食品总量的25%，每年价值12亿英镑。转基因食品具有巨大的商业前景。1995年，孟山都公司花费超过6.5亿英镑用于研发转基因食品，并用超过5亿英镑的资金买断了至少12家生物技术公司的知识产权。关于转基因食品的培育如表3-19所示。

表3-19 转基因食品

食物	做了什么	为什么
番茄酱	通过改变基因使西红柿成熟时变软，从而利于做番茄酱	西红柿的生长期更长，因此收获时损失的更少。它们容纳的水更少，这可以节省生长过程中的浇水量，并且减少将其制作成番茄酱时的水分
大豆	大豆经过基因改造，因此它不会受到除草剂的伤害	比传统农业减少了1/3的除草剂使用
玉米	通过基因改造使玉米对一种叫作蚛茎虫的害虫有抵抗力	蚛茎虫可能毁坏作物的5%～7%
素食奶酪	凝乳酶，一种人造蛋白，用于将牛奶转化为奶酪	消除小牛犊的胃对凝乳酶的需求

目前，科学家已分别培育出抗镇草宁和多种除草剂的转基因植物，如大豆、马铃薯（别名：土豆、山药蛋、洋芋、荷兰薯等）、水稻等。理论上，这就导致超级杂草的发展，抵抗最新进步的除草剂。尽管这种情况出现的可能性很小，但已经出现了。

问题

1．定义下列词语：绿色革命、转基因食品、土地改革、合适的技术、农村基础设施。
2．解释上述事物是如何改善农民耕作条件的。
3．选取其中两个，列出由于它的使用而带来的问题。

案例研究20.1 突尼斯的旅游业

突尼斯的旅游产业得益于地中海沿岸的地理位置，以及来自欧洲的假日旅游。突尼斯政府积极地促进旅游业发展。1970—1992年，宾馆数量由212家增到了550多家，床位从34 000个增到了约135 000个。1992年有近200万欧洲游客来到突尼斯，此外还有超过150万的北非游客。虽然游客数量不断波动，但是依然无法吸引来自美国的高消费游客，这在很大程度上是由于当地宗教运动的不断升级和不稳定的政治形势。

突尼斯旅游业每年收入超过9亿美元，提供了超过50 000个就业机会。然而，大部分的雇员是低收入的非技术人员，比如服务生、厨师、清洁工等，但是很多经理却是外国人。为了改变这种情况，突尼斯政府建立了许多培训学校。此外，还积极发展本国农业为旅游市场提供食物，从而减少食物的进口。

突尼斯的旅游业计划

突尼斯政府制定了一系列的五年国家发展计划，旅游业是其中日益重要的内容。突尼斯第七个国家发展计划（1986—1990年）提出了如下目标：
- 床位增长19%，达到118 000个
- 雇佣人数增长13%，达到46 000人
- 总投资额增长72%，达到约7.7亿英镑
- 旅游业年收入增长4%，达到5亿英镑

虽然政府也有贡献，但很多投资仍是由私有公司提供。这些投资包括：
- 基础设施投资，特别是运输道路建设
- 促进和行销，特别是在20世纪80年代的经济衰退和20世纪90年代的海湾战争之后
- 培训计划
- 地区发展有吸引力的多样化项目和开发新的旅游地区

直到现在，突尼斯大部分的旅游业仍集中在东北海岸线的突尼斯和哈马内特海滩附近。突尼斯的第七个国家发展计划宣布开发新旅游区，包括一个在康达维港的拥有13 000个床位，以及码头和餐厅的体育休闲胜地。此外，针对不发达的北部海岸的方案和南部内陆的新旅游区的提议也已宣布。在北部海岸的塔巴卡，一个新的旅游线路正在建设中，它将使塔梅尔扎的沙漠和山脉绿洲连接在一起，沿着古代阿拉伯的商道应用现代的商务旅行模式。

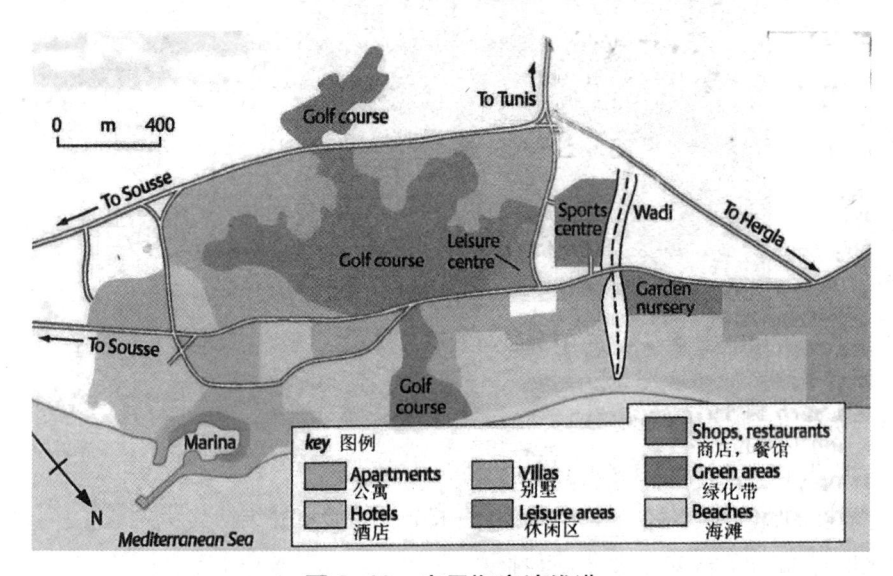

图3-22 突尼斯康达维港

问题

1. 为什么越来越多来自发达国家的人到突尼斯这样的国家去度假？
2. 去突尼斯等发展中国家旅游，有哪些有利影响因素？又有哪些不利影响因素？

案例研究20.2 管理拉尔沃思湾

拉尔沃思湾是一个旅游胜地：
- 每年能吸引超过50万人次的游客

- 超过20万人从拉尔沃思湾走小道到道德门
- 25%的客流在8月，16%的客流在7月
- 50%～60%的游客游览了遗产中心
- 停车场能停1 200辆小车和20辆卡车
- 海湾有37个停泊处
- 有5个宾馆和1个青年旅馆
- 露营地有420个多功能旅社和32个简易旅舍以及150个帐篷
- 有5个纪念品商店，一些咖啡馆和食品零售店，2个酒吧和1个餐厅

拉尔沃思湾是一个天然形成的月亮海湾，侏罗纪海岸线、海湾、洞穴、石碓和奇特的白色岩石形成了独特的自然景观，被认为是"遗产海岸"。因为其丰富的地形和每年有大批游客，拉尔沃思湾需要精心经营和详细筹划。

图3-23　拉尔沃思湾的旅游景观

大量的游客对当地有积极的影响：
- 大批的当地居民可以直接或间接地受雇于旅游业
- 旅游业的收入使拉尔沃思湾的居民对不动产进行投资并维持其发展
- 当地每70人中有30人从事旅游业

然而，存在一些影响旅游业的问题：
- 大型停车场会破坏地形
- 大型露营地也会对地形造成破坏
- 步行道修建
- 垃圾和污水
- 地质遗迹的毁坏

此外，拉尔沃思湾地产商已经修建了许多通往内陆的道路，而且也开放了拉尔沃思城堡

以试图降低拉尔沃思湾的客流压力。威塞克斯水务公司也已完成了一个污水入海前的处理计划。由土地所有者、自然保护者、游客团体和当地政府的代表组成的波倍克遗产委员会监督"遗产海岸"出现的问题,监管该地区的活动。

尽管已作出了一定的成绩,但仍有很多问题需要研究,很多计划需要实行:
- 在当地建立整体的步行道网络
- 有些停车场关闭或重新选址
- 改善露营公园的环境
- 改善水质量
- 监控违章停车
- 研究岩壁的侵蚀
- 完善信息平台

问题

1. 旅游胜地有什么含义?
2. 为什么说拉尔沃思湾是一个旅游胜地?
3. 在什么情况下旅游的影响是可控的?这些方法的效果如何?

第三节　研究结果

一、探究活动内部结构

探究活动的目的在于让学生体验地理学习过程,习得地理学习方法;让学生在"探究"中获得知识和结论,在"探究"中学会知识迁移。《高阶地理》教科书的探究方式并不体现在某一个具体的探究活动中,而是分散在"技能""剖析""研讨""案例研究"四个模块中。这四个模块并不是一起出现的,而是穿插在正文中。每个模块通常占一个合页(对折的两页)或一页的篇幅。各个模块的范围通过文本框的不同背景颜色标示出来,便于区分。

二、探究模块量化比较

(一)技能模块

1. 概述

技能模块训练目标明确,每章有一个明确的技能主题,且多是操作性技能。模块内部融合了文字讲解、图像示意和问题练习,让学生掌握相应技能,为深入探究奠定技能基础。

从篇幅上看,该教科书的技能模块共占 24 页,平均每章有 1.1 页为技能的内容,占平均每章篇幅的 5%。自然地理和人文地理的技能模块占章节篇幅基本相等,差别不大。但第 17 章《能源》没有技能模块,即这一章没有针对性的技能训练目标。

从图像使用上看，技能模块更多地使用了统计图表、示意图和地图，景观图像较少，可见技能模块的理论性较强，多采用统计图表显示数据及其处理方法，采用示意图显示基本过程及原理等。

2．内容

技能模块的技能训练内容多样，但仍有规律可循，可以将其划分为六类。每章具体的技能模块内容如表 3-20 所示。

表 3-20　技能模块内容主题统计

自然地理部分		人文地理部分	
第 1 章	策划和书写一篇短文	第 11 章	利用论据支持答案
第 2 章	回答结构性问题	第 12 章	最近邻指数
第 3 章	坡面测量	第 13 章	示意图
第 4 章	注释图	第 14 章	区位商
第 5 章	测量河流	第 15 章	饼状比例图
第 6 章	回答数据问题	第 16 章	地图描述
第 7 章	规范答案	第 17 章	—
	卡方检验	第 18 章	拓扑图
第 8 章	气候曲线图	第 19 章	地区分布图
第 9 章	研究和分析土壤	第 20 章	研究小中心的旅游影响
第 10 章	描写一个生态系统	第 21 章	统计数字

由表 3-20 可以看出，技能模块的内容选择基本上可以分为文章写作、实地测量、规范答案、数据统计、图表和研究等，范围较为广泛。

各章技能模块内容的针对性和服务范围有所区别。有些主题针对本章内容所需要的技能而设定，服务范围限于特定章节，如第 3、第 5、第 8、第 9、第 10、第 12、第 14、第 18、第 19、第 20 章；有些主题是更具普适性的技能，服务范围不限于某个章节，而是贯穿于整个学科学习过程，如短文写作、读图技能等，这些主题出现于第 1、第 2、第 4、第 6、第 7、第 11、第 13、第 15、第 16、第 21 章。

从人文地理与自然地理两部分来看，图表主题多集中在人文地理部分，实地测量和规范答案主要集中在自然地理部分。可以看出，人文地理和自然地理这两部分在这一模块的主题侧重也是有所不同的。

3．技能类型

从技能模块的技能训练目标来看，根据表 3-20 的技能训练内容进行归类，将其分为如下六大类技能探究类型：

(1) 写作表达技能（第 1、第 10 章）；

(2) 答题技能（第 2、第 6、第 7、第 11 章）；

(3) 测量技能（第 3、第 5 章）；

(4) 读图、制图技能（第 4、第 8、第 13、第 15、第 16、第 18、第 19 章）；

(5) 指标计算技能（第 12、第 14、第 21 章）；

(6) 设计实施研究技能（第9、第20章）。

各类技能探究类型在本模块中的占比情况，如图3-24所示。

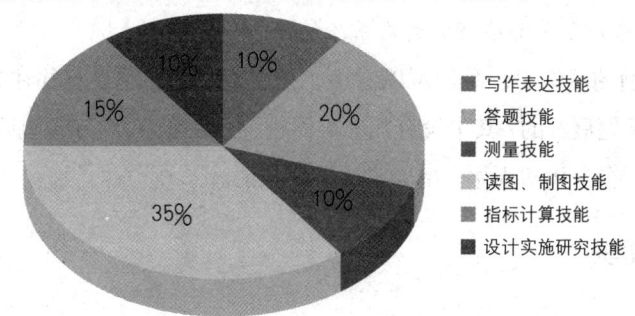

图 3-24　各类技能探究类型所占比重

由图3-24可知，读图、制图技能所占比重最大，占35%；其次为答题技能和指标计算技能，分别占20%和15%；最少的是写作表达技能、测量技能和设计实施研究技能，各占10%。由此可以看出，该教科书最注重对学生读图、制图能力的培养，这也体现了图像，尤其是地图、各类统计图和示意图在地理学习中的基础性和重要性。设计实施研究技能属于较为综合的技能训练，对于中学生来说，设计实施技能的训练不宜作为重点，适当提高才是合适的选择。所以该教科书在技能探究目标的分配上，还是比较合理的。

应当指出的是，与技能内容相对应，图表技能的训练多集中在人文地理部分：人文地理的10个技能模块中，有5个均为读图、制图技能的训练，占到了50%。测量技能则全部集中在自然地理部分。可见，在技能探究类型的设置上，人文地理部分和自然地理部分也是不同的。

4. 问题设置

技能模块的问题设置是为了巩固练习所学技能，加深学生的认识，问题设置对于每章来说也不是固定不变的，设置的问题数量也不一样。统计得出，此模块设置的问题数量不多，自然地理部分共7个问题设置，人文地理部分相对较多，共有10个问题设置。

从问题设置的内容和问题设置所处的认知水平来看，所设问题多属于知识巩固和应用分析层面。

自然地理部分第8章的问题设置：

1. 读教科书第33页气候区域变化的气候曲线图，完成下列各题。

(a) 比较乞拉朋齐和伦敦气候曲线图，列表填写答案。

(b) 利用地图集和这一章后面的信息，提出气候差异的原因。

2. 利用柯本分类法，标出马瑙斯、亚丁、开普敦、乞拉朋齐、伦敦、迈阿密、阿勒特和海伦娜。

人文地理部分第18章技能模块的问题设置：

1. 读教科书第48页的图，完成下列各题。

(a) 从戈尔韦到韦克斯福德最短路径是什么？

(b) 哪一个车站最方？

(c) 哪一个车站最不方便？

2. 对于爱尔兰铁路网来说，它的贝塔指数、秩数、阿尔法指数分别是什么？

3. 上述的指数告诉了你哪些有关运输系统的信息？

从上面这些问题的示例中，我们可以看出，技能部分的问题设置往往是结合主题，围绕一幅图像或是一个话题展开的，其中设有几个小问题，层层递进，从知识巩固到综合对比分析，认知水平不断上升，符合认知规律，培养学生特定技能。

（二）剖析模块

1. 概述

剖析模块多是知识的扩展和深化，每章都有明确的知识内容，多是结合章节内容和前后课文关系设定的，其主要目的在于让学生建立起新旧知识之间的联系，帮助学生更深入、更全面地理解教科书知识，是针对学生可能有理解困难的地方而设计的知识补充扩展。模块内部同技能模块相同，融合了文字讲解、图像示意和问题练习，让学生理解相应知识，以促进学生思考、拓展思维，帮助学生进行教科书内容的深层理解。

从篇幅上看，该教科书的剖析模块共占 35.5 页，平均每章有 1.7 页为剖析模块的内容，占平均每章篇幅的 8%。人文地理部分的篇幅总数为 20.5 页，自然地理部分的篇幅为 15 页，人文地理所占篇幅更多。

从图像使用上看，与技能模块类似，剖析模块更多地使用了统计图表、示意图和地图。不同的是，剖析模块的景观图像使用数量有所增加，可见剖析模块在重点讲解理论知识的同时，也注重与实例相结合。

2. 内容

每章剖析模块的具体内容，如表 3-21 所示。

表 3-21　剖析模块内容主题统计

自然地理部分		人文地理部分	
第 1 章	冲击波	第 11 章	人口统计过渡模型
第 2 章	热带喀斯特地貌	第 12 章	地图作业和乡村聚落
第 3 章	剪切力与抗剪切度	第 13 章	规模等级标准、首位城市和世界大都市
第 4 章	水量平衡	第 14 章	工业区位模型
第 5 章	曲流	第 15 章	服务业的定义和分类
第 6 章	沙丘的演替研究	第 16 章	解释疯牛病
第 7 章	冰川运动	第 17 章	英国的煤矿业
第 8 章	沉降率	第 18 章	贸易
第 9 章	土壤形成过程	第 19 章	区域发展不平衡的原因
第 10 章	营养循环	第 20 章	影响旅游业的因素
—	—	第 21 章	贫穷国家的债务

从表 3-21 可以看出，剖析模块的内容都是紧扣章节主题的，是对一些理论知识和模型的深入讲解，针对性较强，与上下文关系密切。

从每章剖析模块的内容本身来看，可按主题分为理论概念、地理过程、综合体例三大类。

（1）理论概念：第 1、第 3、第 4、第 5、第 8、第 11、第 13、第 14、第 15、第 16 章；

（2）地理过程：第 2、第 10、第 17、第 18、第 19、第 20 章；

（3）综合体例：第 6、第 7、第 9、第 12、第 21 章。

这三类主题的占比，如图 3-25 所示。

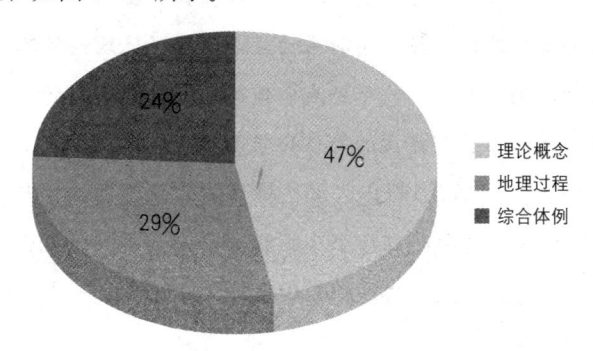

图 3-25 剖析模块内容主题分类所占比重

由图 3-25 可以看出，理论概念的内容占据了剖析模块的 47%，接近一半的比重。其次为地理过程的内容，最后为综合体例的内容。

可见，剖析模块的主要内容是对基本理论概念的学习探究，以提高学生的理解能力，巩固知识，更好地学习教科书内容。在人文地理和自然地理的比较方面，这一模块则没有表现出明显差异。

3. 能力需求与提升

通过对剖析模块的作用归类发现，这一模块的作用主要体现在对知识的扩展补充上，具体包括对基础知识的介绍，对知识原理的深入理解，作为理解下一问的铺垫和承接上下文的知识过渡。

从剖析模块的能力需求和提升目标来看，这一部分的内容主要是要求学生具备阅读思考能力和读图理解能力，促进学生联系新旧知识。从认知水平来看，这部分所提供的知识通常难度较大，更侧重于记忆和理解层面，而对高层次的综合评价的要求较少。

4. 问题设置

剖析模块的问题设置同技能模块相似，基本上是为了巩固练习所学技能，加深学生的认识，深入理解本章主题。同样，每章这些问题设置也不是固定不变的，所以具体每一章设置的问题数量也不一样。自然地理部分设有 16 个问题，人文地理部分设有 15 个问题，这两部分设置的问题数量差别不大。剖析模块设置的问题数量明显多于技能模块设置的问题数量，是其两倍之多。

从问题的内容和问题所处的认知水平来看，所设问题也同技能模块类似，多属于知识巩固和应用分析层面。

自然地理部分第 4 章的剖析模块问题设置：

（1）读教科书第 63 页的图，描述和解释降水量和蒸发量的变化。

（2）计算流入量的比例，流入量包含大陆地面径流量和地下径流量。描述你的计算结果。

（3）计算出各大陆的降水量形成地下径流的比重，描述你的计算结果。

人文地理部分第 14 章的剖析模块问题设置：

（1）简单地描述以下几个词语：最小运费区位、利润空间、满足者、集聚。

（2）从两个方面阐述廖什市场方法和韦伯最小运费区位理论的不同。

（3）简述行为学派的思想是如何帮助我们理解利润空间模型的。

（4）讨论利润空间对于盈利能力的价值和限制。

从上面这些问题设置示例可以看出，剖析模块的问题设置往往与文字内容紧密相关，围绕某一个概念或理论展开，其中设有几个小问题，层层递进，从知识巩固到讨论分析，认知水平不断上升。值得注意的是，在这些问题中，加入了讨论的环节，开始有了小组合作探究的意味。

（三）研讨模块

1．概述

研讨模块多针对某一具体现实问题或理论观点，给出相应的辅助资料（多为这一问题或是观点的具体阐述），让学生思考讨论，在讨论中体会解决矛盾的过程，进而得出自己的结论，发表自己的观点。每章研讨模块均有一个明确的话题，同剖析模块中的知识主题一样，多是结合章节内容和前后课文关系设定的。主要是为了让学生认识到实际存在的问题，培养学生发现问题和解决问题的能力，帮助学生更深入、更全面地理解教科书知识。模块内部与前两个模块相同，融合了文字讲解、图像示意和问题练习，让学生全面了解所呈现的问题和相应的知识，以促进学生的思考和讨论，将教科书内容上升到了实际应用层面。

从篇幅上看，该教科书的研讨模块共有 40 页，平均每章有 2 页为研讨模块的内容，占平均每章篇幅的 9%。人文地理部分的篇幅为 25 页，自然地理部分的篇幅为 15 页，人文地理部分所占篇幅比自然地理部分多出 10 页。可见，人文地理中的问题由于更贴近实际的社会生活，所以教科书设置的讨论内容也更为丰富。

从图像使用上看，与前两个模块相比，景观图像的使用量明显增加，几乎每章的研讨模块中都有景观图像的出现，同时地图和示意图也依然是主要的图像类型。相比之下，统计图表的使用比重有所下降。可见，研讨模块重点在于对实际问题的讨论，多结合真实的景观图像，同时也注意其与地图和示意图相结合，做到结合地理位置和地理原理来讨论实际问题。

2．内容

研讨模块的讨论内容多样，每章研讨模块的具体主题如表 3–22 所示。

表 3-22　研讨模块内容统计

自然地理部分		人文地理部分	
第 1 章	板块构造与大不列颠岛	第 11 章	人口与性别
第 2 章	石山的形成	第 12 章	乡村剥夺
第 3 章	英国的滑坡	第 13 章	英国的城市剥夺
第 4 章	喜马拉雅山的森林砍伐	第 14 章	跨国公司
第 5 章	伊尔斯托姆曲线	第 15 章	城市外延的影响
第 6 章	威斯特海岸的地质构造与侵蚀	第 16 章	在发展中国家中提高食品的产出
第 7 章	多边形土地	第 17 章	壳牌公司和奥格尼兰污染
第 8 章	温室效应的影响	第 18 章	希思罗机场5号航站楼：决策练习
第 9 章	人类对土壤的影响	第 19 章	英国的区域政策
第 10 章	生物多样性	第 20 章	旅游业的影响
—	—	第 21 章	健康与发展

由表 3-22 可以看出，研讨模块的内容都是紧扣章节主题的，是针对本章内容对应的理论观点或是现实问题展开的。

从每章研讨模块的内容本身来看，可大致分为三类：

（1）实例问题讨论探究：第 1、第 3、第 6 章；

（2）观点研讨：第 2、第 4、第 5、第 7 章；

（3）现实问题研讨：第 8、第 9、第 10、第 11、第 12、第 13、第 14、第 15、第 16、第 17、第 18、第 19、第 20、第 21 章。

三类主题占比如图 3-26 所示：

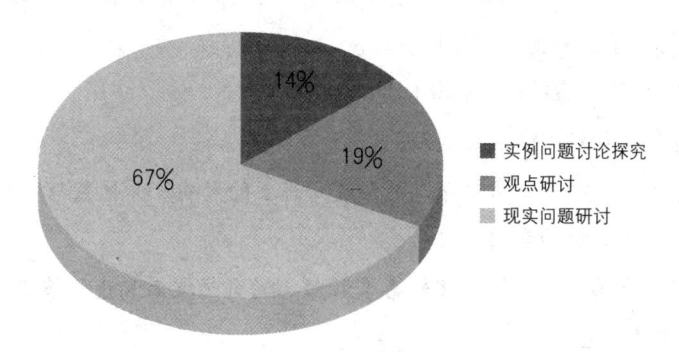

图 3-26　研讨模块不同主题内容所占比重

由图 3-26 可以看出，对于现实问题研讨的内容占据了研讨模块的大部分，达 67%，超过了一半；实例问题讨论探究和观点研讨占比相差不大，这两者与现实问题研讨的数量差距较大。

可见，这一模块的主要内容是对现实存在的问题进行讨论研究，旨在培养学生的问题意识，在实际问题中巩固和应用所学知识。在人文地理和自然地理的对比方面，自然地理部分三类内容分配均匀，对现实问题的讨论并没有体现出主体地位；在人文地理部分的研讨模块，全部都是对现实问题的讨论，这是因为人文地理更容易和现实社会问题相结合，能够引起学生的共鸣，激发学生的讨论兴趣并提高学生的参与度，也更具有现实的指导意义。

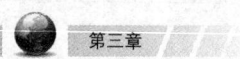

3. 能力需求及提升

从研讨模块的能力需求和提升目标来看，这一部分的内容大多需要学生阅读资料，了解现实存在的问题，并结合所学内容进行思考和讨论探究，在讨论中感受解决矛盾的过程，进而得出结论或解决方案，最后发表自己的观点。

在这一过程中，需要涉及的探究能力包括：搜集资料、实际观察、社会调查、交流合作、模拟、实验、逻辑推理以及演绎归纳等，这些技能贯穿于对一个问题讨论探究的各个环节之中。在这一过程中，最为重要的是培养学生的批判性思维，学会分析判断，形成自己的观点。

从认知水平看，研讨模块不再仅仅停留于知识层面，而是更侧重于学生对问题进行判断并形成自己的观点，即侧重高层次的认知水平，多处于分析、综合、评价层次。

4. 问题设置

研讨模块的问题设置和前两个模块略有不同，在巩固练习所学知识技能的基础上，更重视对学生思维的启发，一步步引导学生进行批判性思考，加深学生对现实问题的认识，同时深入理解本章主题，针对这一问题形成自己的观点。同样，这些问题设置对每章来说也不是固定不变的，每一章设置的问题数量也不一样。

此模块设置的问题数量共有60个，明显多于前两个模块设置的问题数量。其中，自然地理部分设有22个问题，人文地理部分设有38个问题。可见，人文地理部分设置的问题数量明显多于自然地理部分设置的问题数量，这一方面与人文地理部分的讨论内容有关，另一方面也说明人文地理这部分内容更注重通过设置问题来引发学生的深入思考。

从问题的内容和问题所处的认知水平来看，所设问题同该模块的能力训练目标相匹配，处于较高的认知水平，多为综合分析、评价。

自然地理部分第4章的研讨模块问题设置：

（1）解释喜马拉雅山的主要成因。

（2）解释人类活动对喜马拉雅山的形成所产生的影响，并用数据支持你的答案。

（3）描述人类影响的空间变化。

（4）读教科书第115页图，比较喜马拉雅山的自然坡面和退化坡面，描述和解释两个坡面在成坡过程中的区别。

人文地理部分第18章的研讨模块问题设置：

（1）为什么希斯罗机场比英国东南部的其他机场发展得更好？

（2）机场在当地和区域经济发展中扮演怎样的角色？

（3）为什么需要5号航站楼？

（4）阅读教科书第142页两则报纸摘要图。你可以得知有关新闻报道和数据的哪些信息？这篇文章中提供的数据对你有哪些启发？这会给你在5号航站楼的决策上带来哪些影响？

(5) 5号航站楼的发展有哪些选择？

(6) 列出支持和反对建设5号航站楼的原因。

(7) 有哪些证据可以说明我们不该建设航站楼？

(8) 5号航站楼建成后会给哪些人带来不利的影响？

(9) 如果5号航站楼建成了，谁将会是最终的赢家呢？

(10) 为什么希斯罗机场这么重要？你如何判断它的重要性？请给出相应的证据。

(11) 你认为应该建设5号航站楼吗？你的理由是什么？

从上面这些问题示例中可以看出，研讨部分的问题设置与模块主题紧密相关，围绕话题，其中设有几个小问题，层层递进，逐步引导学生进行判断，得出自己的结论，不断提高认知水平，锻炼批判性思维。

（四）案例研究模块

1. 概述

案例研究模块以实际案例为对象，结合章节主题和课文前后内容进行设定，主要是为了让学生将理论知识和实际情况建立联系，帮助学生更深入、更全面地理解教科书知识。模块内部也融合了文字讲解、图像示意和问题练习，让学生理解相应知识，在实践中将理论知识与实际情况建立联系。

从篇幅上看，该教科书的案例研究模块共有36页，平均每章有1.8页为案例研究的内容，占平均每章篇幅的8%。人文地理部分的篇幅为22页，自然地理部分的篇幅为14页，人文地理部分所占篇幅更多。

从图像使用上看，案例研究模块中景观图像的数量较案例研究模块使用的少，地图和示意图的数量则相对较多。可见案例研究模块注重实际景观与理论示意图相结合，体现了理论联系实际的宗旨。

2. 内容

案例研究模块的内容多为实际案例，每章案例研究模块的内容主题如表3-23所示。

从表3-23可以看出，案例研究模块的内容都是紧扣章节主题的，是针对本章内容对应的理论观点提供的实例。

从每章案例研究模块的内容本身来看，这一模块的内容分类不明显，但第9章除外。该模块的大部分内容都是提供现实案例，由此让学生联系实际进行思考；而第9章的案例研究内容除思考外，还选取了学生身边的案例，更侧重实际操作性。

表 3-23　研讨模块内容统计

自然地理部分		人文地理部分	
第 1 章	1902 年的马提尼克岛 为大地震作预案	第 11 章	巴基斯坦的人口增长 印度消失的数百万人口 布拉德福的迁入 英国人口的变化
第 2 章	石灰岩地貌	第 12 章	高尔半岛（英国威尔士南部）和罗纳岛
第 3 章	1998 年意大利泥石流	第 13 章	布隆方丹的城市种族隔离
第 4 章	印度恒河	第 14 章	苏格兰工业的变迁
第 5 章	中国洪水	第 15 章	达克兰的服务业发展 利兹的服务业
第 6 章	切希尔海岸的研究 奇斯莱尔、波特兰岛和多塞特的洪水防护	第 16 章	绿色革命 转基因食品
第 7 章	冰缘区环境的生存问题	第 17 章	三峡大坝
第 8 章	1974 年 4 月龙卷风大暴发	第 18 章	世界贸易和香蕉战
第 9 章	赤道土壤 学校附近的土壤	第 19 章	—
第 10 章	改变的生态系统	第 20 章	突尼斯的旅游业 管理拉尔沃思海湾
—	—	第 21 章	南非的改变

3. 能力需求及提升

从案例研究模块的能力需求和提升目标来看，这一部分的内容大多需要学生阅读资料，结合图像和所学内容进行思考和讨论，将理论知识与实际案例建立联系，完善知识结构。

在这一过程中，需要涉及的探究能力包括阅读思考、综合分析、知识迁移等。利用所学的理论知识，综合分析现实案例，从理论层面认识现实案例，也从现实案例中加深对理论知识的认识，这两者是相辅相成的。

从认知水平来看，案例研究模块不仅限于知识层面，还侧重于学生对理论知识的实际应用，在实际案例中寻找理论知识，用理论知识审视实际问题。总体来说，该模块属于分析、应用、综合的认知层次。

4. 问题设置

案例研究模块的问题设置与研讨模块类似，但又有所不同。它多针对实例，结合本章知识和已有技能进行问题设置，使学生深入理解本章主题，逐步学会知识迁移。同样，这些问题设置对于每章来说也不是固定不变的，每一章设置的问题数量也不一样。

此模块设置的问题数量共有 65 个，是所有模块中最多的。其中，自然地理部分设有 24 个问题，人文地理部分设有 41 个问题；人文地理部分设置的问题数量远多于自然地理部分设置的问题数量，两者差距也是几个模块中最大的。

从问题的内容和问题的认知水平来看，所设问题多基于实际案例，多属于分析应用层面。

自然地理部分第 1 章的案例研究模块问题设置：

（1）为什么日本多受到地震的影响？

（2）为什么日本的地理学家预言会有一次大地震？

人文地理部分第 20 章的第一个案例研究模块问题设置：

（1）为什么越来越多来自发达国家的人到突尼斯这样的国家去度假？

（2）去突尼斯等发展中国家旅游，有哪些有利影响因素？又有哪些不利影响因素？

从上面这些问题示例中可以看出，案例研究部分的问题设置往往与案例内容紧密相关，围绕这一案例展开，其中设有若干小问题，结合理论知识层层递进，运用理论知识进行综合分析。

三、英国教科书探究活动特点

1. 篇幅与图像的使用特点

从篇幅上看，研讨模块所占篇幅最多，有 40 页；其次是案例研究模块，有 36 页；剖析模块有 35 页，与前二者差距不大；最少的为技能模块，仅有 24 页，与其他三个模块的篇幅差距较大。

从图像使用上看，四个模块的使用幅度大不相同：

（1）技能模块更多地使用了统计图表、示意图和地图，景观图像使用数量较少。

（2）剖析模块与技能模块相近，但景观图像使用数量有所增加。

（3）研讨模块中景观图像的使用数量明显增加，同时地图和示意图也依然是主要的图像类型，而统计图表的使用比例有所下降。

（4）案例研究模块的景观图像较研讨模块使用的少，地图和示意图的数量则相对较多。

2. 内容选择特点

（1）技能模块的内容目标明确，但不一定与本章内容有关联，有一半的章节选择了普适性的技能训练内容，并没有针对特定的知识进行训练。

（2）剖析模块的理论概念内容占比最高，达 47%，其次为地理过程的内容，最后为综合体例的内容。该模块的主要目的是对基本理论概念的学习探究，进而提高学生的理解能力。

（3）研讨模块侧重于现实问题的研讨，比重达 67%。实例问题讨论探究和观点研讨比例相差不多，但与对现实问题的研讨数量差距较大。自然地理部分的三类内容均匀分配，对现实问题的讨论并没有体现出主体地位。在人文地理部分，由于人文地理的现实性更强，则全部都是对现实问题的讨论。

（4）案例研究模块的内容都是紧扣章节主题的，是针对本章内容对应的理论观点提供的现实案例。这与研讨的时事讨论案例不同之处在于：案例研究的案例多是结论确定或现象唯一的，而研讨的案例往往是呈现问题的，或是有多种观点需要讨论的。

3．能力分层特点

(1) 技能模块的技能可分为写作表达技能，答题技能，测量技能，读图、制图技能，指标计算技能和设计实施研究技能，其中读图、制图技能的比重最大，占35%；其次为答题技能和指标计算技能，分别占20%和15%；最少的是写作表达技能、测量技能和设计实施研究技能，均为10%。在技能探究类型的设置上，人文地理部分和自然地理部分也是不同的。

(2) 剖析模块主要需要学生的阅读思考能力、读图能力以及理解能力，有助于学生联系新旧知识。从认知水平来看，它更侧重于记忆和理解层面，而对高层次的综合评价要求较少。

(3) 研讨模块涉及的探究能力包括：搜集资料、实际观察、社会调查、交流合作、模拟、实验、逻辑推理以及演绎归纳等，这些技能贯穿于对一个问题讨论探究的各个环节之中。在这一过程中，最为重要的是培养学生的批判性思维，学会分析判断，形成自己的观点。从认知水平来看，它不再停留于知识层面，而是更侧重于学生对问题进行判断并形成自己的观点，即侧重高层次的认知水平，多处于分析、综合、评价层次。

(4) 案例研究模块涉及的探究能力包括：阅读思考、综合分析和知识迁移等。从认知水平来看，它不仅限于知识层面，还侧重学生对理论知识的实际应用，属于分析、应用、综合的认知水平层面。

4．问题设置特点

从问题设置上来看，四个模块都是围绕一个主题，可能是某一观点、某一现象、某一问题，并设有几个小问题层层递进，以实现知识技能的训练目标。同时，四个模块的问题设置也有所不同。

技能模块设置的问题数量不多，有17个。从认知水平来看，多属于知识巩固和应用分析这些层次。

剖析模块设置的问题数量有31个，是技能模块的近两倍。从认知水平来看，也多属于知识巩固和应用分析层面。

研讨模块设置的问题数量有60个，明显多于前两个模块，且人文地理部分的问题数量明显多于自然地理部分的问题数量。在问题的设置上，重视对学生思维的启发引导，注重锻炼学生的批判性思维。从认知水平来看，它处于较高的认知水平，多为综合分析、评价。

案例研究模块设置的问题数量有65个，是所有模块中最多的，人文地理部分的问题数量远多于自然地理部分的问题数量，两者之间的差距也是几个模块中最大的。从认知水平来看，设置的问题多基于实际案例，多属于分析、应用层面，重视知识的迁移。

第四章

美国地理教科书探究活动研究

第一节 概述

一、教科书介绍

本研究选取了两套美国地理教科书,其一是霍尔特·麦克道格尔出版集团于 2010 年出版的《地理》教科书,其二是《科学探索者》丛书(共 5 本)。由于课程设置的差异,中国的地理课程内容在美国的"社会研究"与"科学"课程中分别讲授,具有类似分科特点的国家还有英国、澳大利亚、韩国、新加坡等,这两本教科书就分别对应这两门课程。《地理》一书的探究活动虽然较少,但涉及大量的读图技能,对中国中学地理教学有启发作用,因此第二节的案例展示选了其中的代表性研究活动。《科学探索者》已有中译本,因此不再进行案例展示,但其内部设置的探究活动类型多样且各具特点,因此在本章第三节中重点进行分析。

二、《地理》一书的探究活动分布与主题

《地理》是美国霍尔特·麦克道格尔出版集团于 2010 年出版的中学系列教科书之一,霍尔特·麦克道格尔出版集团的主要业务就是出版中学教科书,在美国基础教育界享有盛名。

《地理》教科书正文分 10 个单元,共 32 章,总计 740 页。该书内容繁多,不易携带,因此在不同年级的学生中流转使用。书中有课文、图像和作业系统,每章包含 2～5 节,有章末练习。10 个单元中有 8 个设计了单元末的案例研究,这是全书的典型探究模式。

此外,该教科书为培养学生的读图能力,还专门设置了"地图与图表技能"模块。在这些技能之前,第 1 章给出了具有统领作用的"地理技能手册",长达 10 页,详细介绍了地图的要素、投影和类型等。书中的技能模块以一个单页的篇幅穿插分布在某些章节中,所举案例也和这个章节有关。每章最多有一个"地图与图表技能"模块,全书共介绍了 19 种地图和图表技能。各技能与案例研究的主题及其分布,如表 4-1 所示。

表 4-1 《地理》教科书中案例研究主体及分布

序号	单元	序号	章名	地图与图表技能	案例研究
1	地理学基础	1	自然地理:遥望地球	地理技能手册	—
		2	自然地理:有生命的行星		
		3	自然地理:气候和植被	解读气候资料图	
		4	人文地理:人与地域		
2	美国和加拿大	5	美加自然地理:一片充满反差的土地	读公路网地图	多元化的社会面临着改变
		6	美国人文地理:塑造一片富饶的土地		
		7	加拿大人文地理:开发一片巨大的荒野		
		8	今日问题:美国和加拿大	读特定区域图	

表 4-1（续）

序号	单元	序号	章名	地图与图表技能	案例研究
3	拉丁美洲	9	自然地理：从安第斯山脉到亚马孙河	解读降水量分布图	收入差距
		10	人文地理：文化的交融	—	
		11	今日问题：拉丁美洲	解读卫星影像	
4	欧洲	12	欧洲自然地理：半岛中的半岛	解读柱状图	欧盟
		13	欧洲人文地理：多元性、冲突、联盟	—	
		14	今日问题：欧洲	解读专题地图	
5	俄罗斯	15	俄罗斯自然地理：极端之地	理解时区	苏联的核遗产
		16	俄罗斯人文地理：多样的遗产	—	
		17	今日问题：俄罗斯	读折线和饼状图	
6	非洲	18	非洲自然地理：高原大陆	读经济活动地图	殖民的影响
		19	非洲人文地理：从人类的起源到新的国家	—	
		20	今日问题：非洲	读城市地图	
7	西南亚	21	西南亚自然地理：贫瘠之地	读植被分布图	区域土地冲突
		22	西南亚人文地理：宗教、政治、石油	—	
		23	今日问题：西南亚	解读人口密度图	
8	南亚	24	南亚自然地理：大陆碰撞的地方	读天气图	—
		25	南亚人文地理：一个充满反差的区域	—	
		26	今日问题：南亚	读人口金字塔图	
9	东亚	27	东亚自然地理：崎岖的地形	解读等高线地形图	人口与生活质量
		28	东亚人文地理：共同的文化传统	—	
		29	今日问题：东亚	解读比例尺地图	
10	东南亚、大洋洲与南极洲	30	东南亚、大洋洲与南极洲自然地理：极端的区域	解读地势图	全球环境变化
		31	东南亚、大洋洲与南极洲人文地理：迁移与征服	—	
		32	今日问题：东南亚、大洋洲与南极洲	解读统计图	

三、《科学探索者》丛书探究活动主题

《科学探索者》是美国最权威的研究性学习教科书之一。这套教科书在美国 50 个州的约 4 200 所学校使用，并被世界 26 个国家认可。丛书共 15 册，是供美国 7—9 年级学生（相当于中国初中）普遍使用的综合地理教科书。这套教科书的中国版本由浙江教育出版社于 2003 年翻译并发行了第一版，在 2010 年和 2013 年分别发行了第二版和第三版，其在中国产生了很大的影响。本文选取了第一版《科学探索者》系列教科书中有关地理科学的 5 本，包括《地球上的水》《环境科学》《地球内部》《地表的演变》《天气与气候》，具体内容如表 4-2 所示。

表 4-2　《科学探索者》地理分册内容结构

内容	《地球上的水》	《环境科学》	《地球内部》	《地表的演变》	《天气与气候》
第1章	地球：水的星球	生物种群与群落	板块构造	描绘地表	大气
第2章	淡水	生态系统与生物群落	地震	风化与土壤的形成	天气要素
第3章	淡水资源	生物资源	火山	侵蚀与沉积	天气类型
第4章	海洋运动	土地与土壤资源	矿物	穿越地质时代的旅行	气候与气候的变迁
第5章	海洋区域	空气与水资源	岩石	—	—
第6章	—	能源	—	—	—
跨学科探索	密西西比河	非洲雨林	地球上昂贵的金属——金	尼罗河的礼物	南极洲

这 5 本书的编写体例是一致的。《科学探索者》系列教科书都是以"走进科学"作为整本书的开篇，在这个环节中，编者结合科学工作者（例如，地质学家、考古学家等）的亲身经历，以问答的形式呈现科学工作者开展工作的过程和所需的技能等，从而帮助学生获得对科学工作的总体认识。每一章节均由正文、学科活动和复习题三部分构成，探究活动的内容涉及"学科探索"和"跨学科探索"两部分。

第二节　探究活动案例

《地理》教科书的探究活动案例介绍详见下文。

一、"地图与图表技能"活动样例

第5章　读公路网地图

圣安东尼奥市位于得克萨斯州的南部，拥有 100 多万人口，是得克萨斯州最繁华的都市之一。历史上，它被称为"十字路口"，北美最早的原住居民定居在这里，后来，随着西班牙人的到来，在阿拉莫战争发生后不久，得克萨斯人脱离了墨西哥，赢得了独立。

读图 4-1，你可以看到这座城市仍然是一个集合点，州际高速公路、国道、州道和县级公路在此纵横交错。

地图的语言　一幅公路地图最主要的功能是显示一个区域内公路的位置和地方之间的距离。但是公路网地图通常包含大量的其他信息，例如，公路网地图可以帮助你识别重要的地点，如机场、公园和大学等。

①图名表明地图覆盖的区域。

②主要显示地图符号和地图图例，并解释它们的含义。例如，飞机符号显示机场所在地。

③兴趣点，例如，阿拉莫（Alamo）（B-2）或海洋世界（A-2），用小的红色的正方形或粉色的丝带标记，这取决于它们在图上面积的大小。

地图与图表技能评价

1. 观察样式

哪条州际公路穿过圣安东尼奥的中心地带？

2. 作出决策

当你从东南方来时，哪条州际公路和国道能够将你带到阿拉莫？

3. 分析数据

以最直接的途径，经由高速公路量算，莱夫奥克(Alve oak)距里昂谷(Lyon valley)多远？

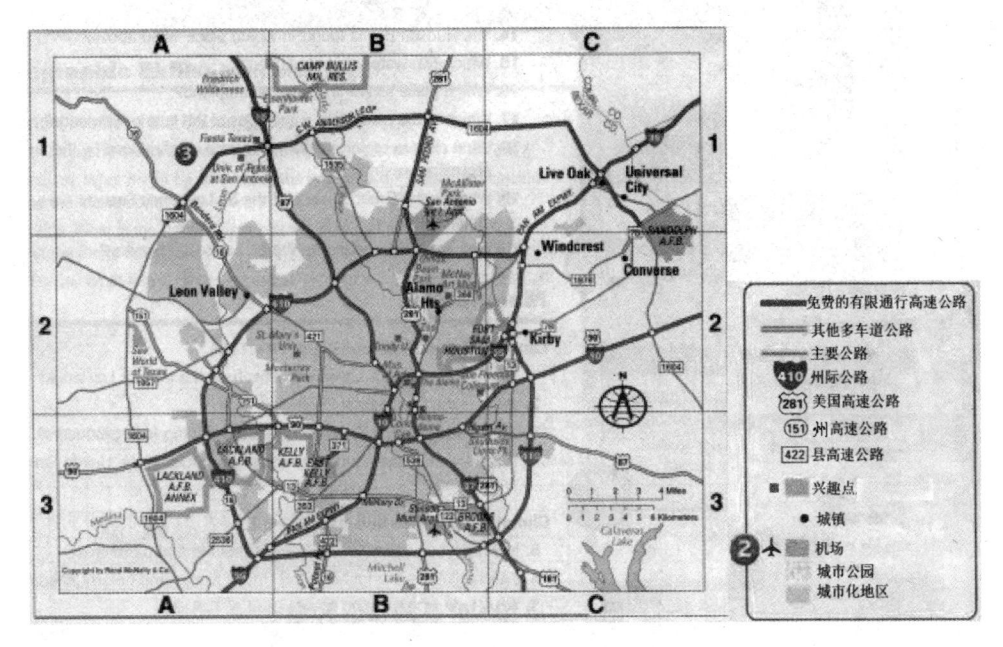

图 4-1　圣安东尼奥及周边区域公路网地图

第8章　读特定区域图

下面这幅区域地图（图 4-2）表示马里兰州的巴尔的摩和华盛顿特区的经济辐射到了周边地区。近 30 英里的乡村地区将巴尔的摩和华盛顿分开。

地图语言　区域地图使用线条、颜色等语言来传达信息。

①图名告诉你这幅地图的主要内容。

②图例解释颜色和符号的意义。

③这幅区域图显示了两个邻近城市巴尔的摩和华盛顿逐步扩展的过程。地图覆盖的时间范围是 1800—1992 年。

地图与图表技能评估

1. 观察样式

与大多数早期的城市一样，巴尔的摩和华盛顿都是依靠重要的地理特征建立的。这些地理特征是什么？

2．分析数据

华盛顿大都市区在什么时期发生最大的扩张？

3．得出结论

这两个城市在什么地理位置似乎合并了？

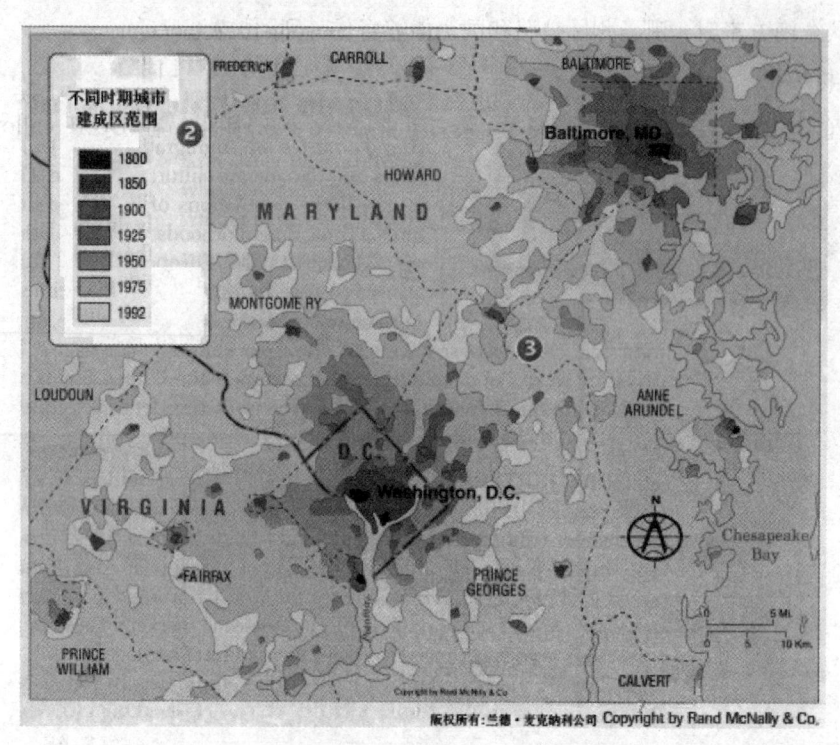

图 4-2　巴尔的摩和华盛顿的邻近区域

第9章　解读降水量分布图

假如你有一个机会，在巴西的马瑙斯或阿根廷的布宜诺斯艾利斯生活一年，可你不想生活在一个多雨的城市，你会选择哪个城市？为了帮助你做决定，在教科书第193页的地图上找到这两个城市，并在这幅降水量分布图（图4-3）上找到它们的位置。

地图语言　降水量分布图是专题地图的一种。许多降水量分布图显示给定地区的年降水量分布差异。

①图名表明地图的主题。

②年降水量的数量同时用英寸和厘米表示。

③主要显示地图上应用的颜色，并解释这些颜色的意义。每种颜色表示一个不同范围的年降水量。

地图与图表技能评价

1．进行比较

哪个地方的降雨天气多？是秘鲁还是巴西？

2．得出结论

圭亚那的年降水量是多还是少？

3．进行推论

这片大陆的北部年降水量更多，还是南部的年降水量更多？

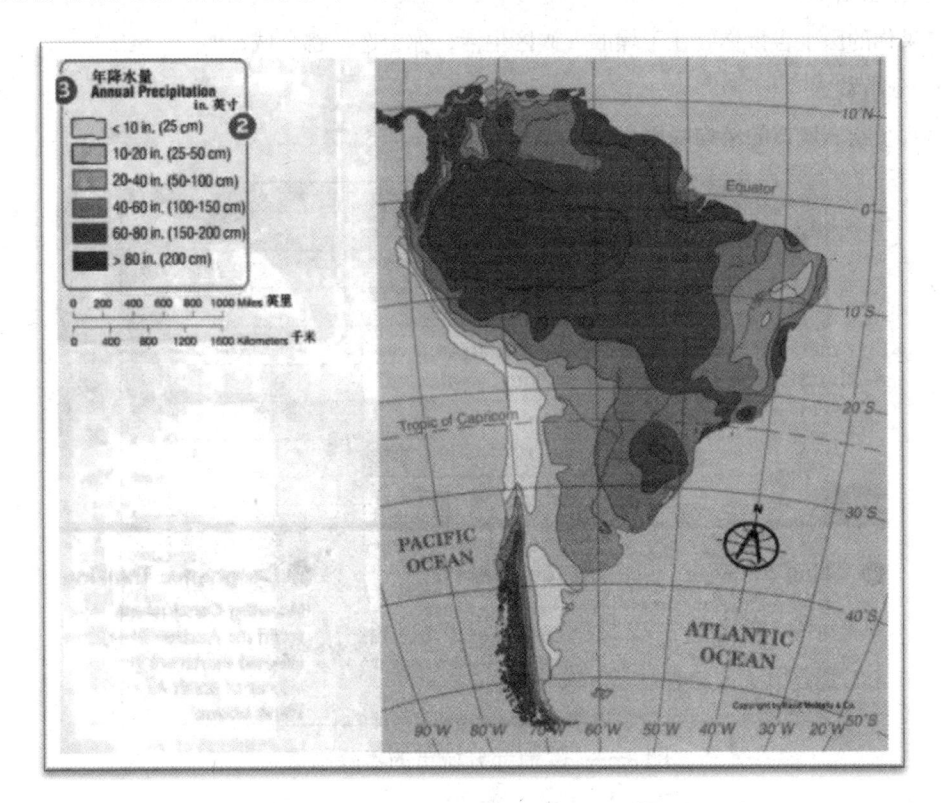

图 4-3　南美洲年降水量的分布

第 12 章　解读柱状图

你所在的区域每年的年降雨量和年降雪量分别是多少？美国的年均降雨量变动十分大，最少的是在加州的死谷，年降雨量少于 2 英寸（1 英寸等于 2.54 厘米），而最多的是在阿拉斯加州的亚库塔特，年降雨量最多有 151.25 英寸。年平均量并不能反映各月的降雨量或降雪量，但是它们能提供一个大概的指示，为一个地区的农业和其他活动提供参考。

图表语言　柱状图以直观的方式表示数量。在柱状图上，很容易地比较出事物的差异；柱状越高表示的数量就越多。根据主题，使用的度量单位有英寸、美元或者吨。时间段和地区是常见的比较种类。图 4-4 表示欧洲部分城市的年降雨量。

①在这个图表中，纵轴用英寸来表示降雨量。

②横轴表示的是欧洲的城市。

③图表告诉你这些城市的降雨量有多有少。进一步仔细地观察并测量高度，你能估算出大致的年降雨量。

地图与图表技能评价

1．分析数据

哪个城市的年降雨量最少？哪个城市的年降雨量最多？

2．得出结论

如果你的医生告诉你要在干燥的气候区生活，你会选择哪个城市？

3．分析数据

这八个欧洲城市的年均降雨量是多少？

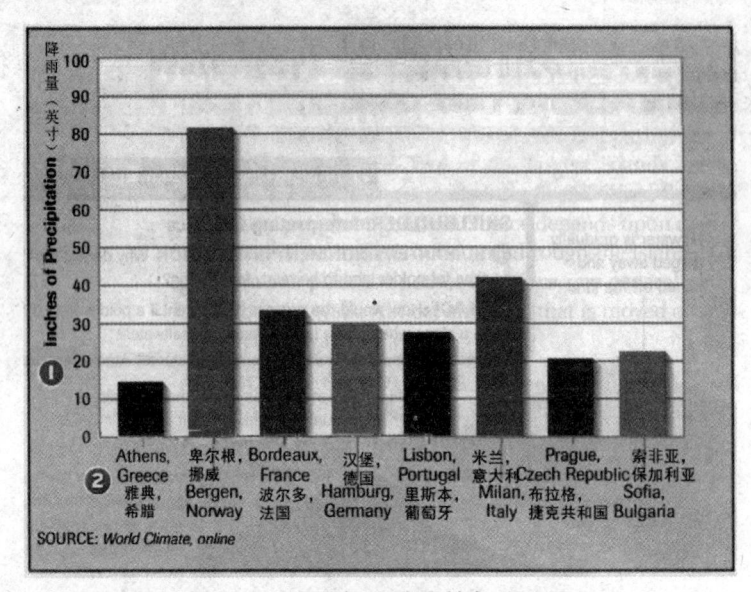

图 4-4　欧洲部分城市的年降雨量

第 14 章　解读专题地图

读欧洲某地区政治地图（图略），表示内容为该地区各州，以及主要的民族和宗教群体。20 世纪，战争在欧洲这片区域频发。这些战争源于古老的民族和宗教冲突。该地图表示了导致冲突的民族分布。

地图语言　一幅地图说明了一个区域的一个或者多个特点。正如这幅地图表示的内容，专题地图能通过颜色来传递信息。

①图例说明了颜色的使用和它们分别代表什么。同样也显示出边界的标志。

②地图上不同的颜色区域表示每个区域的主要民族群体。颜色并不代表没有来自不同群体的人生活在这个区域。

③该地图显示了三种不同的政治边界。

地图与图表技能评价

1．数据分析

哪一个区域民族人口最多？

2．得出结论

哪些区域有最多的人口种族分类？

3．进行推论

图4-5所示区域的种族组成是怎样与它的相对位置联系起来的？

图4-5　欧洲巴尔干半岛地区

第15章　理解时区

1884年，国际经度会议将全球划分为24个时区，每一个小时代表一个时区。因为地球每天自转360°，所以每个时区跨15个经度（360°÷24=15°）。使用本初子午线（0°）作为时区的起点，将这个基本时间命名为格林尼治标准时间。日界线在180°经线附近。在这条线以东，日期比这条线以西的地区要早一天。

地图语言　时区图表示时区，并在全世界通用。国际组织已经调整了一些时区的界线以保证某一政治单元（比如国家）在同一时区。（世界的时区图略）

①每一种颜色代表一个时区。

②国际组织将日界线设置在180°经线，但是这条线可向东或西变动，以避免国家行政上的不便。

③正数和负数表示当地时间和格林尼治时间之间的时差。

地图与图表技能评价

1．得出结论

美国本土有多少个时区？

2．进行比较

你生活的地方所在时区现在是什么时间？英国的格林尼治所在时区现在是什么时间？

3．得出结论

如果现在是美国纽约时间星期天的早上 6 点，那么新西兰奥克兰是什么时间？

第 18 章　读经济活动地图

在非洲大部分地区，自给农业和游牧业是主要的经济活动。尽管非洲国家有丰富的自然资源，但是采矿业在整个非洲大陆的分布却不均衡。用专题地图展示非洲各种各样的经济活动（注：有制造业、矿产贸易、商业农业、畜牧业、自给农业、游牧业、商业捕捞、狩猎捕鱼和林业等，非洲经济活动图略）。

地图语言　经济活动地图是专题地图，可以展示一个大尺度地区的经济状况，如一个大陆的经济活动。

①每种颜色代表在该区人们主要从事的经济活动。

②黑色符号代表钻井和采矿。

③符号和颜色表明经济活动和自然资源的联系。例如，地图表明南非有畜牧业、采矿业、经济渔业和经济农业。

地图与图表技能评价

1．进行归纳

大部分畜牧业分布在非洲的什么区域？

2．进行推论

为什么许多制造贸易中心位于河流岸边或者沿海地带？

3．得出结论

非洲最普遍的农业类型是什么？

第 20 章　读城市地图

随着 1886 年发现黄金矿后，南非的约翰内斯堡迅速发展起来。如今，它是南非最大的城市，并且是该国的金融和工业中心。读南非约翰内斯堡的城市地图，城市中心的街道被划分在一个个网格里。网格是类似于一种相交的平行线构成的框架。

地图语言　一幅城市地图本质上是另一种道路地图。然而，通常城市地图要比一个州的道路地图使用更大的比例尺以便给游客和居民展示更详尽的细节。城市地图表示街道的名称、主要旅游景点、公交车站和火车站，其他重要建筑等。（注：南非约翰内斯堡图表示公园、主要建筑、铁路、公交车站、主要公路、街道，南非约翰内斯堡图略）。

①在地图上标记出感兴趣的地点，有助于游客安排他们的旅行计划。

②标出主要街道的名称是必要的，可以引导人们在这个城市出行。

③地图上方和下方的字母，以及在侧边的数字表示用黑线确定的网格区域。网格区域帮助读者在地图上找到位置。大多数城市地图上都有地点索引列表以及他们所在的网格区域。

地图与图表技能评价

1．进行归纳

如果你乘火车进入约翰内斯堡，怎样走才能到铁路博物馆？大约花费多长时间？

2．得出结论

这个城市哪里是最适合野餐的地方？请注明这个地方的索引坐标。

3．进行推论

如果你打算在约翰内斯堡度过周末，这个城市有哪些适合你的活动？至少列举五个。

第21章　读植被分布图

西南亚有大面积适应干旱气候的植被区。一个区域的自然植被分布受许多因素的影响，包括位置、地形和气候类型等。

地图语言　植被分布图表示这个区域中主要的植被类型。它包括这个区域内的自然植被，通常不包括外来植物，如引进农作物。地图使用的颜色表明植被类型。它不像地图边界、区域界线等那么精确，它是逐渐变化的。（西南亚植被分布图的植被类型有：沙漠和干灌木、地中海灌木、温带草原、落叶混交林、很少或没有植被，西南亚植被分布图略）

①说明区域内的植被类型。地图上的每种颜色代表那个地区主要的植被。

②这个地区几乎没有植被，可能是沙漠。

③大型水体的沿岸地带有与内陆不同的植被类型。

④看植被分布也许会给你该区域地形的线索。如，混交林可能表明这里是山区。

地图与图表技能评价

1．进行归纳

接近波斯湾地带是什么植被类型？

2．进行比较

哪处水体周围的植被与更远的内陆区不同？

3．得出结论

大体上，你怎样描述这个区域的植被？

第24章　读天气图

假设你已经决定去南亚旅行，想知道你将要旅行的地方天气怎样。你需要一幅天气图，查看一下接下来几天的天气预报。大多数日报和新闻广播每天都会展示一个国家或地区的天气图。

地图语言　天气图能实时表示一个区域的天气情况。天气图表示温度、降水、锋面（天气快速变化）和气压。南亚天气图表示了2月份南亚典型的天气情况。（南亚天气图略）

①颜色和符号用来表示温度和降水。温度单位为华氏度（℉）和摄氏度（℃）。

②地图上的字母符号代表高压和低压系统。

③这些符号展示了锋面。此外展示了暖锋或冷锋是否正接近该地区，符号表示锋面移动的方向。

地图与图表技能评价

1．得出结论

南亚哪些城市的气温超过 70°F？

2．进行比较

这个时候，南亚哪个地区的天气最适宜旅行？

3．进行推论

从地图判断，印度西北部的天气将会保持原样还是发生变化？

第 27 章　解读等高线地形图

假设你正在日本北海道度假。作为旅行的一部分，你将攀登朝日山，朝日山是北海道岛上的最高点。你的小组成员决定研究等高线地形图来了解你将要面临的挑战。你们可以使用一幅等高线地图来更好地了解海拔以及山的险峻，如图 4-6 所示。

地图的语言　一幅等高线地形图通过等高线来表示不同的海拔和表面形态。等高线是地图上高程相同的点连成的封闭曲线。这些线也被称为等值线。等高线上的数字以米为单位表示高程。

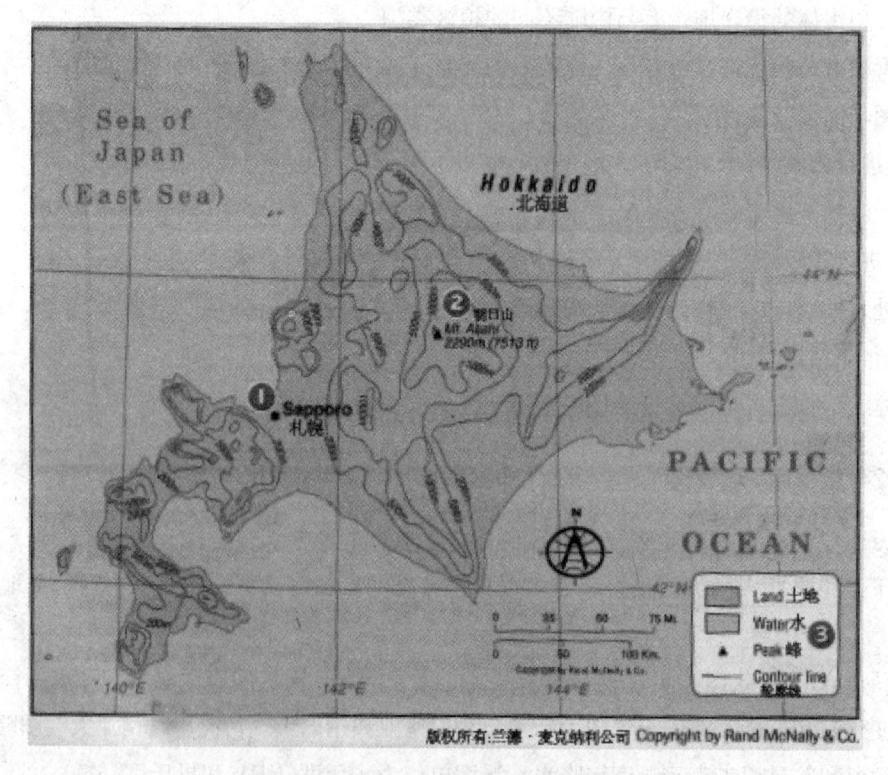

图 4-6　北海道岛的等高线地形图

①札幌，岛上最大的城市，坐落在低海拔地区。
②朝日山是岛上的最高点。
③地图上表示了朝日山山峰高程数值。岛上黑色的线是等高线。等高线上的点都在同一海拔上。

地图与图表技能评价

1．观察样式

朝日山的海拔是多少米？地图上距山峰海拔值最近的一条等高线的高程是多少？

2．作出决策

如果你想沿最陡峭处攀登，你应该沿着哪个方向攀登朝日山？

3．得出结论

岛上的等高线越密集表示的坡度越陡。

第30章　解读地势图

新西兰很流行的两种户外活动是登山和滑雪。新西兰地势图表示了适合进行这些活动的多山区域。这些山地也是新西兰壮丽的风景区，尤其是南岛的南部高山区。

地图的语言　地势图通过颜色和晕渲的结合阐明了区域中海拔高度的不同。（新西兰地势图略）

①图例表格中阐明了地图中使用的各颜色及其代表的海拔范围。
②山峰的符号是▲，地图上也显表示了山峰的名称和海拔。
③此地图明确地表示了北岛和南岛自然地理环境上的差别。

地图与图表技能评价

1．观察样式

新西兰两大岛中的哪一个岛是多山的？

2．得出结论

库克山有多高？

3．进行推论

哪个岛更适合发展农业？为什么？

二、"案例研究"活动样例

第2单元　多元化的社会面临着改变

——多元文化如何组成一个统一的国家的文化？

北美的移民最早来自亚洲。几千年前，他们已经跨越亚洲大陆和美洲大陆之间的白令海峡。从那时起，成千上万的人从世界上其他国家和地区移居到美国和加拿大。他们都在寻找新的生活。人们面临挑战，美国和加拿大努力确保这些来自不同国家和地区的人民保持统一。

美国的多元文化传统在加州学生群体中表现得十分明显。

"文化马赛克"或"文化大熔炉"

经过几个世纪的移民，美国和加拿大有了多元文化。仅仅在纽约，移民学生使用的语言超过 100 种。

加拿大的"文化马赛克"　加拿大的早期定居者是其原住民。第一批欧洲殖民者来自两个不同的国家，即法国和英国。同样，加拿大鼓励来自世界各地的移民定居，以开拓其庞大的土地和扩大劳动力、国内市场。这些移民也被鼓励保留他们的文化传统。

……

加拿大政府已经正式确认加拿大的多元文化的本质。在 1988 年，政府制定了加拿大多元文化法案来保护和促进文化的多样性。很多加拿大人认为这个法案能保证各种出身的人都平等，但也有人不赞同这种看法。

美国的"文化大熔炉"　多年来，美国人相信来自不同民族的人构建一个国家，最好的方式是同化。同化即少数民族文化语言、风俗和生活方式逐渐融入主流文化。以美国原住民为例，在 19 世纪末期，他们被鼓励，甚至被迫学习英语，穿戴西方服饰等。

人们期望移民同化。如果他们接受"美国化"，移民很快发现他们的生活将会容易融入新国家。大多数移民来自欧洲，他们想采用一种共同的语言和文化，成为新"美国人"，如图 4-7 所示。

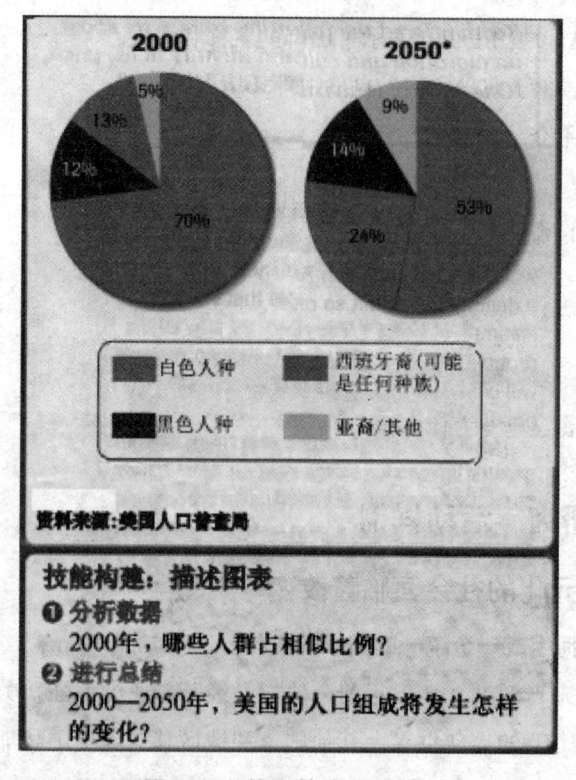

资料来源：美国人口普查局

技能构建：描述图表

❶ 分析数据
　2000 年，哪些人群占相似比例？
❷ 进行总结
　2000—2050 年，美国的人口组成将发生怎样的变化？

图 4-7　美国的人口组成

新的移民带来挑战

在20世纪末期，移民主要来自拉丁美洲和亚洲。这些移民不愿意放弃他们的文化传统和宗教信仰。

分歧 一些美国人认为新移民不明白什么是美国特有的。美国的力量来自它的多元文化融合。他们还认为，鼓励不同的语言和习俗会引起隔阂导致人民不团结。他们希望限制移民并把英语作为官方语言。

其他的美国人，包括很多教育家，提出了不同的观点。他们认为美国社会强调多元文化是有好处的，因为加拿大人是这样做的。

在美国和加拿大多种文化融合是一个持续的挑战。因此，如何保护多元文化国家的团结呢？该案例将帮助你探索这个问题。

项目："脱口秀式讨论"

主要资料A、B、C、D、E代表不同的针对同化还是维持原文化的观点。结合你自己从图书馆或网上得到的资料，对当今多元文化问题做一个"脱口秀式讨论"。

预想步骤

1. 一组共计5位学生，准备从"一个统一的国家是否可以存在多元文化？"这个话题开始，一个成员主持讨论，其他组员选择观点：赞成同化或反对同化。

2. 考虑你的角色。"一个统一的国家必须有单一的文化吗？""其优点和缺点分别是什么？""国家同化或多元文化的优点和缺点分别是什么？"

3. 在线或打印资料来研究你的主题。

4. 编写陈述稿。为增强视觉效果，可以准备图表或图形。

5. "脱口秀式讨论"给出焦点问题。

材料和准备

- 海报板
- 参考书籍、报纸和杂志
- 彩色标记
- 互联网链接

主要资料A

报纸文章 1998年，《华盛顿邮报》就作家威廉·布斯在《熔化罐的神话》中"关于移民和文化身份"部分发表评论，"一个国家的，不可分割的：它是历史吗？"

今天的移民不仅来自欧洲，而且来自发展中国家集中的亚洲和拉丁美洲。人口结构的变化如此之快，今天的青少年在有生之年，将会看到没有一个民族人口（包括欧洲的白人）占多数的国家……

许多历史学家认为，在过去美国人渴望一种共同的语言和文化，鼓励而不是强迫的被白人新教徒主导的文化同化。今天，他们说，要更多地强调保持各自的种族身份，通过各种方法来突显并捍卫各自的文化。

主要资料B

社会评论 米歇尔是一位作家和编辑。她的大部分工作都集中在研究多元文化主义的问题上。以下内容节选自她1996年的一篇文章，主题是"多元文化同化"。

这个熔炉概念谈到所有美国人面临巨大的"文化炖"……

但美国不是一直承诺，那里的街道遍地是黄金。许多新来者知道"他们"是做什么的！因此，人们开始意识到，这个"大熔炉"概念是不现实的……

形成鲜明对比的是，多元文化鼓励我们将自己的文化添加进美国多元文化的成分。这个国家的前景在于，多元文化的大杂烩。

主要资料C

政治评论 帕特里克·布坎南是一个政党的总统候选人（2000年改革党）。布坎南曾大力支持移民改革和同化。下面这些话是2000年8月6日在他的网站上发布的。

如果美国要成为"一个国家"，我们必须采取一个移民"时间"来修补熔化罐。作为总统，我将：停止非法移民变成寄宿生。大规模合法移民必须减少到20世纪平均每年25万～30万移民的水平。支持一个国家的同化教育，采用美国的文化、历史、政策和英语语言。

主要资料D

政府法律 加拿大多元文化条约是加拿大议会于1988年通过的，它的目的是维护和促进多元文化。

"……加拿大政府特此宣布政策。……（b）识别并促进理解，多元文化是一个基本的特征和身份以及加拿大遗产，它为塑造加拿大的未来提供了宝贵的资源；……（c）促进全面、公平的参与，帮助他们消除障碍，参与……（f）鼓励和帮助社会、文化、经济和政治机构，促进形成相互尊重和包容的多元文化性格，……（g）促进理解和创造力，增加来自个人和社区之间文化的互动"

主要资料E

政府公文 2000年的人口普查，包含详细的种族和种族分类，表示了不同民族组成的美国人口。

项目：检查清单

我是否……

√充分研究我的主题。

√考虑到双方的问题。

√突出信息的视觉效果，让我的演讲清晰和有趣。

√已经达到了我演讲的效果。

第4单元 欧盟

——欧盟的未来会怎样？

欧洲长久以来的冲突导致了第二次世界大战。在"二战"之后，出现了两个目标：重建各国被破坏的经济和阻止新的冲突发生。一些人认为达成这两个目标的最好方法就是将欧洲联合起来。思考这种观点的优点和缺点。

向着联合的步伐

向联合出发的第一步是成立产业联盟。1951年，法国、联邦德国、意大利、比利时、荷兰、卢森堡这些国家签订了条约，将各国的煤、钢资源统一交予欧洲煤钢共同体管理。因为每个国家都依靠其他国家来获取工业资源，如果再斗，则会导致经济危机。没有哪个国家可以为战争做秘密准备，因为每个国家都知道其他国家正在制造什么。进一步来说，欧洲煤钢共同体设置了一个合作的基调，可以帮助欧洲重新恢复经济。

1957年随着欧洲经济共同体（欧洲共同市场）的建成，联合的第二步完成。该联盟将贸易壁垒移除，并设立了共同的经济目标，使人们可在任何一个成员国中生活和工作。1958—1968年，欧洲经济共同体中的国家的贸易总值翻了两番。

1967年，欧洲煤钢共同体、欧洲经济共同体和欧洲原子能共同体合并成为欧洲共同体。1973年，欧洲共同体开始接纳其他的欧洲国家。1993年，《马斯特里赫特条约》开始生效，欧洲联盟（简称"欧盟"）代替欧洲共同体。到2007年，欧盟有27个成员国。

欧盟如今面临的问题

在过去的50多年里，欧盟从6个国家增加到了27个国家。随后有可能扩张到已有将近5.6亿人口的30个国家。如此快速的发展也带来了很多挑战。

成长的烦恼 许多在2004年和2007年加入欧盟的东欧国家没有西欧国家繁荣……这些差异造成了成员国之间的矛盾。

一些欧洲人担心如果让土耳其加入欧盟，会引起紧张局势。土耳其成为欧盟成员国的进程十分缓慢。

经济和政治 《马斯特里赫特条约》将以单一的货币代替各国货币作为目标。统一货币的使用可以提高商业的效率并增加贸易。2002年，有12个欧盟国家开始使用新的货币——欧元进行交易。为了使用欧元，成员国不得不统一经济标准。

即便如此，一些欧洲国家对欧元采取保留意见。这些国家担心失去对经济因素的控制权，比如每个国家设置本国利率的权利。丹麦和英国就没有使用欧元。

随着欧盟的发展，人们意识到最初的格局已经不适合一个拥有超过20个国家的统一体。2002年，新的章程开始实施。这种变化引起一种恐慌，即欧盟将变成"超级大国"，并代替单个的国家。2005年，荷兰和法国反对新章程。只有所有国家都接受新章程，新章程才能生效，所以这项进程停止了。欧盟领导人以《里斯本条约》代替了失败的章程。《里斯本条约》

包括了一些对新章程的改进建议。

项目：小组讨论

从 A 到 E 资料显示出欧盟扩张的相关信息和观点。使用这些资料，并结合你自己的研究，分组讨论欧盟扩张问题。你可以通过网络或图书馆查找相关资料。

建议采取的步骤

1. 三个同学为一组，每个同学代表一种类型的国家：原欧盟成员国、目前的欧盟成员国以及欧盟候选国。

2. 查找未来扩张是怎样影响你所代表类别的国家的。在你的研究中考虑以下问题：
   - 你所代表的国家的人民是怎样看待欧盟成员资格的？
   - 未来的扩张怎样影响你所代表的国家的经济？
   - 对于想要采用欧元的国家，它们面临什么潜在的问题？
   - 由于欧盟扩张，将会出现哪些政治或文化问题？

3. 在讨论的过程中提供可视的资料展示。

4. 在上课之前准备一次讨论。每个成员就自己的立场准备 1~2 分钟的简短发言；然后小组讨论它们的不同。

材料和用品
- 信纸、互联网
- 记号笔、电脑
- 海报板
- 百科全书和其他参考书

主要资料 A

新闻　欧盟的一个目标是，让所有的公民都能够自由地到其他欧盟成员国旅行。这篇文章于 2007 年 5 月 22 日发表在英国广播公司的新闻上，解释了自从欧盟扩张以来，这个政策是怎样影响英国劳动力的。

1 月，罗马尼亚和保加利亚加入欧盟，在这之后的三个月里，有接近 8 000 名来自罗马尼亚和保加利亚的工人在英国注册工作。英国内政部（英国的一个政府部门）补充道：超过 4.9 万名来自已经是欧盟成员国的其他八个国家的工人，在英国申请工作。从 2004 年 5 月欧盟开始扩张后，东欧有超过 64 万名的工人在英国寻找工作。英国政府限制罗马尼亚和保加利亚工人的权力。罗马尼亚和保加利亚在 2007 年 1 月加入了欧盟——但是政府并未允许本国的工人自由进入英国劳动力市场。

主要资料 B

电台访问　在 2003 年的一次采访中，在捷克共和国加入欧盟之前，捷克某经济学家讨论加入欧元区（使用欧元的地区）的国家使用欧元所带来的经济影响。

欧元区由很多不同的国家组成。这些国家包括通货膨胀率很高的爱尔兰。通过提高利率战胜通货膨胀是相对容易的。但是同样有如德国这样的国家,有很高的失业率。通过降低利率克服通货膨胀也是相对比较容易的。现在,欧洲中央银行能做些什么呢?是提高利率帮助爱尔兰还是降低利率帮助德国呢?欧元区的国家是有很大差异的,但是相比于其他的候选国,这些国家看起来则很相似,犹如捷克一样……采用欧元是很好的想法;但是,过早采用欧元也意味着很高的通货膨胀率、经济衰退和高失业率等问题的出现。

主要资料C

调查数据 欧洲晴雨表是欧盟的一家民意调查公司。2007年,该组织调查了当时欧盟成员国人民是否支持欧盟进一步扩张的情况,如图4-8所示。

对欧盟未来扩张的支持,2007			
国家	支持率	国家	支持率
波兰	76%	丹麦	51%
立陶宛	68%	葡萄牙	51%
斯洛文尼亚	67%	荷兰	50%
罗马尼亚	67%	意大利	48%
西班牙	65%	比利时	44%
塞浦路斯	65%	爱尔兰	42%
捷克	64%	英国	41%
匈牙利	64%	芬兰	39%
马耳他	62%	德国	34%
斯洛伐克	59%	法国	32%
保加利亚	58%	奥地利	28%
希腊	56%	卢森堡	25%
拉脱维亚	56%	欧盟(作为一个整体)	49%
爱沙尼亚	55%		
瑞典	52%		

来源:标准欧洲晴雨表

图4-8 欧洲晴雨表关于欧盟未来扩张的调查

主要资料D

背景文章 有一个能提供有关欧盟的独立新闻的网址,它的一项服务是为重要新闻提供背景,例如,土耳其对于成为欧盟成员国的意愿。

土耳其加入欧盟的路途中遍布障碍……在欧洲,土耳其加入欧盟的问题一直是时事新闻,讨论的问题从地理位置到人口统计。一个常见的观点是,如果土耳其加入欧盟,它将成为欧盟人口最多的国家。……另一个观点的争论,即是否能够建立欧洲地理边界,并且土耳其是否适合这些边界……可能最大的争议还是在于文化和宗教的差异……欧盟成员国对于土耳其人权纪录以及全球和区域安全相关问题的担心成为导致土耳其漫长申请过程的主要因素。

主要资料E

政治漫画 2006年12月,法国某漫画家是这样看待土耳其加入欧盟的请求,如图4-9所示。

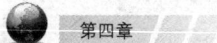

图 4-9 关于土耳其申请加入欧盟的漫画

项目：检查清单

我是否……

查找属于我所代表类型的国家前景。

回答所有相关的问题。

准备 1～2 分钟关于自我立场的总结，并回答对立的观点。

为这次讨论准备相关的视频资料。

第三节　研究结果

一、《地理》教科书的探究活动特点

美国《地理》教科书的探究活动主题突出，其两大探究模块"技能"和"案例研究"主要有三大特点。

1．背景信息充分，图文资料丰富

教科书呈现探究活动时，通常不仅给出大量的图文资料，教会学生阅读分析这些信息（如技能模块），而且还培养学生搜索信息的能力，如案例研究模块中，给出"主要资料"，包括报刊文章、网络新闻、时事漫画和历史文献等，让学生学会重视生活中的这些信息来源，并和所学知识结合起来。

2. 重视口头表达能力的培养

在案例研究模块中，该教科书对学生的口头表达与交流能力的重视得到了充分的体现。这一模块给出相当多的图文信息资料，包括一段介绍性文字和关键配图，提出一个项目，要求学生能口头表达自己的研究成果，如 Unit 2 的"脱口秀式讨论"，Unit 4 的小组讨论，Unit 6 的新闻报告等。在每个案例研究的结尾还设计了进度反思问题（检查清单），提出以"我是否已经做到……"开头的几个问题，帮助学生掌握学习进度。

3. 评价步骤清晰，评价环节次序及占比不固定

该教科书地图与图表技能模块中有各种连线和文字注释、标记等内容，解读详尽易懂，利于学生掌握读图技能。地图与图表技能评价均分为三个步骤，通常包括"观察样式""分析数据""进行比较""进行归纳""作出决策""得出结论""进行推论"等评价环节。各评价环节的次序并不固定，"得出结论"有时也是探究的第一步评价步骤。各技能模块的评价步骤，如表 4-3 所示。

表 4-3 《地理》教科书地图与图表技能模块的评价步骤

序号	名称	步骤 1	步骤 2	步骤 3
1	解读气候资料图	分析数据	分析数据	得出结论
2	读公路网地图	观察样式	作出决策	分析数据
3	读特定区域图	观察样式	分析数据	得出结论
4	解读降水量分布图	进行比较	得出结论	进行推论
5	解读卫星影像	进行推论	作出决策	得出结论
6	解读柱状图	分析数据	得出结论	分析数据
7	解读专题地图	分析数据	得出结论	进行推论
8	理解时区	得出结论	进行比较	得出结论
9	读折线和饼状图	观察样式	分析数据	分析数据
10	读经济活动地图	进行归纳	进行推论	得出结论
11	读城市地图	进行归纳	得出结论	进行推论
12	读植被分布图	进行归纳	进行比较	得出结论
13	解读人口密度图	得出结论	进行比较	进行归纳
14	读天气图	得出结论	进行比较	进行推论
15	读人口金字塔图	分析数据	进行比较	进行推论
16	解读等高线地形图	观察样式	作出决策	得出结论
17	解读比例尺地图	分析数据	进行比较	进行推论
18	解读地势图	观察样式	得出结论	进行推论
19	解读统计图	分析数据	得出结论	得出结论

这些评价环节反映了地图与图表技能评价的关键步骤，各评价环节的所占比重，如图 4-10 所示。

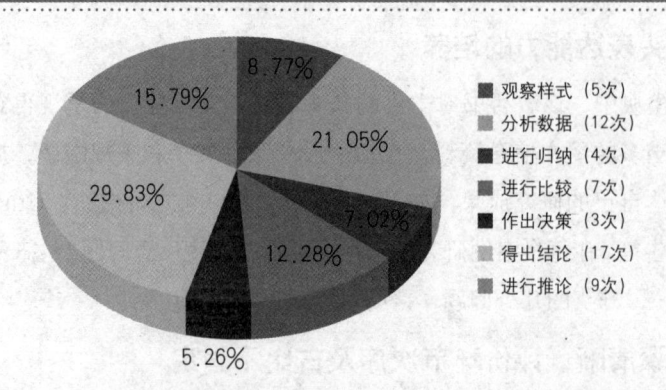

图4-10 《地理》教科书地图与图表技能各评价环节的占比

由图4-10可见，各评价环节中占比最高的是"得出结论"，为29.83%；其次是"分析数据"的占比，为21.05%。"进行推论"和"进行比较"占比居中，分别为15.79%和12.28%；占比少的三个评价环节依次是"观察样式""进行归纳"和"作出决策"，分别出现5次、4次、3次，占比均不到10%。

图中七个评价环节各自出现的步骤有规律可循，并且可以按照它们出现位置的频次来判断它们在探究活动中属于第几步评价步骤。判断时主要包括以下几种情况。

（1）仅出现在某一步的评价环节。如"观察样式"仅出现在第一步的评价步骤，就归为第一步的探究活动；"作出决策"仅出现在第二步的评价步骤，就归为第二步的探究活动。

（2）某一步评价步骤占比在50%以上。若一个评价环节在某一步评价步骤出现的频率超过50%，说明该评价环节占比有明显的优势，也就归为这一步评价步骤的探究活动。这种情况如"分析数据""进行归纳""进行比较""进行推论"等。

（3）没有明显优势评价步骤的，按众数所在评价步骤划分。如"得出结论"这个评价环节在三个评价步骤中都有出现，且没有在某一步评价步骤的占比达到50%，则按照出现次数最多的评价步骤归为第三步的探究活动。

二、《科学探索者》丛书探究活动的内部结构

"学科探索"活动包括：

（1）每章课题：贯穿整章的探索活动；

（2）探索：课前的思考和探索；

（3）增进技能：专业技能训练；

（4）试一试：基本概念的巩固与强化；

（5）技能实验室：探索技能的强化；

（6）生活实验室：科学知识的应用。

"跨学科探索"活动包括数学工具箱、科学与历史、科学与社会和链接等项目。此外，在教科书末尾，以"综合探索"作为对前面各种知识和技能的总结，涉及各个方面的活动，是综合的探究活动。

由图 4-11 可见，《科学探索者》丛书的探究活动设置形式多样，既有穿插于课文之间的"每章课题""试一试"等探究活动，又有以模块形式出现的"技能实验室""生活实验室"等独立的探究活动，且将书内的探究活动分为学科内探索、跨学科探索和综合探索几大部分，脉络十分清晰。

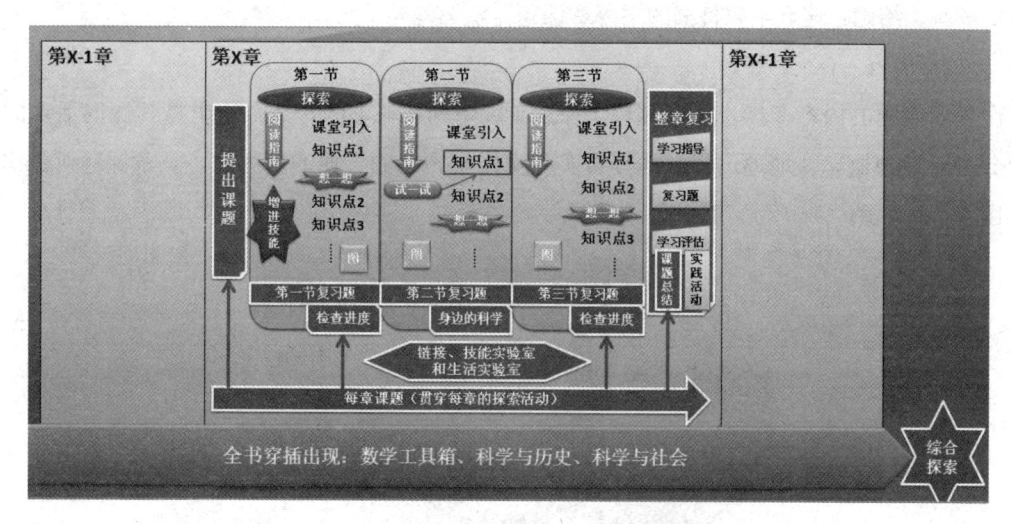

图 4-11 《科学探索者》丛书探究活动结构

从具体栏目的设置来看，《科学探索者》系列教科书的探究活动的位置变化较大，如每章课题、探索具有固定的位置，但是技能实验室和生活实验室等却不具备特定的位置。栏目类别上，设置了具有引入作用的探索探究，用以激发学生的学习兴趣、引发学生对即将学习内容的思考。同时，教科书设置了贯穿章节教学始终的课题研究，并设有专门的技能训练栏目，用以提高学生的特定技能。

三、《科学探索者》丛书探究活动的特点

（一）学科探索

1．"每章课题"

（1）概述

"每章课题"是贯穿整章的探索活动。在每一章的开篇，说明提出课题的背景、课题目标，提示完成课题需要做的准备工作、进度安排以及最后要呈现的结果。随着课程的进行，在适当的小节会有进度的检查，将课题分解成几个阶段，每个阶段都有相应的知识基础的提供和可完成的结果。在每章复习的最后部分，要求学生展示自己的课题成果。"每章课题"讲究一定的程序和过程，学生要具有一定的预见性，制订的计划也应具有很强的操作性。"每章课题"是探究式学习的一种重要的方式，在完成预定目标的过程中，达到知识与技能、情感态度与价值观的多重学习。

从篇幅上看，《科学探索者》这五本教科书的各章课题所占篇幅共有 34.8 页，平均每章

中有1.45页。其中《环境科学》和《地球内部》的各章课题所占篇幅最多,平均每章中有1.48页;章课题所占篇幅最少的为《地球上的水》,平均每章中有1.38页。按照每章课题所占的百分比看,《科学探索者》这五本教科书每章课题平均占每章篇幅总数的3.57%,其中《环境科学》的各章课题所占比重最多,为4.03%,而《地球上的水》的各章课题所占比重最少,为3.35%。结论:这五本教科书的"每章课题"篇幅差异不大。

(2) 内容

各章课题的内容多样,根据《科学探索者》系列教科书的特点,这里将其探究活动的内容分为对地理概念、地理过程、地理事实和实际问题共四方面的探究。各类章课题所占比重如图4-12所示。

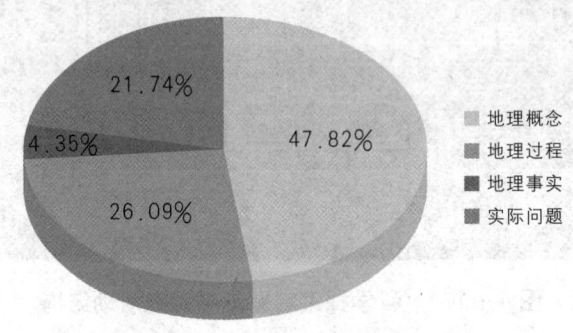

图4-12 各章课题内容统计

由图4-12可以看出,各章课题的内容主要是对地理概念的探究,占总数的47.82%;其次为对地理过程的探究,占总数的26.09%;对实际问题的探究,占总数的21.74%,对地理事实的探究最少,仅在《地球内部》教科书中涉及了一次,占总数的4.35%。各章课题的内容分布也符合地理教学的要求,重视地理概念和地理过程的探究,在此基础上解决实际问题。就每一本教科书来看,《地球上的水》的探究内容多样,涉及地理事实以外的其他三个类型的内容;《环境科学》和《天气与气候》都有较多的以实际问题为内容的探究课题,并且以《环境科学》最为突出,主要用以培养学生认识并解决实际环境问题的能力。

(3) 形式

基于《科学探索者》系列教科书的实际情况,这里将探究活动分为如下几种类型:

①思考类探究:如"阅读""理解思考""计算";

②观察类探究;

③实验类探究:如"实验探究""设计并实验""测定""制作、演示"等;

④调查类探究:如"调查""收集资料""查阅"等;

⑤交流类探究:如"交流""讨论""辩论""撰写小论文"。

按照如上的探究形式分类,将这五本教科书每章的课题进行归类统计,如图4-13所示。

由图4-13可以看出,课题的探究形式最多的为实验类探究,占总数的50.00%,这主要是因为这五本教科书的内容多为自然地理知识;其次为调查类探究,占总数的33.34%;观察类探究和交流类探究方式再次之,所占比重相等,均为 8.33%;而思考类探究在章节课题中则并未体现出来,这主要是由于各章课题多为综合探究,思考的形式过于单一,并且探究层次较低,故没有出现在各章课题中。就每一本教科书来看,《环境科学》的探究形式最为多样,涉及除思考类探究以外的其他类型;《地球上的水》的探究形式突出以实验类探究为主的特点,实验类探究占总的课题探究形式的 80%;其他几本教科书的探究形式分布则较为均匀。

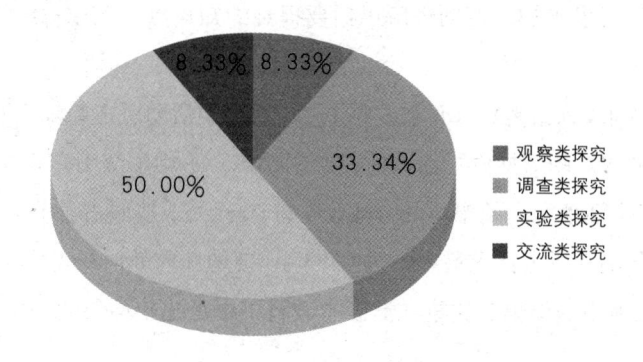

图 4-13 各章课题探究形式统计

（4）技能目标

根据地理探究目标的定位及学科的特点,基于《科学探索者》系列教科书的实际情况,这里将探究活动在学习中渗透的探究技能分为如下几种类型:

①观察技能:如矿石与岩石辨认、地震观察与观测、气象观察（如云的识别）等;

②调查技能:如调查人口状况、环境质量、交通流量等;

③实验操作技能:如模拟河床泥沙沉积、三角洲形成原因演示、教具制作等;

④分析应用技能:包括做图表、计算等,属于对地理信息的分析加工;

⑤交流技能:如讨论、信息的评论等,突出了合作交流的因素。

对每章的课题来说,由于它属于贯穿整章的综合的探究活动,要训练并达到的技能目标也不是单一的,而是综合了以上各个目标的综合体,即综合了观察、调查、实验操作、分析应用和交流多个技能。这是"每章课题"不同于其他探究活动的一个显著特点,虽然有着主导的探究形式,但是其技能训练目标却并不是单一的。

（5）问题设置

"每章课题"的问题设置不是固定不变的,每一章的问题设置数量都是不同的,并且有些课题没有问题设置。在《科学探索者》系列教科书中,《地球内部》的"每章课题"问题设置数量最多,共设有 21 个问题,平均每一课题设置 4.2 个问题;问题设置数量最少的为《环境科学》,平均每一课题设置 2.5 个问题。这些问题设置主要是为了巩固练习所学技能,监督课题的进展,加深学生的认识。从认知层次上来看,多为对知识信息的应用分析,以及对具体问题的评价。

2. "探索"

(1) 概述

"探索"是课前的思考与探索,设置在每一节的最前面,每节有且仅有一个,通常是可以利用生活环境完成的实验或者游戏。实验后面是相应的思考,这些实验都非常简单且易于操作,但是可以产生非常明显的效果,深刻地揭示一些现象,引发学生的兴趣和思考。它的作用就是引出问题,激发兴趣,帮助理解以后要提到的知识点,在教材结构上与课文系统联系密切。

从篇幅上看,《科学探索者》这五本教科书的"探索"活动所占篇幅,平均每节中有 0.31 页,其中《地球上的水》的"探索"活动所占篇幅最多,平均每节中有 0.33 页;其次是《天气与气候》的"探索"活动所占篇幅,平均每节中有 0.32 页。按照占各节的百分比来看,《环境科学》的"探索"活动所占比重最多,为 0.83%;《地球内部》所占比重最少,为 0.70%。结论:"探索"活动所占的篇幅与比重在这五本教科书中是比较均匀的。

(2) 内容

"探索"活动的内容多样,按照本研究中采取的内容分类方式,对各节"探索"活动内容进行分类,如图 4-14 所示。

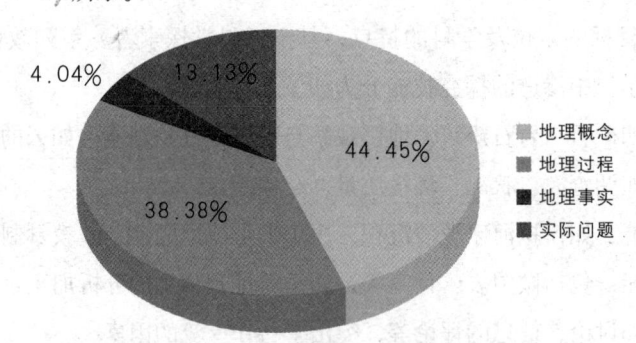

图 4-14 各节"探索"活动内容统计

由图 4-14 可以看出,《科学探索者》这五本教科书"探索"活动的内容主要是对地理概念的探究,占总数的 44.45%;其次为对地理过程的探究,占总数的 38.38%;对实际问题的探究占总数的 13.13%;对地理事实的探究最少,仅占总数的 4.04%。这些内容分布和每节课题的内容分布大致相同,也符合地理教学的要求,重视地理概念和地理过程,在此基础上解决实际问题。就每一本教科书来看,这五本教科书都包含了地理概念、地理过程、地理事实、实际问题四个类型的探究内容,探究内容多样,分布较为均匀。

(3) 形式

按照本研究中采取的探究形式分类方式,对《科学探索者》这五本教科书各节"探索"活动的探究形式进行归类统计,如图 4-15 所示。

由图 4-15 可以看出,由于这五本教科书的内容多为自然地理知识,因此每节"探索"活动的探究形式最多为实验类探究,占总数的 57.58%;其次,由于"探索"活动的主要目的是为了引起学生的兴趣，注意到本章节要学习的内容，所以在实验类探究之后的探究形式为观察类探究，占总数的23.23%；思考类探究再次之，占总数的17.17%；调查类探究和交流类探究的综合性较强，不适宜在章节开篇的"探索"活动中使用，故这两种类型的探究形式都仅出现了一次，分别出现在《天气与气候》"对天气的调查"和《环境科学》"对环境问题定义的讨论"中。就每一本教科书来看，《地球上的水》和《天气与气候》由于内容更贴近自然，并且容易进行实验，所以其探究形式最为集中，多为实验类探究，以《地球上的水》的表现尤为突出。《环境科学》"探索"活动的探究形式分布最为均匀并且多样，涉及了除调查类探究以外的其他四种类型的内容，与其他几本教科书不同，实验类探究形式所占的比重相对较少。

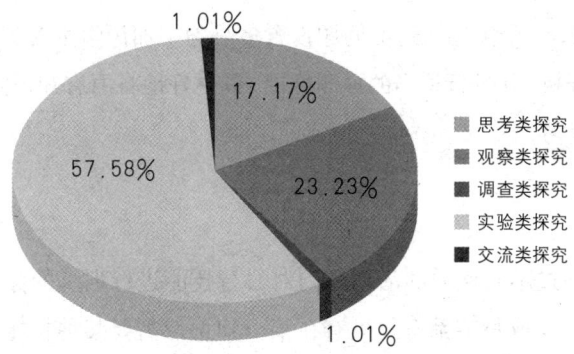

图 4-15 各节"探索"活动探究形式统计

(4) 技能目标

按照本研究中采取的技能目标分类方式，对《科学探索者》这五本教科书中各节的"探索"活动技能目标进行归类统计，可以看出，每一个"探索"活动涉及不仅一个技能目标，根据各技能目标出现的次数进行统计，如图 4-16 所示。

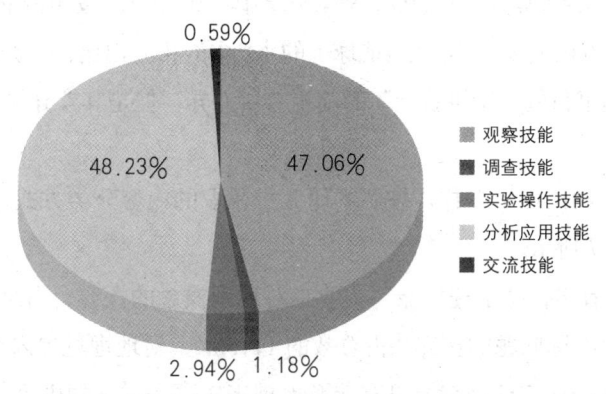

图 4-16 各节"探索"活动技能目标统计

由图 4-16 可以看出，在各节的"探索"活动中最主要的技能目标是分析应用技能和观察技能，分别占总数的48.23%和47.06%；而实验操作技能占总数的2.94%，调查技能占总数的1.18%；交流技能比重最少，仅为0.59%，不到1%。这一结果似乎与以实验探究为主的探

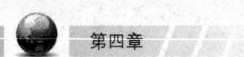

究形式不符，因为实验操作能力的比重远远小于分析应用和观察的能力。但是，虽然各节"探索"活动多是实验，但这些实验都是十分简单的，其主要目的并不是训练学生的实验操作能力，而是注重让学生观察实验中的某一步骤、某一现象等，进而对所观察到的信息进行分析应用，以更好地体会所学习的知识，引起学生的学习兴趣和注意。就每一本教科书来看，《地球内部》和《地表的演变》略增加了对实验操作能力的训练，其他几本教科书则没有涉及。

（5）问题设置

每节"探索"活动的问题设置数量并不相等，平均每一个活动设有2个问题。在《科学探索者》这五本教科书中，《地球内部》的每节"探索"活动问题设置数量最多，共设有59个问题，平均每一个"探索"活动设置2.7个问题；问题设置数量最少的是《地球上的水》，平均每个"探索"活动设置1.65个问题。这些问题设置多是为了加深学生对实验现象的观察理解、对所得到的信息进行分析，并进行适当的预测推论，以更好地将原有知识同新知识建立起联系，从而开始对新知识的学习。

3．"增进技能"

（1）概述

"增进技能"是通过不同性质的活动专门对心智技能进行训练的探究形式。它出现的位置是不确定的，不是每章或每节都有。只有在某一知识点需要某种技能，或者该技能对理解某一知识点有帮助的时候，才会设置"增进技能"这一探究活动。"增进技能"主要包括计算、分类、观察、提出假设、推理、数据解释、交流和画图等几类。

从篇幅上看，《科学探索者》这五本教科书的"增进技能"活动，平均每章中有1.81个，平均每章中有0.22页，其中《天气与气候》的"增进技能"活动所占篇幅最大，平均每章中有0.28页；其次是《地球上的水》的"增进技能"活动所占篇幅，平均每章中有0.26页，《地表的演变》的"增进技能"活动所占篇幅最少，平均每章中有0.15页。按照占章节百分比来看，《天气与气候》中的相应占比最多，其次为《地球上的水》中的相应占比，二者分别占总数的0.64%和0.63%。尽管不同书目的"增进技能"的篇幅有所差异，但是其差异并不是很明显。

（2）内容

"增进技能"活动的内容多样，按照本研究中采取的内容分类方式，对各章节活动内容进行分类，如图4-17所示。

由图4-17可以看出，"增进技能"主要是对地理概念的探究，占总数的81.82%，具有绝对优势；其次为对实际问题的探究，占总数的11.36%；对地理过程内容的探究较少，仅占总数的6.82%；而这一探究活动完全没有涉及地理事实这一方面的内容。这一内容分布和前两个探究活动的内容分布不大相同，主要是基于基本概念对专项技能的训练，有助于对课文知识的理解和应用分析。就每一本教科书来看，《地球内部》的"增进技能"活动，全部是对地理概念的探究，是内容上最具集中性的书目。

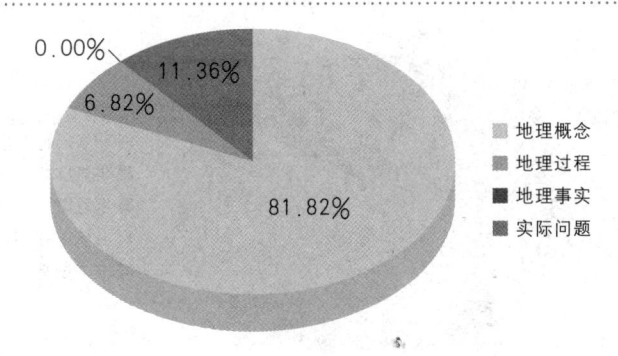

图4-17 "增进技能"活动内容统计

(3) 形式

按照本研究中采取的内容分类方式,对这五本教科书的"增进技能"探究形式进行归类统计,如图4-18所示。

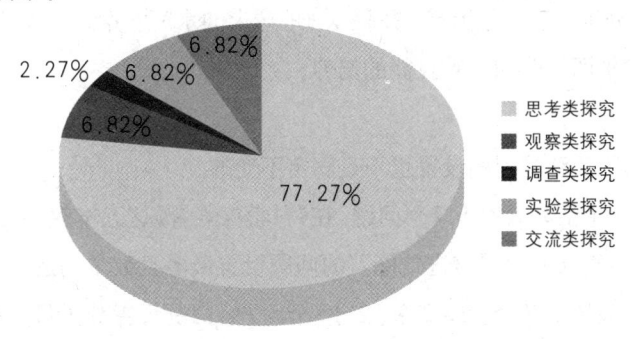

图4-18 "增进技能"活动探究形式统计

由图4-18可以看出,"增进技能"这一探究活动多是对心智技能的训练,所以其探究活动更多是以思考类探究的形式出现的,即给出一个问题或一些数据,让学生去分析、绘图等,思考类探究占总数的77.27%;观察类探究、实验类探究和交流类探究的比重相同,均为6.82%;调查类探究最少,仅占总数的2.27%。就每一本教科书来看,《地球上的水》和《地表的演变》的探究形式最为集中,多为思考类探究;其他几本教科书中的"增进技能"活动的探究形式分布较为均匀,均涉及了三种类型的探究形式。

(4) 技能目标

按照本研究中采取的技能目标分类方式,对这五本教科书的"增进技能"活动的技能目标进行归类统计,如图4-19所示。

由图4-19可以看出,与"探究形式以思考为主"的事实相对应,在各章节的"增进技能"活动中最主要的技能目标是分析应用技能,占总数的79.25%;观察技能、交流技能所占的百分比依次减少,且均不到总数的10%;实验操作技能所占的百分比最少,仅占总数的1.89%。就每一本教科书来看,《地表的演变》的技能训练目标十分集中,全部为对分析应用技能的训练,其他几本教科书的技能目标则分布得相对均匀,涉及了多种类型,但仍以分析应用技能占主导地位。

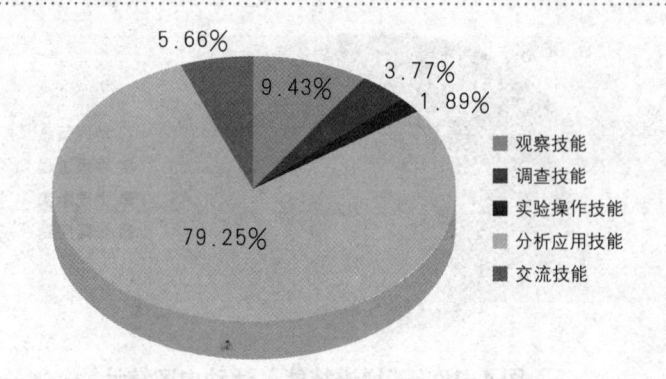

图 4-19 "增进技能"活动技能目标统计

由于"增进技能"活动是对专项技能的训练，按照书中规定的专项技能，可对这些活动所训练的专项技能进行归类统计。可以看出，"增进技能"这一探究活动要培养的心智技能主要是计算、画图、分类、数据分析等，并且以《地球上的水》培养的技能目标最为广泛，《环境科学》则更注重对画图技能和计算技能的培养。

（5）问题设置

每个"增进技能"活动的问题设置也不是固定不变的。

据统计，平均每一个活动设有1.7个问题。在《科学探索者》这五本教科书中，《地球上的水》《地球内部》《天气与气候》中"增进技能"的问题设置最多且数量相近，共设有17个问题，平均每一个活动分别设置1.7个、2.43个、2.13个问题；问题设置数量最少的为《环境科学》，平均每一个活动设置1.15个问题。这些问题多是针对课文内容设置的，是对所学知识的分析应用，以加深学生对所学知识的理解。

4．"试一试"

（1）概述

"试一试"是在学生学习了某一知识点后，为了让学生更好地理解记忆这个知识点而设置的探究活动，它的作用是对基本概念的巩固与强化。每册书"试一试"活动的数量不定，不是每节都有，它在每一节的出现次数不超过一次，但每章一般至少包含一个"试一试"活动。《天气与气候》中的"试一试"活动目录，如表4-4所示。

表4-4 《天气与气候》"试一试"活动的章节分布

序号	"试一试"主题	出现位置
1	呼吸中的二氧化碳	第一章第一节
2	苏打瓶气压计	第一章第三节
3	测量不同高度的气温	第二章第二节
4	制作一个风向标	第二章第三节
5	闪电的距离	第三章第二节
6	模拟湿润的气候条件	第四章第二节
7	测试遮光剂的抗紫外线性能	第四章第四节

从篇幅上看，《科学探索者》这五本教科书的"试一试"活动，平均每章中有1.75个，平均每章中有0.33页，其中《地球上的水》的"试一试"活动所占篇幅最多，平均每章中有0.46页；其次是《地表的演变》和《天气与气候》的"试一试"活动篇幅，平均每章中有0.35页；《环境科学》的"试一试"活动篇幅最少，平均每章中有0.18页。而按照所占章节的百分比来看，《地球上的水》中的相应占比最大，为1.12%；其次为《地球内部》和《天气与气候》中的相应占比，均为0.81%。尽管其他几本教科书中"试一试"的篇幅有所差异，但是其差异并不是很明显。

（2）内容

按照本研究中采取的内容分类方式，对各章节的"试一试"活动内容进行分类统计，如表4-5所示。

表4-5 "试一试"活动内容统计

序号	《地球上的水》	《环境科学》	《地球内部》	《地表的演变》	《天气与气候》
1	地理过程	地理概念	地理概念	地理概念	地理概念
2	地理概念	地理概念	地理概念	地理概念	地理概念
3	地理过程	地理概念	地理过程	地理概念	地理概念
4	地理概念	地理概念	地理概念	地理过程	地理概念
5	地理概念	地理概念	地理概念	地理过程	地理概念
6	地理概念	地理概念	地理概念	地理概念	地理概念
7	地理过程	地理过程	地理概念	地理概念	地理概念
8	地理概念	地理概念	地理概念	—	—
9	地理概念	—	地理概念	—	—
10	地理概念	—	—	—	—
11	地理概念	—	—	—	—

由此可以作出"试一试"活动的内容统计图，如图4-20所示。

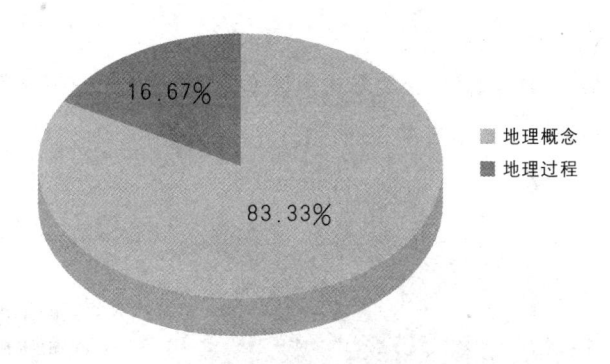

图4-20 "试一试"活动内容统计

由图4-20可以看出，"试一试"主要是对地理概念的探究，占总数的83.33%，具有绝对优势；其次为对地理过程的探究，占总数的16.67%；而这一探究活动完全没有涉及地理事实和实际问题这两个方面的内容。因为在这一探究活动中，主要是通过小实验对所学知识

第四章
美国地理教科书探究活动研究

概念和地理原理等进行演示，从而对基本概念进行巩固和强化。就每一本教科书看，《天气与气候》的"试一试"活动，全部是对地理概念的探究，是内容最具集中性的书目；其次为《地球内部》，仅包含一个对地理过程的探究，其他皆为对地理概念的探究。

(3) 形式

按照本研究中采取的内容分类方式，对《科学探索者》这五本教科书中的"试一试"探究形式进行归类统计，如图4-21所示。

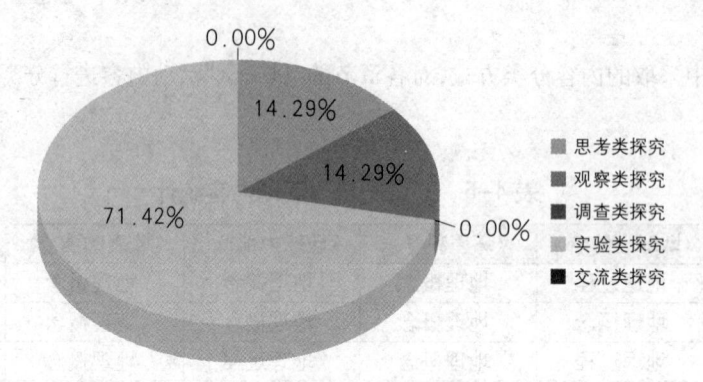

图4-21 "试一试"活动探究形式统计

由图4-21可以看出，"试一试"这一探究活动多是以实验类探究来巩固强化基本概念的，即给出简单的实验步骤，让学生去动手操作，并在其中观察思考分析，以便巩固强化概念。实验类探究所占比重最多，为71.42%；其次，思考类探究和观察类探究所占比重相同，均为14.29%；在这一活动中，未采取调查类探究和交流类探究形式。就每一本教科书来看，《地球上的水》和《天气与气候》的"试一试"活动的探究形式最为集中，全部为实验类探究；《环境科学》和《地表的演变》的"试一试"活动的探究形式分布较为均匀，均涉及三种类型的探究形式。

(4) 技能目标

按照本研究中采取的技能目标分类方式，对《科学探索者》这五本教科书中的"试一试"活动技能目标进行归类统计，如图4-22所示。

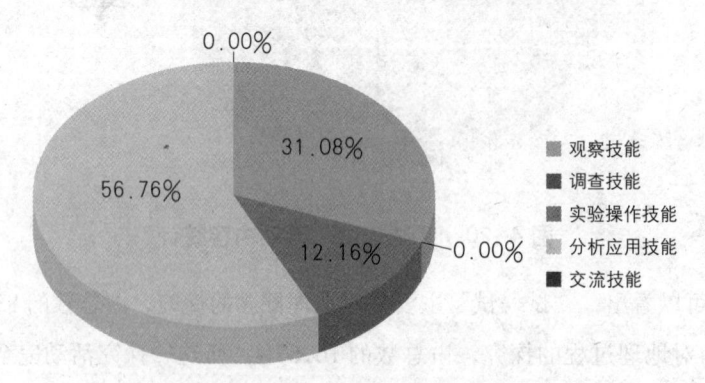

图4-22 "试一试"活动技能目标统计

由图4-22可以看出，在各章节的"试一试"活动中最主要的技能目标是分析应用技能，占总数的56.76%；观察技能、实验操作技能所占的百分比分别为31.08%和12.16%；由于这一探究活动以实验类探究形式为主，所以其技能目标多是基于对实验的观察、分析和操作，没有涉及调查和交流技能。就每一本教科书来看，《地表的演变》的技能训练目标十分集中，全部为对分析应用技能的训练，其他几本教科书的技能目标则分布的相对均匀，涉及了多种类型，但仍以分析应用技能占主导地位。

(5) 问题设置

每章"试一试"活动的问题设置数量是不同的，平均每一个活动设有2.2个问题。在《科学探索者》这五本教科书中，《地表的演变》每章"试一试"问题设置数量最多，共设有22个问题，平均每一活动设置3.14个问题；问题设置数量最少的为《环境科学》，平均每一活动设置1.6个问题。这些问题设置多是针对课文内容，多是基于所学知识，以及对实验现象的分析应用，以加深学生对所学知识的理解。

5. "技能实验室"

(1) 概述

"技能实验室"活动主要是对探究技能的强化，每一个技能实验室都是一个较大型的完整的实验活动。它主要是教给学生一个用来探索的全新的技能或者是对课文中提到的技能的延伸。在教授了基本技能之后，要求学生自己设计实验，进行进一步的探索，对技能进行复习和强化。

作为单独一个探究模块，"技能实验室"活动穿插分布在每一章节中。每章通常有1~2个，可能出现在任何一节，这是根据每节的内容而定的。《地球内部》和《天气与气候》两册教科书中的"技能实验室"活动分布的情况，如表4-5所示。

表4-5 《地球内部》和《天气与气候》"技能实验室"活动的章节分布样例

教材	序号	"技能实验室"主题	出现位置
《地球内部》	1	海底扩张模型	第1章第4节
	2	海绵在热水中	第1章第5节
	3	模拟断层运动	第2章第1节
	4	地震和火山分布图	第3章第1节
	5	矿物的密度	第4章第1节
	6	神秘的岩石	第5章第5节
《天气与气候》	1	制作气压计	第1章第3节
	2	哪种材质吸热快	第2章第1节
	3	读气象图	第3章第4节
	4	太阳光线与角度	第4章第1节

从篇幅上看，《科学探索者》这五本教科书的"技能实验室"活动篇幅，平均每章中有1.53页，其中《地表的演变》的"技能实验室"活动篇幅最多，平均每章中有1.75页；其次是《地球内部》和《天气与气候》的"技能实验室"活动篇幅，平均每章分别有1.6页和1.625页，

《环境科学》的"技能实验室"活动篇幅最少,平均每章仅有 1.17 页。而按照占章节百分比来看,《地表的演变》中的相应占比依然最大,占总数的 4.07%;其次为《地球内部》和《天气与气候》中的相应占比,分别为 3.94% 和 3.78%。可见,这五本教科书的"技能实验室"的篇幅有所差异,最大的差距可达每章相差半页的篇幅,差异相比于其他探究活动相对较大。

(2) 内容

按照本研究中采取的内容分类方式,对各章节"技能实验室"活动内容进行分类统计,如图 4-23 所示。

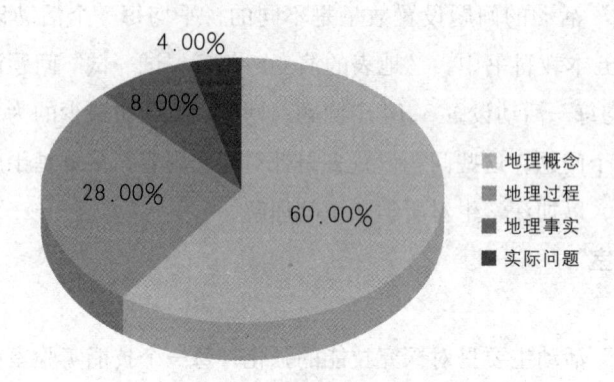

图 4-23 "技能实验室"活动内容统计

由图 4-23 可以看出,"技能实验室"主要是对地理概念的探究,占总数的 60.00%,具有绝对优势;其次为对地理过程的探究,占总数的 28.00%;对地理事实和实际问题的探究分别占总数的 8.00% 和 4.00%,相对较少。就每一本教科书来看,《环境科学》和《地表的演变》的"技能实验室"活动在内容上相对集中,除一个其他类型的内容外,其余皆为对地理概念的探究,而《环境科学》也是唯一出现了对实际问题进行"技能实验室"探究的教科书。

(3) 形式

由于这部分探究活动本身的定义就是一个较大型的完整的实验活动,所以其探究方式统一为实验探究。而"技能实验室"不同于其他探究活动中的实验探究之处在于,它是一个完整的实验过程,有明确的实验目标、实验步骤、实验材料、分析与结论,以及进一步的探索;技能实验室的很多活动也是在特定实验室中进行的。

(4) 技能目标

按照本研究中采取的技能目标分类方式,对《科学探索者》这五本教科书各章节探索活动技能目标进归类统计发现:首先,"技能实验室"由于本身是一个完整的实验,则所有活动必然会包括培养学生实验操作技能这一技能目标,既包括实验实施的能力,也包括实验设计的能力;其次,基于实验现象,各实验活动又都结合所学知识(多是基本概念或基本过程),提出相应问题,以培养学生的分析应用能力。以上两点是所有"技能实验室"都具备的技能目标,此外在《地球内部》和《环境科学》两本教科书中还有 3 个实验活动特别强调了对学生观察能力的培养。而作为"技能实验室"的特殊之处,每一个实验活动都有一个尤为侧重的能力训练,包括建立假设、数据分析、制作模型、控制变量、解释数据、测量和构想假说等。这些能力目标在这一部分探究活动中均匀分布,覆盖面较广。

(5) 问题设置

每章"技能实验室"活动的问题设置数量不定,每章的问题设置数量都是不同的,平均每一活动设有 7.54 个问题。在《科学探索者》这五本教科书中,《地球内部》的"技能实验室"问题设置数量最多,共设有 56 个问题,平均每一个活动设置 9.33 个问题;问题设置数量最少的为《地表的演变》和《天气与气候》,平均每一个活动设置 7 个问题。这些问题设置多是针对实验活动的内容和显现,联系已有知识,对实验现象进行分析,并应用到新的情景中,有时会在引申实验设计或是引申探索中提出更为深层次的问题,其问题多属于分析、评价的认知水平。

6. "生活实验室"

(1) 概述

"生活实验室"与"技能实验室"类似,都是要求学生动手实验探究,结构也类似,但后者强调的是对某专业技能的训练("探索技能的强化"),而前者更强调对科学知识的应用("科学知识的应用"),是将知识应用于生活的活动。它也是每一章有一个,具体出现在哪一节依内容而定。在"生活实验室"中,它首先给出一个问题,然后给出问题解决的方式,随后进行模拟练习。最后要求学生自己去生活中实践。

从篇幅上看,《科学探索者》这五本教科书的"生活实验室"活动篇幅,平均每章中有 1.37 页,其中《天气与气候》的"生活实验室"活动篇幅最多,平均每章中有 1.88 页;其次是《地球上的水》和《环境科学》的"生活实验室"活动篇幅,分别有 1.4 页和 1.33 页;《地球内部》的"生活实验室"活动篇幅最少,仅有 1 页。而按照占章节百分比来看,《天气与气候》中的相应占比依然最大,占总数的 4.36%;其次为《环境科学》和《地球上的水》中的相应占比,分别为 3.62% 和 3.40%。可见,这五本教科书的"生活实验室"的篇幅差异相对较大,最大的差距可达每章相差 0.8 页的篇幅,大于"技能实验室"的篇幅差异。

(2) 内容

按照本研究中采取的内容分类方式,对各章节"生活实验室"活动内容进行分类统计,如图 4-24 所示。

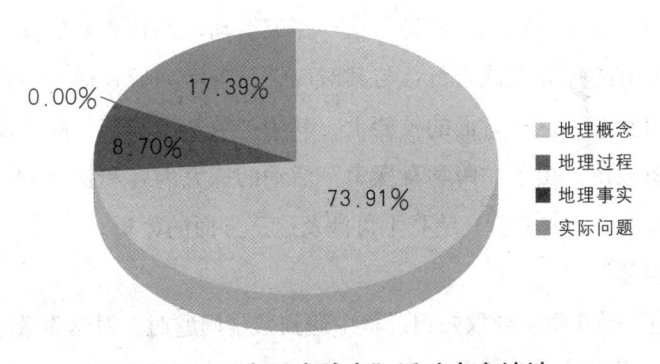

图 4-24 "生活实验室"活动内容统计

由图4-24可以看出,"生活实验室"活动主要是对地理概念的探究,占总数的73.91%,具有绝对优势;其次为对实际问题的探究,占总数的17.39%;地理过程的探究占8.70%,地理事实的探究则没有涉及。就每一本教科书来看,《环境科学》和《地球内部》的"生活实验室"活动在内容上最为集中,皆为对地理概念的探究,其他几本教科书的探究内容配比则相对较为均匀,但仍以地理概念为主。

(3) 形式

"生活实验室"探究活动在探究形式上与"技能实验室"基本相同,在此不再重复叙述。不同之处在于,"生活实验室"更强调知识在生活中的实践应用,所以其探究地点不像"技能实验室"那样集中在实验室,而会有一些在室外进行的活动。

(4) 技能目标

按照本研究中采取的技能目标分类方式,对《科学探索者》这五本教科书各章节探索活动技能目标进行归类统计发现,"生活实验室"在技能目标上与"技能实验室"也基本相同。只是二者对于技能训练的出发点不同,如前面所说,"技能实验室"强调的是对某专业技能的训练,而"生活实验室"更强调对科学知识的应用。但这二者体现在特定技能上时,都是以实验操作、分析应用能力为主要技能目标。

(5) 问题设置

每章"生活实验室"活动的问题设置数量不是固定不变的,平均每一个活动设有7.13个问题,略少于"技能实验室"。在《科学探索者》这五本教科书中,《地表演变》和《天气与气候》的"生活实验室"问题设置数量最多,均设置31个,平均每一个活动设置7.8个问题;问题设置数量最少的为《地球内部》,平均每一个活动设置5.2个问题。这些问题设置也同"技能实验室"相似,不过是更多地强调了与实际生活的联系和思考。

(二) 跨学科探索

跨学科探索是将地理学科内容与其他学科相联系,而引发出相应的探索活动。这一部分探索活动在教科书中所占的比重不大,并不是每章都有,包括"数学工具箱""科学与历史""科学与社会""链接"四个探索活动类型。这些活动都是对实际问题的探究,且探究方式较为集中,仅有"数学工具箱"这一探究活动以阅读思考的探究方式为主,其他活动皆以调查、交流的探究方式进行;与其对应地,各活动旨在提升的技能目标也都集中在调查、分析应用和交流这三方面的技能上,其中"数学工具箱"的技能目标较为单一,仅为对信息的分析应用。由于"跨学科探索"活动的探究内容和探究方式较为集中,所以下文对各跨学科探索活动的分析介绍将不再涉及这三方面的分析。

1. "数学工具箱"

"数学工具箱"是在学生获取知识过程中遇到数学问题时,对学生数学知识的不足进行补充的活动。例如,讲到空气污染时,教科书会补充"浓度的算法"。它对于学生理解知识点、拓展知识面、增加数学技能有很大的作用。

从篇幅上看，《科学探索者》这五本教科书的"数学工具箱"活动所占篇幅，平均每本书中有0.12页，其中《地球上的水》的"数学工具箱"活动篇幅最多，但整本教科书也仅有0.3页；其次是《地表的演变》和《环境科学》的"数学工具箱"活动篇幅，分别有0.2页和0.1页；《地球内部》和《天气与气候》则没有设置"数学工具箱"这一活动。

从问题设置看，"数学工具箱"这一探究活动的问题设置数量非常少，仅有《地球上的水》设置了1个问题，其他的探究活动均没有设置问题。从问题所处的认知水平看，这一问题属于对信息的分析应用层次。

2．"科学与历史"

"科学与历史"是将科学与历史学科结合，通过在时间轴上横向地展示科学事件，帮助学生理解科学。例如，"对环境保护有突出贡献的人"。这种作业形式可以将科学与历史相结合，帮助学生建立更加完整的科学观。

《科学探索者》这五本教科书中的"科学与历史"探究活动所占篇幅，平均每本书占有2.58页，其中《环境科学》《地球内部》《天气与气候》的"科学与历史"活动篇幅最多且相等，每本书都设有2个此类活动，共有3页；活动篇幅最少的是《地表的演变》，设有1个此类活动，仅占1.5页。从占总页数的百分比来看，《天气与气候》的该活动占比最大，占总页数的1.74%，其次为《地球内部》的该活动占比，占总页数的1.48%。

从问题设置看，"科学与历史"这一探究活动的问题设置数量要多于"数学工具箱"的问题设置数量，但也不是每一个活动都有问题设置，如《地球内部》的"科学与历史"活动就没有问题设置。此外，《地球上的水》的问题设置数量最多，共设置了3个问题；其他三本教科书的问题设置数量相等，均设置了2个问题。从每一个活动的问题设置数量来看，平均每个活动设置1.3个问题。

3．"科学与社会"

"科学与社会"是将科学与社会学结合，通过科学问题引发社会问题，通过对科学问题的探讨，为解决社会问题提供理论依据和策略。这种探究形式突出了学生作为公民的社会责任感。

从篇幅上看，《科学探索者》这五本教科书中，每本书的"科学与社会"活动所占篇幅均为1页，且每本书均设有2个此类活动，总篇幅也都为2页。从占总页数的百分比看，"科学与社会"活动在这五本教科书中所占比重的差别不大，《天气与气候》与《地表的演变》的"科学与社会"活动占比最多，但均未占到总页数的1.16%；《环境科学》的"科学与社会"活动占比最少，占总页数的0.90%。

从问题设置来看，"科学与社会"这一探究活动没有问题设置，而是给出一个争论的问题，让学生就此问题发表自己的观点，进而开展讨论争辩。由此可见，这一探究活动虽未设置任何问题，可是其所处的认知层次却是很高的，属于评价的认知层次。

4．"链接"

"链接"同前述三种形式的活动有共同之处，都是与其他学科相结合。不同之处在于它的规模要比上面三种形式小，它是在提到某一概念时，联想到其他学科（多为人文艺术学科），而产生的小型活动。这些链接一般是艺术和社会研究，例如，将波浪连接到日本的版画艺术。它能帮助学生拓宽视野，在学习科学的时候涉猎人文学科，增加了科学的趣味性和人文性。

从篇幅上看，《科学探索者》这五本教科书中的"链接"活动所占篇幅，平均每本书中有0.98页，其中《环境科学》《地球内部》的"链接"活动篇幅最多且相等，整本书设有6个此类活动，共有1.2页；"链接"活动所占篇幅最少的是《地表的演变》，设有3个此类活动，仅有0.5页。从占总页数的百分比来看，《地球内部》的"链接"活动占比最大，占总页数的0.59%，其次为《环境科学》"链接"活动占比，占总页数的0.54%。

从问题设置来看，"链接"这一探究活动的问题设置数量在各本书、各章节中的差异较大。如《地球上的水》的每个"链接"活动都设有1个问题，而《环境科学》和《地球内部》各自设置的6个活动，都只在一个活动中有问题设置，分别设置了3个和1个问题。从这五本教科书平均水平来看，平均每一个"链接"活动设有0.36个问题。

（三）综合探索

在《科学探索者》系列教科书中，"综合探索"位于每本教科书的末尾，是以全书内容为基础，联系其他学科，以某一特定主题而引发的综合探索活动。每本教科书都有且仅有一个综合探索，包括文字、问题、活动要求等部分；设有社会学习活动、科学（数学实验）、语言艺术、知识的综合运用等部分。其中，前面几个模块是这个综合探究中的几个独立的小探究活动，涉及相应的学科设置不同的活动或问题；而最后一个综合运用是针对"综合探索"主题的综合探究活动，要求学生在前面各个分活动的基础上，完成综合各方面技能的任务。

从篇幅上看，《科学探索者》这五本教科书的"综合探索"活动所占篇幅大致相等，除《地表的演变》的"综合探索"活动所占篇幅为8页外，其余几本教科书的"综合探索"活动篇幅均为6页，较为固定。

从探究的内容、形式和技能目标来看，由于综合探索是一个综合的探究活动，所以其涉及的探究内容、形式和技能也同"跨学科探索"相似，不是单一的，而是综合的。每一个"综合探索"活动都包含了对地理概念、地理过程、地理事实、实际问题的多方面探究，且多以实际问题为主；探究形式也是在不同学科部分融合了思考、观察、调查、实验、交流等多种形式；技能目标更是体现了该活动的综合性，旨在提升学生包括分析应用、交流评价、观察、调查等多方面的能力。

从问题设置来看，"综合探索"这一探究活动的问题设置数量在各本书之间是存在差异的，平均每一个活动设有11.2个问题。问题设置数量最多的是《地球上的水》，共设有15个问题，并且分布在不同的探究部分；其次为《天气与气候》的问题设置，共设有13个问题；问题设置数量最少的是《地表的演变》，设有7个问题。

从问题设置的认知层次来看，也依然体现了较好的综合性，包括观察描述、理解分析应用、评价等多个层次的问题，并且以分析评价为主。

（四）结论

1. 篇幅比较

从篇幅上来看，《科学探索者》系列教科书各探究活动篇幅的汇总统计，如表4-6所示。

表4-6 探究活动篇幅（页）汇总统计

探究活动名称		《地球上的水》	《环境科学》	《地球内部》	《地表的演变》	《天气与气候》	总计	平均每章篇幅
学科探索	每章课题	6.9	8.9	7.4	5.8	5.8	34.8	1.45
	探索	6.5	6.7	6.7	5.4	5.4	30.7	1.28
	增进技能	1.3	1.3	1.1	0.6	1.1	5.4	0.23
	试一试	2.3	1.1	1.7	1.4	1.4	7.9	0.33
	技能实验室	7.5	7.0	8.0	7.0	6.5	36.0	1.50
	生活实验室	7.0	8.0	6.0	5.0	7.5	33.5	1.40
跨学科探索	数学工具箱	0.3	0.1	0.0	0.2	0.0	0.6	0.03
	科学与历史	2.4	3.0	3.0	1.5	3.0	12.9	0.54
	科学与社会	2.0	2.0	2.0	2.0	2.0	10.0	0.42
	链接	1.1	1.2	1.2	0.5	0.9	4.9	0.20
综合探索		6.0	6.0	6.0	8.0	6.0	32.0	1.33

由表4-6可见，"技能实验室"探究活动所占篇幅最多，《科学探索者》这五本教科书中该活动篇幅共有36页，平均每章有1.5页；其次为"每章课题"和"生活实验室"所占篇幅，分别有34.8页和33.5页，平均每章占有1.45页和1.4页。此外，总页数超过30页的还有"探索"所占篇幅，共有30.7页，平均每章占有1.28页；"综合探索"所占篇幅共有32页。其余各活动所占的篇幅较少，平均每章所占篇幅均不到1页，并且多低于0.5页。所占篇幅最少的是"数学工具箱"，这五本教科书中该活动仅占0.6页，平均每章0.03页；其次为"链接"，平均每章该活动篇幅仅0.2页。由此可见，虽然各活动内部在章节间的篇幅差异不大，但是各活动之间所占篇幅的差异却是比较显著的，可达每章相差1.47页之多。总体来说，"学科探索"所占篇幅较多，而"跨学科探索"的篇幅则明显较少。

2. 内容选择

在《科学探索者》系列教科书中，"学科探索"各活动在探究内容上均以地理概念为主，其次为地理过程、实际问题，地理事实涉及的最少，但各活动间仍存在差异，具体表现如下。

"每章课题"和"探索"的内容分布均符合地理教学的要求，重视地理概念和地理过程，在此基础上解决实际问题。二者对地理概念的探究，分别占总数的47.83%和44.44%，且在探究内容上分布相对较为均匀。

"增进技能"活动主要是基于基本概念对专项技能的训练，有助于对课文知识的理解和应用分析，而"试一试"是对基本概念进行巩固和强化，因而二者对地理概念的探究占到绝对优势，达到总数的80%以上。

"技能实验室"和"生活实验室"活动主要是对地理概念的探究，所占比重较前两个活动少，分别占总数的60.00%和73.91%。主要目的是通过对地理概念的探究来提高某项技能。

可见，虽然各活动都主要是对地理概念的探究，但"增进技能"和"试一试"的探究内容更集中在地理概念，其次是"技能实验室"和"生活实验室"，章节课题和探索活动的内容分散程度相对较高。

"跨学科探索"的各活动不再局限在地理概念和地理过程上，都是对实际问题的探究；而"综合探索"活动则体现出了更好的综合性，涉及地理概念、地理过程、地理事实和实际问题等多个内容，是不同类型内容的综合。

3. 探究形式

在《科学探索者》系列教科书中，"学科探索"的探究活动类型多，除"增进技能"活动以思考的探究形式为主外，其余各活动皆以实验的探究形式为主，但各活动之间仍存在差异。其具体表现如下。

"每章课题"由于综合性较强，实验探究形式的比重大，占总数的50%，调查的探究形式紧随其后，占总数的33.33%，且未涉及思考这样技能较为单一的探究形式。

"探索"和"试一试"活动中，实验和探究形式的所占比重大，分别占总数的57.58%和71.43%，观察和思考是另外两个重要的探究形式，而对调查和交流这样综合性较强的探究形式则未涉及。

"增进技能"作为对心智技能训练的活动，更多的是以思考的形式出现，占总数的77.27%；其次观察、实验和交流的比重相同，均为6.82%；调查的探究形式采用最少，仅占总数的2.27%。

"技能实验室"和"生活实验室"不同于其他探究活动中的实验探究之处在于，它是一个完整的实验过程，有明确的实验目标、实验步骤、实验材料、分析与结论，以及进一步的探索；"技能实验室"的很多活动是在特定实验室中进行的，而"生活实验室"更强调知识在生活中的实践应用，所以有一些活动是在室外进行的。

"跨学科探索"的探究形式较为集中，仅有"数学工具箱"这一探究活动以阅读思考的探究形式为主，其他活动皆以调查、交流的探究形式进行；而"综合探索"活动在探究形式上，也体现了很好的综合性，涉及了多种探究形式。

4. 技能目标

在《科学探索者》系列教科书中，每章的"课题"与书末的"综合探索"都属于综合的探究活动，要训练并达到的技能目标也不是单一的，而是综合了各个目标的综合体，即综合了观察、调查、实验操作、分析应用和交流多个技能。

"学科探索"中的其他活动多以信息的分析应用为主要技能目标,但彼此之间仍有差异。

"探索"活动最主要的技能目标是分析应用和观察,分别占总数的48.24%和47.06%;实验操作技能、调查技能占比依次减少,交流技能比重最少,均不到5%。

"增进技能"活动中,分析应用这一技能目标占绝对优势,占总数的79.25%;观察技能、交流技能所占的百分比依次减少,且均不到总数的10%;而实验操作技能所占的百分比最少,仅占总数的1.89%。

"试一试"活动中分析应用目标占总数的56.76%;观察技能、实验操作技能所占百分比依次减少,分别占总数的31.08%和12.16%;由于这一探究活动以实验的探究形式为主,所以其技能目标多是基于对实验的观察、分析和操作上的,因而没有涉及调查和交流技能。

"技能实验室"和"生活实验室"由于本身是一个完整的实验,则所有活动必然会包括培养学生实验操作技能这一技能目标;其次,基于实验现象,各实验活动又都结合所学知识(多是基本概念或基本过程),提出相应问题,从而培养学生的分析应用能力。二者虽有相似之处,但它们对于技能训练的出发点不同,"技能实验室"强调的是对某专业技能的训练,而"生活实验室"更强调对科学知识的应用。

"跨学科探索"各活动旨在提升的技能目标也都集中在调查、分析应用和交流这三方面的技能上,其中"数学工具箱"的技能目标较为单一,仅为对信息的分析应用;"综合探索"活动的技能目标因模块的不同而不同,每一个综合探索活动都涉及了分析应用、调查、交流、观察等多种技能,是综合技能的训练。

5. 问题设置

从问题设置数量来看,《科学探索者》系列教科书各探究活动的问题设置数量汇总统计,如表4-7所示。

表4-7 探究活动的问题设置数量(个)汇总统计

探究活动名称		《地球上的水》	《环境科学》	《地球内部》	《地表的演变》	《天气与气候》	总计	平均每章篇幅
学科探索	每章课题	18	15	21	19	16	89	3.71
	探索	33	37	59	34	31	194	8.08
	增进技能	17	15	17	8	17	74	3.08
	试一试	18	17	18	22	17	92	3.83
	技能实验室	36	43	56	28	28	191	7.96
	生活实验室	38	33	31	31	31	164	6.83
跨学科探索	数学工具箱	1	0	0	0	0	1	0.04
	科学与历史	3	2	0	2	2	9	0.38
	科学与社会	0	0	0	0	0	0	0.00
	链接	5	3	1	2	1	12	0.50
综合探索		15	10	11	7	13	56	2.33

由表4-7可见,"探索"的问题设置数量最多,《科学探索者》这五本教科书共设置有194个问题,平均每章设置8.08个问题,其次为"技能实验室"和"生活实验室",分别设

置 191 个和 164 个问题，平均每章设置 7.96 个和 6.83 个问题。此外，总问题数量达到 50 个以上的还有"每章课题""增进技能""试一试""综合探索"；其余各活动所设置的问题数量较少，平均每章不到 1 个问题。

从问题的设置目的和认知层次来看，"每章课题"的问题设置主要是为了巩固练习所学技能，监督课题的进展，加深学生的认识，多为对知识信息的应用分析，以及对具体问题的评价；"探索"活动的问题设置多是为了帮助学生对实验现象的加深理解、对得到的信息进行分析，并进行适当的预测推论，以更好地将原有知识同新知识建立起联系，开始新一章节的学习；"增进技能"活动的问题多是针对课文内容设置的，是对所学知识的分析应用，以加深学生对所学知识的理解；"试一试"活动的问题设置与"增进技能"相似，区别在于它多对实验现象的分析应用，以加深学生对所学知识的理解；"技能实验室"和"生活实验室"的问题多是针对实验活动内容和现象设置的，联系已有知识，对实验现象进行分析，并应用到新的情景中，有时会在引申实验设计或引申探索中提出更深层次的问题，其问题多属于分析、评价的认知水平；"跨学科探索"活动的问题设置则更多的是在分析评价的层次，对一些实际问题发表自己的观点，进行评价；"综合探索"活动的问题设置从认知层次来看，也依然体现了较好的综合性，包括观察描述、理解分析应用、评价等多个层次的问题，并且以分析评价为主。

综合来看，美国《科学探索者》系列教科书探究活动的突出特点有以下几个方面。

（1）探究活动在地理教科书中的地位高。

从设置形式来看，美国地理教科书中探究活动的设置系统全面，采取了穿插式与模块式相结合的探究活动设置结构，并设有学科探索和跨学科探索两大类活动。

（2）注重对地理概念的深入理解。

美国地理教科书注重对地理概念的探究，强调以地理概念为基础进行深入分析，进而对更高级别的实际问题进行分析评价。

（3）注重运用实验培养学生的动手操作能力。

美国地理教科书中的探究活动具有较好的动手操作性，设有专门的"技能实验室"和"生活实验室"，采用实验的探究形式，更深入地对自然地理内容进行探索分析，注意培养学生的观察能力和动手操作能力，这一点是其他国家地理教科书较为欠缺的地方。

（4）活动性强。

美国地理教科书中的探究活动具有较好的活动性，首先是探究活动内容和问题难度适中，其次是指导明确，如"生活实验室"和"探索"活动，教科书提供了细致的材料准备和操作说明，让学生在探究过程中可以随时得到指导。

第五章

德国地理教科书探究活动研究

第一节　概述

一、教科书介绍

德国《实践地理》是德国韦斯特曼公司出版的中学地理教科书。韦斯特曼公司在德国基础教育出版界享有盛名，出版了多套中学教科书，并在德国各州普遍使用。《实践地理》全书共224页，包括书后的词汇表和图片来源。正文部分分为5章和1个"小建议"，每章有2～6节。

二、探究活动类型

《实践地理》中的探究活动称为"方法"，是作为一节的组成部分穿插在某些章节之中的，篇幅通常为1～2页。正文最后的"小建议"部分设置了"地理能力训练"，并集中介绍了三个"方法"。

三、探究活动主题

从表5-1中可以看出，每个探究活动的主题都与所在章节相关，作为学习该部分内容的方法。

表5-1　《实践地理》探究活动内容结构

章	节	探究活动
1. 蓝色星球和地理区	1.1 有关大气的基础知识	—
	1.2 重要的循环——水和碳	—
	1.3 有关大气环流的基础知识	—
	1.4 有关洋流的基础知识	—
	1.5 中纬度地区的天气现象	方法：读天气图 方法：读天气卫星图
	1.6 气候区与植被区简介	方法：解读气候直方图
2. 生态系统和人类干预	2.1 热带	方法：绘制和读取因果剖面图
	2.2 寒带	方法：等值线
3. 资源——利用，危害和保护	3.1 人类赖以生存的水	—
	3.2 矿藏及其利用	—
	3.3 原材料的替代	—
4. 自然灾害致灾因子和人类行为	4.1 自然灾害风险——问题的阐述	—
	4.2 板块构造造成的灾害风险	—
	4.3 气候变化	方法：进行讨论 方法：项目方法

表 5-1（续）

章	节	探究活动
5. 可持续发展的途径——针对全球环境问题的一个回答	5.1 可持续的生产方式	—
	5.2 综合征的概念	方法：用综合征的方法来分析互动关系
	5.3 全球问题领域：淡水	方法：情景脚本分析技术
	5.4 全球问题领域：土壤退化	—
小建议		地理能力：能力训练 方法：建立公文包——一种资料汇集方法 方法：考试——经过训练提高准确性和可靠性 方法：如何作报告

第二节　探究活动案例

一、"方法"模块样例

方法 1　读天气图

天气图是天气预报的一种重要辅助工具。在天气图中，天气状况和天气变化，比如温度、云、气压、降水和风可以通过一些独特的符号来表示。天气图描述了某一特定时间，特定地点的大气状况，相当于利用观测区域的多个观测站所观测的众多的天气因素，提取了一个瞬间的天气状态。

气象学家的工作不仅需要本国的气象观测结果，也需要世界其他国家和地区的气象观测结果，这是全球 1 万多个陆地台站和众多的商船及客船在一定时间会进行气象观测的原因。另外，许多气象卫星也可以为人们提供相关的数据。

这些信息通过天气图上不同的符号表示出来，常见的天气图有近地面天气图、高空天气图和气象卫星影像图等。从近地面天气图中可以读出锋区的进程以及主要的天气状况，如图 5-1 所示。从高空天气图中可以读出某个特定的气压面，比如 500 百帕的气压，在多高的高空出现，如图 5-2 所示。由其导致的具体的天气现象可以在近地面天气图中找到。天气图都会标明日期（比如 04.01.2000，也就是 2000 年 1 月 4 日）和时间[世界标准时间的零点（00.00UTC）就是格林尼治时间]。大尺度天气状况的卫星影像图、高空天气图以及区域性的近地面天气图可以从一些网站上得到。

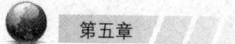

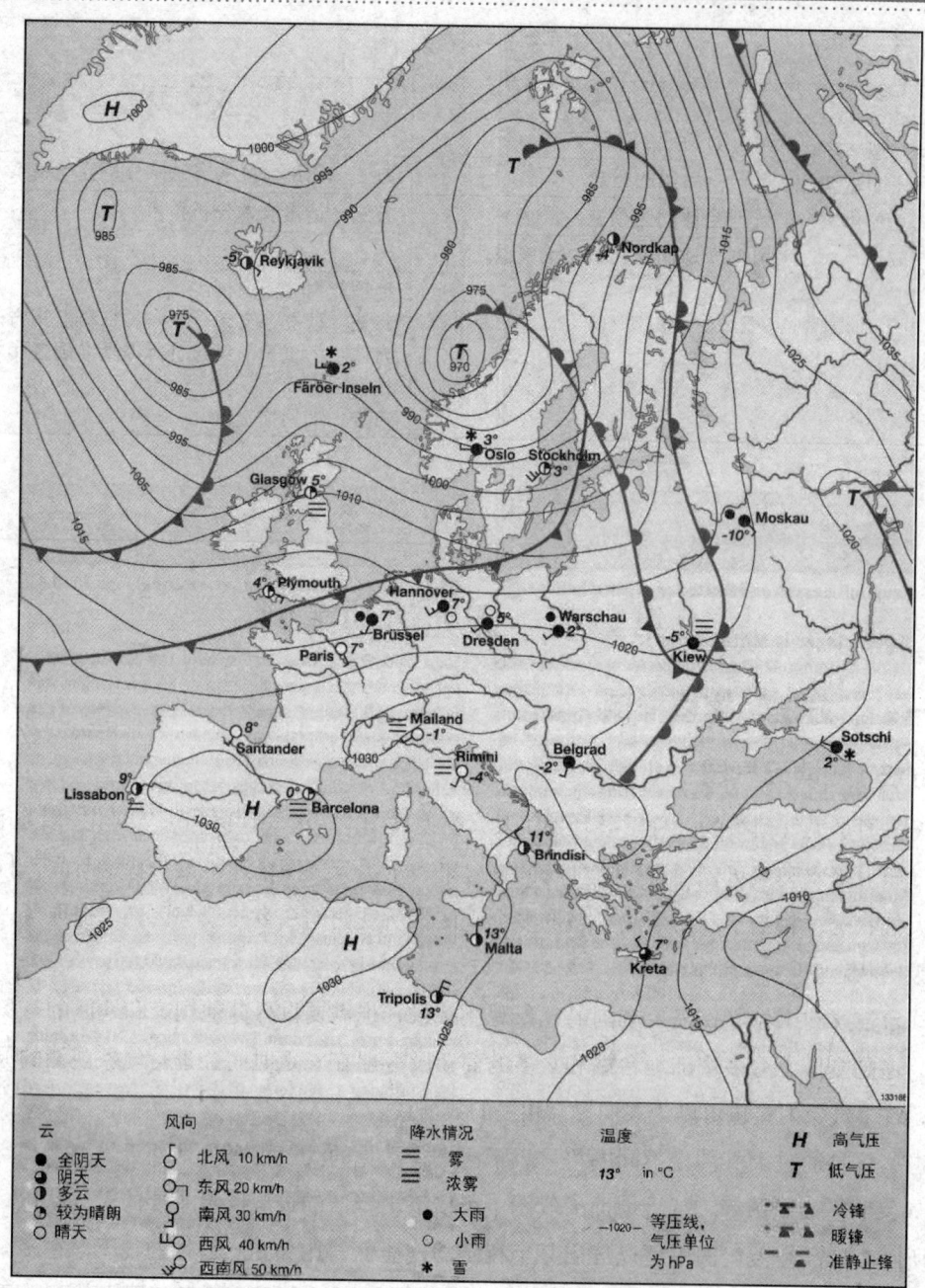

图 5-1　近地面天气图，2000 年 1 月 4 日

正确解读天气图需要如下步骤

1. 通过气压的空间分布和等压线的走向可以预测接下来天气的发展，以及预测中欧即将处于高压还是低压区。

即将控制中欧天气的是斯堪的纳维亚半岛上空的低压（970百帕），接下来是冰岛上空的低压（975百帕）。伊比利亚半岛和北非被高压（1030百帕）所控制。中欧处在气压剧烈变化的范围中。

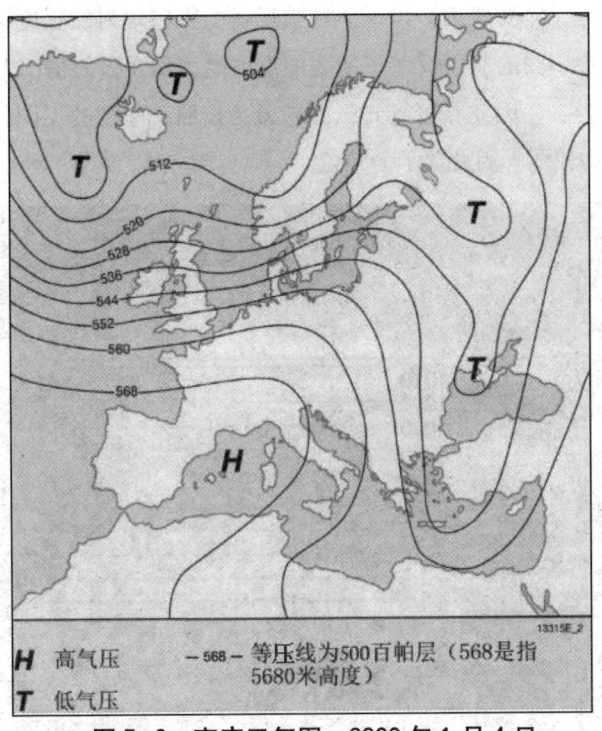

图 5-2 高空天气图，2000 年 1 月 4 日

2．观测区内锋的位置，气压场内锋的到来顺序为气团的类型、运动以及气温、降水的变化，云、降水和风向与风速的变化的预测提供了条件。中欧处于气旋的锋面系统影响中。基辅即将有暖锋过境，气温是 -5℃。德累斯顿已经经历了暖锋过境，正处于锋后暖气团控制中，气温为 5℃。气旋中的冷锋在北海和波罗的海沿岸活动，并将为中欧再次带来冷空气（普利茅斯气温为 4℃）。

3．单个气象站的气温、云、降水类型、风向和风速可以通过符号来表示。华沙气象站：气温 2℃，阴天，无降水，西南风，风速为每小时 10 千米。

作业

1．请分析决定东欧天气的气压场。
2．请读取云、降水、风向和风速的信息，并对其进行预测。
3．请读取普利茅斯站、汉诺威站、巴黎站和基辅站的数据。
4．根据给定的步骤，读取一幅最新的天气图。

方法 2　读天气卫星图

有关欧洲的天气卫星图来自气象卫星 METEOSAT-08。这颗气象卫星运行于赤道和 0°经线交叉处上方 37 000 千米的高空，是地球同步卫星，即旋转周期为 24 小时，并且针对同一地表覆盖面，每 30 分钟会发送一幅图片。图上显示的时间为格林尼治标准时间。

可见光云图（在可见光波段内）可以体现被反射的太阳辐射的强度，而在夜晚的情况下则失效。可见光云图中不同的灰度反映了地表的反射能力以及云的情况，如图5-3所示。云对太阳辐射的反射相当多，因此在可见光云图中云会按照其厚度的不同显示为灰色到白色。陆地和水由于反射能力较弱，因此显示为暗色。

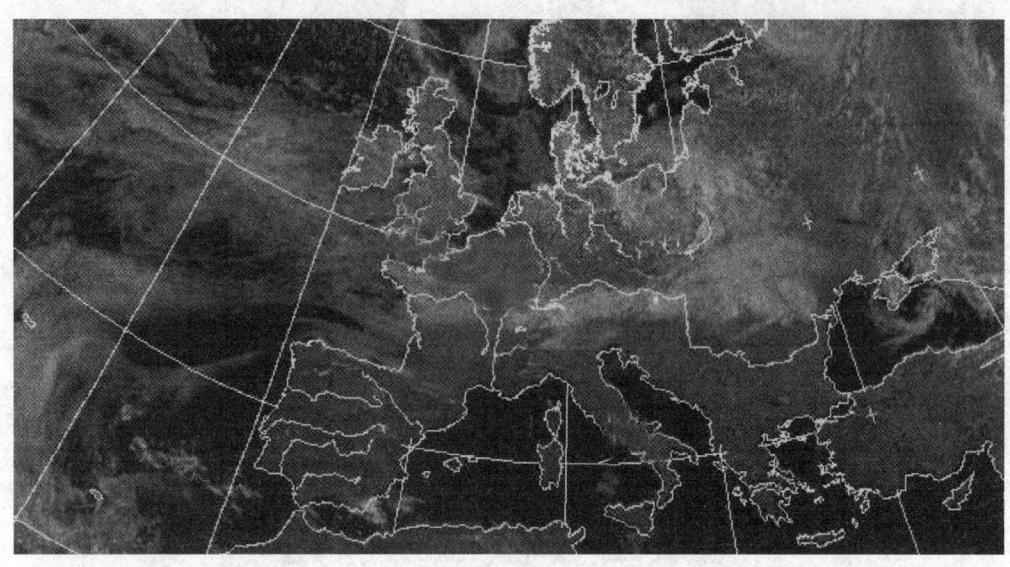

图5-3　METEOSAT-08—可见光云图，2006年5月28日12:00时

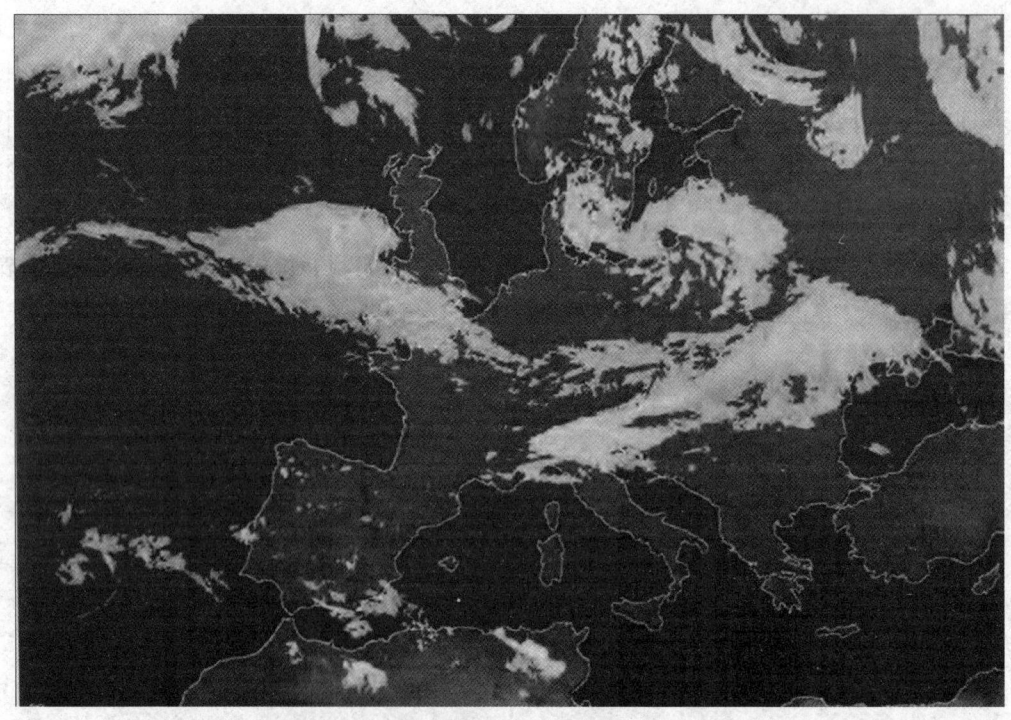

图5-4　METEOSAT-08—红外云图，2006年5月28日15:00时
（呈现红外线延迟三小时的图像）

红外云图则 24 小时都可取得，反映的是热红外波段的辐射强度。每个物体根据其温度都会发出辐射。不同的灰度表示不同辐射表面和云的温度。辐射源越冷，颜色越亮。由于温度与高度成反比，而高空中的云比较冷，因而在红外云图中显示为浅灰至白色。陆地和海洋表面相对较暖，因而显示为深灰至黑色。为了能够更好地解读图像，发展出了用彩色表示的红外云图，如图 5-4 所示。云用白色，无云的陆地用绿色和棕色，无云的海洋用蓝色等色调来表示。以各色调为底色，取其高亮度色阶来表示低层的云。

对天气卫星图来说，最重要的特征是云的样式和形态（形态特征），灰度或者色阶（颜色特征）以及云区的分布特征。

作业

请在互联网上查找 METEOSAT 最新的卫星图像，解读其红外云图，并以近地面天气图作为辅助，比较你的读取分析结果和天气预报结果的异同。

读图步骤

1. 对形态特征的判读。云的形态特征包括范围（云层与单片云朵对照）、长宽比（长条形的云带是锋的特征）以及其他特征（螺旋形的云是低压涡旋的特征）。

2. 对颜色特征的判读。白色代表云层较高（例如，卷云或者高耸的积雨云），灰色代表云层相对低（例如，高层云和积云）。

3. 对云的分布的判读。对云的分布的判读可以帮助估计高压区以及低压区的分布。

4. 对天气状况的判读。

对全球及地区状况进行了解，并以天气图和天气预报作为辅助及进行比较，可以帮助预测中欧地区的天气。

方法 3　解读气候直方图

气候直方图　用气候元素的直方图可以帮助人们一目了然地了解一个地方的气候年变化特征，如图 5-5 所示，这种图称为柯本／盖格气候直方图，容易认读。此外，还可以采用瓦尔特／利特气候直方图，如图 5-6 所示，在这种直方图中，温度和降水要素可在同一幅图中表示。这两种直方图在教科书中经常用到。

降水和温度的比值为 2∶1，则表示其降水量接近植物在此温度中生长所需的条件。而干季（降水线低于温度线）以及湿季（降水线高于温度线）也可以从图上进行区分。有一条简便（不精确）的法则：温度和降水的曲线相交的地方，蒸发量和降水量基本等同。这种总结并不适用于所有地方的实际情况，但是可以在一定程度上节省掉对蒸发量的测量和计算过程。也有一些直方图涉及地表的潜在蒸发，比如地图册中的西格蒙德气候图。除了自由水面的蒸发，还必须考虑植被以及土地利用在全年的变化对蒸发的影响。

项目	1月	2月	3月	4月	5月	6月	7月	8月	9月	10月	11月	12月	全年
平均气温 /℃	8.0	8.8	11.1	13.7	17.3	20.7	23.9	23.9	21.0	17.2	12.2	9.1	15.6
降水量 /mm	106	95	106	85	76	53	27	81	99	153	111	81	1 073
日照时间 /h	118	126	158	192	220	246	295	267	201	174	111	112	2 220
相对湿度 /%	61	63	61	70	71	71	67	66	66	66	64	64	66
蒸发量 /mm	54	56	70	70	87	106	138	140	121	96	72	56	1 066

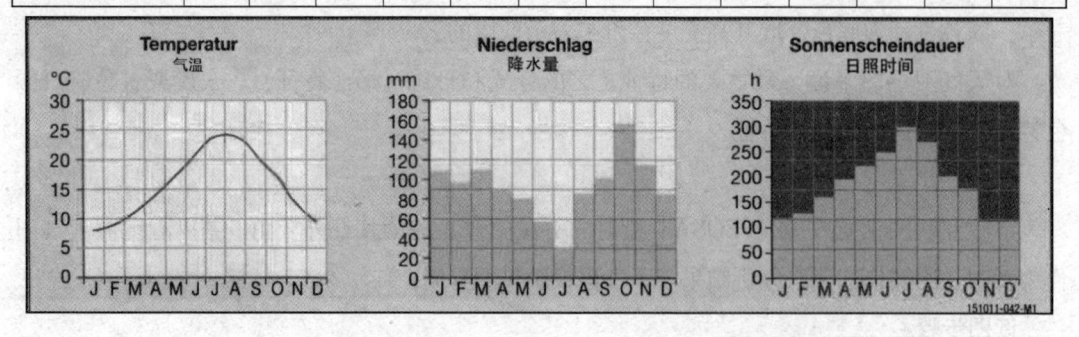

图 5-5　意大利热那亚（44°N，9°E，海拔 3m）的气候数据

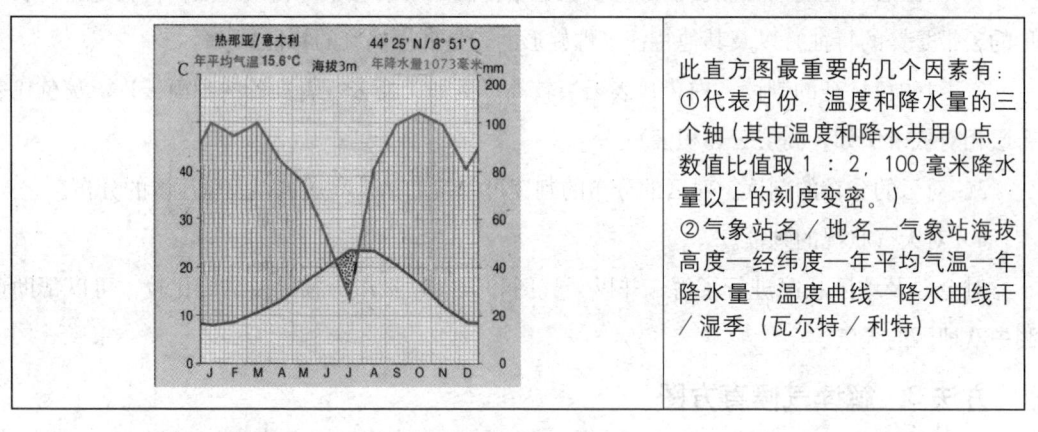

图 5-6　依据意大利热那亚的气候数据绘制的瓦尔特／利特气候直方图

此直方图最重要的几个因素有：
①代表月份，温度和降水量的三个轴（其中温度和降水共用 0 点，数值比值取 1∶2，100 毫米降水量以上的刻度变密。）
②气象站名／地名—气象站海拔高度—经纬度—年平均气温—年降水量—温度曲线—降水曲线干／湿季（瓦尔特／利特）

气候直方图的解读和归类

在解读完整的气候直方图时，最好借助地图。地图可以帮助我们找到直方图点位所在的地理位置，或者它所在的气候区。通过对一个地方的温度、降水的年变化等特征描述（例如，降水量的最小值、最大值，最低气温和最高气温，温度和降水的关系等），就可以总结出这个地方的气候特点。

解读标记不完整的直方图，并将其归类则不那么容易。首先观察温度曲线，夏季的温度最高值可以帮助读者分辨这个地方是在南半球还是北半球。如果温度曲线相对稳定的话，这个气象站则坐落在热带，而具体位置则根据降水（雨季）的情况进行判断，如图 5-7 所示。其次，年均温可以帮助读者判断该地点并归类到相应的气候区。需要注意的是，高山上的气象站的年均温也会很低。之后再观察温度和降水的年变化。与典型地带的年变化做比较就可以排除一些区域，并将该地点所在范围缩小，如图 5-8 所示。

第二节 探究活动案例

气温曲线	类型说明	气温曲线	类型说明
(赤道类型图)	**赤道类型** 各月气温高于18℃，气温年波动非常小，气温曲线呈弱双峰状，日较差大于年较差，太阳高度角大，有两次太阳直射	(印度类型图)	**印度类型** 各月气温高于18℃，气温曲线呈双峰状，主峰出现在雨季之前的太阳直射日，次峰出现在雨季结束之后
(海洋类型图)	**海洋类型** 气温曲线呈波动较小的单峰状，最高气温值出现比最大太阳高度出现有明显延迟。原因：海洋在垂直方向上的热量传输由于水的比热大（海洋被看作巨大的热量存储器），蒸发消耗热量（水吸收太阳热量）两个因素的共同作用	(大陆类型图)	**大陆类型** 气温曲线呈波动较大的单峰状，最高气温值出现比最大太阳高度出现的延迟很小。原因：陆地在垂直方向上的热量传输与热量消耗，以及蒸发热的消耗很小，因此夏季增温快，冬季降温快

图 5-7 平均气温的年变化类型

Passattyp 信风类型
长期降水少，信风带中热带海洋的东部以及大陆沿海地区有稳定的温度分层

Monsuntyp 季风类型
不稳定的赤道空气分层造成显著雨季，对流雨，受信风带控制时为干季

Äquatorialtyp 赤道类型
不稳定的赤道空气分层造成全年降水量大，对流雨，两个峰值出现在太阳直射日之后

Ozeanischer Typ 海洋类型
全年降水量大，峰值出现在秋季和冬季。原因：全年气旋造成抬升雨和地形雨

Kontinentaler Typ 大陆类型
全年降水量适中，峰值出现在夏季。原因：全年气旋造成抬升雨，夏季有对流雨

Subtropischer Typ 亚热带类型
峰值出现在冬季，夏季降水少。原因：气旋在冬季造成抬升雨，副热带高压在夏季造成对流雨

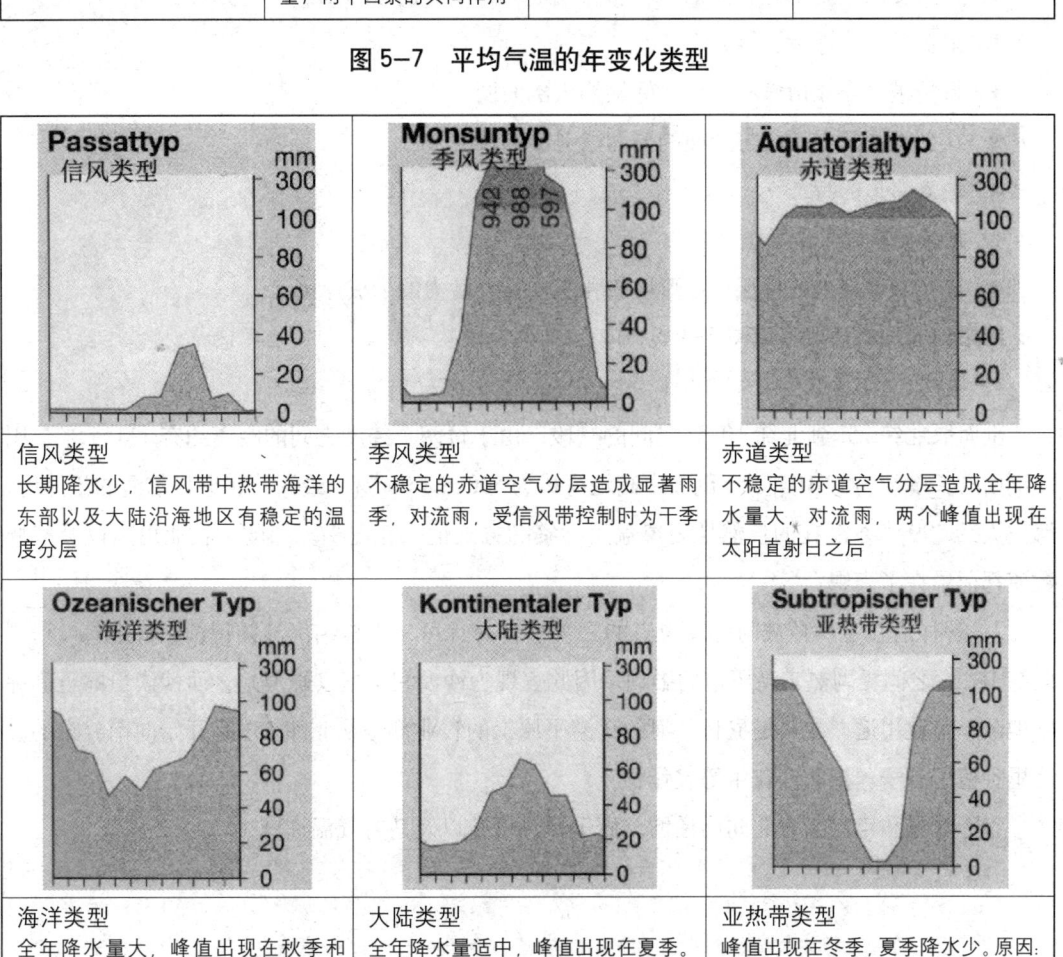

图 5-8 平均降水量的年变化类型

德国地理教科书中探究活动研究

绘制和读取因果剖面图

因果剖面图可描述一种景观的水平和垂直构造。因果剖面图可视为垂直剖面图中又补充了其他信息。例如，植被、土壤类型、农业用途以及景观的气候等信息以标签的形式插入垂直剖面图中，或者以短语的形式写在垂直剖面图下方的简明表格中。

因果剖面图的绘制

1. 绘制垂直剖面图
- 从地图册中选择等高线地形图
- 确定合适的长度和高度比例尺
- 注意 x 轴和 y 轴的比例尺不同
- 将相应的海拔高度的点连成剖面线

2. 归纳景观单元
- 将重要的景观单元（例如，山脉、盆地、海岸、山顶和水域）归类

3. 建立表格并将特征归类
- 将植被、农业用途和气候等标签插入剖面图
- 在剖面图下方建立与上面的剖面图对应的表格
- 填入合适的特征

4. 判读分析因果剖面图
- 寻找当地植被的特征，地形地貌和气候开发潜力的形成原因

因果剖面图的读取（以图5-9为例）

1. 描述

剖面取北纬25°到北纬10.5°之间的一段。由于每两个纬度之间的距离约有111千米，因此剖面的长度约为1 610千米。剖面中高地海拔为500～1 000米，最深处在尼日尔河的沼泽地，海拔大约299米。潜在的自然地表覆盖用标签的方式记录在图中。纬度、农业用途以及气候数值都记录在了表中。

2. 解释潜在自然植被与纬度位置的相关性，并且可从中总结出气候特征：在北纬25°到北纬16.3°之间受副热带高压带的影响，因此表现为沙漠和戈壁（砾漠），而沙漠更靠近高纬度地区。农业用途，尤其是尼日尔河的泛滥平原上的农业都是从北纬15°起开始向南分布的。这里种植了谷子、棉花和花生等农作物。

年降水量和年均温自北向南递增，而干旱月份数以及7月气温递减。

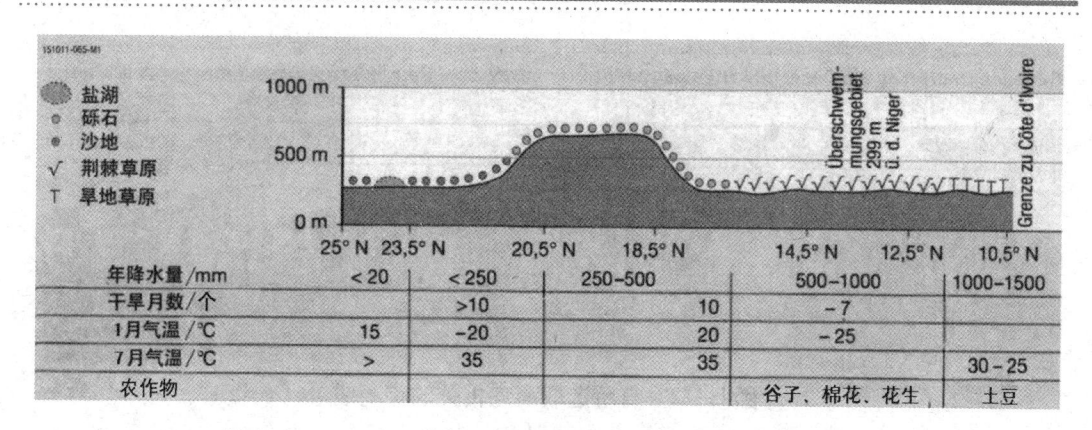

	25°N	23.5°N	20.5°N	18.5°N	14.5°N	12.5°N	10.5°N
年降水量/mm	< 20	< 250	250–500		500–1000	1000–1500
干旱月数/个		>10	10		– 7	
1月气温/℃	15	−20	20		−25	
7月气温/℃	>	35	35		30–25	
农作物					谷子、棉花、花生	土豆

图例：盐湖、砾石、沙地、荆棘草原、旱地草原

图 5-9　沿马里西侧边境到科特迪瓦边境的因果剖面图

方法 5　等值线

等高线的绘制需要想象地形的三维图。地表上的每个点都有其海拔高度。等距切割海拔高度，将地形分解成层。由此形成的切线投射在平面地图上，形成等高线，如图 5-10 所示。为了识别海拔高度，地图上必须要标好数字。

封闭的曲线界定了高度间隔。两条线中间的面可以用不同颜色填充使高度更加可视化，如图 5-11 所示。这种表达方式也可以在地图册中的自然地图中找到。

在等高线图中可以读出地形的特征：等高线之间的距离大小可以显示一个地区是陡峭的还是平缓的。两条等高线之间的某处高度的读取是估算的，如图 5-12 所示。在画剖面图的时候只能将"已知"的点相互连接。为了获取更符合实际的图，截面之间的距离应该选取得尽量小。

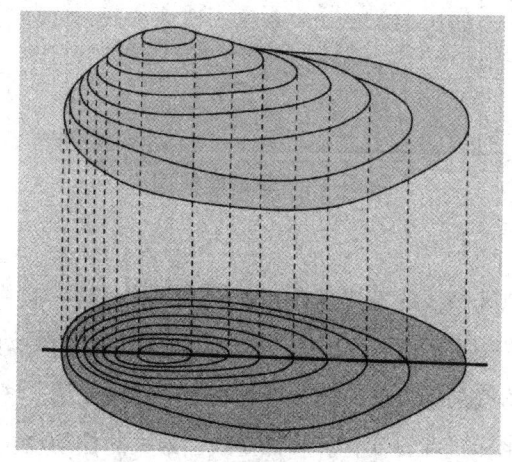

图 5-10　等高线图的绘制

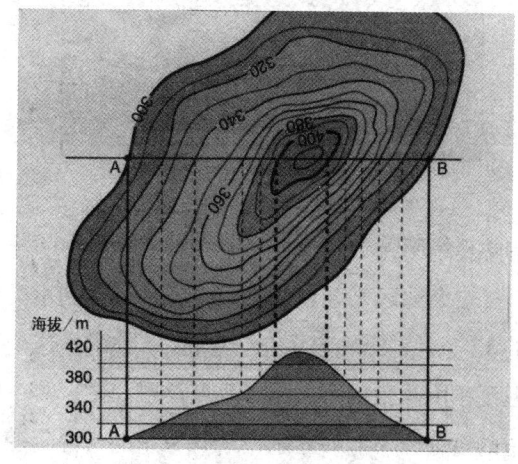

图 5-11　等高线和高度层

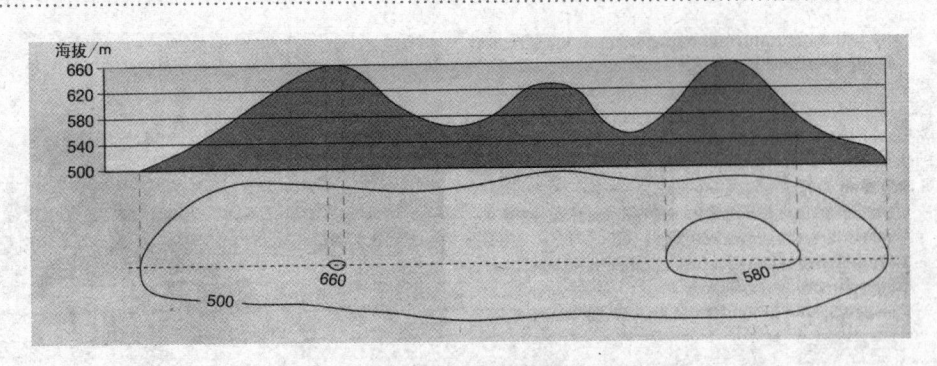

图 5-12　与所选取高差相关的等高线

与等高线描绘的原则相同的等值线还有：

- 等压线：表示相同气压的线，如图 5-13 所示
- 等深线：表示海洋或者湖泊相同深度的线
- 等日照线：表示相同日照时间的线，如图 5-14 所示
- 等雨量线：表示相同降水量的线
- 等温线：表示相同气温的线

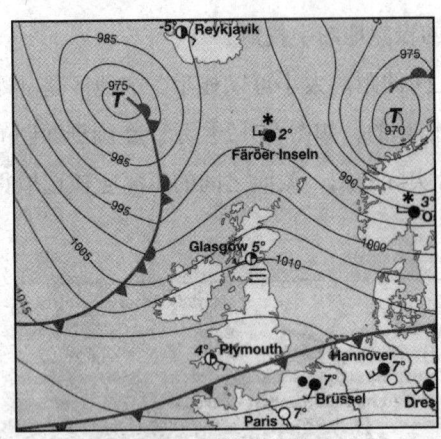

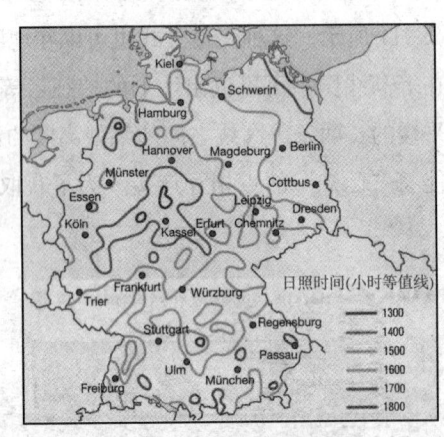

图 5-13　等压线图　　　　　　图 5-14　等日照线图

等热量线图

一个地区气温日变化和年变化可以利用类似等高线的方式来合并表述。横轴表示一年中的 12 个月，纵轴表示一天中的 24 小时，这个"时间平面"上的每个点都对应着相应的平均温度。由此生成了一幅"温度浮雕"图，其中的线是等温线，这种图可称为等热量线图。图中的温度分布能够显示一个气象站的气温年变化和气温日变化。等热量线图最大的摆动在纵轴方向，也就是说气温的日波动比年波动要小，如图 5-15 所示。全年减弱或者增强的气温波动——用或宽或窄的等热量线图来表示——可以用来表示海洋性或者大陆性。另外，太阳升起和落下的时间也可以用曲线来进行图解，图中热带气象站的太阳直射日用垂直线表示，如图 5-16 所示。

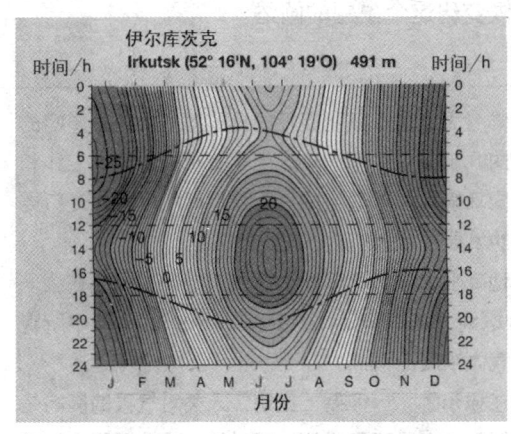

图 5-15 年变化等热量线图

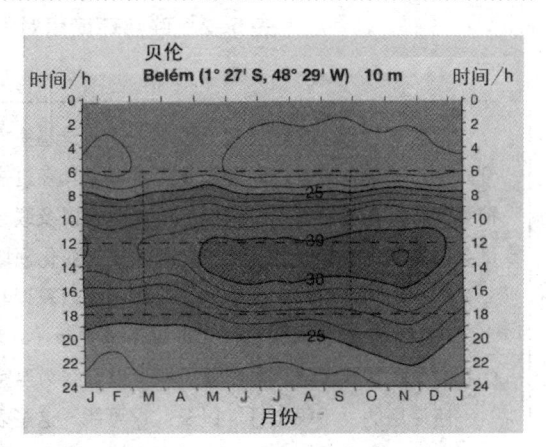

图 5-16 日变化等热量线图

方法 6　进行讨论

"不是所有的争论都是讨论，但是如果没有争论点就不存在讨论！"

讨论是针对某事件，选择权衡以及结果开放的谈话。在遵守谈话规则的同时交换对立的立场和论点。对此有如下几种不同的讨论方式。

- 小组讨论：在一个小组中针对一个主题进行讨论。
- 全员讨论：在全员大会上对一个主题表达不同观点，并在表达观点后紧跟着讨论（听众参与讨论）。
- 辩论：相互对立的谈话，参与人员尝试用论据动摇对方的立场，以此来说服听众。辩论要在一定的规则下进行。
- 座谈讨论：专家就一个主题进行相互对立的讨论。这种讨论需要主持人、专家和听众。

图 5-17 反映了 1880—2000 年的全球气候变化趋势，请就此问题进行讨论。

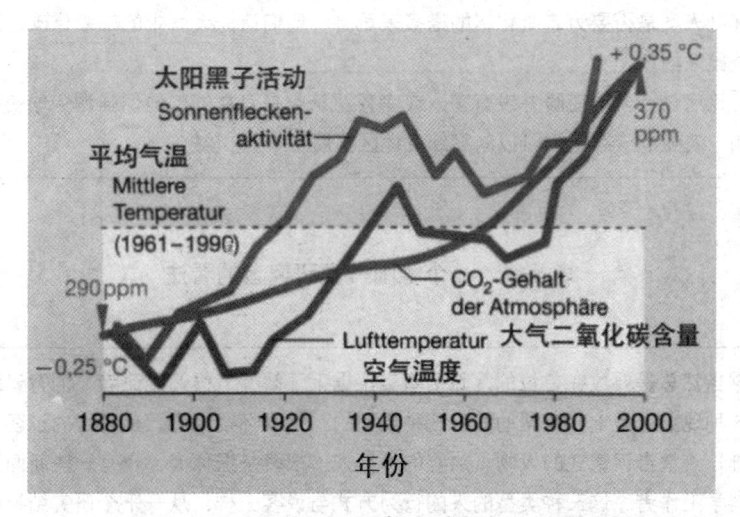

图 5-17　1880—2000 年全球气候变化趋势

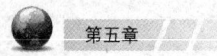

表 5-2　联邦环境局对气候变化这个主题的阐述

"自 20 世纪 70 年代起，关于人类通过温室气体（尤其是二氧化碳）的排放对气候产生影响的可能性，一直存在着赞同者和反对者。尤其在过去的几十年中，有许多这个领域相关的研究工作和相关讨论一直在进行。……世界气象组织以及联合国环境规划署联合成立了政府间气候变化专门委员会，每 5～6 年就会总结一次有关气候变化领域的发展现状……

这个由一个以科学为基础的工作小组以及以其他专业领域为基础的小组所组成的委员会在上一个报告中基于众多科学工作和证据……推断："考虑到一些不确定性的存在，在过去 50 年中所观察到的变暖状况大部分原因很可能可以归结为温室气体浓度的增加。"

所使用的"不确定性"以及"很可能"这些表述显示了：……要"证明"人类对气候的影响是不可能的。气候系统太复杂，以至于想要明确的证明基本上是不可能的。同样的，想要证明人类对气候没有影响基本上也是不可能的。因此，对影响气候系统变化的不同因子进行归类也只有在有证据的时候才可以进行。以现在的知识来讲，大多数证据中的数据都显示，人为排放的影响力是巨大的。"

有关气候变化的人为原因的讨论

表 5-3　"气候怀疑论者"和他们的论点

趋势怀疑论者怀疑气候变暖是否真的发生了。他们认为气象站中的测量数据所显示的变暖趋势是人为造成的，是由于气象站周围的城市化所引起的（城市热岛效应）。

原因怀疑论者虽然接受观测到的变暖趋势，但是认为其原因是自然界造成的。大多数原因怀疑论者并不怀疑人类对二氧化碳变化趋势的影响，而是怀疑二氧化碳的变化趋势是否可以为变暖趋势负责。他们认为太阳活动或者宇宙辐射是变暖的原因。原因怀疑论者的第二个论点是，气候系统的响应是相对较弱的，因为变暖的趋势会被负反馈所削减（例如，通过更多的云的形成）。有一些原因怀疑论者怀疑人类是否要为二氧化碳的增多来负责。他们认为大气中的二氧化碳是通过自然过程从大洋中释放出来的。

结果怀疑论者认为全球变暖并没有害，或者甚至认为是有益的。他们强调全球变暖的可能的有益后果，例如，农业的分布范围可以向高纬度地区扩展。

表 5-4　一个德国气候研究者的看法

事实论据当然总是要放在首位的。除了事实论据，了解"气候怀疑论者"的背景对于了解"气候怀疑论"这种现象也是十分有帮助的。三种典型的"气候怀疑论者"是有偿的说客（主要是煤炭工业反对减排），堂吉诃德式的人物（热心的外行人，很多是退休者，也有一些新闻工作者）以及一些古怪的科学工作者，这三种类型的人的行为方式与说客一样：从一千个研究结果中挑出三个支持自己立场的结果并进行宣扬，如果需要的话，还会加上宽泛的注解。

主持人：简要介绍参加者，主持整场讨论，负责督促大家遵守谈话的规则和讲话时间，需要的时候邀请听众加入讨论，在讨论结束的时候尝试对讨论结果作出总结，如图5-18所示。

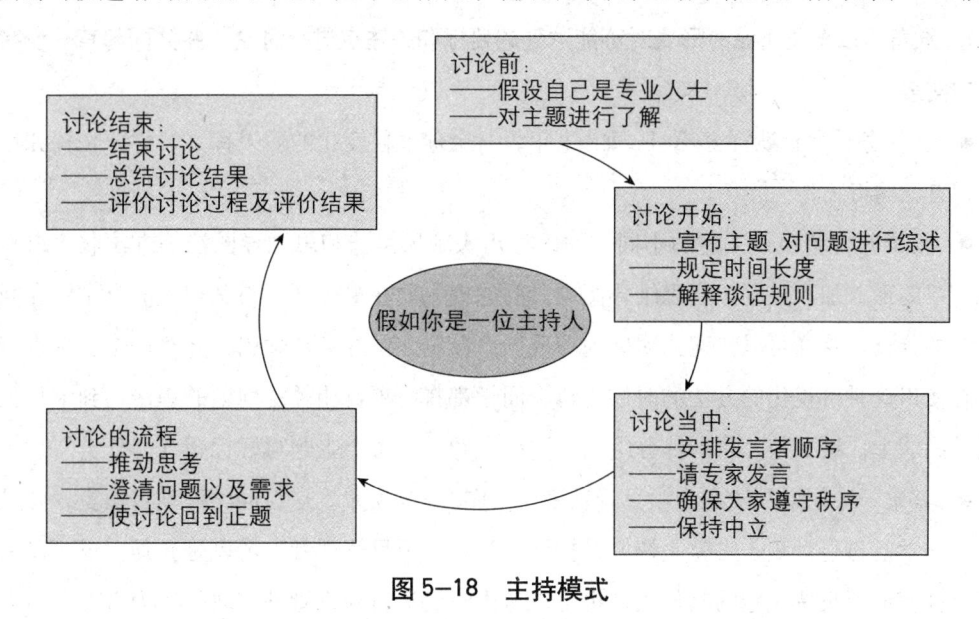

图5-18 主持模式

专家：一定社会群体的代表。作为利益相关者，他们的意见通常是单方面的。

听众：根据规定，在专家讨论时或专家讨论后对专家进行提问。

由于所有参与者都需要有相应的专业知识，以使论据具有说服力，因此需要有事先的准备阶段：论据来源（课本、专业文献、互联网、出版社）以及探究练习（报告，对于子课题的小组研究）。每个讨论都应该是一个以活跃的听众，建设性的意见以及合作性的态度为特征的"有控制的对话"，应当避免对抗，如表5-5所示。

表5-5 讨论气氛

讨论气氛	讨论气氛
● 拒绝 ● 对抗 ● 控制 ● 攻击	● 接受 ● 合作 ● 形成观点 ● 接近，靠拢

作业

请针对人类对气候变化所产生的影响的不同意见进行一场讨论。

方法7 项目方法

利用"项目"这种工作方式可以实现对一个专题领域多层次的独立研究——例如，对气候变化的研究。由于项目需要有较长时间的规划和开展，因此团队合作、自我管理、个人的责任感等是基本条件。

项目应当与实践有密切的关系，与主题有关的不同的专业领域相互关联。因此，跨专业的工作是项目工作的重要特征之一。

1. 准备，以全员讨论的形式对可能达到的目标和关注点进行讨论，并共同起草一份有关项目的文案

● 在任务板上标明探究项目，如11年级对全球气候变化的后果探究，你要在探究项目中发挥自己的特长。

● 收集并协调项目主题的不同方面。运用头脑风暴法和思维导图法等方法收集材料，并以简单的形式加以整理。在思维导图中，问题或主题在最中间，与其相关的分主题和问题作为它的分支，这样可以快速、明确地形成一个概览。做好卡片索引，并对这个步骤进行记录。在使用这种可视化的方法的时候，每个同学都将与项目相关的问题的想法写到卡片上，之后贴到墙上。接下来，将卡片分组到不同的主题下，每个主题写好标题（"分类"）。

● 其中一个同学被确定为项目管理者，如图5-19所示。这位同学对项目负责，并且组织带领同学们进行计划，也就是协调，控制和管理。项目管理者也可以是教师，也可以是学生自己推荐或者投票决定的其他人，也可以考虑轮流进行项目管理。教师作为有专业能力和调解能力的专家，自始至终站在项目管理者一边。

● 在准备阶段要分小组。不同的小组应当就项目主题形成"专门化"的中心方向。接下来在小组当中应当为内容上的分工合作而形成更多的想法。尽早确定小组成员的角色，例如主导人、书记员或者发言人。

2. 在小组内部制订项目目标，并制订工作计划

● 确定哪些活动（获取信息、查询、整理材料）是必需的。制订时间规划，并借助条形图的图示来表示。每位小组成员的任务也可以笔录确定下来。

● 目标的制订主要是针对小组内部，有时也针对全员或者针对项目管理者。因此，在改变目标时，就要通过所涉及的人员共同来决定。在工作进行过程中，目标是可以改变的。小组的目标可以公布，如以海报形式贴在墙上，这可使小组成员随时了解项目的新进展。

3. 执行，开发

在小组分工合作中会涉及工作计划的执行：

● 项目管理者要注意，团队应定期会面，并在一定的规则下进行交流。此外，项目管理者要对每个小组的各项任务的进程有所了解。在讨论出现问题时，项目管理者要起重要作用。图5-19为项目管理者的职责。

● 在项目开始当天举行一次小组会议，并针对工作流程进行有意义的讨论。在课余时间也要计划召开一些会议，用来解决组织上和内容上的问题。小组的短期报告可以推动项目的进展，中期报告可以用学术参观的形式来进行。图5-20为项目流程核对清单。

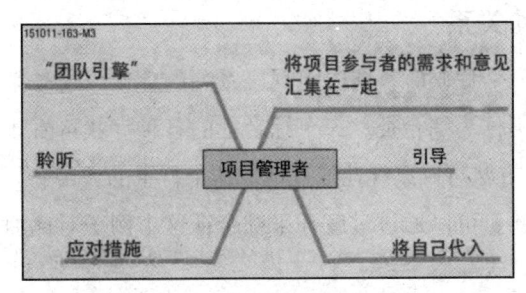

图 5-19　项目管理者的职责　　　　　图 5-20　项目流程核对清单

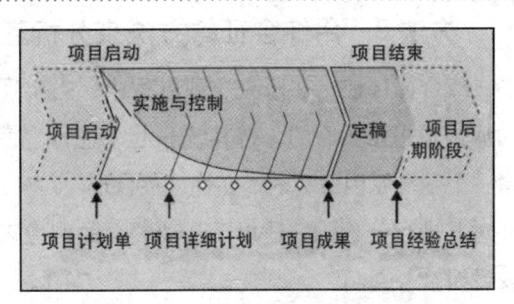

4．报告

针对工作结果，考虑用一个适当的报告方式来呈现：

● 报告必须认真准备，因为它是项目流程中作为"产品"的重要部分。与传统的课程相对，项目课程以研究结果为目的。这些结果除了可以增长研究者的知识，还可以将研究结果的价值告诉其他人。"公众"可以是父母，校外的伙伴，同年级、高年级或者低年级的同学。如果报告面向不同年级的学生，就要将结果编辑成适合各年龄段不同水平的报告。

● 报告的形式有多种：幻灯片形式的演讲、制作成光盘、在学校大厅张贴海报（可带领参观者参观）、视频录制、实验、模型和网络展示等。

● 学校作为公众的基础，可为项目结果提供内部媒介和外部媒介：内部媒介如黑板、图书馆、纪事报、校报、各专业的专业会议、教师会议、广播和家长会上的报告等；外部媒介如年度报告、报纸、竞赛和学校网站主页等。

5．评价、考核、反思

讨论项目实施的结果（评价），并进行反馈：

● 项目评价对项目质量的提高是非常必要的。基于所收集的情况对既定目标进行检查并得出结论。

● 项目可以通过下列问题进行考核和反思：是否达到了目标？哪里出现了问题？哪方面做得好？我们从中学到了什么？可以为未来的项目实施做哪些准备？

● 反馈是一种可以影响项目参与者态度的有效手段。反馈既可以通过外部，也可以通过教师或者同学之间的谈话来进行。

作业

请以项目的形式，研究有关全球气候变化的后果的最新研究成果：

● 陆冰和冰川的融化
● 永久冻土层的解冻
● 风暴的增加
● 洪水事件的增加
● 海平面上升

请掌握每种后果在全球范围内的规模和区域差异，对结果进行形象的表达，并评价研究结果。

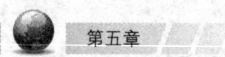

方法8 用综合征的方法来分析互动关系

综合征（注：在研究病理过程中，当出现一个症候时，同时出现一系列的症候。这一系列症候是相互关联的，将其统一起来进行观察则称为综合征。一个综合征的各种症状可看作由一个基本原因引起的，亦称"症候群"。）的方法可以系统地描述地球这个行星的"疾病"并对其进行分析，它适用于互动关系的图像表述。可以通过过度开采综合征这个例子对此加以说明。

工作步骤

1. 第一步，提出与这个综合征有关的圈（如大气圈）和领域（如经济领域）。
2. 第二步，将各个圈或领域中发生的正面和负面过程进行具体化的说明。
3. 第三步，描述相互作用，将在综合征形成过程中起主要作用的圈和领域画在图的中心。例如，在过度开采综合征里是生物圈。将每一个在内容上特征化的圈和领域进行并排排列，则可以对相互作用进行描述：

- A → B 趋势 A 增强趋势 B
- A ⇁ B 趋势 A 减弱趋势 B

以这种方法可以得到一个结构图（图略），其中具体情况不再是孤立的事实。有了这个图形的简介以后，就可以设计解决策略了。

拓展资料（该"方法"模块所服务的黑体字标题内容）

综合征的概念

在德国，负责全球问题的解决策略的分析、评价和发展的组织是"联邦全球环境变化学术咨询委员会"（WBGU）。该组织在各项评估中记录全球环境变化，为政策制定者提供咨询。如图5-21所示是该组织的作品"眼中的世界"。2008年该组织致力于研究在土地可持续利用背景下，生物能源的可持续发展。

对此，WBGU研究出了综合征概念法。这个方法是对全球问题领域的一种系统全面的视角。因此，来自自然和人文领域的科学家组成了一个团队。对此，如下基本假设起了决定性作用：如果不能成功地将世界上各方面的专业知识适宜地联系成一个更大的整体，我们这个时代的困难和紧迫的问题就无法解决。在这个前提下提到T智能。"T"的横代表跨学科的桥梁知识或者跨学科的资质，竖代表专业知识或专业资质。综合征概念借鉴医学上的综合征，即多种疾病症状（特征）的特征组合为出

图5-21 "眼中的世界"

发点。这些"症状",如地区空气污染增加、土壤板结加剧等,以全球的视角对其进行考虑,以此对全球不同地区的典型的环境破坏状况进行分级,并发现其成因模式。因此,WBGU 引入了三个综合征组:过度利用综合征、发展综合征、废物处理综合征,并将各种环境破坏类型归入不同的组中,如表 5-6 所示。三个综合征组构成了六个紧迫的全球环境问题的核心:气候变化、平流层臭氧破坏、海洋灾害、生物多样性减少和毁林、土壤退化、淡水短缺和污染。图 5-22 和图 5-23 所示为全球变化的综合征举例说明。

表 5-6 WBGU 引入的三个综合征

过度利用综合征
1. 对边缘区位的农业过度利用:萨赫勒综合征
2. 对自然生态系统的过度开采:过度开采综合征
3. 传统种植方法的结构变化引起的环境退化:农村劳动力外流综合征
4. 土壤和水体的不可持续的工业管理:沙尘暴综合征
5. 对不可再生资源的获取而引发的环境退化:加丹加综合征
6. 自然区域向旅游业发展和转型而造成的环境退化:旅游业综合征
7. 军事利用造成的环境退化:焦土综合征

发展综合征
8. 被误导或者失败的有指向性的环境改造大工程:咸海综合征
9. 由于转移到非本地化的农业生产方式而造成的环境退化:绿色革命综合征
10. 高于自身活力的经济增长而造成的环境退化:小虎综合征
11. 城市化以及在人类聚居区中对环境造成危害的行为:贫民窟综合征
12. 以城市蔓延和基础设施扩建为标志的环境污染的集聚:近郊综合征
13. 具有长期影响的本地某个工业灾难:事故综合征

废物处理综合征
14. 通过向空气和水中排放有害物质而引起的环境退化:高烟囱综合征
15. 以压实和填埋的方式来处理废物所造成的环境问题:垃圾堆综合征
16. 本地污染、废物堆积和危险废料存放点造成的环境退化:危险废料存放点综合征

图 5-22 全球变化的综合征(一)

经济

保护主义增长	农业密集化	资本密集度上升
	第三产业化	劳动生产率上升
农业用地扩张		资源生产率上升
旅游业增长	能量和原材料消耗增加	国际债务
传统农业下降	货币经济扩张	国际贸易流量上升
工业化	食品生产增长	市场全球化
大的技术性项目的建设	能量和原材料消耗增加	交通道路扩建
环境友好型经济方式增长		交通量增长

技术与科学

教育和资质密集化	技术风险增长
知识和技术传播	医疗进步	自动化、机械化
环境保护技术的改善	新材料的研究、材料替代
可再生能源和原材料的研究	信息技术的进步
生物和基因技术的进步

社会与组织

国际社会和经济差异加剧	民族和国家冲突增加
政策失效	国际协议和机构增加
贫困化、饥饿
个性化	社会和经济方面的相互排斥
传统社会结构的衰落	非政府组织的重要性增加
社会福利制度变化	结构化失业增加
国家环境保护加强	民主化

社会心理领域

环境意识增长	要求提高
流动性上升	妇女解放
参加团体的兴趣增加	全球问题敏感化
西方消费和生活方式的扩张

大气

平流层臭氧减少	对流层污染
本地空气污染增加	温室效应增强
全球及区域气候变化

生物圈

自然生态系统在物质方面的超负荷	生物资源过度使用加剧
生态系统结构和功能损害
抗药性	自然生态系统碎片化
基因和物种减少
生物圈中的碳汇减少，例如，用来进行废物处理的碳汇

人口

国际移民	城市蔓延
城市化	农村人口向城市流动
环境负担造成的更多健康损害	人口增长

水圈

海平面上升	淡水短缺
	冰盖和冰川的变化
微粒和溶解物质的负载变化
水质变化（病原体、营养成分、霉素）
本地水平衡变化	洋流变化

土壤圈

肥力流失（腐殖质、营养物质）	盐碱化
地表形态的侵蚀、演化	水体富营养化
板结	酸化、污染
压实	更多沉积（物质从空气进入土壤）和垃圾积累

图 5-23　全球变化的综合征（二）

案例：过度开采综合征

过度利用综合征组中的过度开采综合征，描述了对可再生资源的过度需求。人类追求资源利用方面的短期好处，导致了这种综合征。这样会引发两种严重的后果：过度利用可能会引起所谓的土地退化，即由于土壤性质变差造成的大面积的土地肥力下降，或者引起生态系统的完全毁坏或者整个物种的灭绝。特别是热带雨林和北方森林生态系统，体现了这种综合征的最重要特征。其他有关对自然的不可持续利用的例子，比如过度放牧或者海洋过度捕捞等，也属于这个类型。过度开采综合征的关系网络，如图 5-24 所示。

过度开采综合征从古代就已经被人们所了解。古希腊哲学家柏拉图记述过因人类过度砍伐森林造成土地无力抵御洪水的恶果。曾经繁荣和"肥硕"的农业只剩下"光秃秃的骨架"。

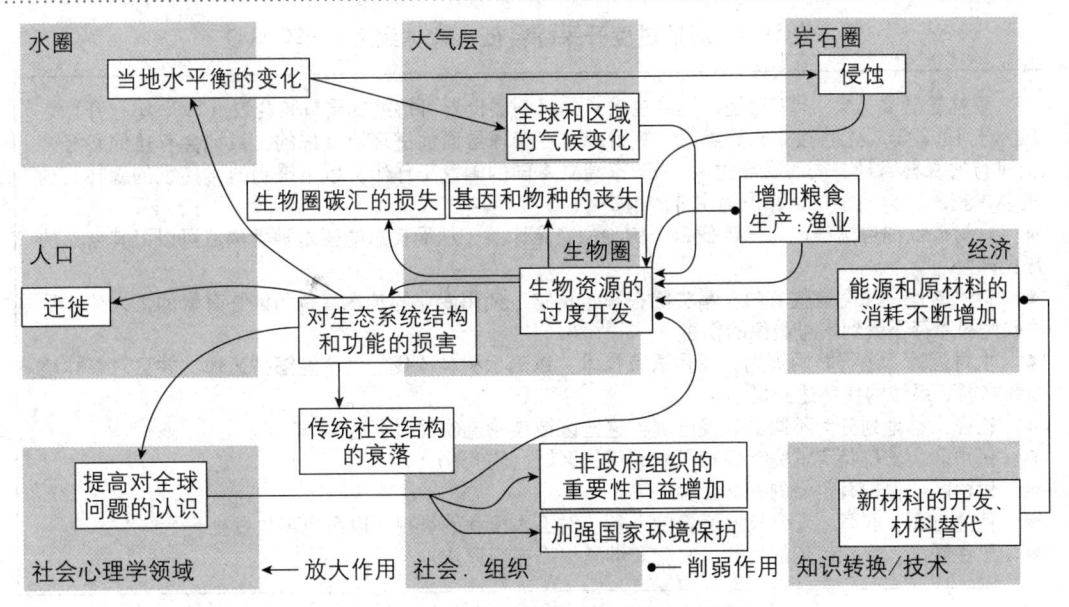

图 5-24　过度开采综合征的关系网络

与人类发展史平行，过度开采综合征使一些地区失去了很自然的地区特征，并且这种综合征的规模扩展到了全球范围。为此，人类对过度开采综合征采取了必要的措施，如表 5-7 和表 5-8 所示。

表 5-7　对抗过度开采综合征的措施

- 替代和更有效率地使用木材原材料及其产品，比如使用回收材料或应用新材料
- 改变消费和生活方式，比如自愿放弃使用雨林木材
- 考虑当地条件，从木柴使用变化为替代能源
- 采伐和加工设备效率的显著提升，如通过技术转移和改善员工素质
- 实行可持续的森林经济，如选择性砍伐、采伐时对土壤进行保护、维护"绿色顶盖"、保留育种植物
- 进一步发展国际承认的可持续的木材生产认证体系
- 加强善治，以遏制游说集团的影响以及腐败，比如遏制特许经营权
- 通过制定国家环境和森林计划，加强林业政策措施的透明度
- 发展和履行涉及森林保护的国家森林法
- 寻找新的联盟伙伴和利益联盟，如非政府组织，来形成在森林利用和森林保护领域中尽可能进行合作的政治风格
- 减少为保护本地木材企业而设置的补贴和贸易壁垒
- 对伐木活动有限地授予特许经营权，特别是通过更严格的环境法规和高收费，更好地控制单位面积的产量
- 特许经营权更长的时效，以促进对自身相关利益的可持续利用
- 森林和自然保护中有更好的金融、法律和组织方面的保障
- 利用与资质相关的措施，使可持续发展的思想结合到森林管理中
- 完善国际森林保护政策
- 加强森林生态系统和森林可持续利用方面的研究及和数据工作
- 对行动前景和结果进行更广泛的交流，特别是在教育系统中得以加强

表 5-8 对抗过度开采综合征：森林经济的 FSC 认证

森林管理委员会（FSC）是在里约热内卢的第一届世界可持续发展首脑会议（1992 年召开）之后，于 1993 年成立的独立成员组织，其目标是在全球层面促进环境友好的、对社会有益的和经济上可行的森林管理。同时在超过 46 个国家建立本国的国家工作组。以下提到的可持续的森林管理的基本措施，以授予认证标识为主要的前提：
- 木材砍伐的遴选程序：只砍伐每个树种的特定比重，从而使总的树木种类构成可以以其自然的方式再生
- 树木砍伐：注意砍伐方向、事先除去藤本植物、使用专业的技术装备和训练有素的工人，以保护砍伐和库存不受到本可避免的伤害
- 木材运输：进行路网规划，使用适宜技术，以确保树林砍伐的木头能够被运输，并且对森林地面和水循环系统的伤害达到最小化
- 轮换：林地划分为不同的砍伐区域，这些区域被轮流砍伐（可达 25 年）
- 保护区：安排特定的完全保持不被利用的区域（约 5%）
- 保留区：保护有价值的森林库存
- 社会方面：教育、安全技术装备的准备、对工人权利的重视，以避免事故发生
- 原住居民：保护他们的生计、文化和继承权（或习惯法）

作业

1. 请阐述综合征概念的核心元素，并评价这种表述全球问题的方法论。
2. 请将图 5-22（A、B、C）归类到表 5-6 的组别。
3. 请依据图 5-24、图 5-25 和图 5-26，建立一个过度捕捞互动关系图。
4. 请在可持续的森林经济的语境里，阐述授予认证标志的背景，如表 5-8 内所示的内容。

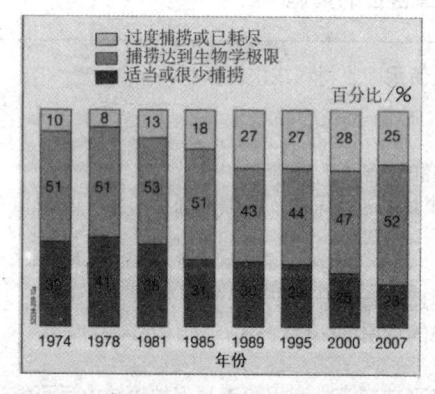

图 5-25 按照捕捞强度划分的渔获量占比

图 5-26 过度开采综合征：过度捕捞

海洋捕鱼跨越了整个人类发展历史，在很多国家为食品安全作出了重要的贡献。按照捕捞强度划分的渔获量占比，如图 5-25 所示。只要可持续地捕捞现存的鱼，就不用担心负面的影响。根据联合国粮农组织的报告，实际上现在的海洋鱼存量的 25% 受到威胁。在东南太平洋、印度洋和大西洋甚至可达 66% 的鱼被捕捞，根据最近的报告，北海鳕鱼存量破产。图 5-26 为过度开采综合征：过度捕捞。过度捕捞有若干原因：从全球来看，被捕捞的鱼量比 1950 年增长了 4 倍。这是由越来越大，且技术设备越来越先进的捕鱼船队造成的。由于海岸区鱼存量的减少，捕鱼船队越来越大规模地进行公海捕捞，有的捕鱼船队甚至推进到了深海区，威胁到了"海底山"生态系统。"海底山"是高于 1 000 米的"绿洲"，上面生长着珊瑚森林。

它们为多种多样的物种提供了生存空间。拖网的使用威胁尤其大，拖网有足球场那么大，几乎可以毁灭捕捞区所有的生物。拖网捕捞捕到的多于25%的鱼是所谓的"兼捕"（渔民并不需要的渔获物），经常被当作垃圾扔在甲板上，甚至海豚、海豹、鲸和海龟也成为兼捕的牺牲品。多个国家（包括西班牙、葡萄牙和挪威）允许其捕捞船队在公海使用这种拖网。

过度捕捞的另一个原因是对食物金字塔底层物种的过度捕捞。其意思是过度捕捞小的所谓的饵料鱼，比如大群容易捕获的鲱鱼、沙丁鱼和鲭鱼。饵料鱼被过度捕捞，因此无法再为海洋哺乳动物提供足够的食物来源。海洋生态系统因此被永久性地破坏了。

目前每年有约4000万吨小型鱼类（体长10～30厘米）被捕捞，几乎相当于全球总捕捞量的三分之一。需求上升的主要原因是，饵料鱼制成的鱼粉和鱼油被更多地用在了以鲑鱼养殖场为主的水产养殖业。"解决"过度捕捞的办法不难想出（如表5-9所示），但是在政治游说集团和渔业政策存在分歧的许多国家组成的"网"中，这些方法却难以实施。

表5-9　避免或减少过度开采综合征中过度捕捞的措施

- 在国际层面上谈判可接受的捕捞配额
- 禁止拖网
- 暂停捕捞特定鱼种
- 将水产养殖业限制在生态可接受的整体范围内
- 对抗非法捕捞
- 对消费者进行教育
- 通过世界鱼品贸易对其进行支持

方法9　情景脚本分析技术

很多决定是建立在对未来估计的基础上。比如未来的世界看起来是什么样的？

情景脚本分析技术是一种方法（注：这是在假定某种现象或某种趋势将持续到未来的前提下，对预测对象可能出现的情况或引起的后果作出预测的方法。它是直观的定性预测方法），借助它的帮助，可以将积极和消极方向上的变化趋势总结为易于理解的未来图景或者模型。如图5-27所示，它介于乌托邦和纯粹的数量预测之间，使乐观和悲观的未来图景的设计成为可能。用这种方法，可以将数量上的资料（如人口增长、水消耗）和质量上的评估信息连接起来。其结果是对一种或多种未来情况的详尽描述。

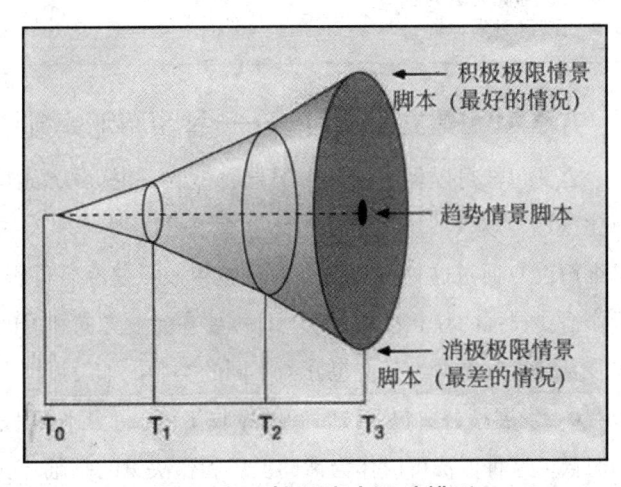

图5-27　情景脚本漏斗模型

图 5-28 是"咸海未来的最消极的情景脚本",表 5-10 表示了"情景脚本分析技术的不同阶段"。

降水减少	气候变暖	所在区域人口增加	灌溉面积增加	缺少水管理的政治指标
帕米尔地区冰川减少			更高的水需求	开放运河的水浪费
更少的水给养	锡尔河和阿姆河在沙漠里断流		从河流中获取更多的水	灌溉土地盐碱化
湖面的进一步下降	湖中盐和有害物质浓度的上升		湖中渔业的下降	经济损失
湖面积减小		大陆性气候上升	地下水污染	基本食品的损失
岸区盐、沙漠和有害物质沉积的增加		生物多样性下降	对人类健康的危害	
			地区人口减少	

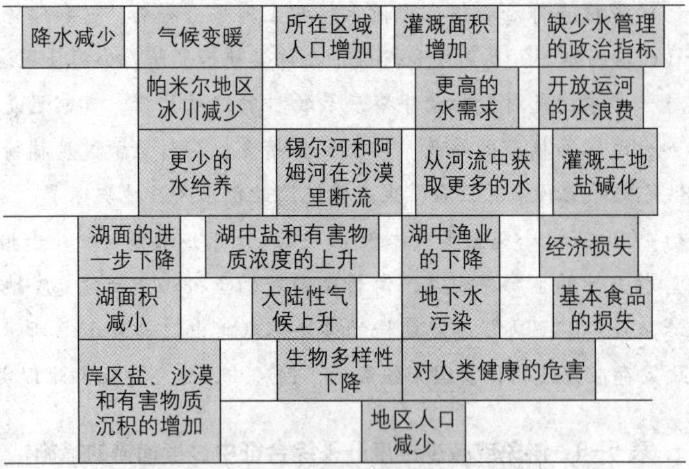

图 5-28 咸海未来的最消极的情景脚本

表 5-10 情景脚本分析技术的不同阶段

---

1. 问题分析
确定主题以及描述问题,熟悉情况
2. 影响因素和影响分析
在分析问题后,确定影响因素并将其按照影响范围分类。接下来,阐述影响因素及影响范围,以及调查对象之间的相互作用。因素间的网络模式和影响因素及影响范围之间的相互联系,可以借助网络化矩阵进行表述和评价。可能的影响因素有:农业水消耗、盐碱化土地增加的百分比、咸海支流下降的百分比或者绝对数值(图 5-28)
3. 情景脚本的发展
未来图景可以关系结构或者文本的方式呈现,也可以用不同的时间间隔来呈现(图 5-27)。约束积极或者消极情景脚本的发展想象要充分讨论
4. 策略和措施的研究
● 建立行动目录
● 安排优先级列表
● 制订时间计划

方法 10 建立公文包——一种资料汇集方法

公文包法可以促进学习中的自我控制,也可以帮助学习者对复杂的事实进行结构化和可视化处理,以及锻炼思考能力。(表 5-11、表 5-12、表 5-13,表 5-14 对公文包法进行了详细解读)通过这种方法获得的经验和知识是今后科研工作的基础。另外,用公文包法进行工作需要很强的独立性和责任感,需要在专业方向和时间上的规划。同时自觉遵守工作计划,以及具有批判能力。公文包分为不同的类型,如发展型公文包、产品及结果公文包。

● 发展型公文包,按时间顺序收集记录了工作过程中的所有阶段。在处理一个复杂问题的时候,这种方法可以作为帮助反思和作决策的基础。

● 产品及结果公文包,只记录整个工作的最佳结果,并提供其性能方面的衡量和评价。

表5-11　什么是公文包

公文包的概念来源于银行业务。它描述了一种保管库，里面包含了投资类型和财产的变动等信息。它可以显示所有财务方面的交易构成的连续库存。实际上，人们把公文包理解为一个包含了按照时间排序的所有构思、草图和已完成的工作的集合。在学校和科学界将公文包理解为"研讨会簿"，记录个人的研究活动

表5-12　关于建立公文包的小建议

- 首先借助电脑来建立公文包，确定格式、字体样式、字号大小、字形字距、行间距
- 设计一个有创造力的封面
- 为文章和资料列出目录，并标上页码
- 标出引文
- 注明来源（例如，网址，包括摘录时间）以及文献

表5-13　公文包目录

1. **课程主题"可持续性"**
1.1 期望
1.2 全球性挑战
1.3 可持续"三角框架"和不同角度
1.4 生态足迹
2. **方法训练**
2.1 公文包
2.2 可视化技术
2.3 媒体干预
2.4 报告
2.5 研讨课课程设计
3. **中期报告**
3.1 中期报告的材料
3.2 给同学发放的报告提要和问卷
4. **为研讨课课程设计搜集资料**
5. **为报告和答辩搜集资料**

表5-14　公文包的使用步骤

1. **准备**
- 制订目标或报告或课程设计的议题
- 通过"头脑风暴"将内容、材料、媒体、目标等联系起来
- 拿一个纸夹或者公文包，从工作开始起，收集每一个笔记、图、概念和材料并排序
- 拟定作业策略，并建立时间及作业计划
- 与老师或同学一起检验题目设置情况
2. **实施**
- 对节录、评论、材料、构思、问题设置等进行收集和筛选
- 将中间结果进行结构化分析，组织和记录
- 在小组内展示和讨论中间结果（"实际"公文包）
- 思考中间结果，并检验这个结果是否符合这个命题的理想目标方向（"理想"公文包）
- 将这个公文包作为报告和答辩的基础和指导
3. **检验**
- 总结结果
- 对公文包技术的使用、概念以及学习过程进行自我批判式的反思，并注意已经达到的目标

方法 11　考试——经过训练提高准确性和可靠性

考试需要对所给资料进行读取分析，理解检验内容及运用适宜的方法。其中，必须要思维严密，妥当且专业地组织思路。系统性的训练可以帮助考生满足这些复杂的要求。表 5-15、表 5-16、表 5-17 和图 5-29 是与考试相关的内容。

表 5-15　在高考中全国统一化考试要求（EPA）摘录

- 为了证明其能力，需要达到……考试机构规定的所有领域……中的三个领域的要求（参照封底内页）
- ……考试内容不能够只限于几个学期课程内的内容
- 考试的方式是通过资料，对空间问题进行讨论
- 考试的任务应当是建立一个主题性的单元，其中涉及多个关键性的领域

表 5-16　关于考试的小建议

- 在准备阶段预留充足的时间
- 不要只是自己学习，有时也要和小组一起学习
- 准备好需要的辅助工具：铅笔、橡皮、尺子、彩笔、荧光笔、计算器和钟表，教师备好地图
- 浏览一下资料，给需要注意的地方做记号
- 确定大致的时间计划
- 在落笔书写中注意清晰可读，拼写正确，语法、标点和语言的专业性
- 在制作图、图表、表格的时候要用尺子和彩笔。注意精确性，以及标注的清晰性
- 避免笼统的说法
- 最后，对答案的内容以及逻辑联系进行检查，清楚地划掉错误的答案
- 仔细读老师的评论，因为这次考试的结束通常是下个考试的开始

表 5-17　考试的步骤

1. 准备考试
   - 利用笔记，经过处理的材料，教科书和相关的地图
2. 考试过程中的方法
   - 读主题以及主题的前言，可从中找出题目的重点
   - 全面地阅读题目、考试机构的标注，注意有关主题和方法的关键词
   - 借助地图对考试中涉及的例子进行空间上的分类和整理
   - 用子任务中的专业概念建立关键词列表或者思维导图
   - 分析资料，始终考虑到题目的任务主题
   - 注意内容和形式上的条理化（副标题、段落、页数）
   - 撰写对整个作业以及子任务的介绍（例如，概况走向）
   - 联系任务中的例子的原有知识，使用材料中的意见，通过例子对论点进行支持
   - 标注出从段落中引文的来源作为引语
   - 对每个子任务做总结。如果考试机构在任务中要求"评价、评判、讨论"，那么就组织好自己详尽的意见和看法
3. 考试之后的跟进
   - 整理在内容和方法上的不足

图 5-29　与考试中的成绩衡量相关的漫画

方法 12　如何作报告

进行有说服力的演讲是一种重要的个人能力，也是未来职业的重要基础。可以将报告理解为针对听众的、有计划的、结构化的信息。对此，在"发送者"和"接收者"之间的正确"波长"是至关重要的。报告者应当在第一印象中就令听众兴奋，唤起他们的兴趣，来获得最佳的注意力。一个报告的影响因素有肢体语言（占比 55%）以及报告者的声调（占比 38%），这两项比报告内容（占比 7%）占更大的比重。听众的动力可以通过可视化媒体来进行提高。在地理专业中，与其他所有社会科学的专业类似，报告不能被理解为报道，而必须要以面向问题的方式来进行撰写和起草，必须要指向中心问题。在报告的过程中，逐步使针对这个问题的讨论进一步明确，并且说明理由，以及进行评价。表 5-18、表 5-19、表 5-20、表 5-21、表 5-22 和图 5-30 是与如何作报告相关的内容。

表 5-18　正确地进行可视化——吸引人的报告

1. **字体**
a. 字体大小
● 字体应当在 2 米以内可以看清
● 字号大小：高射投影机用的幻灯片上，字号大于 16 号；PPT 幻灯片上，字号为 24～26 号；纸质卡片上，字号为 72～100 号
b. 字体
● 大小写配合，不要全部大写
● 字间距不要太宽
● 要印刷体，不要手写体
● 字母上下出头的线要短不要太长
● 尽量用正体，不要过分斜体
● 字体保持不变
2. **颜色**
● 对颜色的使用要有道理
● 每个幻灯片中最多使用三种颜色
3. **布局**
● 最重要的内容居中
● 特殊元素放在右侧
● 将文章结构化
● 将表格系统化

表 5-19 在学校中的报告形式

1. 在课堂上展示个人或者小组作业的短报告：从规定的材料到最新进展，到今后走向
2. 给学生分派同等的任务：同等是指一个班级作业中，每位同学用于准备所需消耗的精力相同，对于最后成绩的影响权重相同
3. 报告作为高考以及研讨课程的带有答辩性质的口试

第 2 点和第 3 点是针对与老师交流过主题之后，独立规划进行报告

表 5-20 报告媒体举例

- 黑板：黑板、白板
- 墙纸：海报，广告牌
- 展示板：小卡片
- 挂图
- 投影仪、幻灯机、DVD 播放机
- 电脑和投影仪
- 模型，实验
- 报告提要

表 5-21 报告的步骤

1. 报告的计划
- 关于内容的前期规划：使用创新技巧（如"头脑风暴"），查询信息（如互联网），撰写标题
- 组织：规划时间和流程，留意房间布置

2. 报告的结构
- 组织内容的结构：借助可以帮助系统化的方法（如流程图、思维导图、概念地图）
- 将报告进行清晰有逻辑的梳理：

a. 问候语：给出报告的主题，问题设置以及大致的结构
b. 入题：关注问题设置，与听众有积极接触的、引人入胜的入题（如合适的引文、问题、经历、图片或者漫画）
c. 主体：以自由的、容易理解的、生动的演讲对主题进行讨论；合适的过渡，在需要的时候可以对之前的重点进行回顾
d. 结束：总结以及表达个人看法，建立与开头抛出的问题之间的联系；利用总结进行预测以及得出结论等；感谢听众的倾听

3. 练习报告
- 练习"轻松地讲话"，熟悉房间里的设备功能（例如，灯、遮光）以及测试媒体的使用（如仪器的操作、模型或者实验的功能）

4. 进行报告

一个成功的报告包括：
- 在语言和专业上正确地演讲
- 有技巧地使用肢体语言（例如，与听众进行眼神接触，注意友善的表情和自然的姿势，手势自由，站直，姿态放松）
- 技能上的诀窍
- 与听众交流要有礼貌
- 外表整洁
- 掌握好时间（在学校里的报告时间最多为 20 分钟）

5. 报告后的跟进
- 内容以及方法上要追根究底的问题：在讨论和进行答辩以及反馈的时候，会出现对其他与报告主题相关的假设。要对其进行检验并提出本人的看法

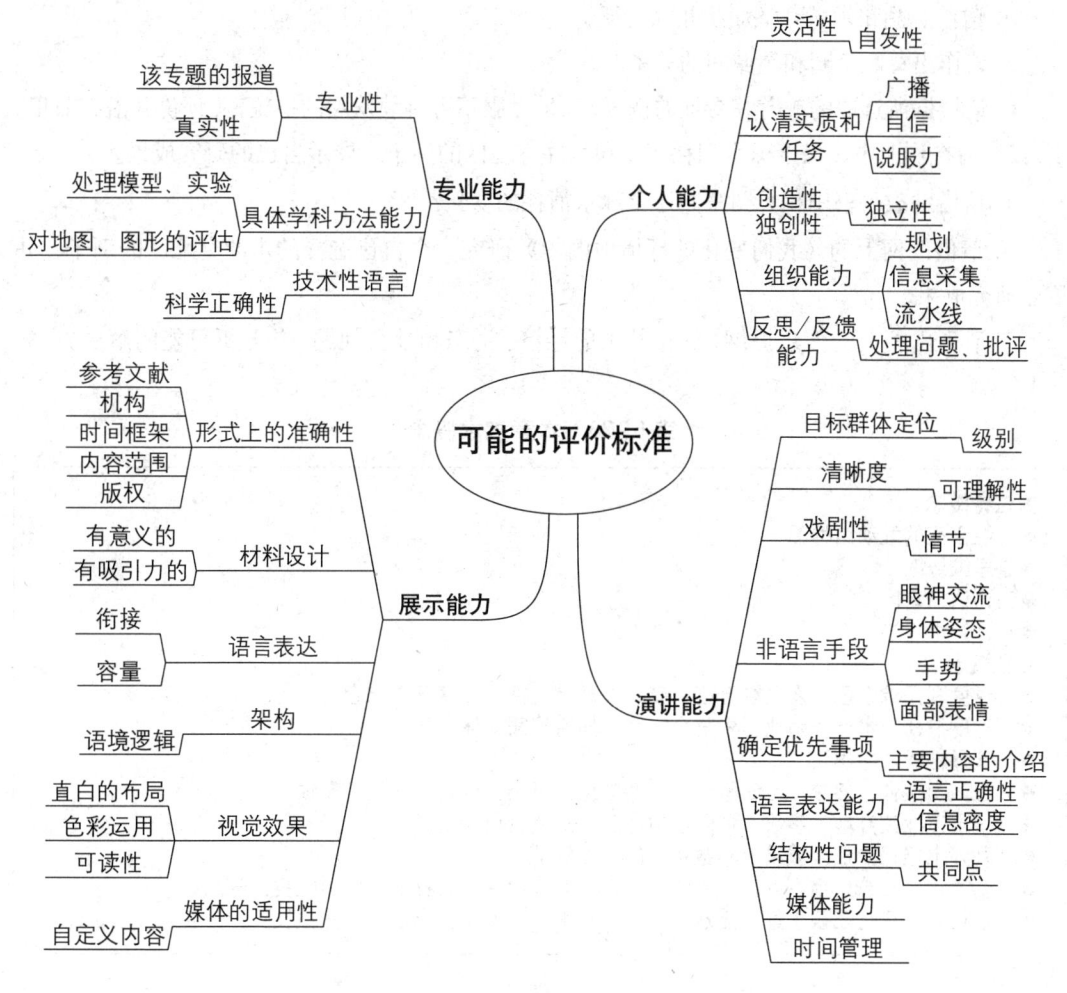

图 5-30　评价的标准

表 5-22　"怯场"的注意事项

- 充分准备会更沉着
- 背诵开头和结尾
- 深呼吸来进行放松
- 放松的姿态以及友好的表情
- 对报告中使用的媒体在报告前要进行了解
- 如果说错了直接继续
- 当忘记要说什么的时候整理一下思路
- 在设备出现问题的时候找到问题所在或者弃用设备继续进行

二、"地理能力训练"模块

1. 请在作业中，借旅游综合征的概念（为旅游业发展和转型造成自然区域的环境退化），学习应用学到的有关综合征概念的能力。

a. 请借助地图集选出一个适当的自然区域转型为旅游业地区的例子，并描述其发展。

b. 请按照圈和领域列举症状和综合征。

c. 请作出每一个圈和领域间的关系网。

d. 请根据所选取的旅游综合征的例子,列举克服不可持续发展的措施,并评价其潜在效用。

2. 请在作业中,借全球水消耗变化和水冲突地区的例子,展示自己的研究成果。

a. 请借助教科书中相关图来阐述全球水消耗的变化。

b. 请借助网上的《我们变化的环境地图集》研究一个自己选择的水冲突地区的例子,并展示研究成果。

3. 请列出相关的信息提纲,注意其中的经济、生态和社会问题,并分析可能的解决方案。

表 5-23 本章基本概念

方法论概念:
- 综合征的互动结构图
- 思维导图
- 评估卫星图
- 计算水足迹

专业概念:
- 过度利用综合征、发展综合征、废物处理综合征、过度开采综合征
- 过度捕捞、水产养殖业、食物金字塔、捕捞配额、休渔
- 选择性伐木、善治
- 土壤团聚体、渗透、土壤酸化、土壤盐化、污染、退化、板结、侵蚀
- 城市工业废弃地、事故、危险废料存放点豁免(风险规避)
- 联邦土壤保护法、质量上和数量上的土壤保护
- 荒漠化、自给自足农业、经济作物种植、双边项目、农林业、豆科植物、等高耕作
- 水循环、可支配蓄水量、蓝水、绿水、灰水、虚拟水、含水层、蒸散发、内部和外部水足迹

第三节　研究结果

一、探究活动内部结构

《实践地理》的探究活动沿用了德国地理教科书编写的一贯做法,即利用篇幅定内容。章节内每一主题的内容通常占用的篇幅是摊开的 2 页纸,以方便教学使用。探究活动的篇幅也大致如此,偶有占用 1 页或其他篇幅的情况。

二、探究模块量化比较

《实践地理》的 13 个探究活动中,有 8 个使用了 2 页的篇幅,占比为 61.54%,是主要的篇幅样式。有 4 个使用了 1 页的篇幅,占比为 30.77%。特殊的例子是第 8 个探究活动"用综合征的方法来分析互动关系",加上所在小节的相关内容之后,达到 6 页。

三、德国地理教科书探究活动特点

1．探究问题数量较少

《实践地理》的探究活动中设置了一些问题，但数量不等。表中显示的各模块中，多的可达 4 个问题，少的则没有设置问题。全书的探究模块设置问题共计 10 个，平均每个活动不到 1 个问题，这在各国地理教科书中属于较少的。具体内容如表 5–24 所示。

表 5–24 《实践地理》探究活动中的问题设置统计（节选）

探究活动	问题设置
1．读天气图	1．请确定决定东欧天气的气压场 2．请读取云、降水、风向和风速的信息，并对其进行预测 3．请读取普利茅斯站、汉诺威站、巴黎站和基辅站的数据 4．根据给定的步骤，读取一幅最新的天气图
2．读天气卫星图	请在互联网上查找最新的 METEOSAT 卫星图像，解读其红外云图，并以近地面天气图作为辅助，比较你的读取结果和天气预报结果的异同
6．进行讨论	请针对人类对气候变化所产生的影响的不同意见进行一场讨论
7．项目方法	请以项目的形式，研究有关全球气候变化的后果的最新研究成果： ● 陆冰和冰川的融化 ● 永久冻土层的解冻 ● 风暴的增加 ● 洪水事件的增加 ● 海平面上升 请掌握每种后果在全球范围内的规模和区域差异，对结果进行形象的表达，并评价研究结果
10．能力训练	1．请在作业中，借旅游综合征的概念（为旅游业发展和转型造成自然区域的环境退化），学习应用学到的有关综合征概念的能力 a．请借助地图集选出一个适当的自然区域转型为旅游业地区的例子，并描述其发展 b．请按照圈和领域列举症状和综合征 c．请作出每一个圈和领域间的关系网 d．请根据所选取的旅游综合征的例子，列举克服不可持续发展的措施，并评价其潜在效用 2．请在作业中，借全球水消耗变化和水冲突地区的例子，展示自己的研究成果 a．请借助教科书中相关图来阐述全球水消耗的变化 b．请借助网上的《我们变化的环境地图集》研究一个自己选择的水冲突地区的例子，并展示研究成果 3．请列出相关的信息提纲，注意其中的经济、生态和社会问题，并分析可能的解决方案

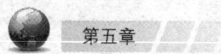

通过表 5-24 可以看出，德国地理教科书中探究问题数量虽然较少，但综合性较强。强调操作技能的培养，给出了明确的行为动词，如"读取""查找""比较""掌握""表达""评价""描述""阐述""分析"等。

2. 探究活动分层次

《实践地理》的两类探究活动有着不同的层次。"方法"模块穿插在章节之中，它们在目录中也是作为小节的有机组成部分出现的，这一点在第 8 个"方法"活动"用综合征的方法来分析互动关系"中体现得尤为明显，其他的"方法"中都给出了丰富的图像和文字资料，但这个"方法"却没有，学生必须借助该方法所在小节的内容才能了解，这就导致了篇幅上的差异：虽然它的篇幅仅占页面的三分之一，但加上相关内容共达到 6 页整。在教科书正文末另设一章"小建议"，章内设置了一个"地理能力"模块，该模块的活动主题为"能力训练"。正文中的"方法"强调具体地理技能的培养，而"地理能力"模块汇总了全书探究活动的重点概念，并设置了一个更为广泛的综合探究活动，包含的问题涉及之前多个"方法"模块中的关键概念。即便如此，"地理能力"模块的篇幅并不长，同样仅占 2 页。

3. 重视学生一般学习与表达能力的培养

"小建议"部分除"地理能力"模块以外，还有 3 个"方法"模块。与穿插在课文中的各种地理学"方法"不同的是，这 3 个方法讲的是一般性的方法，分别是"建立公文包——一种资料汇集方法""考试——经过训练提高准确性和可靠性"和"如何作报告"。其中的论述仍以地理学为例，如书中"如何作报告"部分，有这样一段论述：

"在地理专业中，与其他所有社会科学的专业类似，报告不能被理解为报道，而必须要以面向问题的方式来进行撰写和起草，必须要指向中心问题。在报告的过程中，逐步使针对这个问题的讨论进一步明确，并且说明理由，以及进行评价。"

可见，这 3 个方法符合学生切身需要，如能给予学生这方面的指导，将对学生的终身发展和学科兴趣的培养有很大帮助。在教科书中详尽叙述这些与学习生活密切相关的方法，也是德国《实践地理》教科书的一大特色。

第六章

法国地理教科书探究活动研究

第一节 概述

一、教科书介绍

法国《生命与地球科学》是法国纳森出版社出版的教科书。本研究选用的是 2012 年版本，该书适用于十一年级。

从书名《生命与地球科学》就可以看出，本书的编写有个突出的特点，就是把地理和生物相结合。这是一种新的结合，但从内容上看，这种结合仍然是比较机械的。虽有少数章节同时包括了两个学科，但从名称中可以明显看出各章依旧分成了地理和生物两个学科。全书内容分为 3 个主题，包含 10 章，和地理有关的是第 1、第 5、第 6、第 7 章。

表6-1 《生命与地球科学》主题、章名及所属学科

序号	主题	章 名	所属学科
1	地球：可居住的行星	第1章 地球：可居住的行星	地理
		第2章 生物的本质：化学及结构的统一性	生物
		第3章 新陈代谢，遗传信息及生命环境	生物
		第4章 多样化：进化的阶段与结果	生物
2	当代行星的筹码：能量与地球	第5章 太阳：能量的来源	地理
		第6章 矿物燃料：过去的太阳能	地理
		第7章 土地：持久的财富？	地理
3	人体、运动与健康	第8章 机体功能与体育运动	生物
		第9章 血压	生物
		第10章 体育锻炼	生物

二、探究活动类型

《生命与地球科学》的探究活动主要包括"活动"和"能力评估"模块。

数量不等的"活动"模块是每章内容的主体部分。每章的最后是"练习"模块，其分为两部分："能力评估"与"知识评估"，其中，前者是较为典型的探究案例，后者是以选择和问答的形式出现的测试题。

三、探究活动主题

《生命与地球科学》中地理部分的"活动"与"能力评估"模块的主题数量分别为 24 个、4 个。受篇幅所限，第二节探究活动案例展示中略去了部分"活动"模块主题，但包含了全部的"能力评估"模块主题。

表 6-2　《生命与地球科学》地理部分探究活动主题

章名	序号	"活动"模块	序号	"能力评估"模块
第1章　地球：可居住的行星	1	太阳系的天体	—	—
	2	地球，太阳系的一颗行星		
	3	地球大气层的独特性		
	4	被太阳照耀的地表		
	5	宇宙中的水	1	使用数据库
第5章　太阳：能量的来源	6	地球接收的太阳能	—	—
	7	光与光合作用（略）		
	8	植物的光合作用（略）		
	9	太阳能与大气运动		
	10	太阳能与水的运动		
	11	太阳能的应用	2	实验记录的构想
第6章　矿物燃料：过去的太阳能	12	矿物燃料，一种地下资源	—	—
	13	矿物燃料的生物起源（略）		
	14	从生物到矿物燃料		
	15	矿物燃料的矿物层		
	16	发现并开采新的矿物层		
	17	矿物燃料的利用与碳循环	3	设计一份实验方案
第7章　土地：持久的财富？	18	非洲的土地和水	—	—
	19	土地和水：养活人类的必需品		
	20	什么是土壤？		
	21	土壤漫长的形成过程		
	22	土壤：急剧的破坏		
	23	土壤的保护		
	24	土地的管理：地球的赌注	4	建立一个现象的模型

第二节　探究活动案例

一、"活动"模块样例

活动1　太阳系的天体

哥白尼和伽利略相继提出，太阳系是由太阳及围绕太阳运动的行星组成的。

天文望远镜和空间探测器已使我们发现大量的其他天体。

探索：太阳系不同天体各有什么特点？

探索指南

1．（资料1）与太阳系其他天体相比，太阳有哪些特点？

2．（资料1和资料2）统计行星与小行星之间的相似点与不同点。

3．（资料3）找出彗星的特点。

名词解释

硅酸盐：形成岩石重要部分的化合物。

轨道：描述物体围绕另一物体移动的轨迹。

空间探测器：从地球发射的、不固定的外空探测机器，用于研究太阳系物质及行星际的周围环境。

天文单位：相当于地球到太阳的平均距离，1天文单位相当于约1.5亿千米。

资料1　太阳与行星

● 太阳系位于银河星系中，银河星系拥有2 000多亿颗恒星，太阳是其中之一。太阳由氢和氦组成，半径约为700 000千米。

● 太阳以热和光的形式释放能量。

● 行星是围绕太阳运行的超大物质，它们的半径在2 400多千米到70 000多千米间。行星共有8颗，有的也拥有卫星。行星主要由硅酸盐组成，有些行星由铁、氢、氦包裹着的硅酸盐组成，另外一些则是由冰包裹着的。

● 自2006年起，人们将冥王星从行星降级为矮行星。

资料2　小行星

● 位于火星与木星之间的小行星带中的小行星围绕太阳运行。从岩石性质上看，它们主要由硅酸盐和铁组成，呈不规则形状。

● 最大的小行星直径可达1 000千米，绝大多数的小行星都在1 000米以内。

资料3　彗星

● 彗星是由冰冻物质（冰冻的水与气）和尘埃组成的集合体，它们的数量超过10亿颗。它们存在于太阳系中的两个区域：位于海王星轨道之外的柯伊伯带，距离太阳50～500天文单位；位于太阳系边界的欧特云，距离太阳超过50 000天文单位。

● 当彗星改变位置并靠近太阳时，彗星核的冰冻物质转变为气态，并使尘埃形成发光的彗发，彗发延展出一条与太阳方向相反的尾巴。

活动2　地球，太阳系的一颗行星

太阳系包含8颗围绕太阳运行的行星。

探索：这些行星的特殊性，特别是地球的特殊性有哪些？

探索指南

1．（资料1、资料2、资料3）根据行星与太阳的距离，绘制表示行星平均密度的曲线图。

2．（资料1、资料2、资料3）水星、金星、地球、火星属于岩石行星；其他行星被称为气态行星或巨行星。从已提及的特点中找出区分两类行星的特点。

3．（资料1、资料2、资料3）综上所述，列举地球的特点。

资料1 靠近太阳的两颗行星

火星图片（哈勃太空望远镜，2003年8月）（图略）

- 距离太阳平均距离：1.52天文单位
- 赤道半径：3 390Km
- 主要化学成分：铁、硅酸盐
- 密度：3.94g/cm³

水星图片（水手探测器，1999年10月）（图略）

- 距离太阳平均距离：0.39天文单位
- 赤道半径：2 440Km
- 主要化学成分：铁、硅酸盐
- 密度：5.42g/cm³

资料2 较远的两颗行星

土星图片（旅行者2号探测器，2008年1月）（图略）

- 距离太阳平均距离：9.54天文单位
- 赤道半径：60 268Km
- 主要化学成分：氢和氦（具有冰冻物质及硅酸盐的小核）
- 密度：0.69g/cm³

木星图片（卡西尼号探测器，2000年12月）（图略）

- 距离太阳平均距离：5.2天文单位
- 赤道半径：71 492Km
- 主要化学成分：氢和氦（具有冰冻物质及硅酸盐的小核）
- 密度：1.31g/cm³

木星的红色斑点图片（哈勃太空望远镜，2008年5月）（图略）

资料3 太阳系的其他行星

表6-3 金星、地球、天王星、海王星的特征

行星	距日距离（地球=1）	质量（地球=1）	体积（地球=1）	自转周期	公转周期	赤道半径/km	表面温度/K
金星	0.72	0.82	0.856	243天	224.7天	6 050	737
地球	1	1	1	23小时56分	1.0年	6 378	288
天王星	19.2	14.63	65.20	侧向17时15分	84.0年	25 900	53～76
海王星	30.1	17.22	57.10	17小时48分	164.8年	24 750	55～72

活动3 地球大气层的独特性

地球大气层是与我们生活大气层相关的流动包裹体。

探索：地球大气层有哪些特点？

探索：地球的大气层在哪些方面与地球的其他圈层相联系？

小组任务

A 组与 B 组

1．（资料1和资料3）比较气态行星和岩石行星的大气成分。

2．（资料1和资料3）地球大气层组成物质在哪些方面不同于其他岩石行星？

A 组

3．（资料2和资料3）解释并证明火星、金星、地球具有大气层。

B 组

4．（资料2和资料3）比较火星与水星的运行速度，对水星几乎没有大气层进行解释。

共同完成

5．综上所述，指出地球大气层存在的地理条件。

资料1　地球的大气层

● 地球大气层的总体厚度约500千米，由78%的氮、20%的氧、1%的水及0.038%的二氧化碳等组成。

● 99.9%的大气团位于距地面50千米之内，它的组成物质并不都均匀分布，这也使大气层中有不同的亚层存在。

● 大气层的质量估计为5×10^{18}千克，这一质量来源于其对地面的可测的大气压强，这种压强是位于地面上空大气重量的压力结果，并且压强随着海拔而不同。地球上，大气对地面的平均压强约为10^5帕。

资料2　行星存在大气层？

地球是一个巨大的天体，并因万有引力吸附着组成它的物质。为了使物体离开地球到达外太空，需要达到很高的移动速度，人类正是以这种速度将火箭发射到月球和木星。

——摘自克洛德·阿莱格尔，《自然历史介绍》，法亚德出版社

气体的存在并不足以使行星或卫星拥有大气层，只有当大气分子的逃逸速度大于行星表面分子的运动速度，星体才能吸引和保持大气层，为此，星体还要足够重、足够冷。星体离太阳越近就越热，其大气层中的分子也越活跃。行星的质量越大，其逃逸速度也越高。

——摘自伊夫·丹尼尔，《地球与宇宙的科学》，宇拜出版社

资料 3　其他行星的大气层

其他行星大气层的特征如表 6-4 所示。

表 6-4　其他行星大气层的特征

行星	行星距日距离（地球=1）	行星质量（地球=1）	逃逸速度（地球=1）	大气厚度/km	大气主要成分（体积占比/%）	大气压/hPa
水星	0.39	0.06	0.33	几乎没有	少量的氦、钠、钾、氢	0
金星	0.72	0.82	0.92	350	二氧化碳（96%）；氮气（3.5%）；水（0.002%）；氧气（0.0010%）	9×10^5
火星	1.52	0.11	0.33	>100	二氧化碳（95.3%）；氮气（2.7%）；水（0.03%）；氧气（0.13%）	6×10^2
木星	5.2	317.8	5.35	1 000	氢（78%）；氦（20%）；甲烷（2%）	7×10^4
土星	9.45	95.2	3.21	≈1 400	氢（88%）；氦（10%）；甲烷（2%）	1.4×10^5
天王星	19.18	14.6	1.89	≈7 500	氢、氦、甲烷	1.2×10^5
海王星	30.06	17.2	2.10	≈8 000	氢、氦、甲烷	$1\times10^5 \sim 3\times10^5$

活动 4　被太阳照耀的地表

由太阳发出的能量照亮行星及其卫星，并增加了它们的温度。

人们通过对天体的探索可以估计它们的平均温度。

探索：怎样估测各行星接收到的太阳能量？

探索：怎样分析行星表面平均温度的差异？

探索指南

1．（资料1）借助图表绘制软件，利用实验结果，绘制地表接收到的光强度曲线。

2．（资料1）通过了解接收的光强度与光能量成正比，推断地表接收能量与光源距离的关系。

3．（资料2）使用图表数据，建立行星地表吸收的太阳能及行星与太阳距离的关系。

4．（资料2和资料3）解释金星、地球和火星表面温度的差异及影响因素。

5．（资料2和资料3）综上所述，解释说明大气层对行星表面温度的影响，特别解释大气层对地球表面温度的影响。

名词解释

勒克斯：照度的单位。

资料1　体验了解

● 暴露在阳光下会使我们感到热，我们不能直接估计出与之对应的能量，但我们可以利用光度计测出照射到的光强度。

● 我们力求理清地表物质接收能量与物体和发送源距离的关系，从而估计太阳与围绕的行星之间能量传递的有效性。

完成：

1. 在光源16厘米处设置光度计。
2. 在光度计处联接超声波接收机，用以测量其到达光源的距离。
3. 开始测量，并逐步从原地挪开光度计约80厘米。

资料2　行星接收的能量

● 根据太阳与行星的距离，可以建立图表，得出行星接收的太阳能。以地球接收的太阳能为参数，所有行星接收的太阳能都可以被计算出来。

资料3　土壤的温度

● 辐射计装载在卫星或靠近卫星的探测器上，可记录由行星表面发出的辐射。

● 我们可以从记录中推断估计不同行星及其卫星的土壤温度，如图6-1所示。

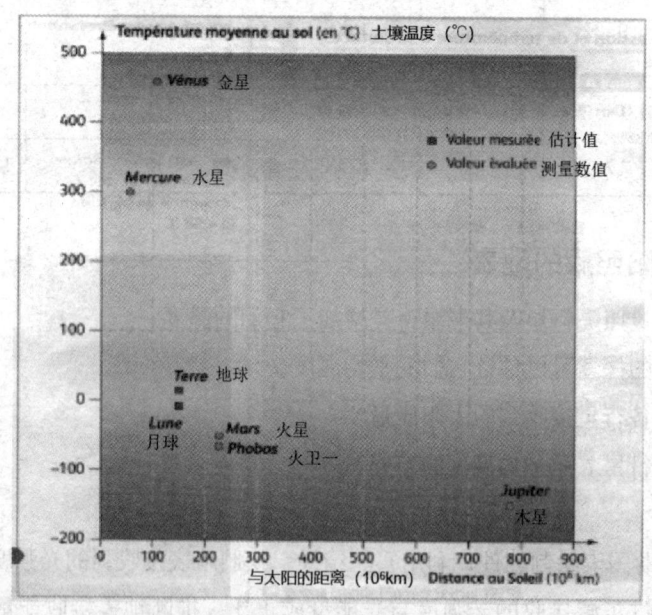

图6-1　一些行星及其卫星的土壤温度（根据其与太阳的距离测算）

活动5　宇宙中的水

海洋占地球表面约70%的面积，生长着众多生物。液态水的出现为陆地生命的生存提供了条件。

探索：与其他行星相比，如何将地球的可居住性与地球的原始特征联系在一起？

小组任务

A 组与 B 组

1．（资料 1）复制水的气压—温度图表，划分地球上存在的气压与温度范围，从地球上水的状态中推断气压与温度范围。

2．（资料 1 和资料 2）将月球上检测的水的状态与月球表面气压和温度条件相联系。

A 组

3．（资料 1 和资料 3）利用火星气压和温度的约量值，确定火星上水可能的状态。

B 组

4．（资料 1 和资料 3）利用金星气压和温度的约量值，确定金星上水可能的状态。

共同完成

5．解释说明为什么地球大气层的存在是地球液态水存在的必要条件？

6．假设一行星具有液态水，且可居住，从行星质量及距日距离方面，分析这个行星的可居住性。

7．宇宙中其他地方存在生命需要什么条件？

资料 1　地球上的水

● 实验研究已阐明气压与温度对不同状态的水的影响，并用气压—温度图表示出来，如图 6-2 所示。

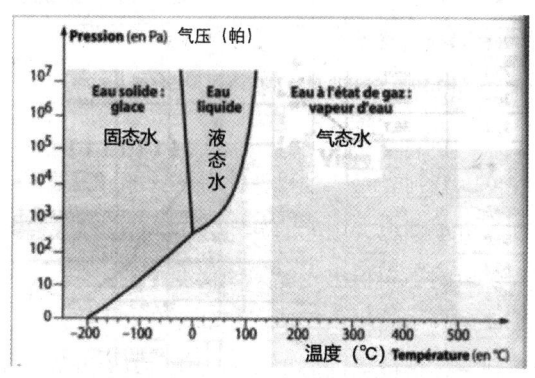

图 6-2　水的气压—温度图

● 地球表面，水的形态是多样的：云、雪、雨以及冰、河、海或生物中的水分。

● 如果地面大气压强的总量接近 1×10^5 帕的平均约量，那么土壤的测得温度则在 $-90\,℃\sim58\,℃$ 间大幅度变化，平均温度为 14 ℃。

资料 2　月球上的水

● 阿波罗计划带回的标本并没有揭示月球上水的存在，但自 1990 年起，各种探测器传回的数据似乎证明一些月球极地陨石坑底部存在水的冰冻物，这种情况可能是陨石坑底部的地表从未被太阳照射，其温度可保持在 $-200\,℃$ 以下；冰层一旦被照射升温，就会汽化。

● 最近一些数据已令关于月球上是否存在水的讨论热烈起来。

2009年10月9日，美国宇航局用一个半人马座火箭和牧羊探测器连续撞击月球南极的凯布斯坑，在撞击溅起的云状物（如图6-3所示）中存在水，确切地说，是水蒸气和冰。牧羊探测器共探测出100千克的水。

——摘自塞西尔·杜马斯2009年11月16日发表在"科学与未来"网的文章

地面大气压强：约0Pa

地面平均温度：－18℃

两极最低温度：＜－200℃

资料3　其他行星上的水

图6-3　撞击月球南极凯布斯坑溅起的云状物

● 火星的两极有两个冰盖，对于冰冻物质的研究表明，它们混合了几种合成物，并且其中一部分就是水。

● 金星的表面覆盖了厚厚的大气层，大气层中含有水蒸气。

活动6　地球接收的太阳能

太阳是太阳系中的一颗恒星，释放出巨大的能量，这些能量被绕着它的星体所接收。

探索：到达地球表面的太阳能有多少？

探索：这些能量是如何分布的？

探索指南

1．（资料1）识别一种可以看到光是一种可变能源的元素。

2．（资料1）根据纬度分析地球上太阳能的分布。

3．（资料2）根据光入射角的不同指出光能是如何变化的。

4．（资料3）根据光入射角的不同指出光照面积的变化。

5．（资料2和资料3）解释：地球表面所接收的太阳能按纬度的变化情况。

名词解释

瓦特：功率单位，给定时间内接收的能量。

资料1　接收的太阳能

● 太阳以光的形式向太空中所有方向散发出能量。

● 地球拦截了一部分太阳光。

● 每种颜色对应每秒、每平方米所接收的能量。

地球表面接收的平均太阳能分布图（图略）。

资料2　模拟

● 为了确定不同纬度的太阳能分布不均的原因与地面方向和光束有关，我们使用下面的模型来模拟，如图 6-4 所示。

● 这个模型由一盏灯、一个光电池板和一个电压表组成。我们可以通过电池板的斜度来模拟纬度的变化。

● 为了使测量有可比性，我们放置一块带有方格的板用于控制光通量。

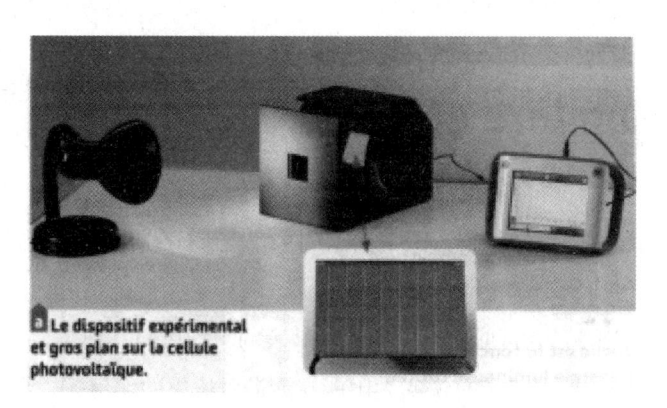

图 6-4　实验装置和光电池板

● **完成**

1. 给太阳能电池板定位（纬度 0°）。
2. 让光束朝向光度计。
3. 开始测量。
4. 慢慢转动太阳能电池板直至纬度为 90°。

资料 3　光照面积

● 地球表面分布的太阳能。图 6-5 表示纬度不同，光束到达地球表面的入射角也不同。

● 可以根据入射角测出每平方米所接收到的光束。图 6-6 表示不同入射角度下 1 平方米截面太阳光的能量分配。

图 6-5　纬度不同，光束到达地球表面的入射角也不同

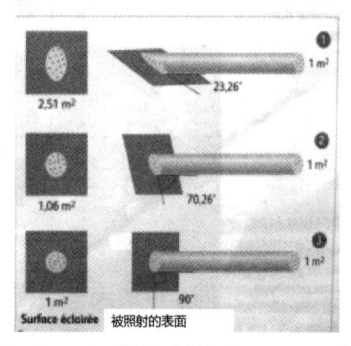

图 6-6　不同入射角度下 1 平方米截面太阳光的能量分配

活动9　太阳能与大气运动

植物的叶绿素可以将吸收的太阳能转变成化学能量。这些太阳能同时也被地球上的流体——大气圈和水圈所吸收。

探索：太阳能对大气有什么影响？

探索指南

1．（资料1）对比地面温度图与太阳能分布图，介绍土壤温度的全球分布情况。

2．（资料1）解释不同纬度地面的大气温度的分布情况。

3．（资料1相关图）解释赤道地区上升空气运动的情况。

4．（资料2）说明气团移动的速度和方向，估算遇到干扰时气团的前进速度，确定大气压的估计值。

5．（资料1、资料2）分析回归线之间地区地表的平均风向，把风与大气压联系起来。

6．（资料1、资料2、资料3）说明太阳能在赤道对流中的作用。

词汇

大气压力：由大气作用于地表的压力。

资料1　大气垂直运动

● 通过卫星数据，我们可以确定地表土壤的温度。地面温度图（图略）。

● 地表以红外线的形式散发能量，大气吸收红外线后发热。我们可以根据海拔确定大气的温度。

● 热气球通过调整气囊里空气的温度来控制它在大气中的海拔高度。当气囊里的空气被加热，比外面的空气密度小，就可以升起。

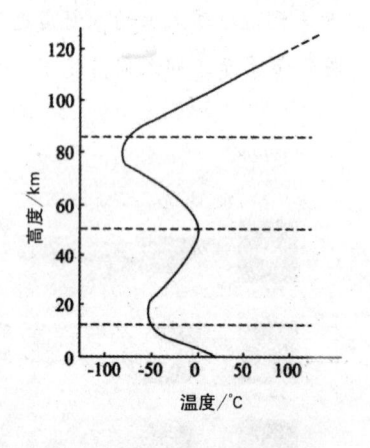

图6-7　不同高度的大气温度（1月）　　图6-8　热气球起飞

资料2　风的水平运动

● 地面大气压高低不同，形成空气水平运动，即风。

● 对流层中的低气压地区是一种气旋，里面有上升的垂直气流。高气压地区是一种反气旋，呈下降的垂直气流。
- 由于地球的自转，科里奥利效应使气流在北半球向右偏离，南半球向左偏移。

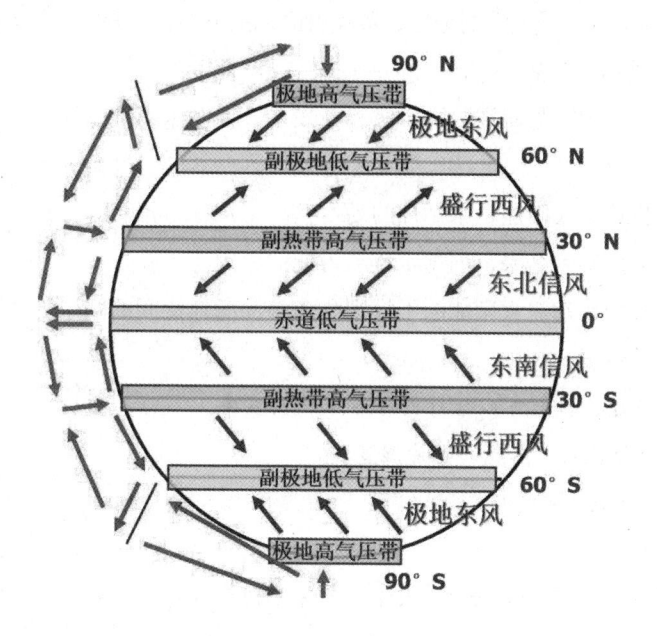

图 6-9 全球大气环流、气压带和风带示意

资料3　温度与大气运动

全球性的大气循环由一些对流单元组成，这种单元由垂直（上升或下降）和水平的气流构成，呈环状。图 6-10 为全球大气环流和地面气压带的分布。

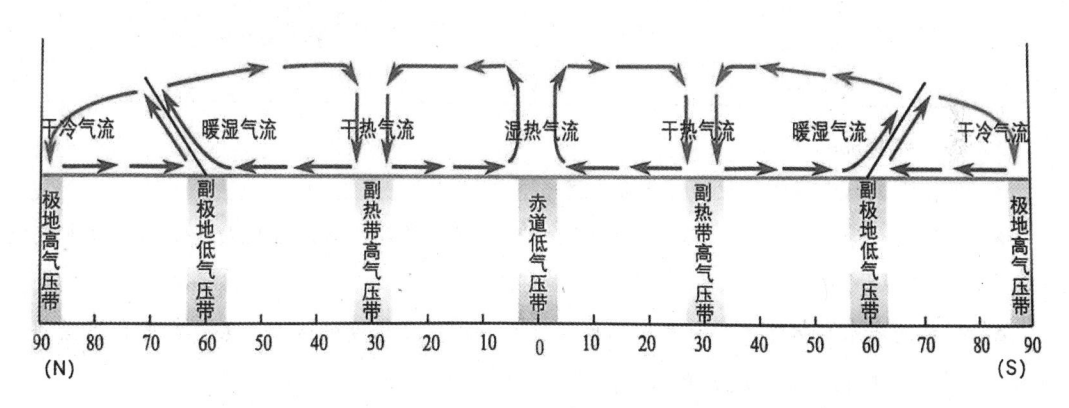

图 6-10 全球大气环流和地面气压带的分布

活动10　太阳能与水的运动

水存在不同的形态，地球上各水体之间的变化和交换形成水循环。

探索：太阳能在水的运动中有什么重要作用？

探索指南

1．（资料1）比较海洋表层水温图（图略）与太阳能分布图（图略），能推论出什么？

2．（资料1）选定蒸发量最大的地区，参考表面风的分布图（图略）与太阳能分布图（图略），说明强蒸发地区的位置。

3．（资料2）比较大陆与海洋的降水量和蒸发量，证明水蒸气是大气从海洋向大陆传输的物质。

4．（资料2）为什么太阳能是水循环的动力？

5．（资料3）根据实验结果，列举水流动可能的原因。

6．（资料3）总结，建立太阳能的不规则分布与深海洋流间的联系。

资料1 海洋的蒸发

● 根据卫星数据，我们可以估计出海洋平均蒸发率。

● 1千克空气含有的水蒸气的量为湿度。

8月海洋表层水温图（图略）。

资料2 水循环

地球上的水在各种介质中以液体、固体或气体不同形式存在，在这些介质之间进行着交换。我们可以估计每种介质的水量，如表6-5所示。

表6-5 水体的移动量

水循环方式	年移动量／m³
海水蒸发	42.5×10^{13}
陆地蒸发	7.1×10^{13}
海洋降水	38.5×10^{13}
陆地降水	11.1×10^{13}
河流入海	4.0×10^{13}

资料3 太阳能与洋流

● 深海洋流与浅海洋流使海洋活跃起来。

● 表层海水的运动是由形成表层水流的风带动的。深海冷水流表现为大量深层海水缓慢的大规模移动。

● 如果两团水的密度不同是否能影响洋流？影响水的密度的两个因素：盐度和温度。盐度升高或者温度降低，密度就会升高。

完成

1．分别用含有蓝色染色剂的冷水（4℃）和含有红色染色剂的热水（35℃）注满两个器皿。

2．混合两种液体。

3．观察两种被染色液体的水平和竖直的运动，如图6-11和图6-12所示。

4．用盐水和淡水重新试验。

图 6-11　不同温度下装满水的两支玻璃管　　　图 6-12　两支玻璃管之间的水流通

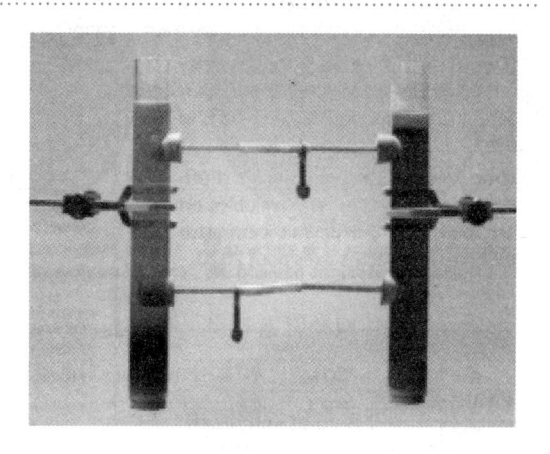

活动 11　太阳能的应用

地球可以一直从太阳获取大量的维持大气圈与水圈运动的能量。

探索：太阳能的应用可以满足人类对能源的需求吗？

探索指南

1．（资料 1）说明把材料中出现的能量看作间接太阳能的理由。

2．（资料 2）比较获取的太阳能与人类所需的能源量，再比较获取的太阳能与可利用的太阳能。

3．（资料 3）指出可再生能源这种说法的依据。

4．（资料 3）指出法国大区发展各种可再生能源的有利条件。

5．（资料 3、资料 4）列举法国应用可再生能源的目的，这种应用可以达到 2020 年的既定目标。

名词解释

千瓦·时：千瓦·时或千瓦小时（符号：kW·h；常简称为度）是一个能量量度单位，表示一件功率为 1 千瓦的电器使用 1 小时所消耗的能量。

资料 1　不同的能量资源

- 除直接太阳能外（光传感器），人类开发了一些与太阳能相关的新能源。
- 风能是一种已经被开发出很长时间的能源。目前已实现了风力发电。
- 通过水电站大坝，水能也可以转变成电能。
- 波浪和海流蕴含大量的能量，但是很难开发。对于海水的波动还有待研究。

资料 2　能源资源与人类需求

- 地表每年从太阳接收约 6.3×10^{17} kW·h 的能量。太阳能是否能够满足人类的能源需求？
- 表 6-6 是对几种可再生资源的评估。

表6-6 可变和可开发的能源量评估

能源估算	水能	风能、潮汐能	光能
可变估算 /kW·h	3.5×10^{17}	3.2×10^{16}	1.0×10^{15}
可利用估算 /kW·h	2.0×10^{13}	5.0×10^{13}	6.0×10^{13}

资料3 可再生资源

可再生资源就是通过自然力以某一增长率保持或增加蕴藏量的自然资源。

法国各地区的水力发电图（图略）

欧洲大陆距地表50米平均风速图（图略）

资料4 可再生资源的应用

● 2007年，欧洲委员会确定了在可再生能源方面的目标，并在2008年得到法国的肯定。尤其涉及在2020年达到用20%可再生能源发电的目标，如表6-7所示。

表6-7 2008年的情况和2020年的目标

能源	2008年	2020年
水能 /kW·h	2.5×10^7	2.8×10^7
风能 /kW·h	3.5×10^6	2.5×10^7
海洋相关能源 /kW·h	0	3.0×10^4

活动12 矿物燃料，一种地下资源

矿物燃料是一种地下资源，我们（法国）的地下也有，如阿基坦盆地有天然气，巴黎平原有石油。

探索：什么是矿物燃料？

探索指南

1．（资料1）指出矿物燃料的共同特点。

2．（资料1）确定拉克镇蕴含天然气的岩石属性和厚度。

3．（资料2）估算各种矿物燃料的世界蕴藏总量，用曲线图显示出各自的比例。

4．（资料2、资料3）在2004年，石油约占全球能源消耗量的40%，估计这种燃料枯竭的时间。

5．（资料3）考虑全球消耗的增加，讨论上一项计算的合理性。

资料1 矿物燃料

● 天然气、石油、煤都是矿物燃料。它们燃烧释放的二氧化碳和一氧化碳会被排放到大气中。

● 1949年，地质学家探测到一个小镇富含天然气，它就是位于比利牛斯山－大西洋边的拉克镇。1951年12月，该气田喷出天然气。1955年，该气田正式开采。

资料2 矿物燃料天然气、石油、煤的世界储备图（图略）

资料3 能源消耗

● 如今，不同形式的碳类化石燃料占世界能源消耗的比重超过85%。2018年全球煤炭产量较2017年增长4.31%。

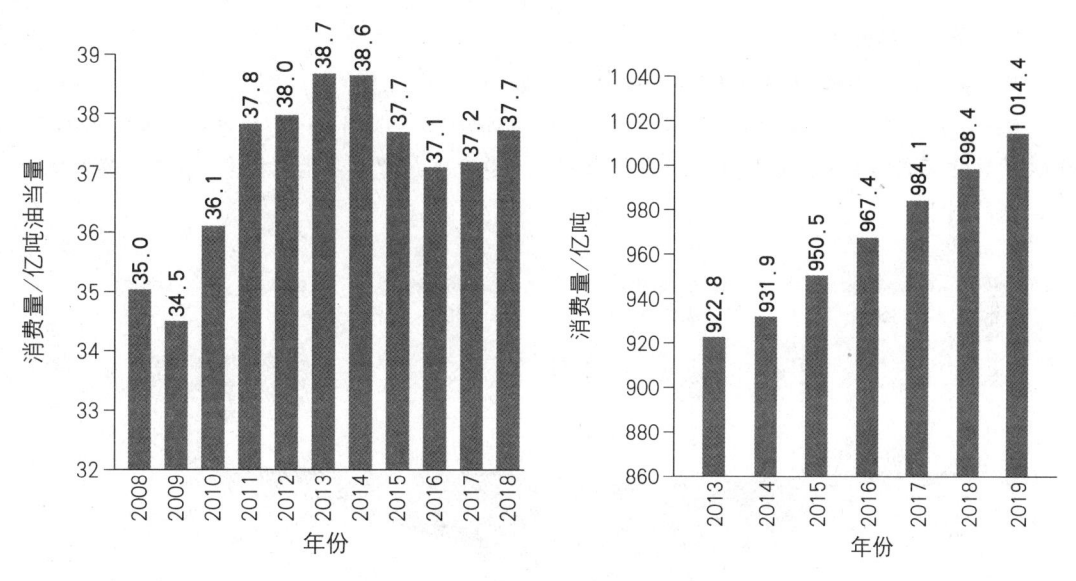

图6-13 2008—2018年全球煤炭消费量

图6-14 2013—2019年全球石油消费量

● **活动14 从生物到矿物燃料**

光合作用产生的有机物在特殊条件下可以转化成矿物燃料。

探索：矿物燃料是在什么条件下形成的？

探索指南

1．（资料1）定位海洋生物丰富的地区。

2．（资料1的表，表6-8）比较每年海洋生成有机碳的量与沉积物中聚集的有机碳的量。

3．（资料1的图，图略）比较高生产量地区与沉积为主的地区。

4．（资料2）建立沉积的有机碳转变成燃料与埋藏深度之间的联系。

5．（资料2）根据数据解释为什么巴黎的黏土中燃料的含量比费科库尔的多？

6．（资料1、资料2）用图表总结浮游生物中的有机碳转变成矿物燃料的不同阶段。

资料1 有机物质的生产和保存

● 光合作用生成有机物（主要是碳水化合物），并释放出能量。

● 有机物通过分解完成物质循环，产生可以被重新利用的物质。

目前海洋沉积物中有机碳的含量图（图略）

第六章
法国地理教科书中探究活动研究

表6-8 生成的有机碳和沉积的有机碳数量的比较

内容	海洋有机碳数量 /10⁹t	沿海地区有机碳数量 /10⁹t
生成的有机碳	50	150~250
积累在沉淀物中的有机碳	0.01	3~13

资料2 有机物的转变
- 在地质时期沉积的有机物能够逐渐转化为矿物燃料
- 研究发现,1.8亿年前里阿斯统的巴黎盆地黏土地质沉积层沉积较浅,随着地表沉降,促使了大量沉积的叠加。该研究岩层自形成起,或多或少被埋藏起来。图6-15为巴黎盆地由西向东的剖面。

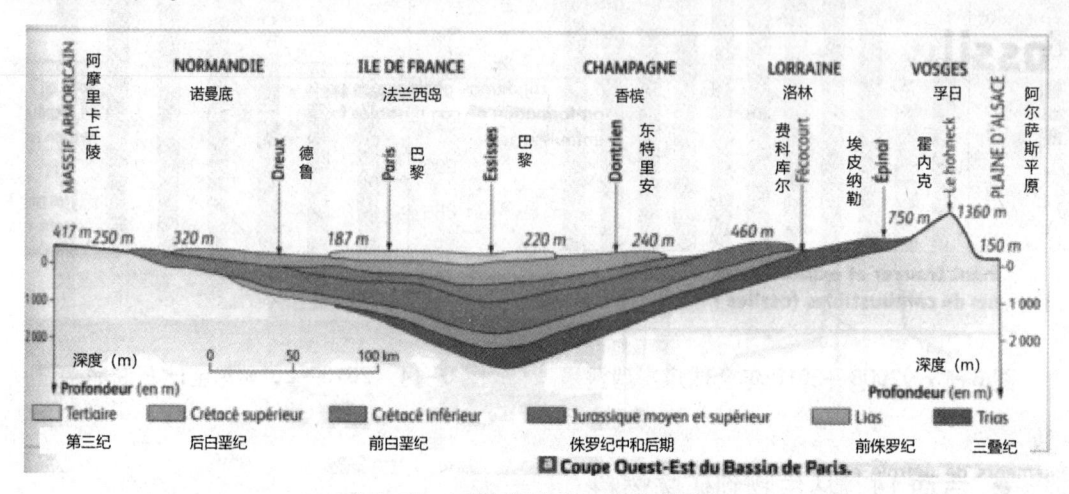

图6-15 巴黎盆地由西向东的剖面

- 从不同深度钻孔的岩层提取不同的样本。我们估测转化为矿物燃料的所有有机物的百分比。
- 从被研究黏土层浅层提取的有机物,在地质时期内,经受不同温度的影响。我们测量转化为燃料的有机物量,如表6-9和表6-10所示。

表6-9 巴黎盆地不同深度的温度变化

深度 /m	温度 /°C
0	15
1 200	40
1 500	64
1 800	85
1 900	80

表6-10 燃料形成量与温度和天数

时间 /天	煤炭形成量 /t 180°C	200°C	220°C
1	5.9	6.8	9.2
3	6.6	8.7	13.1
10	6.6	9.2	14.0
30	8.8	14.8	21.4
90	10.4	15.2	30.0
180	10.7	22.2	30.4
270	12.8	23.1	36.2

活动15　矿物燃料的矿物层

沉积的有机物在特殊地质条件下可以转化成矿物燃料。

探索：怎样发现和开采矿物燃料矿？

探索指南

1．（资料1）比较石油、天然气矿层的位置与地质时期沉积盆地的分布位置。

2．（资料2）确定富含碳氢化合物的岩石或储集岩的多孔性和渗透性特点。

3．（资料2）分析在含有碳氢化合物的岩石上面的沉积岩的属性。

4．（资料2）解释储集岩中燃料的位置。

5．（资料2）用图表表示矿物燃料由母岩向储集岩的转变。

资料1　确定世界上化石燃料矿层的位置

● 矿物燃料的形成需要一些特殊的地质条件：生物的产物、沉积和生物的埋藏，然后在地质时期逐渐的转化。

● 大陆边缘和浅海具备这些条件，形成了沉积盆地，目前我们在海里和以前浸在水中的陆地发现了沉积盆地。

世界沉积盆地地理分布图（图略）

世界天然气和石油矿层地理分布图（图略）

资料2　从储集岩到矿层

● 为了确定燃料矿的特点，人们已经对澳大利亚的一个沉积盆地进行了研究。

● 由有机物向化石燃料的转化在母岩中进行，如石油和天然气等并不稠密，慢慢地迁移然后汇集在某些岩层中。

● 钻探可以显示出沉积岩中富含化石燃料地层的特点，并对其进行分析。

有迹象的地区的岩心钻探图（图略）

● 确定不同的地质构造分布。

活动16　发现并开采新的矿物层

太阳能转化成化石燃料矿经过了很多的生物和地质过程。人类使用这些非可再生能源的速度在加快。

探索：怎样确定新矿物燃料矿的位置？

探索：新矿物燃料的开采对经济和环境有哪些影响？

探索指南

1．（资料1）统计一些必要的数据，绘制一幅数字化图像。

2．（资料2）指出深海矿的特点。

3．（资料2）指出至少一个石油工业开采深海矿的制约因素。

4．（资料3）几年之内每桶石油的价格已从16美元上涨到70美元，介绍一下最近沥青砂的开采情况。

5．（资料3）确认矿床开采的生态后果。

资料1 谈谈地下
- 为了能定位新矿的位置，勘探技术有了很大的发展。
- 利用波的传播：我们发射可以传播到地下的波。当它们遇见地质剖面间二维地层会被反射回地面，被收集器接收。这样就可以用地质剖面布局重建二维地层画面。
- 运用信息处理模型：通过处理分析数据，可以重建地下化石燃料位置的三维画面。

资料2 开采深海矿床的特别例子
- 在浅层海域，很少能发现新矿床。
- 在距海面1500米深的海水中，温度只有4℃，压力达到$1.5×10^7$帕（Pa），即150kg/cm^2。在这种情况下，石油瞬间凝固可以使整个生产系统瘫痪。
- 生态后果：2010年4月，墨西哥湾某石油平台沉没引起周边海岸严重的黑潮（被油船或海底油井泄出石油所污染的海滩）。

资料3 环境后果：加拿大的沥青砂
- 加拿大的沥青砂在19世纪末被发现，从2004年开始开采。图6-16为加拿大露天开采沥青砂矿坑图片。

图6-16 加拿大露天开采的沥青砂矿坑

- 对它们的开采需要一些额外的加工处理，留下了生态痕迹。
——毁林：3000平方千米的森林被砍伐。
——污染：分离燃料与砂需要大量的水。
——温室气体的排放引发温室效应：与传统生产相比，这项生产产生45%的额外排放量。

活动17 矿物燃料的利用与碳循环

化石能源燃料的使用会排放二氧化碳，但是人类发展伴随着能源的使用。

探索：化石能源的使用对碳循环有什么影响？怎么限制这些影响？

探索指南

1．（资料1）比较二氧化碳产物的演变与它在大气中所占比重的演变。

2．（资料2）我们研究了碳的自然循环和人类对大气中二氧化碳浓度的影响，根据这些数据，说明碳目前的循环情况。

3．（资料3）目前实现二氧化碳的获取和储存需要什么条件？证明你的答案。

资料1　大气中二氧化碳的浓度

- 冰盖由多年形成的雪竖直堆积而成。当雪被压实时，其中含有能体现出当时大气成分的气泡。
- 大气中二氧化碳的浓度近期快速升高是不可避免的。
- **资料2　碳的自然循环与当前循环**
- 工业、交通运输甚至毁林开荒都会向大气层释放二氧化碳，这会与碳的自然循环互相干扰。图6-17表示碳的自然循环，图6-18表示人类活动产出的碳存储分布。

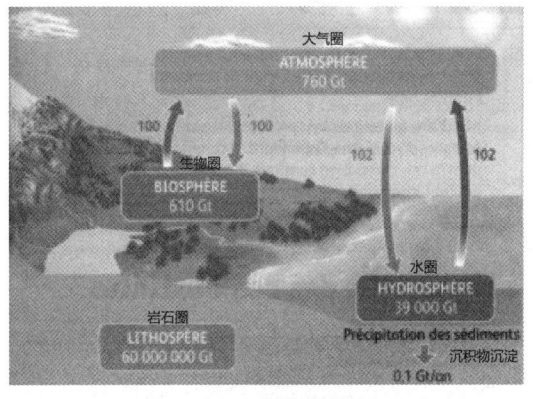

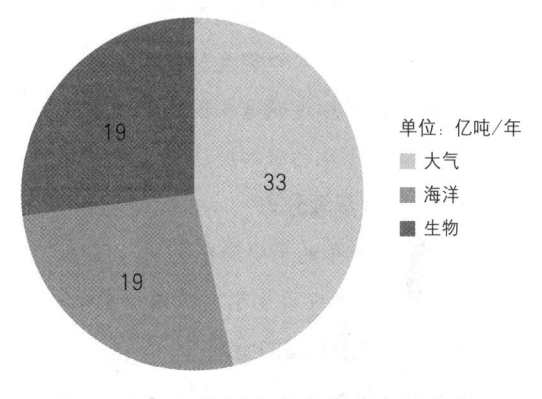

图6-17　碳的自然循环　　　　图6-18　人类活动产出的碳存储分布

储存的数值用Gt表示，排出的用Gt/年表示，$1Gt = 10^9 t$

资料3　二氧化碳的获取和储存

- 2010年初，某公司建设了一条完整的工业二氧化碳获取和储存的线路，用来提取、处理二氧化碳，然后传输，最后储存在超过4 000米深的地下废气罐中。

活动18　非洲的土地和水

农业为人类提供了食物供给，耕地和水是农业生产的基础。

探索：养活非洲人口的水和土地是如何分布的？

探索指南

1．（资料1）比较非洲和法国的土地状况。

2．（资料1）土地是脆弱的，提出对非洲耕地短缺原因的一些假设。

3．（资料2）研究非洲农业用水的分布情况。

4．（资料1、资料2和资料3）使用这些材料说明这些敏感地区的特征，这些地区面临人口营养的问题。各国所面临的这些问题是近似的还是不同的？

名词解释

可再生水资源：每年由于降水在地表或地下更新的水资源。

可耕作土地：种植农作物的土地，畜牧的草场或者生产牧草的牧场，家庭花园，休耕的耕地。

资料1　非洲土地状况

由于有了生态信息系统或者如谷歌地图这样的系统，我们可以将不同的地图叠放在一起并比较不同的数据。下面我们来研究非洲的情况，同样的研究也适用于其他大洲。

完成

1. 在互联网上下载《水和土地》这篇文章。
2. 在可以显示图片的框里画记号：可再生水资源和降水量。
3. 改变上面薄片的透明度。
4. 找出耕地和人口密度的图表。
5. 点击；详细说明这些国家的信息。
6. 下载《土地的破坏》这篇文章并找出人类破坏土地的原因。

资料2　水资源分布

1961—1990年的平均降水量图（图略）

每年各国家的可再生水资源图（图略）

资料3　养活人类的土地

各国可耕种的土地图（图略）。

人口密度图（图略）

活动19　土地和水：养活人类的必需品

得益于土地和水，人类才能生存与发展。

探索：人类需要哪些食物？

探索：用以养活人类的耕地是如何分布的？

探索指南

1. （资料1）计算2050年世界几大洲所必需的粮食产量。
2. （资料1）详述城市化与提高生产之间的矛盾。
3. （资料2）确定可增加的耕地面积和不可增加的耕地面积，鉴别与之相关的植物。
4. （资料2）指出世界范围内人类使用土地的面积。
5. （资料2）标注出降水量不能满足农业所需的地区。
6. （资料1、资料2）指出制约农业发展的因素。

名词解释

不断变化的人口：人口增长。

资料1　人类的需求

● 考虑到人口增长问题，专家们认为2050年到来之时，一些地区要依赖进口粮食来满足粮食供给。我们可以想象，工业国家的粮食情况没有变化，它们的消费和生产是平衡的。表6-11为2000年世界粮食生产量和消耗量以及2050年世界粮食短缺预估表。

表6-11　2000年世界粮食的生产量和消耗量以及2050年世界粮食的短缺预估

（生产数据都是根据相同谷物来评估的）

内容	亚洲	拉丁美洲	中东地区	撒哈拉以南非洲	其他地区
2000年生产量／亿吨	17.0	2.7	1.5	2.6	—
2000年消耗量／亿吨	17.7	2.6	2.2	2.6	—
2050年需求量／亿吨	41.4	3.7	5.5	13.4	—
2050年短缺量／亿吨	24.4	1.0	4.0	10.8	—

● 为了适应对粮食需求的增长，人类可以尝试提高产量，或开垦新的耕地。耕地在世界范围内的分布正引起人类的关注。农作物和自然植物一样，都消耗水资源。

耕地的减少与工业化、城市化和交通基础设施的建设（铁路、海港、机场等）有关，这些原因常常被忽视，但人类活动被认为是肥沃土地流失的原因。

这个现象同样影响着第三世界国家，第三世界国家的工业化进程逐渐加快。

资料表明农业耕地的缺失主要是由于城市和工业的变迁。

资料2　世界种植区分布

2010年全球不同国家耕地面积和1°×1°经纬格网耕地空间分布图（图略）

世界平均年降水量图（图略）

活动20　什么是土壤？

土壤是植物生长的地方，也是提供水和矿物质等营养成分的地方。

探索：土壤是如何形成的？它的构成有哪些？

探索指南

1．（资料1）给一张土壤剖面图（图略），用以下词语加以说明：枯枝落叶层、腐殖质、岩层、母岩。

2．（资料2）解释实验的结果，指出其构成元素。

3．（资料3）借助教科书的答案，利用仪器设备观察土壤中的动物。

4．（资料3）论证自然土壤是一个生态多样化的环境。

名词解释

母岩：在成矿过程中提供成矿物质的岩石。

岩层：由有色土壤构成的地层。

腐殖质：黑色或暗色的物质，富含微生物的有机物。

枯枝落叶层：土壤表面有丰富生物残骸的地层。

资料1　土壤的组织

● 我们挖开土壤可观察到土壤剖面。土壤是陆地表面具有一定肥力，能生长植物的疏松表层。

● 在地表，我们观察到枯枝落叶层富含植物残骸，接着是岩层，富含腐殖质。在这个环境中，植物开始生根、生长。

图 6-19 为石灰岩母岩剖面图。

资料2　土壤的构成

完成

1. 将 50 克的土壤和 500 毫升的水放入带刻度的试管中混合。

2. 充分搅匀。

3. 待其分层并观察。

图 6-20 为土壤的平均构成实验。

资料3　生物群体

● 土壤中隐藏着多种动物：蚯蚓、小昆虫、螨虫等。为了发现它们，我们使用相关检测设备和双筒显微镜。

图 6-19　石灰岩母岩剖面

完成

1. 把枯枝落叶放入漏斗。

2. 亮灯。

3. 放大镜下观察动物。

4. 在烧杯中放入酒精：动物被杀死了。

放大镜下观察到的被酒精杀死的土壤中的小型动物图（图略）。

● 观察土壤中的小动物（潮虫、螨虫……）和其他生物。

图 6-20　土壤的平均构成实验

活动 21　土壤漫长的形成过程

土壤由空气、水、腐烂的植物、腐殖质、矿物质、离子和所有生物群落构成。

探索：土壤是如何形成的？土壤是以何种速度形成的？

探索指南

1. （资料1）描述花岗岩在风化过程中的演变。

2. （资料1）证明雨水对矿物质在土壤中释放出离子的作用。

3. （资料2）比较实验后的滤纸。

4．（资料2）猜想腐殖质的成因。

5．（资料1、资料2）细述土壤形成的环境因素。

6．（资料3）评估在温和的环境下形成50厘米厚土壤所需要时间。

名词解释

蚀变：母岩通过物理和化学机理变化为小粒子，同时释放出离子形成新的矿物。

花岗岩：含三种主要矿物的岩浆岩，表面如同灰色盐状粒子的石英；表面不透明、玫瑰色或白色的长石和黑色云母。

资料1　深层母岩的风化

● 在土壤剖面上，我们可以观察到表层土壤和深层母岩以及未变质的花岗岩之间逐渐变化的过程。图6-21为花岗岩的切断面及样本。

● 变质花岗岩母岩上的土壤，我们可以根据深度观察到花岗岩的不同状态。图6-22为未变质花岗岩和变质花岗岩分别在水中的状态。

图6-21　花岗岩的切断面及样本

图6-22　未变质花岗岩在水中的状态①，变质花岗岩在水中的状态②

● 表6-12和表6-13分别是变质花岗岩、未变质花岗岩的化学成分比较。

表6-12　变质花岗岩砂粒上的雨水和溪水的化学成分比重

项目	Na^+	K^+	Ca^+	Mg^{2+}
雨水（注：大气降水）	1.9	0.3	1.4	0.3
溪水（注：地表径流）	7.1	1.9	5.9	0.8

表6-13　未变质花岗岩的化学成分比重

项目	Si	Al	Fe	Mg	Ca	Na	K	O
花岗岩	85	21	5.2	1.8	2.9	7.5	10.6	125.6
风化粗沙	84.9	21	—	—	0.1	0.8	5.2	126.9

资料2 有机物的分解

● 在自己家的花园里制造肥料是很容易的：把树枝、树叶等放入肥料箱内，再加入一些土，只需要等待几周便可以收取肥料了。图6-23为肥料箱和肥料。

● 检测微生物在分解枯枝落叶过程中的作用要使用由纤维素制成的滤纸。

完成

1．在培养皿中放入滤纸。

2．将杀菌后的土壤放入一个盒子中并盖上；将未处理的土壤放入另一个盒子，而后注水并盖上。

3．把盒子储存于30℃的环境中，持续几周。

4．取出滤纸并观察。图6-24为在干燥环境和冷湿环境下的土壤观察。

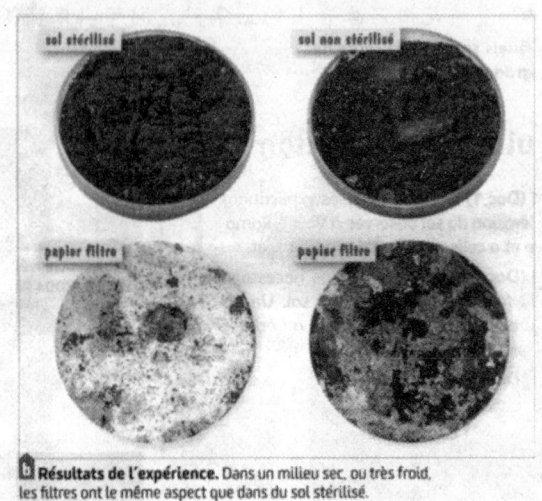

图6-23 肥料箱和肥料　　　图6-24 在干燥环境和冷湿环境下的土壤观察

活动22　土壤：急剧的破坏

土壤形成的速度非常缓慢。土壤对于农业是必不可少的，它也是脆弱的。

探索：造成土壤破坏的因素有哪些？

探索指南

1．（资料1）解释在沃恩—罗曼尼和马达加斯加地区水土流失的原因。

2．（资料1）评估1毫米厚土壤形成的必要时间。被破坏的土壤可以在人类出现的时间里再生吗？

3．（资料2）对比森林土壤和耕地土壤中的生物多样性。

4．（资料3）观察在马提尼克省被十氯酮（注：一种人工合成的有机氯农药）污染的土壤。

5．（资料3）用学过的食物链知识解释如何预防马提尼克省的食物中毒。

6．总结论证土壤是脆弱的。

名词解释

（土壤的）侵蚀：一种土壤被外营力分离、破坏和移动的现象。

资料1　土壤的侵蚀

- 土壤的侵蚀是土壤破坏的主要形式。这种现象导致每年流失平均1毫米厚的土壤：大约是11吨／（公顷·年），而土壤形成的平均速度则为0.02毫米／年到0.1毫米／年。

- 在马达加斯加岛——地形崎岖并且气候湿润的热带岛屿，水土流失情况却很严重：达到了200~400吨／（公顷·年）。事实上，森林被破坏后，土壤要恢复成有用的耕地并不能持续太长时间。很快，母岩就一无是处了，不能在上面种植任何植物。

资料2　土壤生物多样性的破坏

为了比较森林土壤和耕地土壤的生物多样性，我们分别采集了森林和耕地附近的土壤样本，如图6-25和图6-26所示。

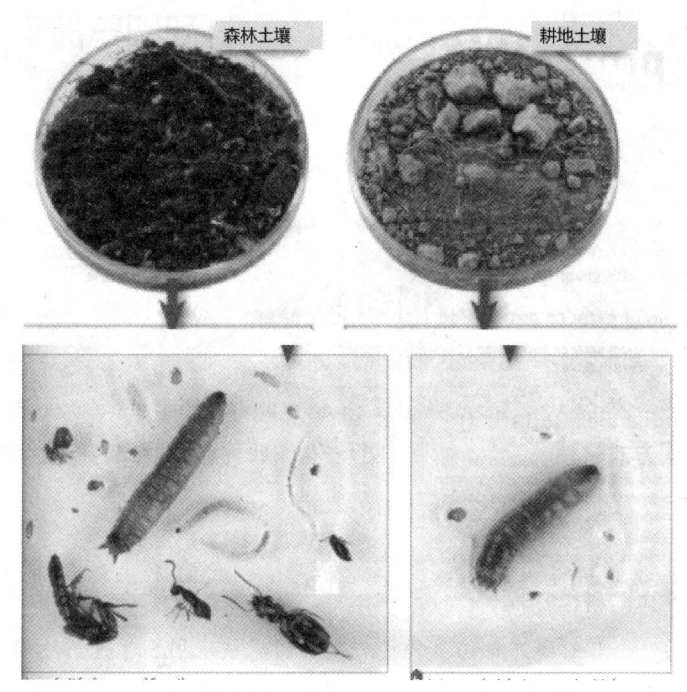

图6-25　森林土壤中的动物　　图6-26　耕地土壤中的动物

活动23　土壤的保护

土壤是脆弱并不可再生的，土壤的破坏威胁着人类的食品安全。

探索：如何可持续地管理土壤？

探索指南

1．（资料1）分析用不同方法种植葡萄得出的结果，并详述最重视土壤的耕作措施。

2．（资料2）解释为什么现今的耕地常常出现问题。

3．（资料2）列举无土栽培的优点和缺点。

第六章

法国地理教科书中探究活动研究

名词解释

耕地：种植农作物的土地，土壤厚度在 15 厘米以上。

资料 1　植被覆盖的葡萄园的土壤

● 为了对比四种方式管理下的葡萄园，工作人员在蒙彼利埃于 2002—2003 年展开了一项实验。

● 四块地沿着斜坡地形种上了葡萄，并用以下四种方式管理：

第一种，完全使用化学除草剂，让葡萄行间没有任何杂草；

第二种，在行与行之间用自然的方式拔除，使用草甘膦；

第三种，翻土除草；

第四种，在行与行之间种植草皮（这样处理的目的是为了不让草和葡萄争夺水分）。

图 6-27 为四块不同方式耕种的土壤，图 6-28 为四种不同方式管理土壤的实验结果。

图 6-27　四块不同方式耕种的土壤

图 6-28　四种管理模式的实验结果

资料 2　接近尾声的耕作？

● 植物学院的一个农业研究机构负责了一项将新科技应用于开发耕地的任务，目的是在保护环境的前提下保持农作物的高产。

● 人类农耕活动的方式会受到一些人的质疑，许多农业学家投身于一种更加温和的农耕方式的实验中。

● 2006 年，约 1/3 的法国耕地没有翻耕，直接播种。

● 在埃松省的博因维尔试验站，三种土地耕种的实验法正在展开：犁地、翻土地表层的土壤、不进行任何处理直接播种。这些实验自 20 世纪 60 年代开始实施，一直在坚持。

图 6-29 为被耕种的土壤；图 6-30 为不翻耕，直接播种的土壤。

图 6-29 被耕种的土壤　　　　　　图 6-30 不翻耕，直接播种的土壤

在一片无人耕作的土地上，遍布的植物残骸。

表 6-14 博因维尔试验站的测试结果

项目	犁地	浅耕	免耕直接播种
土壤侵蚀	土壤非常脆弱极易侵蚀	受到侵蚀	侵蚀明显较少
蠕虫数量	198kg/ha	590kg/ha	670kg/ha
农民造田次数	8 次	6 次	4 次
汽油消耗	99L/（ha·a）	79 L/（ha·a）	57 L/（ha·a）
平均除草剂使用	1.4 次	无	1.7 次
产量（2005—2006 年）	7 200kg/ha	无	6 900kg/ha

活动 24 土地的管理：地球的赌注

土地是一种脆弱的资源，形成缓慢，在地球上分布不均。

探索：如何管理这种资源？

探索指南

1．（资料 1）解释农业与自然生态多样性之间的竞争关系。

2．（资料 2）人类开发的生物量占了多大比重？

3．（资料 2）人类使用的生物量中用于食品供应的占多大比重？

4．（资料 2）解释在生态系统中人类使用的一部分生物量会变成什么。

5．（资料 3）给"生物燃料"下定义。

6．（资料 3）请解释：生物燃料的生产是如何威胁全球食品供应和土地保护的？

名词解释

土地开垦：对荒山、荒地、荒滩、荒水等进行改造，使其成为以种植、养殖为主的农用地。

千兆吨（Gt）：物理量单位 $1Gt=10^9 t$

耕地：种植农作物的田地。

资料1　自然空间与耕地之间的竞争

- 要增加农业产量以养活人类或者生产更多的生态燃料，其中的一个途径就是开垦以增大耕种面积。
- 在拉丁美洲和非洲，为了生态燃料的开发与利用，开垦了大面积的热带雨林。

资料2　人类开始关注植物（生态燃料）

- 植物的生物量与相应的地表有关，并可以通过陆地测量出来。
- 能同时供农业种植和畜牧的土地约33亿公顷。

表6-15为土地面积及植物生物量，图6-31为已发现的植物生物量的比重。

表6-15　土地面积及植物生物量

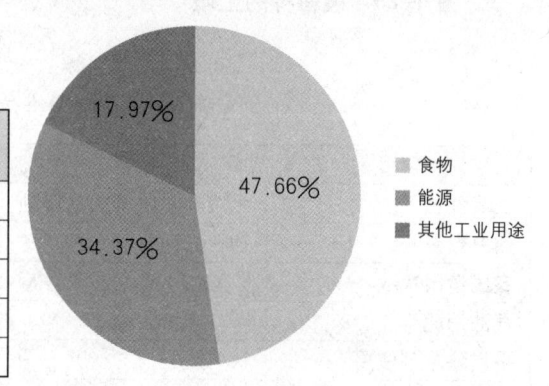

内容	土地面积/Mha	年生物产量/Gt	人类采集产量/Gt
农业	1 460	12	5.9
畜牧	3 358	24	2.2
森林	4 964	72	4.7
其他	4 818	12	0
总量	14 600	120	12.8

图6-31　已发现的植物生物量的比重（食物 47.66%，能源 34.37%，其他工业用途 17.97%）

资料3　生态燃料：农业土地的竞争者

一、生态燃料：我们谈论什么？

第一代生态燃料是从油菜花、向日葵等油料作物中提取的，或者是通过甜菜、小麦、玉米等农作物中的糖和淀粉发酵得到乙醇。这些生态燃料对环境（土地使用、灌溉）和人类食物供给产生影响。为了限制这些冲击，第二代、第三代的生态燃料的研究工作逐渐展开。第二代燃料使用非食物的农业初级产品：树木、稻草的残余物。这些农作物用于新燃料使得单位面积土地的效益提高了，但同样要使用土地，我们要关注它与农业土地的竞争。第三代生态燃料来自藻类，这还有待研究，但它貌似是可持续的。事实上，某些微型藻类可以合成脂类。藻类的好处在于它们比陆生植物生长得更快，每公顷藻类产出的油是相同面积陆生植物的6～60倍。

图 6-32 为谷物利用的占比。

二、生态燃料的未来在哪里？

全球的生态燃料仅占人类在交通领域消耗的能源的2%，而交通所依赖的石油却占98%。

如果人类期望生态燃料取代石油能源，那就必须腾出更多的可耕种土地。

生态燃料的压力是粮食作物价格暴涨的原因之一，但也不能忽略其他原因。

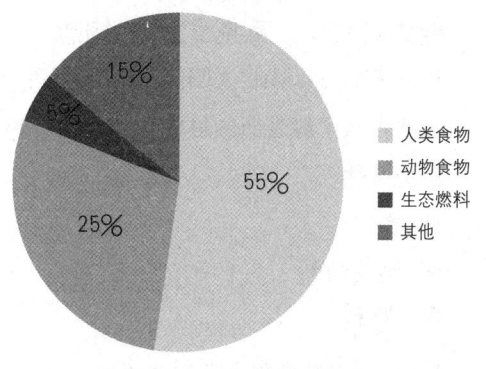

图 6-32　谷物利用的占比

二、"能力评估"模块样例

能力评估1　使用数据库

地球经常被称为"蓝色星球"；海洋覆盖了地球表面70%的面积，地球上的水也以冰、河湖水和水蒸气等形式存在。

探索太阳系的探测器已经到达其他的天体。那些天体表面是否可能存在水的问题，每一次都会被提出来。

伽利略探测器多次观测木星的卫星"欧罗巴"。

探索： 从"欧罗巴"卫星地表图片来看，对于卫星上是否存在水的问题，怎样才能作出回答？怎样能最终确定水可能以什么样的状态存在？

能力评估

- 利用信息及通信技术，以书面形式呈现报告。

可用材料

- 伽利略探测器获取的几幅"欧罗巴"卫星地表图片。
- 装有数据库的电脑。
- 可查阅太阳系天体图片的网站：欧洲航天局、美国国家航天局等。

预期结论

1. 从外太空角度看的地球表面图片与"欧罗巴"地表图片相似：这些图片是由卫星的浮冰观测组成。

2. 鉴于两幅图片的相似性，"欧罗巴"地表很有可能覆盖着冰冻物质，表现出移动或与浮冰情况相似的裂缝。然而谈及水域问题，还需要其他的一些信息。

成功的标准

- 搜索从外太空观测的地球图片。
- 选择浮冰、河流及海洋的遥感图片，以确定外太空观测下不同状态的水的外观。
- 写一篇文章，试比较所选择的地球卫星观测图片，解释说明"欧罗巴"图片。

能力评估2 实验记录的构想

地球表面可以接收太阳能。光照地区的热量依赖于单位时间单位面积获取太阳能的多少。

探索：试了解表面倾斜度与光照地区的纬度对这个地区温度的提升有什么作用。

能力评估

- 操作
- 阐述结果

所需材料

- 两个放在木板上的金属滚筒。
- 滚筒需要有一个能插入温度计的孔。滚筒表面要涂黑。
- 一套能照亮滚筒表面、有两个灯泡、可倾斜的装置。
- 量角器、电子温度计、黑暗的房间。

预期结论

- 30分钟后，入射光线与表面垂直时滚筒内部的温度比入射角为30°时更高。
- 单位面积、单位时间内滚筒表面吸收的光能与光线倾斜射入时一样少。吸收的光能转换成了热量。
- 当纬度升高时，单位面积吸收的太阳能的量也就是热度更低。

图6-33为实验设备装置，图6-34为实验演示过程。

图6-33 实验设备装置

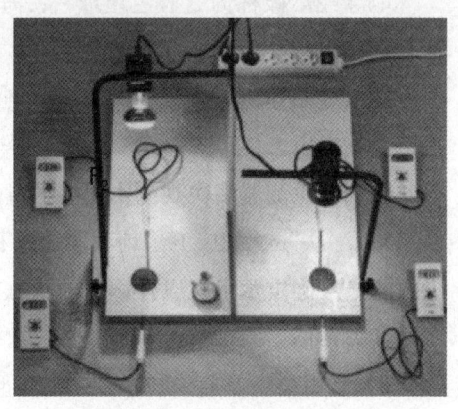

图6-34 实验演示过程

成功的标准

- 在装置的两部分中，灯泡的倾斜角度是不同的。
- 正确放置温度计，测量滚筒与其邻近地方的温度。
- 记录结果，绘制图表和撰写观察报告。
- 通过实验得出结果。

表6-16 实验观察结果

时间/min	F_1温度/°C	F_2温度/°C
0	19.9	19.9
5	23.2	20.6
10	26.0	21.4
15	29.2	22.2
20	31.0	22.7
25	32.9	23.2
30	34.2	23.7

能力评估 3　设计一份实验方案

在石油矿层中，我们经常能发现重叠的物质：水、石油和燃气。用石油的特点能解释这种格局吗？为了回答这个问题，我们将研究石油的两个特点：溶解度和密度。

探索：在水中研究石油的溶解度，然后比较石油在水中的溶解度与在乙醇和二氯甲烷中的溶解度。

探索：研究石油、乙醇和二氯甲烷的密度。

能力评估

设计一个方案，使用以下材料：

三个带塞子的试管，水、乙醇（无色液体）、油（代表石油）、二氯甲烷（无色液体）。

预期的结果

1．油和水不能在水中混溶。相对地，油和乙醇形成了一种同质的混合物。

图 6-35　石油、乙醇和二氯甲烷的密度测定实验

2．关于密度。油"漂浮"在水上，所以油比水的密度小，而二氯甲烷在水下面，它的密度比水的密度大。

3．油或石油的物质特征可以让人们了解为什么它会"浮"在水上，它与水不相溶并且比水的密度小。

4．50 毫升的油大约 45 克，所以 1 毫升约为 0.90 克，密度就是 0.90g/cm^3。为了使液体的密度比水小，所以它的密度要小于 1，石油符合这种情况。

图 6-35 为石油、乙醇和二氯甲烷的密度实验。

成功的标准

● 把水和其中一种液体混合（乙醇、油和二氯甲烷）。指出在每种情况下，我们是否得到了同质的混合物，总结这些液体与水是否能混溶。

● 辨别混合物中在上面和在下面的分别是哪种液体，比较液体的密度和水的密度。

回答问题

为了深入研究：你可以测定油的密度。

● 用量筒量取 50 毫升油，用天平称重。

● 计算油的密度，即 1 毫升油有几克。

● 水的密度是 1g/cm^3，可以比较油的密度和水的密度。油的密度是多少？要检验一种液体的密度比水的密度小，需要什么条件？

能力评估 4　建立一个现象的模型

法国约 16% 的土地或多或少正在受到侵蚀作用的威胁。在地球上，水和风造成的侵蚀作用是土地破坏的主要原因。地形、降水和风的异常变化，农业活动的增多等都是近来土地状况恶化现象产生的原因。

探索：建立模型，找到能保护和推动农业种植的方法。

能力提高
- 动手操作实验。
- 用适当的科学语言交流。

可利用的材料
- 几个相同的小槽
- 垫木
- 从花园中取（或从市场买）一块草皮
- 一个装有管子的水龙头
- 几千克腐殖质

预期结论
1. 当水流量少时，水渗透到土壤中；当水流量增加时，一部分水开始流淌在地面上。
2. 当地面裸露时，水流带走土壤颗粒，水流通道逐渐变宽，土壤被冲到下游。
3. 土壤的植被覆盖密度越大，侵蚀作用就会越缓，植被充当保护者的角色。
4. 坡越陡，裸露土壤的侵蚀就越严重。
5. 植被种植的行列处于斜坡方向，侵蚀就更加严重。

图 6-37 为带有草皮土壤侵蚀的实验，图 6-38 为拔去草皮土壤侵蚀的实验。

图 6-37　带有草皮土壤侵蚀的实验　　图 6-38　拔去草皮土壤侵蚀的实验

成功的标准

装有四边形草皮或裸露肥沃泥土的花盆，以木头垫底倾斜为一个同样的角度。

水管放置在花盆的上方；水流直接朝向花盆底部。

几个相似的试验可以同时或相继进行。
- 我们可以改变花盆的倾斜角度。
- 通过拔去四边形草皮上不同数量的草丛，我们可以改变植物的密度。
- 我们可以模仿种植田，只在四边形草皮上留下与裸露土壤分离的几排草；可把这几排草朝向坡度方向，或是与坡度垂直。

第三节　研究结果

一、探究活动内部结构

1．"活动"模块

《生命与地球科学》中每个"活动"模块给出了丰富的图文资料和待探究的问题，这既是该教科书的主体内容，也是探究活动的主体内容。

该教科书的"双页"活动设计具备以下特点：

- 具体情境下的待解决问题
- 实践指南
- 问题回答方案
- 名词解释
- 丰富的易读、易用资料

2．"能力评估"模块

《生命与地球科学》每章结尾设计了一个"能力评估"模块，以不同的地理实验和实践技能为主题，包括"能力评估""所需材料""预期结论"和"成功标准"四个较为固定的部分，是比较完整的探究活动。

二、探究模块量化比较

《生命与地球科学》地理部分的探究模块中，包括了24个"活动"主题和4个"能力评估"主题。其中，每个"活动"主题的资料数量统计，如表6-17所示。

表6-17　"活动"主题的资料数量统计

序号	"活动"主题	资料数量	序号	"活动"主题	资料数量
1	太阳系的天体	3	13	矿物燃料的生物起源（略）	3
2	地球，太阳系的一颗行星	3	14	从生物到矿物燃料	2
3	地球大气层的独特性	3	15	矿物燃料的矿物层	2
4	被太阳照耀的地表	3	16	发现并开采新的矿物层	3
5	宇宙中的水	3	17	矿物燃料的利用与碳循环	3
6	地球接收的太阳能	3	18	非洲的土地和水	3
7	光与光合作用（略）	3	19	土地和水：养活人类的必需品	2
8	植物的光合作用（略）	4	20	什么是土壤？	3
9	太阳能与大气运动	3	21	土壤漫长的形成过程	2
10	太阳能与水的运动	3	22	土壤：急剧的破坏	2
11	太阳能的应用	4	23	土壤的保护	2
12	矿物燃料，一种地下资源	3	24	土地的管理：地球的赌注	3

三、法国地理教科书探究活动特点

1. 探究活动作为教科书内容的主体

《生命与地球科学》的模块设计以"活动"为中心。一般每章有 4～7 个"活动",几乎所有的模块设计都是围绕这些"活动"展开的。从每一章的编写体例来看,该教科书先用对开页开启的 2 页进行引入性介绍,包括图文资料和每章一问,然后就进入每章的主体部分"活动"模块。每章末有双页的"总结",回顾一章所有"活动"模块的主要关键词,并用简易文本和易记的图表帮助学生记忆课文梗概。然后是双页的"科学求知欲"模块,其主要特色是"有吸引力的主题和社会辩论,以增强科学兴趣,激发科学使命,形成公民精神"(见该书开头的"教科书指南"),提供一些拓展资料,使学生拓宽视野并增强学习兴趣。

2. 丰富的统计图表是探究活动的亮点

《生命与地球科学》的探究模块体例相当一致,有着丰富的资料和具体的探究内容,探究模块内部的组成部分有图片、表格和文字构成的"资料",还有开篇指导语、探究问题和专业术语词汇,以及"探索指南"或"小组任务",为探究过程提供了详细可行的步骤安排。"资料"的特点一是数量多,大部分"活动"主题有 3 份资料,仅有 6 个活动(序号 14、序号 15、序号 19、序号 21、序号 22、序号 23)的材料为 2 份,占 1/4,还有个别活动(序号 8、序号 11)的材料为 4 份;二是内容丰富,最为明显的亮点是使用大量的地图和统计图表,如等值线地图、流程图、分布图和遥感影像等。

3. 探究活动的篇幅固定,便于阅读

《生命与地球科学》探究活动区别于其他国家地理教科书的一个明显特点是篇幅固定。每个"活动"模块的篇幅均是对开页开启的 2 页,每个"能力评估"模块占 1 页,这一点和德国地理教科书类似。这样的双页或单页设计看起来一目了然,便于查找;各组成部分的搭配较为自由,有利于学生拓展思路,形成发散思维。

第七章

俄罗斯地理教科书探究活动研究

第一节　概述

一、教科书介绍

俄罗斯地理十年级教科书，全称为《世界经济地理与社会地理》，由莫斯科教育出版社于 2009 年出版。该教科书带有俄式地理三分法特征，是讲述人文地理和经济地理的教科书。全书分为 3 章，从世界地理总论、分区和可持续发展问题三个方面展开，分为 11 个主题，如表 7-1 所示。

表 7-1　《世界经济地理与社会地理》书目结构

序号	章	序号	主题
1	世界的总体特征	1	现代世界政区图
		2	世界资源地理　周围环境的污染与保护
		3	世界人口地理学
		4	科技革命与世界经济
		5	世界经济地理学
2	世界的区域特征	6	外欧洲
		7	外亚洲　澳大利亚
		8	非洲
		9	北美
		10	拉丁美洲
3	人类面临的全球性问题（知识总结）	11	人类面临的全球性问题

该教科书的每个主题末尾加了补充课文和练习的内容，通常包括"补充课文""参考书目""知识与技能补充版块（练习题）""自我检测版块和互测版块""本主题的重要知识点""自学指南"等部分。

二、探究活动的类型

从课文来看，该教科书有别于其他国家的一点在于图像较少，这一点也影响到了探究活动的设计。所给习题通常比较简单直接，可以根据课文作答，缺乏探究性。具备探究活动特点的主要是"自我检测版块和互测版块"与"自学指南"两个模块。

三、探究活动的主题

"自我检测版块和互测版块"没有单独的主题，是和所在章的主题（小节）一致的，因此不再单独列出。"自学指南"模块共有 10 个活动，各活动的主题及分布，如表 7-2 所示。

表 7-2 "自学指南"模块活动主题的分布

序号	"自学指南"模块活动主题	所在章节
1	怎样评价世界和一些地区不同形式的矿产资源的保障率	主题 2 世界资源地理 周围环境的污染与保护
2	世界经济区域的特点	主题 5 世界经济地理学
3	国家（地区）经济地理位置的特点	主题 6 外欧洲
4	国家（地区）工业发展的自然先决条件的特点	主题 6 外欧洲
5	利于国家（地区）农业发展的自然条件的特点	主题 7 外亚洲 澳大利亚
6	国家（地区）的农业特点	主题 7 外亚洲 澳大利亚
7	国家（地区）人口的特点	主题 7 外亚洲 澳大利亚
8	国家（地区）工业部门的特点	主题 9 北美
9	个别国家的特点	主题 9 北美
10	怎样绘制和分析分级统计图	主题 10 拉丁美洲

"自我检测版块和互测版块"和"自学指南"模块的全部案例在下文中呈现。

第二节 探究活动案例

一、"自我检测版块和互测版块"模块

主题 1 现代世界政区图

你如何解释

1．世界的多样性是如何体现的？

2．在政体和国家结构方面，世界各国家之间有何差异？

你是否知道

1．下列国家的共同特征：

美国、德国、法国、英国、日本。

2．在下面列举的国家中，挑选符合要求的国家。

（1）属于民主共和制的国家：

保加利亚、波兰、英国、法国、日本、沙特阿拉伯。

（2）属于联邦制的国家：

英国、美国、德国、法国、印度、埃及、巴西。

备注：上述界定方法仅代表俄罗斯的观点。

你是否能够

1．根据记忆，画出以下列举国家的大致轮廓图：

俄罗斯、法国、中国、日本、沙特阿拉伯、尼日利亚、美国、加拿大、巴西、澳大利亚。

2．请指出下面列举的国家中，第二次世界大战后获得政治独立的有哪些：

伊朗、印度、印度尼西亚、泰国、埃及、阿尔及利亚、哥伦比亚、墨西哥。

3．举出两三个可以称得上是"千岛之国"的例子。

4．列举新兴工业国的例子。

5．给出"主权国""共和国""联邦国""政治地理"的确切定义。

主题 2　世界资源地理　周围环境的污染与保护

你如何解释

1．"自然"和"地理环境"的概念有什么相同点和不同点？

2．为什么不能根据存储量来衡量资源保障供应程度？

3．世界土地资源结构发生了哪些变化？

4．人类水问题加剧的原因有哪些？

5．酸雨有哪些负面的影响？

6．为什么解决生态问题需要全球的合作？

你如何认为

1．为什么社会和自然的相互关系的研究不是研究生态问题，而是研究社会问题？

2．不可再生自然资源和可再生自然资源都包括些什么？

3．如何理解德国地理学家亚历山大·冯·洪堡"森林走在人类的前面，而陪伴森林的是荒漠"这句话？

4．在解决自然资源利用和生态学问题中，地理科学起着什么样的作用？

你是否知道

1．在图 7-1 中标出大型的、可用的资源：

（1）煤；（2）石油；（3）金属矿。

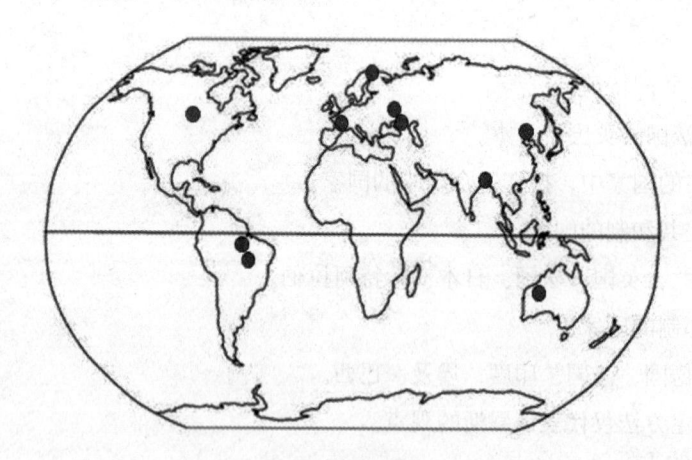

图 7-1　世界大型矿区分布示意

2．下列国家中，哪些属于可耕种土地资源多的国家？哪些属于可耕种土地资源少的国家？澳大利亚、日本、德国、中国、阿根廷。

3．下列国家中，哪些属于水资源保障充足的国家？哪些属于水资源保障匮乏的国家？

加拿大、巴西、刚果（金）、沙特阿拉伯、埃及。

你是否能够

1．根据记忆标出教科书提及的下列国家：

英国、荷兰、西班牙、瑞典、印度、埃及、刚果（金）、南非、墨西哥、阿根廷。

2．给出下列词语的定义：

"地理环境""资源保障供应程度""地理资源学"。

3．根据记忆，在地理轮廓图中标出石油资源丰富的国家。

4．评价下列论断的可信程度：

（1）世界上煤的存储量很大程度上超过了石油的存储量。

（2）可耕种土地在世界土地资源结构中占有优势。

（3）地球上的淡水资源仅占地球水资源的10%。

（4）解决生态问题的重要途径是向新的工艺生产转变。

主题3 世界人口地理学

你如何解释

1．人口再生产第一类型和第二类型的主要标志有哪些？

2．世界人口性别结构的地理差异有哪些？

3．影响世界人口分布和密度的因素有哪些？

4．第二次世界大战后，国际人口迁移的范围及其特点有哪些变化？

5．全球城镇化进程的主要特点有哪些？

你如何认为

1．著名俄罗斯地理学家沃耶伊科夫曾说过："在人口分布上，起决定作用的不仅仅是人类的周围环境，还有人类本身。"你怎样理解这句话？

2．为什么世界平均人口密度具有持续增长的趋势呢？

3．为什么联合国的一个工作报告名叫《按人口划分的世界》？

4．有些地理学家认为21世纪是人口老龄化的世纪，你认为这种观点正确吗？

你是否知道

1．解释属于人口再生产第二类型的国家的人口再生产"公式"。

2．说出以下国家的共同特征：

（1）肯尼亚、科威特、印度尼西亚、越南、阿尔及利亚、尼加拉瓜；

（2）法国、加拿大、保加利亚、澳大利亚、古巴、日本。

3．在以下列举的人口中，哪些人口的语言属于印欧语系：

中国人、印度人、俄罗斯人、日本人、巴西人、美国人、英国人。

4．下列语言中，哪种是讲述图 7-2 中标出的区域的人口使用的语言？

英语、法语、德语、西班牙语、葡萄牙语、阿拉伯语。

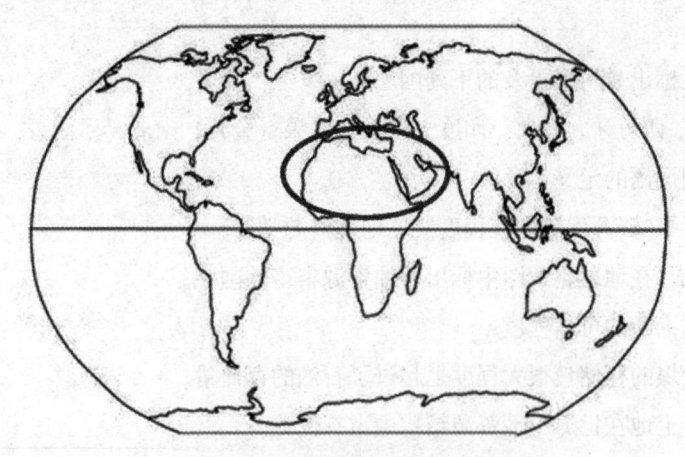

图 7-2　世界某区域位置示意

5．下列国家中，哪些国家信仰天主教的人数多？

乌克兰、荷兰、意大利、希腊、菲律宾、印度尼西亚、阿根廷。

你是否能够

1．将教科书提及的以下国家，标在世界地图中：

捷克、斯洛伐克、德国、印度尼西亚、巴基斯坦、斯里兰卡、埃塞俄比亚、肯尼亚和古巴。

2．给"人口再生产"和"城镇化"两个概念下定义。

3．在世界地图上，标出 10 个特大型城市。

4．将下列国家按城镇化水平由高到低排序：

澳大利亚、中国、美国、英国、埃塞俄比亚、阿根廷、德国。

5．判断下列观点哪些是正确的？如果不正确，请说出你的观点。

　（1）中国的人口出生率是"世界纪录"；

　（2）大多数发展中国家针对降低人口出生率和自然增长率实行了人口政策；

　（3）高速度的城镇化是发达国家的典型特点，低速度的城镇化是发展中国家的典型特点。

6．填空（书面作业）。

　（1）人类生活 _____ 的条件对人口出生率、死亡率和自然增长率起决定性作用。

　（2）如果民族区域划分与行政区域划分一致，会产生 _____ 国家。

　（3）城镇化的现代化阶段显著特点是从密集型城市向 _____ 过渡。

主题 4　科技革命与世界经济

你如何解释

1．科技革命时期，为什么改革方法是发展生产的主要途径？

2．后工业化经济结构与工业化经济结构的区别是什么？

3．现代世界经济地理模式最主要的特征是什么？

4．为什么在科技革命时期，生产和非生产领域之间的关系发生了变化？

你如何认为

1．在科技革命时期，为什么电力部门、机器制造业和化学工业成为三个先锋部门？

2．为什么没有实施生产载重量为 100 万吨超级油轮的计划？

3．莫斯科、巴黎、伦敦、马德里、布拉格属于"地理区位"的哪种类型？

4．为什么常将采掘工业称为先行部门？

5．为什么知识密集程度属于新兴因素？

你是否知道

1．下列区域中，哪些属于新发展区？

加拿大北部、伦敦区、鲁尔区、俄罗斯北部、澳大利亚西部。

2．下列海域中，哪些是主要的石油和天然气开采区？

北海、波罗的海、地中海、波斯湾、阿拉伯海、墨西哥湾。

你是否能够

1．在世界轮廓图上，凭记忆标出课文中提到的以下国家：

挪威、瑞士、意大利、孟加拉国、尼泊尔、阿拉伯联合酋长国、摩洛哥、乍得、坦桑尼亚、委内瑞拉。

2．阐述以下概念：

科技革命、世界经济、国际地域劳动分工、地域经济结构和区域经济。

3．判断下列观点哪些是正确的？如果不正确，请说出你的观点。

（1）机器人技术是科技革命时期最新的知识密集型部门之一。

（2）世界经济格局形成于 18 世纪和 19 世纪之交。

（3）日本的煤矿工业是国际专业化部门。

（4）自然资源因素极大地影响采掘工业部门的布局。

4．填空：

（1）科技革命时期，越来越_____的生产和科学之间的关系尤其紧密。

（2）巴朗斯基称地域劳动分工为_____。

（3）在发展中国家，发挥整个领土中心作用的是_____。

主题5 世界经济地理学

你如何解释

1．20 世纪世界经济有哪些进步？为什么这些进步发生在燃料—电力平衡的前提下？

2．为什么石油开采和石油需求地区之间产生如此之大的供需缺口？

3．为什么世界机器制造业和化学工业的分布图上，发展中国家几乎都是"空白"？

4．谷类作物的分布有哪些基本特点？

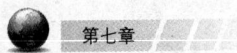

你如何认为

1．发展中国家的高强度开采的经济结构与西方发达国家显著减少开采的经济结构存在什么样的联系？这种联系证明了什么？

2．是否可以断言，大型的特别是世界港口可以显著反映国家经济状态，甚至是世界经济状态？

3．为什么说大西洋是海上贸易的重要途径？

你是否知道

1．下列国家中，煤炭开采量占据世界第一和第二位置的分别是哪个国家？

加拿大、中国、英国、俄罗斯、波兰、美国。

2．下列哪些国家是具有所示的丰富金属冶炼量的国家？

类别：（1）黑色金属；（2）有色金属；（3）黑色和有色金属。

国家：俄罗斯、乌克兰、加拿大、赞比亚、智利、马来西亚、日本、美国。

3．用字母在世界地图上标出下列作物的主要生产国：

（1）土豆；（2）大豆；（3）向日葵；（4）甜菜；（5）甘蔗；（6）茶；（7）咖啡；（8）可可；（9）棉花。

4．下列哪五个国家是世界市场上重要的小麦出口国？

阿根廷、英国、美国、印度、法国、加拿大、澳大利亚、巴西、埃及、印度尼西亚。

5．下列国家中，人均牲畜总头数占世界第一位的是哪个国家？

中国、印度、澳大利亚。

6．下列国家中，拥有世界上最大的航海船队的是哪个国家？

美国、英国、希腊、法国、日本、利比里亚、巴拿马、挪威。

你是否能够

1．根据记忆，在世界轮廓图中标出下列在课文中提及或地图中提及的国家：

波兰、罗马尼亚、希腊、菲律宾、马来西亚、朝鲜、利比里亚、赞比亚、智利、巴拿马。

2．解释下列术语：

新领域、非传统能源、集装箱化、自由经济区。

3．将下列五国按石油开采量递减的顺序排列：

（1）墨西哥；（2）伊朗；（3）俄罗斯；（4）美国；（5）沙特阿拉伯。

4．将下列五国按电能产量递减的顺序排列：

（1）俄罗斯；（2）日本；（3）美国；（4）中国；（5）印度。

5．根据机器制造业发展的高、中、低水平，每种水平分别举出两个国家。

6．在地图上指出世界大型港口。在欧洲、亚洲和北美各找出两个世界港口。

7．判断下列观点哪些是正确的？如果不正确，请说出你的观点。

（1）世界上开采的大部分石油都以燃料的形式被生产国所消耗。

（2）在发达国家中，日本的钢产量是最多的。

(3) 世界上大约有 9/10 的稻谷产自亚洲。

(4) 世界铁路网发展是非常快的。

(5) 在澳大利亚的出口产品中，机器和装备占有巨大的优势。

8．填空：

(1) 世界电力在其自身发展中，经过了 _____ 重要阶段。

(2) 世界上有 _____ 重要的机器制造业地区。

(3) 谷类作物在所有的加工农业中占据 _____，其中最突出的是 _____。

主题6 外欧洲

你是否知道

1．下列哪些国家的制度是君主立宪制？

挪威、英国、瑞典、芬兰、西班牙、希腊、德国。

2．下列哪些国家将多瑙河作为出海通道？

塞尔维亚、克罗地亚、斯洛文尼亚、阿尔巴尼亚、罗马尼亚、波兰、挪威、德国。

3．下列城市中，哪些拥有世界著名的港口？

奥斯陆、格拉斯哥、伦敦、汉堡、鹿特丹、马赛、巴塞罗那、雅典、康斯坦察。

4．下列哪些地区属于高速发展的地区？

米德兰、南威尔士、伦敦、巴黎、洛林。

在课文中寻找答案

1．外欧洲城市的显著特点有哪些？

2．东欧国家的燃料与能源经济的特点是什么？

3．北欧和南欧在开采矿产资源方面的主要差异是什么？

4．外欧洲交通系统有哪些特点？

运用地图回答

1．在外欧洲，哪些国家的特大型城市没有执行首都职能？

2．外欧洲哪个国家的人口密度最大？

3．在不绕过日德兰半岛的情况下，怎样通过水路从北海到达波罗的海？

4．在外欧洲，哪些国家的冶金企业用海外原料和燃料进行生产？

你如何解释

1．外欧洲是何时成为世界上人口移民发源地的？为什么？

2．为什么在法国和英国能观察到首都与其他城市的显著差异，而在德国和意大利却没有这样的特点？

3．为什么在英国、德国、比利时和瑞典，耗水量占总用水量 60%～80% 的是工业；而在西班牙、葡萄牙、意大利和希腊，耗水量占总用水量 60%～80% 的是农业？

4．为什么石油垄断组织在北海勘测和开采石油，尽管这里的成本要比在近东和中东国家的成本高很多倍？

5．为什么挪威的渔业收入多于种植业的收入？

6．为什么莱茵河的货运量超过世界其他河系的货运量？

7．为什么欧洲仍然是国际旅游观光的主要地区？

8．为什么在萧条的老工业区环境状况通常更糟糕？

你如何认为

1．下列哪些国家的语言属于印欧语系中的日耳曼语族？

意大利、澳大利亚、希腊、德国、芬兰、英国。

2．下列那些国家涌入了大量外来移民？

意大利、西班牙、德国、英国、芬兰、瑞士。

3．关于表 7-3 中对各国家的看法，哪些是正确的？

表 7-3 部分国家的地理特征描述

国家	看法
波兰	单一民族的国家
匈牙利	具有大量少数民族的国家
法国	多民族的国家
德国	具有单一行政区域制度的国家
瑞典	具有联邦行政区域制度的国家

你是否能够

1．在世界地图中，标出教科书中提及的以下国家：

冰岛、丹麦、芬兰、苏格兰、卢森堡、澳大利亚、匈牙利、保加利亚、阿尔巴尼亚、葡萄牙。

2．确定哪些国家与以下国家有陆上边界：

（1）仅与德国；（2）仅与西班牙；（3）与德国、瑞典、意大利、斯洛文尼亚、匈牙利、捷克、斯洛伐克。

3．在地图上指出教科书中提及的以下城市：

格拉斯哥、鹿特丹、马赛、布鲁塞尔、慕尼黑、那波勒斯、克拉科夫、萨格勒布。

4．说出事实上不存在农村人口的外欧洲国家。

选择题

1．与法国接壤的有：

（1）3 个国家；（2）5 个国家；（3）6 个国家。

2．外欧洲最大的城市群是：

伦敦城市群、巴黎城市群、莱茵—鲁尔城市群、荷兰城市群。

3．哪些首都城市是沿海城市：

马德里、巴黎、罗马、维也纳、斯德哥尔摩、哥本哈根、布拉格、索非亚、雅典。

4．外欧洲开采石油最多的国家是：

西班牙、澳大利亚、挪威、英国、罗马尼亚、阿尔巴尼亚。

主题 7　外亚洲　澳大利亚

你如何解释

1．为什么在所有发达国家中，日本经济对海洋的依赖最严重？为什么日本成为制造超级油轮、运煤船、矿砂船、汽车运输船方面的先驱？

2．为什么在南亚和东南亚，人口密度最大的地区分布在河谷和三角洲？

3．为什么畜牧业成为蒙古的主要经济部门？

4．为什么湄公河被称为"亚洲的多瑙河"？

5．中国自北向南农业生产专业化是怎样变化的？那么自东向西呢？

6．为什么在日本的工业结构中，采掘业占 0.3%？

7．为什么会有"要想了解印度，就去农村生活"这样的说法？

8．为什么在澳大利亚主要开发海洋？

判断下列观点哪些是正确的？如果不正确，请说出你的观点

1．世界 1/5 的人口是中国人。

2．日本区别于外亚洲其他国家的典型特征是，其人口再生产属于第一类型。

3．南亚是世界上民族最多、语言最多的地区。

4．日本仅有一种资源——劳动力资源，因此它成为主要的工业大国。

5．在亚洲季风区，农民种植小麦和大麦。

选择正确的答案

1．在外亚洲西南部，有哪些丰富的地下资源？

石油、天然气、铁矿、铀和其他有色金属矿。

2．南亚农业经济的产品是：

大米、香蕉、海枣、小麦、茶、棉花、羊毛。

3．在日本四大岛中经济最发达的地区是哪一个？

北海道、本州、九州、四国。

删除不正确的选项

日本出口：黑色金属、汽车、海船、电子电器、煤、石油、铁矿、木材、畜牧业产品。

你是否能够

1．在世界地图中，标出教科书中提到的以下国家：

蒙古、朝鲜、泰国、新加坡、阿富汗、伊朗、伊拉克、叙利亚、土耳其、以色列。

2．在地图中指出教科书中提到的以下城市：

上海、大阪、雅加达、曼谷、喀布尔、利雅得、伊斯坦布尔、悉尼、墨尔本。

3．指出下列哪些国家属于新兴工业国家：

朝鲜、柬埔寨、韩国、新加坡、伊拉克。

4．指出下列哪些首都城市是沿岸城市：

乌兰巴托、北京、东京、首尔、河内、新德里、巴格达、安卡拉、贝鲁特。

5．说出澳大利亚的5个大型城市。

说出符合下列表述的国家

1．平均人口密度居世界第一的国家（不包括微型国家）。

2．石油储量居世界第一的国家。

3．灌溉土地面积居世界第一的国家。

4．加入英联邦，并拥有整个大陆的国家。

主题8 非洲

你如何解释

1．为什么在非洲，人口向沿海一带迁移要比外亚洲的少？

2．为什么从梅德内地区出口工业产品不利用刚果河呢？

3．为什么开罗被称为"扣在三角洲上的钻石纽扣"？

4．为什么塞内加尔被称为"花生共和国"？

判断下列说法是否正确

1．20世纪下半叶，非洲大多数国家获得独立。

2．非洲是世界上出生率和死亡率最高的地区。

3．对于非洲国家，高速城镇化是其特点。

4．尼日利亚的主要矿产是铝土矿。

选择正确答案

1．非洲人口最多的国家是_____（埃及、埃塞俄比亚、尼日利亚、南非）。

2．北部非洲最主要的矿产类型是_____（煤、铁矿、铝土矿、天然气、磷钙土）。

3．热带非洲出口的主要农作物是_____（小麦、黍米、棉花、柑橘、花生、咖啡、可可、天然橡胶、剑麻）。

你是否能够

1．在世界政区图上凭记忆标出下列教科书中提到的国家：

利比亚、阿尔及利亚、苏丹、加纳、刚果（金）、安哥拉、津巴布韦、纳米比亚、莫桑比克、马达加斯加。

2．在地图上指出教科书中提到的城市：

开罗、金沙萨、亚的斯亚贝巴、内罗毕、拉各斯、达喀尔、罗安达、约翰内斯堡。

3．解释下列概念：单一产品经营、自然经济、种族隔离。

4．指出下列国家中哪些国家是主要的可可生产国和出口国：

科特迪瓦、加纳、尼日利亚、坦桑尼亚、安哥拉。

说出符合下列表述的国家

1．坐落于面积为60万平方千米的岛屿上的国家。

2．坐落于南非地区"里面"的国家。

3．沿尼日尔河中游延伸并且没有出海口的国家。

4．首都为城市内罗毕的国家。

5．98%的人口集中在不到4%领土面积的国家。

填空

1．梅德内区从赞比亚延伸至东南地区的_____。

2．_____是非洲最大的石油生产国和出口国，并且是石油输出国组织成员。

3．南非共和国生产非洲所有的加工工业产品的_____。

主题9　北美

你如何解释

1．美国东北部得名"大型车间"。

2．美国和加拿大重工业区集中在五大湖区域。

3．美国的铝冶炼厂在田纳西河流域和哥伦比亚河流域。

4．美国和加拿大农业经济专业化自东部向西部推进。

5．佛罗里达州、加利福尼亚州和夏威夷州吸引了大量的游客。

6．美国和加拿大致力于开发北部区域。

会引起哪些问题

1．美国南部和西部工业化加快？

2．美国经济开始更加依赖进口石油、铁矿石和其他能源？

你是否同意下面的观点

1．城市连绵区"波斯瓦什"——美国最大的都市化区域。

2．近几年美国的阿拉斯加州成为最重要的石油开采区域。

3．农场是美国和加拿大主要的农业类型。

4．美国的运输系统类型与欧洲的运输系统类型一样。

5．圣劳伦斯河与纽约和五大湖相连接。

6．在亚特兰大坐落着世界最大的机场。

7．加拿大人口是美国人口的1/2。

你是否能够

1．在地图上找到主题9提到的美国城市并记住它们的位置。

2．说出美国的玉米、小麦、橙子、香蕉、苹果、棉花主要在哪些州种植。

3．在等高线地形图上找到新英格兰和加利福尼亚州。

4．说出加拿大是世界上哪些矿物原料的主要生产者和出口者。

根据教科书内容回答下列问题

1．在美国，从事什么行业的人更容易就业？

（1）石油开采业；（2）航空航天工业；（3）幼鸡饲养业。

2．沿哪条铁路干线可以从纬线方向上横穿美国和加拿大？

3．有哪些自然、社会经济和历史原因促进了美国东北部的发展？

请你想象

1．如果你去美国或加拿大的一座大城市，请描述一下你的见闻。

2．你顺路了解一下美国的工业。去哪座城市能了解以下这些工业？

　（1）航空工业；（2）制造电子产品的大企业；（3）汽车工厂；（4）石油化工研究所；（5）有色冶金。

3．如果你希望在牧场、烟草种植园或锯木厂工作，那么你应该去美国哪个州或加拿大的哪个省呢？

填空

1．美国的经济中心是 _____ 。

2．北美中西部的主要河流是自 _____ 至 _____ ，是北美重要的两条水路干线。

3．美国南部的主要农作物是 _____ 。

4．加拿大 _____ 省的大部分人说法语。

主题 10　拉丁美洲

你如何解释

1．地理术语"拉丁美洲"是怎样产生的？

2．在拉丁美洲，首都作用重大的原因是什么？

3．在拉丁美洲，交通网络的轮廓上怎样反映出该地区对国际市场的依赖？

4．巴西建立新首都巴西利亚的目的是什么？

你如何认为

1．有一种说法：拉丁美洲首都和其他城市之间的劳动地域划分不是以"城市为国家"的原则为基础，而是以"国家为城市"的原则为基础。你赞同这种说法吗？

2．"里约热内卢是享受生活的城市，而圣保罗是挣钱谋生的城市。"怎样理解这句话？

3．"如果咖啡涨价了，那么巴西也跟着涨价。"怎样理解这句话？

4．"巴拿马——它首先是个运河。"你怎样理解这句话？

你是否能够

1．凭借记忆把教科书中提到的以下国家标在世界地图上：

危地马拉、尼加拉瓜、哥斯达黎加、哥伦比亚、苏里南、厄瓜多尔、秘鲁、玻利维亚、巴拉圭、乌拉圭。

2．在地图中指出课文和插图中提到的以下城市：

墨西哥城、哈瓦那、加拉加斯、利马、圣保罗、蒙得维的亚、布宜诺斯艾利斯、圣地亚哥。

3．下列哪些国家的官方语言是西班牙语：

古巴、委内瑞拉、巴西、阿根廷、智利。

4．拉丁美洲的哪些国家主要出口以下产品：

铜、铝土矿、锡、石油、咖啡、肉、羊毛、鱼。

判断下列观点是否正确？如果不正确，请说出你的观点

1．阿根廷和乌拉圭——拉丁美洲最"白"的国家。

2．墨西哥——世界上使用西班牙语人数最多的国家。

3．巴西——世界上信奉天主教人数最多的国家。

4．里约热内卢——拉丁美洲最大的城市群。

5．委内瑞拉——拉丁美洲唯一进入石油输出国组织（OPEC）的国家。

6．巴西和哥伦比亚——世界最大的咖啡生产地。

说出符合下列表述的国家

1．在中美洲中，唯一没有加勒比海出海口的国家。

2．在安第斯山脉的区域中，唯一没有出海口的国家。

3．4/5 的人口居住在海拔 3 000 米以上地区的国家。

4．使用葡萄牙语的人口数是葡萄牙人口数 17 倍的国家。

主题 11　人类面临的全球性问题

你如何认为

1．如果你成功地发明了一种方法，可以将石油开采率提高 20%，那么你将发现与西西伯利亚开采等量的油田有很多。

2．解释一下，发展中国家的能源资源只是"冰山的一角"意味着什么？对于这"一角"，又应该如何利用？

3．解释这句话："我们没有从我们的祖先那里继承地球，我们是从我们的子孙那里借来的。"

4．为什么解决全球性问题依赖的不仅仅是国家和政府，而是地球上每一个人的行为，其中也包括你？

二、"自学指南"模块

主题 2　世界资源地理　周围环境的污染与保护

怎样评价世界和一些地区不同形式的矿产资源的保障率

活动大纲

1．根据图表或者地图确定全世界或者一个地区可用资源的存储量规模。

2．确定该资源的年开采（需求）量。

3．用存储量的指数除以开采（需求）量指数。其结果会显示出在现代需求条件下可用资源可以使用多少年。

4．得出关于自然保障供应率的结论。

主题 5　世界经济地理学

世界经济区域的特点

活动大纲

1．世界经济区域的意义、区域组成、科学技术革命对其发展的影响。

2．原材料和燃料资源及其分布。

3．主要地理区域的生产规模。

4．主要的生产国。

5．主要的生产地区和中心；取决于该地区分布的哪些因素。

6．同发展区域相联系的自然保护和经济问题。

7．主要出口产品的国家（区域）、主要进口产品的国家（区域）、主要的货流。

8．发展前景和区域分布。

主题 6　外欧洲

一、国家（地区）经济地理位置的特点

活动大纲

1．邻国。

2．主要的陆地和海上运输路线。

3．主要的燃料和原料基地。

4．主要的产品销售地区。

5．随着时间的推移，经济地理区位的变化。

6．对经济地理区域影响国家经济发展和分布的结论。

二、国家（地区）工业发展的自然先决条件的特点

活动大纲

1．矿产资源的储量、分布及其地域组合。

2．水资源、森林资源及使用潜能。

3．关于资源型城市工业发展的总体评价。

4．用于工业的自然资源合理或不合理使用的特点。

5．关于经济可持续发展的评价。

主题 7　外亚洲　澳大利亚

一、利于国家（地区）农业发展的自然条件的特点

活动大纲

1．地形条件及其对农业分布的影响。

2．农业气候资源的特点。

3．土壤植被的条件。

4. 利于农业发展的自然先决条件的总体评价。

二、国家（地区）的农业特点

活动大纲

1. 产业价值及产量。

2. 利于产业发展的自然条件。

3. 土地关系的特点。

4. 产业结构，种植业和畜牧业的比例。

5. 种植业和畜牧业的分布，农业区（带）。

6. 国家对农产品进出口的依赖度。

7. 总结：产业发展的前景。

三、国家（地区）人口的特点

活动大纲

(1) 人口数量、人口再生产类型、人口政策。

(2) 人口年龄—性别构成，劳动力资源供给。

(3) 人口的民族构成。

(4) 人口的社会阶层构成。

(5) 人口分布的主要特点，移民对人口分布的影响。

(6) 城镇化的水平、速度和形式，主要的城市和城市群。

(7) 农民居住区。

(8) 总结：人口增长和劳动力资源供给的前景。

主题9 北美

一、国家（地区）工业部门的特点

活动大纲

1. 工业产品部门和范围的含义。

2. 工业部门发展的自然条件。

3. 工业部门的结构。

4. 影响工业部门分布的主要因素。

5. 依赖进出口的工业部门。

6. 总结：工业部门的发展前景。

二、个别国家的特点

活动大纲

1. 特惠补助金的特点。

2. 自然条件和资源的经济评估。

3. 人口再生产、人口结构及人口分布的特点。

4．经济的普遍特征。

5．工业分布的主要特征。

6．农业分布的主要特征。

7．运输地理学的主要特征。

8．主要经济区。

9．外部经济关系的地理学作用。

10．总结：发展前景。

主题10　拉丁美洲

怎样绘制和分析分级统计图

活动大纲

1．在轮廓图上标出需要分析的边界线。

2．分析分级统计图或其他材料，并描述必要的指标。

3．按照一定的区间对这些指标进行重新分组。

4．在分级统计图上标出注解，其中更深色调或更密阴影线将反映强度更大的现象，反之亦然。

5．在轮廓图上标出色彩或阴影线。

6．分析分级统计图，并得出结论。

第三节　研究结果

一、探究活动内部结构

1．"自我检测版块和互测版块"模块

"自我检测版块和互测版块"主要是引导学生反思对该主题的掌握情况，正如该书前言中对这个模块的说明：

"自我检测版块和互测版块包括了一系列具体问题、以课文形式出现的口头或书面习题，你可以自己或借助同学的帮助检验自己在知识和技巧掌握方面的成果。"

这一模块与习题类似，但多了一些分类指导语，如"你如何解释""你如何认为""你是否知道""你是否能够"等，将答题方式相似的问题放在一起。每个指导语下有1~8个具体问题。

2．"自学指南"模块

"自学指南"模块出现在部分章节中，可以分为两部分：活动主题和活动大纲。一个"自学指南"模块中，可能包含1~3套活动主题和活动大纲。活动主题是一般性的原理问题，

用陈述句表示；每个活动大纲包含了 4~10 个小问题，可以视为回答这些问题的纲领或解题步骤。

二、探究模块量化比较

各章都有"自我检测版块和互测版块"，但只有部分章节设计了"自学指南"模块。两个探究模块的问题数量，如表 7-4 所示。

表 7-4 《世界经济地理与社会地理》探究模块问题数量

序号	章	序号	主题	"自我检测版块和互测版块"问题数量	"自学指南"问题数量
1	世界的总体特征	1	现代世界政区图	9	—
		2	世界资源地理 周围环境的污染与保护	17	4
		3	世界人口地理学	20	—
		4	科技革命与世界经济	16	—
		5	世界经济地理学	21	8
2	世界的区域特征	6	外欧洲	33	11
		7	外亚洲 澳大利亚	26	19
		8	非洲	24	
		9	北美	30	16
		10	拉丁美洲	12	6
3	人类面临的全球性问题（知识总结）	11	人类面临的全球性问题	4	—

三、俄罗斯地理教科书探究活动特点

1. 探究问题类型多样，内容偏学术原理

该地理教科书的探究活动呈现了大量的探究问题，主要是在"自我检测版块和互测版块"这样的检测类探究活动中，有多种问题形式，如选择、判断、填空、名词解释、问答等。而且，在"自学指南"模块中，活动大纲的每个小步骤也是以问题作为引导。

在"自学指南"模块中，所探究的活动主题均为概括性的原理问题，如"世界经济区域特点""国家（地区）经济地理区位的特点""国家（地区）的农业特点"等，给出的活动大纲其实是一种看待地理问题的系统性思路，学术性较强，有助于培养学生的地理思维能力。

然而，与其他国家的地理教科书进行横向比较可以发现，该书的探究模块对地理读图技能的培养较弱，仅有"自学指南"模块的主题 10 "怎样绘制和分析分级统计图"提到了绘图、读图能力。此外，俄罗斯地理教科书的探究活动还表现出了明显的系统地理学特点，尤其是"自学指南"模块，虽然属于区域研究的课文，却并未根据某个具体的国家或地区进行探究，难免有脱离生活实际之嫌。

在探究活动之外，该地理教科书在每个主题的正文后还附有参考书目，这也是区别于其他国家中学地理教科书的特点之一。

2. 模块内部设置主观随意性大

每个主题（小节）中的"自我检测版块和互测版块"没有单独提出探究主题，而是根据问题形式的不同给出了指导语，对若干问题进行归类。然而，不同的指导语所代表的问题似乎并无能力上的明显区别，例如，"你如何解释"的问题既可以是简单的信息重现，也可以是较为开放的主观理解。在不少题目中，指导语可以换成别的，也不影响作答。因此，指导语所代表的问题类型较为随意，至少在部分题目中，所选用的指导语或许仅是语法上的要求，而非实质内容的差别。

模块内部的随意性还体现在指导语的名称上。在前五个主题中，指导语比较一致，一般不超过前面所提到的 4 种类型（"你如何解释""你如何认为""你是否知道""你是否能够"）。从主题 6 开始，指导语变得随意起来，出现了"在课文中寻找答案""运用地图回答"等，以及更长的"判断下列观点中哪些是正确的？如果不正确，请说出你的观点"或者"说出符合下列表述的国家"等更为具体的、难免有重复价值的指导语。

3. 图片资料较少，趣味性较低

地图和图片因其综合性和直观性而受到地理教育的重视，是地理教材的显著特征。地图比文字语言更形象、更直观，也更有表现性，有助于学生形成正确的空间概念、深入理解和巩固地理知识、丰富地理思维、获得地理能力。地理图像也应该被视为与文字同样重要的教材内容，充分利用图像在我国已成为基础教育地理教材编写的指导原则。在这一方面，俄罗斯地理教材有别于其他国家，这两个探究模块以问题为主，而缺少图文资料和相关技能指导。探究模块中仅有的几幅地图表现内容单一、比例尺很小，难以具备深入探究的条件，这不能不说是该套教科书地理探究活动设计的一个缺憾。

第八章

澳大利亚地理教科书探究活动研究

第一节　概述

一、教科书介绍

《全球交互作用（第二版）》是澳大利亚皮尔森集团于2008年出版的中学地理教科书，全书462页，正文部分458页，供十年级学生使用。

全书分为自然地理和人文地理两大部分，分别为"自然生态系统的交互作用"和"全球性挑战"。各部分下设若干单元，共计12单元。具体单元主题如表8-1所示。

表8-1　《全球交互作用（第二版）》书目结构

部分	单元主题
1. 自然生态系统的交互作用	1. 绪论：自然生态相互作用
	2. 大气圈
	3. 水圈
	4. 岩石圈
	5. 生物圈
	6. 海岸环境和海岸沉积物的处理
	7. 流域与河流整治
2. 全球性挑战	8. 人口地理
	9. 自然资源的利用
	10. 文化融合
	11. 政治地理
	12. 发展地理学：朝向全球公平？

二、探究活动类型

《全球交互作用（第二版）》设计的课文补充模块众多，主要包括"地理聚焦""你知道吗？""理解课文""地理任务""测试样题""地理技能"等模块。在这些模块中，探究性明确的主要是"理解课文""地理任务"和"地理技能"模块。

三、独立探究活动主题

《全球交互作用（第二版）》只有独立的探究活动模块"地理技能"具有主题，从中可以看出探究活动的作用和关注点，如表8-2所示。

表 8-2 《全球交互作用（第二版）》探究活动模块"地理技能"的主题

序号	主题	序号	主题
1	天气图	14	摄影图像
2	在当地社区学习小气候	15	地形图
3	等值区域图	16	测量河流径流量
4	比例图	17	调查河流沉积物
5	如何答论述题	18	调查土壤中沙子、淤泥和黏土的相对比例
6	学会阅读"比例圈"	19	调查河床
7	回答问题	20	调查河岸
8	高中地理项目	21	双对数标准曲线图和半对数曲线图
9	调查土壤	22	人口金字塔
10	作一次口头报告	23	成比例的圆圈和多边形
11	多媒体展示	24	流线图
12	波浪实验：风对波浪的影响	25	思维导图
13	调查沿岸漂移	26	漫画解析

第二节 探究活动案例

本节对《全球交互作用（第二版）》的"理解课文""地理任务"和"地理技能"三个探究模块的具体内容做对比分析。"理解课文"和"地理任务"模块活动众多，并且与课文内容密切相关，并不是完全独立的探究活动，因此本节只列举了部分活动。"地理技能"模块则是具备了材料与活动步骤的独立探究活动，在本节中全部进行展示。

一、非独立探究活动模块样例

1．"理解课文"模块

第 1 单元"理解课文"模块的探究活动，如下所示：

- 理解地理学家不同于其他科学家的角色定位。
- 识别自然环境的四大要素。对每一个要素给出大致的描述。
- 解释地球上出现最多生命体的地方。
- 陈述人类影响自然环境的两个要素是什么。
- 列出原住居民和自然环境关系的本质。
- 解释当代工业社会开发自然环境的活力是什么。
- 定义可持续发展，阐述哪些原则指导了可持续发展。

第 2 单元的"理解课文"模块，共有 8 类探究活动，每类探究活动可分散在多个具体活动之中，如表 8-3 所示。

表 8–3 《全球交互作用（第二版）》第 2 单元大气圈的"理解课文"模块的探究活动

序号	"理解课文"
1	（1）用自己的语言给大气下定义 （2）解释大气是怎么形成的 （3）概述氧气在大气中是怎么形成的 （4）解释天气和气候的区别 （5）解释为什么对流层对人类很重要 （6）概述大气的组成 （7）讨论影响特定地区辐射吸收量的因素
2	（1）概述全球热量收支平衡的主要特点 （2）解释经纬度的辐射收支不平衡是如何变平衡的 （3）给气温直减率下定义 （4）给环境气温直减率下定义
3	（1）解释引起对流层大气全球运动的原因 （2）解释大气压和地表大气运动的关系 （3）解释哈德利环流的动因 （4）描述地转偏向力对南、北半球大气环流的影响 （5）描述高压、低压系统及其产生的天气现象 （6）区分反气旋和气旋 （7）列出热带气旋的性质 （8）解释冷锋和暖锋的不同
4	（1）区分强雷暴和其他雷暴天气 （2）列出雷暴发生的条件 （3）描述强雷暴发生的条件 （4）区分"多单体雷暴"和"超级单体雷暴"
5	（1）解释太阳辐射的分布不均对气候的影响 （2）概述地球的自转和公转对气候的影响 （3）描述温室效应 （4）解释寒、暖流对其流经沿岸地区的气候的影响 （5）概述地形对气候的影响 （6）解释海陆风的成因 （7）描述山风和谷风的不同
6	（1）给小气候下定义 （2）解释城市是如何形成局部小气候的，并对温度、太阳光、湿度、降水和风速等进行特殊的说明 （3）解释不同的坡向是怎么形成小气候的 （4）解释地表特殊的地形是如何形成独特的小气候的
7	（1）A. 列出所有与人类作用相关的大气环境问题 　　 B. 解释为什么这些都是跨越国界的事件 （2）概述大气污染的污染源有哪些 （3）描述光化学烟雾的性质和它对人类健康的影响 （4）给逆温现象下定义 （5）解释大气逆温与大气的严重污染之间的关系 （6）描述酸雨形成的过程 （7）描述酸雨的影响
8	（1）列出导致全球变暖的主要影响因素 （2）解释二氧化碳对大气的影响 （3）概述全球气候变化可能带来的影响 （4）列出一系列人类需要执行的措施来减缓全球气候变化的进程 （5）描述臭氧层的作用 （6）列出大气中臭氧层减少可能带来的一系列的影响 （7）描述人类为保护臭氧层而采取的一系列措施

2．"地理任务"模块

第1单元和第2单元中的"地理任务"的例子。

第一单元

地理任务

小组工作：将班级分为四个小组。每个组选择自然环境的一个要素，然后依照以下各点进行"头脑风暴"：

a．所选择的要素影响人类活动的方式。

b．人类活动影响所选择的要素的方式。

在一张大纸上记录在你所在小组讨论中的要点。与班级其他同学分享你们组的发现。

第二单元

地理任务

1．解释图表：阅读相关图表，写一篇关于大气层各分层的温度变化的报告。

2．解释图表：阅读相关图表，回答"为什么温度会随着高度的增加而降低？"

3．写作：学习"你知道吗？"写一段话，区分天气和气候。

地理任务

写作：写一篇小说明文，解释为什么气压会随着高度的增加而降低。

解释图表：阅读相关图表，写一段描述南、北半球大气环流和气压带的文字。

阐明图文：学习教科书中关于拉里气旋的内容。

a．概述拉里气旋对昆士兰北部地区的影响。

b．仔细观察图表，写一篇描述拉里气旋路径的短文。

写作：根据书中提供的信息，概述气团是怎样影响澳大利亚和北美地区的天气的。

探究：收集一系列的澳大利亚的天气图（应至少包含连续5天的天气图），追踪高、低压中心在澳大利亚的移动轨迹，记录高、低压中心经过地区的天气状况，并用两段或三段文字对相关的天气现象进行描述。

地理任务

阅读相关图表，写作任务和应用互联网。学习教科书中的"地理关注"栏目。

1．阅读相关图表，写一段文字描述悉尼雷暴发生的月份和时间。

2．阅读相关图表，解释冰雹是怎样在雷暴中产生的。

3．根据课文给出的简图，解释闪电和雷的产生过程。

4．写一篇报告，详细介绍发生在悉尼的冰雹和雷暴所带来的影响。

5．借助报纸和互联网，探究一个最近发生的雷暴，列出其对发生地区的社区和环境造成的影响。

地理任务

1．解释图表：分析教科书中的气候分布图，回答问题。

a. 查找每一个气候观测点的地点，并正确地说出观测点所在地区的气候类型。

b. 说出下列概念的意义：

①最低年降水量　②最高年降水量　③最高月平均降水量　④最高月平均气温　⑤最低月平均气温　⑦温度的季节性变化最大　⑧温度的季节性变化最小　⑨降水的季节性变化最大　⑩降水的季节性变化最小

c. 列出具有夏季多雨、冬季干旱特点的气候观测站。

d. 列出全年多雨的气候观测站的名称。

2. 解释图表：分析教科书中的气候分布图。

a. 对全年高温多雨的气候区的经度分布进行说明。

b. 描述干热气候区的分布。

c. 描述夏季炎热干燥、冬季温和湿润的气候区的分布。

d. 说出下列地理区域所对应的气候类型：澳大利亚北部、撒哈拉以南非洲、塔斯马尼亚岛、阿拉斯加、印度北部、英国、巴布亚新几内亚、俄罗斯北部。

3. 解释图表：阅读相关图表，写一篇关于全球洋流分布以及寒流与沙漠关系的报告。

4. 解释图表：阅读相关图表，并解释下列问题。

a. 地形雨和焚风的成因。

b. 大型山脉背风坡的沙漠和半干旱气候的成因。

5. 解释图表：阅读相关图表，写一篇概述山谷风成因的说明文。

6. 解释图表：阅读相关图表，写一篇概述海陆风成因的说明文。

地理任务

1. 互联网查询和写作：学习地理，关注城市"热岛效应"。

a. 解释城市"热岛效应"发生的机制。解释它是如何影响大城市中心地区的空气质量的。

b. 在互联网上查找更多的关于城市"热岛效应"的资料，将查到的内容补充到第一个问题中。

2. 写作：阅读相关图表，写一篇关于逆温以及逆温与大气污染之间关系的文章。

3. 写作：阅读相关图表，写一篇关于酸雨形成过程的文章，并说明受酸雨危害的地区有哪些。

地理任务

1. 解释图表：读教科书图1.2.47（图略），回答问题。

a. 看图说出1960—2005年冰川的体积变化。

b. 1992年后，冰川减少的速率是增加了还是降低了？为什么？

2. 分析图片：读教科书图1.2.48（图略），回答问题。

a. 对比1930年和1960年的别德马冰川的照片，解释图片所反映的问题。

b. 小组合作，猜想图片前后变化的原因，并将你的猜想和班内的其他同学分享。

3. 互联网调查：进行基于互联网的调查，查找全球不同地区的冰川的变化，解释变化的原因。

4. 解释图表：读教科书图 1.2.49（图略），回答问题。

a. 1958—1976 年的北极冰川厚度和 1993—1997 年北极冰川厚度相差多少。

b. 哪个取样点的变化最大？

5. 解释图表：读教科书图 1.2.50（图略），回答问题。

a. 2000 年的海洋冰川与 1980 年的海洋冰川相比，变化了多少？

b. 冰川面积的最低值出现在哪一年？

c. 在哪一年，冰川的面积达到 800 万平方千米？

6. 解译卫星图片：读教科书图 1.2.51（图略），列举 1979—2005 年北极冰原变化的证据。

7. 解释图表：读教科书图 1.2.46（图略），解释 2005 年的海平面相比于 1993 年的海平面，变化了多少？

8. 互联网查询：查询斯特恩报告的相关信息，并列出一些斯特恩提出的应对全球气候变化的措施。

9. 分析课文：阅读地理关注部分的"全球变化政府间组织"。

a. 解释全球变化政府间组织的作用和构成。

b. 解释为什么全球变化政府间组织的工作如此重要。

10. 写作：阅读地理关注中的"碳交易协议"部分，试着用自己的话解释这个协议。

11. 利用互联网查询：利用互联网查询相关数据，画出一个饼状图来表示不同的温室气体对全球变暖的作用大小。

地理任务

1. 写作：读教科书图 1.2.41（图略），写一篇说明全球变暖进程的文章。

2. 分析图表：读教科书图 1.2.42（图略），回答问题。

a. 描述全球气温变化的趋势

b. 2005 年的平均气温比 1951—1980 年的平均气温高多少？

c. 从哪一年开始，全球气温开始呈现稳定的上升趋势？

3. 分析图表：读教科书图 1.2.43（图略），回答问题。

a. 2005 年大气中的二氧化碳浓度比 1960 年大气中的二氧化碳浓度高多少？

b. 在哪一年二氧化碳的浓度超过了每 1 000 000 个空气分子中有 38 个二氧化碳分子这一浓度。

4. 分析图表：读教科书图 1.2.44（图略），回答问题。

a. 利用地图找出人均二氧化碳排放量超过 15 吨的 5 个国家。

b. 描述人均二氧化碳排放量低于 3 吨的国家分布。

5. 分析图表：读教科书图 1.2.45（图略），回答问题。

a. 最大的二氧化碳单个排放源是什么？
b. 其中燃烧化石燃料所释放的二氧化碳占全部排放量的比重是多少？
c. 工厂排放的二氧化碳占全部排放量的比重是多少？
d. 农业生产排放的二氧化碳的总量是多少？
e. 火力发电排放的二氧化碳的总量是多少？

6. 画图：学习教科书表1.2.3（表略），画一个关于二氧化碳排放量最多的10个国家的柱状图，并把澳大利亚的数据加进去。

二、独立探究模块样例

在《全球交互作用（第二版）》的探究活动中，"地理技能"模块具有较好的独立性，因此单独作为案例展示。

地理技能1 天气图

天气图是对某一地区某一段时间大气状况的记录。天气图能提供气压、气团和锋面活动的信息，包括云层的厚度、风向、风速以及降水区域。根据这些信息，我们可以对未来几天的降水、气温、湿度和海洋状况进行预测。

天气图的组成要素

● 等压线：把在一定时间内气压相等的地点在平面图上连接起来所成的封闭线。气压的单位是百帕，用hPa表示。你需要根据邻近的等压线来估计某一特殊地区的气压值，这一点类似于根据等高线来估计某地的海拔。

● 气压系统：气压系统是根据等压线的形状来确定的。越靠近中心，闭合的等压线所代表的气压值越高的是高压系统。越靠近中心，闭合等压线代表的气压值越低的是低压系统。

● 冷锋：冷空气前移取代暖空气位置的锋。暖而湿的空气被迫抬升，使得冷空气过境时常伴有降水。

● 暖锋：暖空气前移取代冷空气位置的锋。

● 风速：等压线越密集，风速越大。某些天气图中包含风向和风速的信息。

● 风向：风向是风吹来的方向。例如，南面吹来的风叫南风。风向取决于气压中心的位置。在南半球，风围绕高压中心逆时针运动，在低压中心则顺时针运动。

地理技能2 在当地社区学习小气候

1. 用温度计记录学校不同地点的温度变化。调查你测量地点的环境，并试图解释不同地点温度差异的原因。对比结果，并把你测量的地点在学校地图上标注出来。

2. 通过观察系在插入地下的棍子上的细布条，调查大型建筑物对风速的影响。

3. 以班级为单位，测量和记录你们社区温度和降水的变化。每个同学都将温度计带回家，并在预先约定好的时间对你们后院的空气温度进行测量。把你们的发现记录在社区的地图上。检验你的发现，并将降水和温度的变化记录下来。

4．找出一个具有南坡和北坡的山谷或者河谷。测量南坡和北坡的温度并进行对比。记录两个不同坡面上植被覆盖的差异。

5．如果你住在一个周边都是农村的城市，对比一下城市和周边乡村出现霜的次数。你的同学可能有住在周边乡村的，你可以让他提供乡村的相关信息。如果你住在城市，联系气象局，找出在过去一年中一共有多少天出现霜。

地理技能3 等值区域图

等值区域图用阴影或颜色表示某一物体的质量、密度等，如人口、降水量和温度。不同区域范围有不同值，每个值都用相应的一种颜色或阴影表示。画分级统计图时，每一个区域全部都被代表特定值域的颜色或阴影覆盖。颜色或阴影随着质量和密度的变化逐渐变化。

在解译分级统计图时，需谨记，即使颜色或阴影完全一样的一个区域内的值也是有差别的。例如，世界地图通常显示的是不同国家和地区的数据。各个国家也变成了各种不同的值域，导致国家和地区的一致化，从而忽略了小范围的差值特征。

地理技能4 比例图

比例图是一种有效展现数据的形式，它为读者提供了直观而迅速的信息，并可以通过分析得出更加精确的信息。

饼状图是中心放射线分割的一个圆。每一部分的比例都有其代表的意义。比例图也称作扇形图。

一个饼状图（360°）代表100%。因此每1%都代表了3.6°。知道了这个值有利于绘制和解释饼状图。

绘制饼状图

1．画一个圆，然后从中心画一条指向时针12点的线。

2．把每部分所占的比重乘以3.6°，如比重的值是25%，在饼状图中将占90°。

3．把你转换的数值从大到小排列。把分类中的其他放在列表的最后。

4．把你的数值用分度器标在圆上。顺时针标出，并从最大的数值开始。

5．给每部分涂色和命名，这是关键。

地理技能5 如何答论述题

写作和演讲能力对于地理知识的学习和交流十分重要。培养这些技能与学习地理知识点同样重要。语言不仅仅是我们传播和理解地理知识的工具，它同样应用于知识的构建。例如，写高中的地理作业，如果缺少对这种技能的培养，我们很难抓住地理知识的主题。在本模块中，着重说明以下几点：

- 案例的使用和答题
- 写出相关因素所带来的影响
- 口头演讲展示

- 构建微型地图

如何答论述题

各科教师都会经常抱怨：学生不会答论述题。许多学生也承认自己没有掌握答论述题的技能。答论述题不仅是考试的一项重要技能，也是体现教育水平的一项重要技能，它对知识的理解和交流起着重要的作用。正确地答论述题需要清晰的思路和准确的表达，这二者本身就是十分重要的技能。

成功地答论述题需要具备的技能：

- 理解需要回答的题目
- 理解问题相关的背景知识
- 具有有效答题的技能（表8-4）

表8-4　答论述题的"该做"与"不该做"

1	坚持列出答题的大纲。
2	永远紧扣题目。要学会选择，不要写下你知道的有关题目的所有内容。不相关的信息只会阻碍你答题。
3	要对问题的每一部分都解答。如果没答全，可能会降低你的答案质量，从而会导致扣分。
4	如果可以的话，使用图标、模型、框架图答题。
5	永远不要在答案里面涉及自己。例如，"我现在开始回答""我认为……""我已经说过"。
6	永远不要使用反问语气。例如，"所以，什么是富营养化"。
7	避免价值判断（例如，所有的自然资源保护者都是嬉皮士），除非你有足够的证据支持这一观点。
8	只使用大家熟知的组织的缩写名。例如，在第一次提到一个组织时，你需要写清它的全名，然后在后面的括号中写清楚它的缩写。
9	记得检查一遍你的答案，查找是否有标点、拼写、语法和图标标注的错误。

开始实行

仔细阅读和剖析题目和问题，即明白你需要做什么。每一个题目会包括一个条件，告知你该怎么做，它也包括关键词，即在你答题时需要重点强调的词。在读题时，最好将关键词和条件标出来。

一些论述题通常包含几部分，要想答出这些题，你需要把每部分的问题都回答出来。

许多同学认为，只要你把你知道的内容全都答上，就必然包括答案；还有一些同学答题采用预先准备好的答案，通常这些同学都得不到很好的分数。得分最高的同学通常是那些能够理解题目，并巧妙地运用自己的知识来回答问题的同学。他们能够判断出题目可能包含的主题，并利用已有知识来回答这个问题。

信息收集

回答问题所需的信息可以通过很多渠道获取，书籍、互联网、光盘、自己的笔记等都是你获取信息的渠道。

为了确保获得信息的时效性，你最好采用最近发生的事件作为例子。报纸、互联网、杂志和政府公告等都具有时效性。

快速阅读你搜集的材料以确保它与你的主题相关，然后对你认为相关的材料进行总结。为了回答问题，你需要列出问题相关的标题，你的总结应按照类别分别写在你拟定的这些标题下面。

一旦搜集完信息，你便需要总结信息。选择信息时，你需要决定采用哪些信息，放弃哪些信息，用什么顺序来写。你需要把每一部分的主题句单独写在一行。这些主题句连到一起便是答案的整个框架。

列出答题大纲

花费几分钟的时间列出答题大纲，即使在考试的情况下，列出答题大纲也绝不是浪费时间。它实际上会节省你答题的时间。一个大纲多是由几个关键词和知识点构成，简洁的几个句子就可以帮你回顾知识点，并避免答题时有知识点的重复。通过列出大体框架，它同样可以帮你检验思路的连贯性和正确性。

你的大纲中应该包括你在答案中希望阐述的问题。这些问题可以拓展成好几段。

你的大纲中也应包括你对题目的理解，要重视关键词。关键词有利于你决定答题时需要的细节。你的大纲同样可以避免你使用不相关的知识答题。

在答题的过程中，要时时借鉴你的大纲，阐述完的知识点要在大纲中划掉，这一过程会帮助你回想起你可能忘掉的知识点。

在写完一段时记得及时检查，你检查完再进入下一段的写作。这看起来有点浪费时间，但是它可以保证你所写文字是紧扣主题并且是写同一主题的。在写的过程中，你要不断地问自己："我是在回答问题吗？"写完一段便回头检查，同样可以快速地改正错误，以提高你答案的质量。

论述题作答

论述题通常包含三部分：开头简介、主体部分、结论。

开头简介

简介即为读者"设定场景"。你需要说明自己准备阐述的观点。最好包含问题的关键词，并且包含你将要使用的重要的地理概念和词语。

在考试中，写一个好的开头简介十分重要。阅卷者通过你的开头简介，会十分快速地判断你的答题思路是否正确。简介不能太长，你仅仅需要重复一下问题。

主体部分

主体部分是你论述观点的细节阐述。每段都需要围绕一个中心，这个中心就是为说明你的观点众多论证的其中一条。这条论证通常在段首以中心句的形式出现。该段的其他部分则是对这句话的阐述或例证。各个段落最好按照能证明你的观点的顺序来写。

在地理教学中，可以采用二级标题和点列表的形式。每一个点都需要用简明的句子来解释。例如：

为了更好地利用水资源，我们可以采取以下措施：

- 使用"用户消费"系统

- 调控用水量
- 修建更多的储水设施

地图、图标和模型是阐述你的问题的好方式。如果你在答题中使用地图，这幅图需要包括：比例尺和方向标。地图需要具有合理的尺寸，并且图面要简洁清晰。地图最好在答题的主题中使用，不能放在最后，针对地图，你要解释得很详细。

结论

在结论中应包含你所有的观点。注意观点的前后一致性。

检查答题表

如果你是在家做的题，并且准备上交了。在上交之前，你可以按照以下步骤对答案进行检查，以获得一个好成绩。

1．通篇阅读，看答案是否条理分明。
2．把那些与问题不相关的部分圈起来。
3．大声读出你的答案，以确定无语法和标点错误。
4．检查拼写，并去掉多余的词语和短语。通过长句变换成短句来简化你的答案。
5．再思考一遍关于答案的几个问题：
- 我的观点都是相联系的吗？
- 答案中有没有表述不清的语句？
- 我有写重复的部分吗？
- 我把问题回答完整了吗？
- 我定义完关键术语了吗？

6．如果需要交手写稿的话，最好重新写一份干净整洁的答案。
7．可以采用电子文档，它可以使文字书写更便捷，并会自动查找出拼写错误。

使用不同的写作类型

考试逐渐地开始考查学生对不同写作类型的写作能力。地理的写作类型一般包括说明文和议论文。每种写作类型都具有不同的语法和格式。

地理技能6　学会阅读"比例圈"

"比例圈"用每个圆圈的面积表示了相对大小。每个圆圈的大小必须和它实际代表的量成一定的比例。

其他形状，比如正方形、长方形、立方体、三角形、国家的符号或形状，有时会代替"比例圈"使用。

地理技能7　回答问题

简答题的答案一般不超过20行。这种回答通常需要对统计数据、地图、图片、图表、漫画，或是报纸、杂志摘要等进行分析。

当你研究问题来源的材料时,你应当问自己以下问题:
- 这些项目传达了什么信息?
- 有什么地理概念和这些材料相关?识别出了什么趋势或模式?
- 这些材料传达的信息(趋势或模式)有什么地理学意义?

一般来说,好的答案不只是描述材料。较好的学生会写出基本过程,并运用知识来表达出他们理解了的材料中的要点。他们会写出论证充分的答案,并且引用适当的术语和概念。

通常,进行材料回答的写作要包含描述、分析、启示三个阶段。

描述

第一阶段包括对材料呈现的信息的概述。举例来说,它应该包括对于用数据或图示法检验或阐明的地理现象的陈述,以及对明显趋势的概述。你可以通过从材料中引用数据来阐明这种趋势。

分析

在分析数据时,你要确定相关信息中的地理概念。你要用上下文中的适当术语来展示你对于这些概念的理解。

启示

第三阶段可能需要完成一些材料里没有明确规定或要求的任务。基于你对于主题知识的理解,你陈述或者描述出该模式、趋势或所呈现材料的可能结果或影响。这通常应包括使用准确的地理学术语,确定某一过程或对观察到的趋势进行解释。

地理技能 8　高中地理项目

高中地理项目是预备课程的必修部分。它给予学生一个机会,把课堂学到的内容应用到实际研究任务中,主要涉及学生感兴趣的地理问题或现象。大多数学生都认为,高中地理项目是一个非常有益并且令人愉快的学习经历。它使得学生的很多能力得以发展,这些能力在工作及日后的学习中是非常宝贵的。

学生可以单独工作或者结成小组,应该完成图 8-1 所示高中地理项目的步骤。

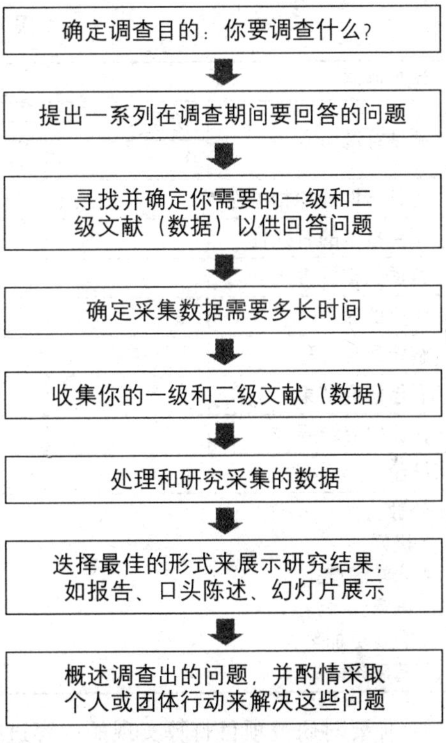

高中地理项目应该既以第一手资料(例如,野外工作、谈话、景观观测、统计数据和照片)为基础,又以第二手资料(例如,现有的已发布的材料)为基础。

尽管各个学校对于高中地理项目的评价方式

确定调查目的:你要调查什么?
⬇
提出一系列在调查期间要回答的问题
⬇
寻找并确定你需要的一级和二级文献(数据)以供回答问题
⬇
确定采集数据需要多长时间
⬇
收集你的一级和二级文献(数据)
⬇
处理和研究采集的数据
⬇
选择最佳的形式来展示研究结果;如报告、口头陈述、幻灯片展示
⬇
概述调查出的问题,并酌情采取个人或团体行动来解决这些问题

图 8-1　完成一个高中地理项目的步骤

有所不同，但大多数教师会关注学生在研究项目各阶段的成绩，而不只是结果上的沟通。

入门指南：选择主题

通常，最有效的研究项目是那些关注与学生个人经验有关的，或者对他们生活及社会产生影响的地理问题的项目。

当你选择高中地理项目主题时，有几个关键问题要处理。

1．这是地理学的问题或现象吗？要回答这个问题，用下列问题检验一下你选择的主题。
- 它与位置有关吗？
- 它是什么？
- 为什么它出现在那里？
- 它随着时间如何变化？
- 它是如何影响人们的？

2．这个项目在时间上可行吗？

3．完成该项目所需的信息容易被人获取吗？

很多学生发现他们选择的题目太庞大了，无法在可用的时间内完成，这种情况往往发现时都太迟了。通常，都是小的、看起来简单的研究活动可以得到最好的结果。非常重要的是，你要证明你确实理解了这项研究的过程：你可以开发、应用和评价研究框架。表 8-5 给出了一个案例，教师可以参考它来评价高中地理项目。

表 8-5　评价表样本

学生姓名					
评估标准	初级 ←				→ 优秀
	1	2	3	4	5
主题与地理的相关性					
研究技术的有效性					
数据的相关性					
研究的深度					
解释研究过程					
展示研究结果					
讨论研究结果					
结论					
分数 5 极好 4 非常满意 3 满意 2 需要更加努力 1 基础阶段	分数： 教师签名：				

你要对研究项目打算实现的内容进行简要的叙述。通常会明确表述研究项目的目的，如下列所示：

- 调查
- 发现
- 鉴定
- 分析
- 考虑
- 解释

下面给出一个例子，主题为调查"鲨鱼湾溪流有毒藻华"的目的应为：

- 目的1：鉴定鲨鱼湾溪流有毒藻华的原因。
- 目的2：调查有毒藻华对鲨鱼湾的溪流生态系统的影响。
- 目的3：评估不同的鲨鱼湾溪流有毒藻华暴发的管理策略的有效性。

研究假设是你的研究目的中提出问题的预期答案，并且应基于你前期的学习、观察和经验。因为它们只是猜测，所以可能是错误的。这没有关系。研究人员经常发现，非预期的结果引发了重要的新发现。

对于上面的主题来说，适宜的研究假设可以为：

- 假设1：有毒藻华是由水中磷酸盐含量升高导致的。
- 假设2：有毒藻华会大幅减少河水中的含氧量，破坏水生生态系统。
- 假设3：只有那些旨在降低鲨鱼湾溪流的磷酸盐进入量的管理策略才可能有效。

研究假设的数量应该和目的的数量一致。

有些教师可能还要求你确定具体目标。具体目标就是你用来实现目的所采取的步骤。这些步骤可能会相当详细，并且同你用来检验假设的方法紧密相关。

对于同一个主题来说，具体目标的示例如下：

- 目标1：在鲨鱼湾溪流的不同站点测量磷酸盐水平。
- 目标2：在鲨鱼湾溪流的不同站点评价生物多样性水平。

搜集和加工资料

搜集和处理资料是研究过程中的"亲身实践"部分。这可能包括大量野外工作（对于现象的直接观察或测量），可能要求你直接和大众打交道。在大多数包括问卷、观察或直接测量的案例研究中，通常只用一个样本。这是因为时间和费用的限制。但这个样本必须足够大，才能够提供可靠的结果。你还必须决定，你将以一个特殊的群体为目标，还是将研究建立在随机抽样的基础上。通常，需要注意确保你的样本包括不同年龄、性别和职业的人。

第二手信息（例如，发表的文献、报纸和杂志文章、政府报告、影像资料以及统计学出版物）也可能很有用。很多第二手资料可以通过访问互联网或地理信息系统获得。

搜集资料

搜集资料通常需要给你提供相关信息和帮助的居民和组织写信。会写信是一种重要的能力。如果你不确定如何进行，可以向你的老师寻求帮助。很多学生会因为他们得到很少的回应而感到沮丧。人们通常是不会忽视简明、写作上乘的信件的。

已经决定了你的研究采取什么形式，搜集了所有相关材料，接下来需要找到一种方法来运用这些材料，以实现你预定的目的，证实或证伪你的研究假设。

处理结果

处理结果时必须要很谨慎，以确保准确性。如果你的研究是基于问卷进行的，你可能会发现，用空白的问卷拷贝来进行答案统计是比较有用的方法。如果你对数据进行数学计算，要对答案进行检查。

要保证在指定的时间内完成你的研究项目，可以使用高中地理项目的行动计划图（图略），它可以使你有效地管理时间。

高中地理项目的展示

呈现的形式

完成了的研究项目可以用多种方式呈现。展示形式可以包括下述的一种或几种的组合：

- 不超过2000字的书面报告，要求有数据支撑。
- 视听展示。使用信息技术和电子媒体。
- 口述展示。
- 包含图示的文章。

你应该选择能充分显示你在这个项目中对知识的理解的展示形式。例如，那些口头沟通能力好的学生，可能就认为口述展示是呈现结果的最好方式。

视听展示可以包含下列的一种或几种的组合：

- 幻灯片展示和口头报告
- 播客
- 网页

相关内容可以通过多种形式进行展示。内容包括很多图片材料，如地图、照片、插图、漫画和图表，这些也需要配有说明性文字。

大多数学生会选择呈现书面报告。如果这是你们喜欢的展示方式，你要关注撰写书面报告的一些要求。这些要求如下所示：

- 报告应该是专业的表达。使用文字处理器通常会更容易实现这点。使用A4纸，并把报告放在一个展示文件夹中。
- 如果你的报告是手写的，要保证整洁。
- 要保证你的报告包含以下部分：扉页、目录、图表清单、研究目的和研究假设、使用的方法、研究的发现或结论或对结果的讨论、研究过程的评价、参考文献、致谢、附录。

和你的老师协商，这种结构是否满足要求，并且适合你的研究类型。

扉页

书面报告的第一页就是扉页。扉页应包括课程名称、研究项目的标题、你的姓名、教师的姓名和日期。标题的措辞，应该能让读者简要理解你的研究项目的内容。

目录

书面报告的第二页应该是目录。它应该给出报告所有部分的标题和它们的起始页码。通过查阅目录，读者应该一下就能看出你使用了正确的报告结构。图8-2为目录页示例。

目录

表和图的列表	3 ← 该部分开始的页码
目的和假设	4
方法	5
研究结果	6 ← 报告正式开始的部分
结论	12
评价	15
参考书目	17
致谢	18
附录	19

图8-2　目录页示例

图表清单

表格的目录通常在图的目录之前。一般来讲，应该列出标题，并进行连续编号。图包括照片、图形、地图、示意图和图表。图8-3为图表清单页示例。

表格和图像的列表

表格	页码
表1 1990—2005年沙克斯维尔的人口增长	7 ← 首先列出表格
表2 在特定收入组中的沙克斯维尔人口比重	9 ← 表格的标题

图像	
图1 2005年沙克斯维尔的族裔组成	8
图2 2005年沙克斯维尔的人口结构	9
图3 鲸鱼山的沙克斯维尔	10
图4 沙克斯维尔的娱乐设施	19 ← 项目编号顺序

图8-3　图表清单页示例

研究目的和研究假设

你的研究目的和研究假设可以用短语的形式列出，也可以用完整的语句列出。加宽行距，使得每点都很清晰，也可以使用某种格式吸引读者的注意力。

方法

在书面报告的方法部分，你要描述你是如何调查该研究所关注的地理学问题，你是如何检验每个假设的。描述你的研究过程，说明为什么你选择了这种方法。在适当的地方，应该包含的信息如下：

- 你是如何搜集资料的？
- 为什么选择这种方法？
- 样本的规模多大？
- 样本是如何抽取的？
- 研究持续多长的时间？
- 材料是如何处理的？

研究成果

研究成果是报告的主体部分。你可以通过适当的图形、表格、图表、照片和地图来完成这一部分，但是也要对结果进行文字描述。文字描述要确保你提及了用来显示结果的图表和图像，要使用陈述句的形式。例如：

- "图 1–2 显示的结果证明……"
- "图 1–3 显示……"
- "如表 2–1 所示……"

注意图形、地图和其他说明性材料的表述，使用的色彩遵循人们的使用惯例。

如果你要验证不止一个研究假设，你可以将这一部分分成几个小部分，每一小部分对应一个假设。

结论

在结论中，你要根据研究目的和研究假设对研究结果进行分析和评价。

讨论你的研究结果是如何体现或者不同于你的预期。你也可以就为什么得到了该结果进行解释，并列出研究中预料外的或有趣的结果。

如果合适，你会发现你的研究对进行地理探究很有用。

评价

很多教师认为评价部分是高中地理项目展示中最重要的部分。在这部分，你有机会通过项目设计的研究框架，来展示你对研究过程的理解。即使你对研究项目的结果感到失望，如果你能指出哪里有错误，以后遇到这类研究要如何处理这些问题，你也可以得到很好的成绩。

在评价中，你应该既列出你研究项目的局限性，又列出成功的地方。你也应该说明遇到的问题，以及这些问题如何影响最后的结果。学生遇到的问题通常涉及多个方面：

- 调查表格没有被寄回
- 问题设计得不好，未能得到需要的信息
- 样本量太小
- 缺少适当的资源
- 给你提供需要信息的个人和机构的阻力
- 研究关注的问题过大，时间和资源上无法实现你要对讨论进行平衡，突出研究的成功，以及完成研究带来的收益。这可能包括多项内容，其具体内容如下所示：

- 对于研究过程的理解
- 对地理概念和术语的理解
- 交流能力
- 描述材料的能力
- 更大的自信
- 完成任务的成就感

在这部分，你应该进行总结，描述如果要重复这个项目，你会如何进行改进。

参考文献

在参考文献中，你应该列出研究时觉得有用的第二手资源的文献名称。

如果涉及报纸和杂志上的文章，你需要提供详细的资料。

致谢

致谢部分为你提供了一个机会，去感谢那些为你的研究提供了帮助的个人或组织。

附录

报告的附录是与你的研究相关的背景信息的部分，可以包括与主题相关的剪报、使用问卷的副本、数据图表以及研究资料依据说明。

地理研究开展的道德责任

当进行研究时，非常重要的是要依据普遍接受的道德标准。这些标准如下所示：

- 尊重那些为你提供信息或数据的人，并且做到保密和匿名。如果你想要在文中署某人的名，首先要征得被署名人的允许。
- 不要使用欺骗和强迫的手段从别人那里获取信息或数据。
- 避免让你或他人受到身体或情感的风险或伤害。
- 获得允许后才可以动用私人财产。
- 尽可能减少对环境的破坏。
- 阅读关于剽窃的学术规定。
- 将材料存储在安全的地方，尤其是敏感性的材料。
- 注明通过第二手资料获得的信息或想法的来源。

地理技能9 调查土壤

调查你所在的环境是否有可以观察土壤剖面的地方。它可能暴露在马路或铁路道路切开面，或者在一个结构安全的矿井中……

正确地"阅读"土壤，课文将会给出土壤形成中每一个要素的说明。在观察剖面之前，研究当地生态环境各要素之间的差异如何影响了土壤形成是非常重要的。

- 母质岩石
- 海拔
- 坡度
- 地形
- 裸露
- 排水
- 自然植被或者耕作类型
- 最近几天的天气

观察土壤剖面。在合适的地方，草拟一张表或者制作一个描绘有细节的、有标注的野外草图。识别不同的土层。明确每一层的深度，描述它的底部边界。（它是明显的、渐变的、模糊的，还是不规则的？）

描述每一层的特征，注明不同之处，如下所示：

- 颜色。人眼能简单的识别，如红褐色。
- 质地。测量土壤颗粒的大小：黏粒、粉粒等。
- 结构。关注土壤的具体结构。
- 土壤 pH 值。这一项可以通过检测仪测量。
- 土壤生物。记录可见土壤生物的类型和数量。

寻找任何有关物质随着水从土壤中流失的证据，如淋溶和黏粒迁移。

撰写一份有关所在区域土壤形成因素和土壤形成过程的报告。

地理技能10　作一次口头报告

许多校本评价项目需要学生通过口头报告去证明他们的地理知识和理解。以下提供的信息将有助于你形成这项技能。

对一部分人来说，羞于公开讲话是常见的。有一些方法可以帮助你克服恐惧心理，其中一个方法是精心地准备计划，准备发言。这项准备应该包括以下各项目：

- 清晰地理解你要展示的报告的目的。一个口头报告最基本的目的是吸引听众。
- 对听众的了解。你对听众了解越多，你的口头报告就会越恰当和有针对性。例如，如果听众已经具备了很多主题的知识，你可能就会选择避开他们已经熟知的信息。
- 信息结构需要精心组织。最成功的口头报告有一个类似于扩展或尝试的结构，也就是说，它们的结构有介绍、主题和总结。

在口头报告的第一部分告诉听众你的主题是很重要的。通过这种形式，既能引起听众的兴趣，又能放松自己，这是非常重要的。一个很好的办法就是在正式的开场白中罗列出你汇报的重点。这种描述应该和可视化的资料相结合，例如，数字图片、海报、视频片段或者其他形式的有趣资料。在一些情况下，可以使用"幽默"来吸引听众的注意力。

口头报告的主体应该关注你的演讲。主要观点的呈现需要通过例子、索引、类比和数据信息加以发展和支持，这样，将会使你的汇报更加具有吸引力，并且令人印象深刻。

结论应该简略地强调你在演讲过程中提出的主要观点。通过使用"总结"或者"结论"让听众知道你已经进入了演讲的尾声，这是很重要的。

使用演讲笔记的效果通常更好。字号、字体要得体，重要内容要标记。每一页不要有太多的点，对每一点进行序列标号。不同颜色的使用和标注被证明非常有用。

为了避免怯场，在进行口头报告之前要考虑以下相关的要点：

- 明确你的主题
- 使用数字标注演讲卡片
- 多次练习你的演讲
- 在报告之前，放松、平静地想象自己
- 不要仓促地完成你的演讲
- 使用恰当的手势，保持良好的演讲姿势
- 使用一定的可视化手段
- 保持眼睛与听众的接触
- 在演讲中改变你的语调，身体要站直

地理技能 11　多媒体展示

多媒体展示融合了多种类型的媒体，包括文本、图表、剪贴画、数码图片、博客、互联网链接和音乐等类型。

幻灯片（如 PPT 演示文稿）是流行的多媒体展示工具。它是一种交流地理信息（包括研究任务、野外工作等地理项目）很好的方式，特别是幻灯片演示与口头报告结合起来，其展示效果更好。

当你计划用幻灯片演示与合口头报告结合时，应记住相关的要点：

- 仔细进行计划
- 做研究
- 了解你的听众
- 为你的演讲计时
- 练习演讲
- 清晰地表达观点

制作 PPT 演示文稿的小技巧

一些小技巧将帮助你完成展示：

- 使用一个连贯简单的设计模板。它允许内容呈现的形式不同（例如，符号表和列的数量），但是其他要素，如字体，颜色和背景需要一致。
- 幻灯片的数量不要太多。展示者经常翻幻灯片，容易失去听众。
- 每一张幻灯片使用有限数量的词。使用关键词，只包含重要的信息。通常，每行使用不超过 6 个词，每张不要超过 6 行。大号字体可以用以表明重要的信息。字号多在 18～48 磅。

- 谨慎使用标点符号，避免将单词写成大写字母。幻灯片的空白可以增强可读性。避免使用缩写词。
- 文本和背景使用对比色。深色的文本放在浅色的背景上是最好的。繁杂、格式化的背景会减弱文本的可读性。
- 避免，或者尽可能少地使用华丽的切换，例如，文本飞入。
- 可视化的幻灯片，增强和补充文本，而不能主次颠倒。
- 使用高质量（高分辨率）的图像可以巩固和增强你的信息。
- 不要从幻灯片上读内容。幻灯片上的内容是给听众准备的，而非给演讲者准备的。不要转头关注你的幻灯片，应该总是关注听众。
- 学会以一种非线性的方式驾驭你的演讲。
- 调试幻灯片，确保你的观众从最后一排的位置上都能看到。
- 在你演讲的过程中，不要为任何事情的不完善道歉。如果你认为有些事情很难去读或者理解，就不要使用它们。
- 在一些从来没有看过你演讲的人的面前练习。向他们寻求有关颜色、图表、内容和演讲感受的反馈意见。

地理技能 12　波浪实验：风对波浪的影响

目标

调查风和波浪之间的关系。

材料

你需要一个带槽的托盘以及沙子、小石块、电风扇和水。

方法

在托盘的一端建造一个"海滩"，然后在托盘里装 3 厘米深的水。将风扇呈 45°角指向水面，如图 8-4 所示。

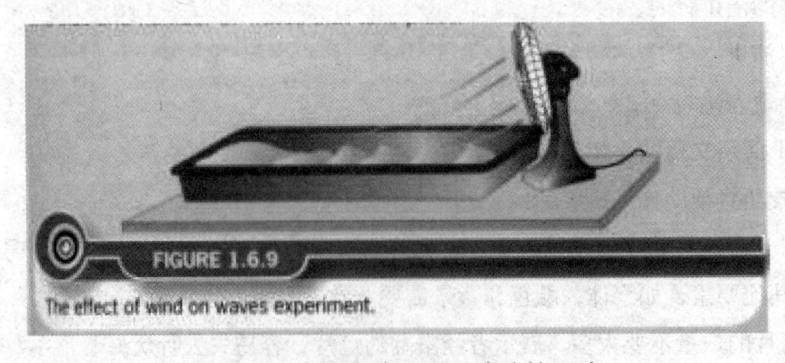

图 8-4　波浪实验：风对波浪的影响

将风扇风速调小，观察波浪的高度和频率。逐档增加风速，观察波浪大小和数量发生的变化。

地理技能 13　调查沿岸漂移

沿岸漂移（指海浪以与海岸平行的方向，或与其成一定角度的方向运动，推动沙粒、小石子等沿着海岸前进）影响海岸的多个方面，我们可以在澳大利亚东海岸见到实例。这项活动给你提供了一个在野外研究这个过程的机会。

远足之前的准备活动

利用地形图和空中影像图熟悉你将要研究的海岸环境。你要确保对相关概念和术语有全面的了解。注意季节对沿岸环境的影响条件。

研究 1

带着长卷尺，实地观测一段海滩，通过测量确定海滩的宽度。

研究 2

向水的边缘投放一件能浮在水面的物品，比如泡沫球或网球。记住要重新找回你投放水里的任何东西。填写表 8-6，这个活动需要你在海滩边完成。

表 8-6　沿岸漂流记录

位置	距南端的估算距离	海滩宽度/m

1．记录下一件物品沿着海滩移动特定距离所用的时间，并注意它移动的方向。记录数据并且将它们与你在研究 1 的活动中得到的结果进行比较。

2．画出野外考察的简图或用相机记录海滩的形状和沙丘植被的特征。

3．构建一幅有注释的、典型的海滩剖面图，标注离岸坝、低潮线、高潮线、海滩滩肩等地理名称。

4．在教室展示你的野外作业结果或在学校的公共领域张贴展示板。

地理技能 14　摄影图像

相片被广泛应用于记录和阐释地理信息。相片有很多用途，其用途如下所示：

- 记录一个地方或者环境在某个时间点是什么样的
- 便于我们比较不同的环境
- 便于我们研究地方和环境是如何随着时间而变化的
- 很容易识别地物，并且表明不同地物之间的位置关系

最常用的影像类型是地面影像和空中影像。

地面影像

地面影像在展示特征细节方面尤其有用，但它并不表征某些空间分布特点。

空中影像

空中影像是从飞机上拍摄的部分地球表面的影像。一幅生动的景观图片，可让我们识读地理要素和建构环境之间的关系。景观图片也是检查环境变化速度的一种极好的方式。不同时间拍摄的空中影像可以进行比较和分析。空中影像包括垂直空中影像和倾斜空中影像。

垂直空中影像是从一个特殊配备的飞机上拍摄的，飞机上的相机镜头直接指向地球表面。人们通过垂直空中影像，能够很清晰地看见地表空间形态。通常人们只能看见平面景观，物体具体特征不易识别。联系实地，垂直空间影像更容易解译。

倾斜空中影像是飞机上配备有专用照相机，相机镜头以一个倾斜的角度指向地面。倾斜空中影像通常比垂直空中影像更容易解译，因为物体的侧面和顶部都可以被看到。而且，因为在低空拍摄，影像通常更详细。倾斜空中影像的主要不足是没有一致的比例尺。前景中的特征比背景的看起来大一些。

拍摄有用的影像

拍摄有用的影像对地理学来说非常重要，拍摄时应注意一下问题：

- 决定将要展示的内容
- 选择包括哪些内容，不包括哪些内容
- 包括能够给人一些比例信息的暗示，能够被识别的要素
- 选择照相机和物体之间合适的距离
- 确保被拍摄的部分处在照片中央，而且是处在观看者注意力的焦点位置
- 确保拍摄技术是科学和合理的

解译图像

当解译图像时，要按照相关步骤进行。

1．判别影像。这幅影像是一幅倾斜空中影像还是垂直空中影像，或者是一幅地面影像？
2．识别影像的主要要素。这些要素可以按下列目标分组：

- 自然环境要素（地貌、气候和植被等）
- 人工建筑要素（工矿用地、道路交通、房屋建筑等）

3．思考下列相关的问题：

- 这个区域的主要特征是什么？
- 环境的本质是什么？
- 这个区域在何种程度上被人类改变？

地理技能 15　地形图

地形图能反映地表起伏形态和地理位置、地物分布，有多种表现形式。其比例尺大小反映地表详略程度，一般较大比例尺地形图应用得多。地形图表示地理环境的特征，显示了土地的高度、坡度、水系和植被，也显示一系列建筑物，如居民点和交通线。

解释地形图是一项重要的地理技能。我们通过解释地形图，可以得到下列信息：
- 了解地理环境的特点
- 描述分布和模式
- 识别地理事物之间的关系

图例和地图符号

地图上的符号用来显示事物的位置，例如，城市、道路、河流和植被。很多符号的外形和它们表示的事物很像。符号的颜色也隐含着意义。符号的大小、加粗线或墨色浓淡会显示事物的重要性。

图例是地图的一个重要部分，它帮助我们解释地物，它给我们提供了很多地图的信息。使用地图时要关注诸多细节。

坐标和区域标记

地形图上事物的位置可以通过坐标和区域标记进行查找。

坐标网格线是在地图上绘制的一系列编号的垂直和水平线。水平线多是纬线，垂直线多是经线，纬线从南到北（从下到上）进行编号，经线从西到东（从左到右）进行编号。

地理技能 16　测量河流径流量

确定小河中水流径流量的简单方法是测量漂浮物的速度，以橘子做漂流物为例，即测量橘子在河道中顺流而下一段距离的时间。基本步骤如下。

1．找一个 10～20 米宽的河岸相对直的小河。

2．在河道的起点和终点做标记，测量长度并标出中点。

3．测出河道横截面的深度（以 1～2 米为间隔），计算每段结尾的横截面积和中点上的横截面积，算出平均横截面积。面积可用平方米表示。

4．用横截面积乘以之前测得的河道宽度，计算出所选区域的河流体积。体积可用立方米表示。

5．放下一个橘子穿过小河选定的河段，在相同地点重复五次，计算出平均时间。

6．你知道了河道中水的体积和河水流到下游所用的时间，现在，你可以计算出径流量。可运用公式计算：

径流量 = [水流体积（m^3）/ 时间（s）]，单位用 m^3/s 表示。

注意：这个方法只是粗略计算，因为漂浮物不会笔直地漂流到下游。

地理技能 17　调查河流沉积物

1．快速流动的水体所携带的大量沉积物可能被聚集起来吗？在小河的湍急部分取几次样品，在同一条小河的舒缓部分取几次样品。

2．先摇动水体，将样本倒入一级样品容器中让沉积物沉淀下来。沉积物会发生什么变化？你预料会看到什么？

3．样品静置一两天时间，直到大部分沉淀物沉淀。

4．小心地倒出水，收集沉淀物使之变干。

5．给沉淀物称重，在固定位置计算出单位体积河水中的悬浮物。如果可以测量整条河，你就可以估算出这条河所携带的泥沙总量。

地理技能 18　调查土壤中沙子、淤泥和黏土的相对比例

1．用 3～4 份重量为 200 克的土壤样品放入不同的容器内。确保其中一个沙子多，另一个黏土多。

2．将土壤碎成粉末，然后在每个土壤样品中加入一勺六偏磷酸钠，加入大约 500 毫升的水，将样品浸泡几分钟。

3．将样品浸泡 5～10 分钟后，进行搅动。

4．将样品倒入容量 1 升的量筒中，把溶液加满到 1 升的标志线，将容器倒置几分钟再直立过来，所有容器倒转完成后，记录时间。

5．过 5 分钟后测量沉积物的深度，两小时、几日后再分别测量一次。这些测量结果会提供一个土壤样本中沙子、淤泥和黏土粗略的比例。

注意：使用比重计这种精确的工具可以更好地检测土壤。

地理技能 19　调查河床

1．在一条河上选一个完整的河曲来研究。

2．认真研究河床，区分深槽和浅滩，描述深槽和浅滩的流速和流量，河曲的哪部分最易被侵蚀？

3．描绘一段河曲，标出深槽、浅滩和流向，阐明侵蚀点和沉积点。

4．观察河曲的弯道，画出河道横截面的轮廓。标出下切河岸和曲流沉积沙坝。

5．你怎么预测未来河道的变化？

地理技能 20　调查河岸

1．研究当地的一处河岸。

2．寻找泥层（由悬浮的细粒物质沉积而成）、沙层和碎石层（由碎石沉积而成）。

3．当河流某些部分发生沉积，包括某些流速减慢和沉积的部分河道。描绘你对一个河道的假设，标出沉积区域。

4．思考沉积序列，也就是泥层序列。沉积物逐渐向上积累，序列上经常出现突然的中断，通常是暴风雨或是洪水的标志。碎石先沉积下来，然后是悬浮的细粒物质。

5．建立一个河岸的沉积档案，标出不同的沉积层。

6．收集流域内过去的降雨资料，以报告的形式说明这些数据和近期沉积之间的关系。

地理技能 21　双对数标准曲线图和半对数曲线图

有时一定取值范围的数据，很难在一个标准图中展示。双对数标准曲线图和半对数曲线图正是为这种需要设计的。它们能容纳大范围的取值，还可以对变化率作出判断，曲线越陡，变化率越大。

我们需要根据实际情况，选择合适的图像。图 8-5 是一幅半对数曲线图，能较好地表示相关内容。

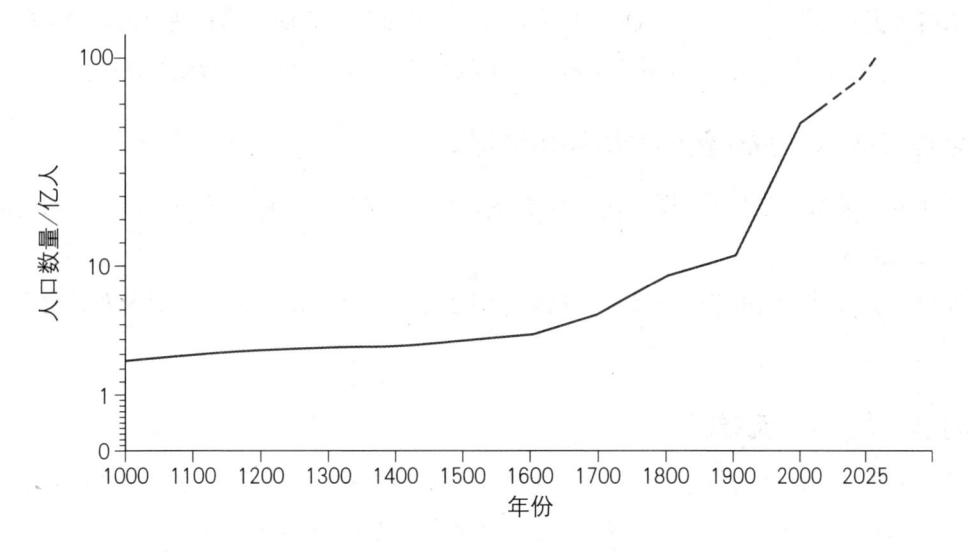

图 8-5　1000 年以来世界人口数量的增长

地理技能 22　人口金字塔

人口金字塔（图 8-6）用来显示人口的性别和年龄结构。纵轴表示人口的不同年龄组。横轴的左右两侧分别表示男性和女性的实际人数或比重。因为每个人口金字塔都包含了所研究的人口中的所有人，所以不同的人口金字塔可以进行比较。

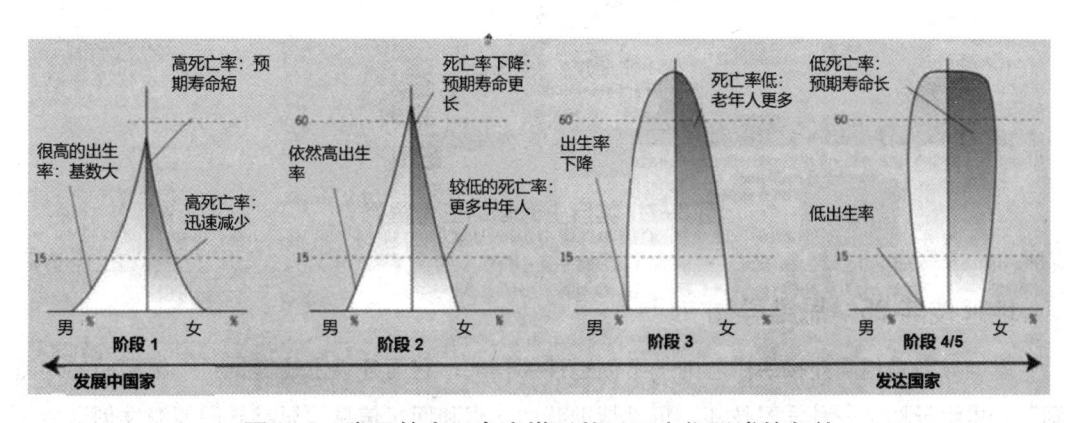

图 8-6　常见的人口金字塔形状以及它们形成的条件

有时横轴的尺度表示了每一年龄组的实际人口数。在你对人口金字塔进行解释时，要注意横轴的单位。

人口常会根据需要，划分为范围更宽的年龄组，如0～14岁年龄组和65岁及以上年龄组。不同年龄组的人口所占比重的变化通常可为我们提供未来人口趋势的信息。比如，如果65岁及以上人口比重增加，就说明人口老龄化。如果14岁及以下人口所占比例减少，意味着出生率减小，人口增长率亦然。

人口金字塔的形状可以帮助我们理解人口状况。比如说，它向我们呈现出人口是老龄化还是未来有显著增长的趋势。常见的人口金字塔形状有多种，每种都有其形成的条件。

地理技能23　成比例的圆圈和多边形

成比例的圆圈，当用在地图上时，每个圆圈表示测量单元的相对面积。每个圆圈的面积与它代表的值成比例。

有时，多边形可以用来代替圆圈。例如，可以用正方形、矩形、三角形等表示地区或国家的形状。

地理技能24　流线图

流线图表示地区之间信息、货物和人口的移动，以及移动的数量。这些移动可以用线或箭头来表示，如图8-7。地区之间移动的量可以用线或箭头的宽度来表示。

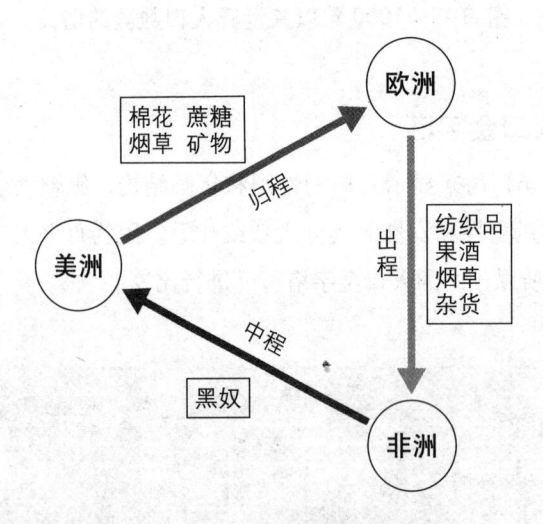

图8-7　某历史时期的三角贸易

地理技能25　思维导图

思维导图是相互连接的概念的一个创造性的模式，它为各级主题提供了一幅精简的"图画"。思维导图是一种学习技能，可以帮助我们认识和回忆信息。思维导图能激发创造力，还能让学习变得轻松和有效。

为了给整个主题或者主题的一部分画一幅思维导图，要遵循相关的步骤。

1．在一页纸的中心写下主题，在它周围画一个框。

2．从中心的主题框中添加辐射出来的分支。

3．在你的思维导图中添加细节。关键词和概念应该被强调。添加符号甚至是小的略图来帮助回忆或者加强思维导图的有效性。

4．在相关的概念之间画连接线。

思维导图的每个分支可用不同颜色的钢笔或铅笔来画。使用略图、符号或缩写词，变化词语字号的大小，越是重要的词语字号要相应地越大。

地理技能 26　漫画解析

地理学家常会使用一些视觉素材来传播地理信息，例如，地图、照片、统计图表等。一些地理信息用漫画或卡通形式来表达，效果会更好。在解析时，我们需要抛开它的表面现象，应当深层次挖掘它的内在信息。它同样需要读者了解这些图片的结构和作图的最初目的。

除此之外，读者还需要了解卡通符号，需要知道这些符号通常代表的含义。下面介绍漫画要素。

漫画的要素

背景

背景是指漫画中事件所处的环境。

符号

符号通常可以用一个很简明的方式来传达很复杂的信息。它们通常包含许多内在含义。也就是说，在这些符号的表面之下都有更深层次的意义。漫画家通常使用的符号包括：白鸽和橄榄枝（代表和平），丘比特和维纳斯（代表爱）、山姆大叔和星条旗（代表美国）、龙（代表中国）。

典型人物

典型人物就是通过刻画一个人来表现出相当一部分人的典型形象。漫画家通常通过刻画一个典型的人物来使得人物的形象鲜明。漫画家在描述典型人物的时候需要注意避免激化人们偏见的意识。

讽刺画

讽刺画通常是幽默的插图。这些插图通常会夸大某一人物或者物体的典型特征或者缺点，这样使得人或物易于辨认，并被轻而易举地记住。好的讽刺画能将主角的性格融入其中。

夸张和扭曲

漫画家通常会夸大或者贬低漫画中的人或者物，以此来强调个人或者团体和社会的相对权力，价值和脆弱性。这种手法也通常用来强调某一事件。

图片说明

图片说明是漫画中基于文本的一种非语言元素。它使得整个漫画更加完整地传达一种社会或者政治观点。

观点

漫画的观点就是漫画家所持有的立场和态度。漫画家会利用卡通画来传达他们对某一事件的看法，或者通过漫画来描绘某一关键人物。漫画的整体情景就是漫画家对某件事情态度的反映。

幽默

漫画家通常会利用讽刺和挖苦的手法来增加漫画的幽默氛围。讽刺就是故意将意思反着说，来达到嘲讽效果的一种手法。挖苦通常是用刻薄的语言和嘲笑来揭露恶习和愚蠢，通常用于调侃政治人物或者构造情节来吸引读者。

图8-8展示了社论漫画的相关要素。

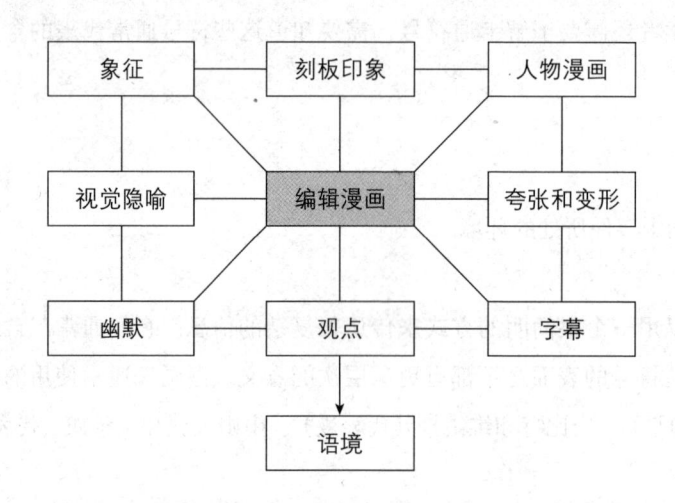

图8-8　社论漫画的相关要素

视觉隐喻

视觉隐喻是将复杂的思想与我们已知的情景相结合来达到理解的目的的一种艺术手法。

视觉隐喻最常见的例子：利用沉船和沙漠或者是被困马车来表示大选中失利的政党，暴风雨代表着杂乱、困惑、害怕和破坏，死神、秃鹰和骷髅则代表着魔鬼、疾病和死亡。

表8-7是漫画解析表，可供读者参考。

表 8-7　漫画解析表

报纸，杂志或网址：
漫画家：
视觉元素 找出漫画家的任何象征符号或视觉隐喻。这些符号和视觉隐喻代表什么？ 将漫画贴在这里： 漫画家使用过人物漫画吗？如果是这样，请确定漫画人物。漫画家故意夸大了哪些特征？这种夸张有什么影响？这对观众有什么暗示作用吗？ 在漫画中有没有刻板的印象？如果有，请描述一下。
基于文本的元素 该动画片是否具有文字或标题：如果有，在下面的空白处写下来。 列出漫画家定义漫画中物体或人物的任何单词或短语。 漫画中哪些单词或短语最重要？说明你的选择。
常规问题 找出漫画要强调的主题。 用你自己的话解释漫画家提出的观点。 哪类人同意或不同意漫画家的观点？

第三节　研究结果

一、探究活动内部结构

从设置模块的探究性来看，《全球交互作用(第二版)》的探究活动主要包括"理解课文""地理任务""地理技能"三个模块。

1. "理解课文"模块

"理解课文"模块的主要形式为用行为动词开头的若干陈述句，相当于每个小节的学习目标。这些陈述句的数量一般为 4～7 个。

2. "地理任务"模块

"地理任务"模块的特点是以各种任务类型开头，如"小组合作""解释图表""实地调查""写作""探究"等。每节的"地理任务"模块数量不等，每个模块的任务数量也有较大的差别。

3. "地理技能"模块

"地理技能"模块文字量较大，不再是简单的问题描述，而重在详细地探究技能和过程的解析，设置的问题较少。

二、探究模块量化比较

该书中各探究模块的数量不等，在各章节的设置情况统计，如表8-8所示。

表8-8 《全球交互作用（第二版）》书中各探究模块的数量

部分	单元	"理解课文"	"地理任务"	"地理技能"
1. 自然生态系统的交互作用	1. 绪论：自然生态相互作用	1	1	0
	2. 大气圈	8	7	5
	3. 水圈	5	4	2
	4. 岩石圈	4	2	4
	5. 生物圈	5	6	0
	6. 海岸环境和海岸沉积物的处理	10	10	3
	7. 流域与河流整治	7	7	6
2. 全球性挑战	8. 人口地理	4	7	5
	9. 自然资源的利用	5	5	1
	10. 文化融合	14	14	0
	11. 政治地理	9	8	0
	12. 发展地理学：朝向全球公平？	9	11	0
	合计	81	82	26
	单元平均数量	6.75	6.83	2.17

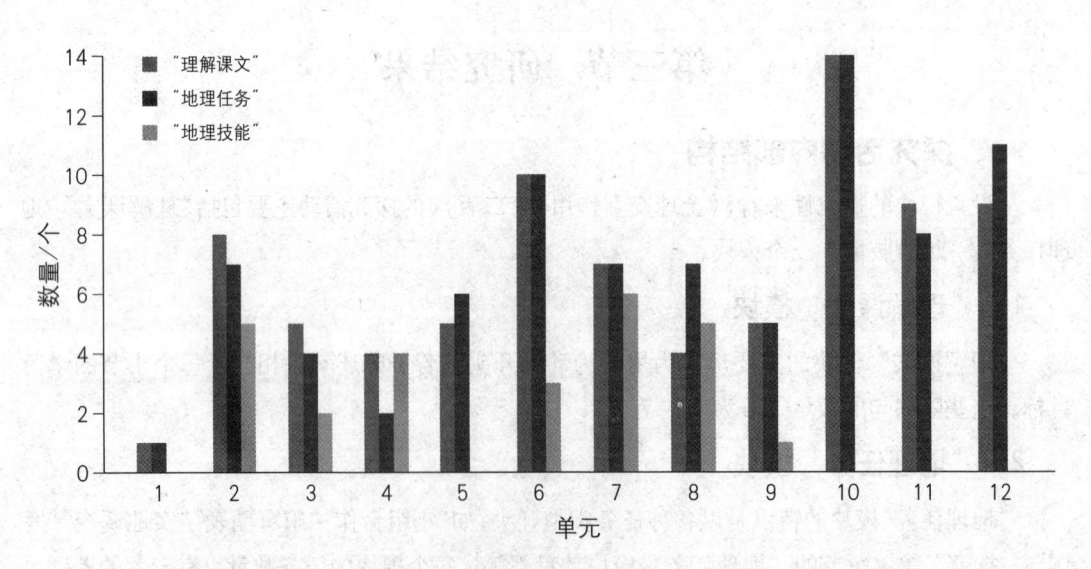

图8-9 《全球交互作用（第二版）》书中各探究模块的分布情况

从图8-9可以看出，这三个模块的单元分布差异较大。"理解课文"和"地理任务"虽然篇幅不大，但在各单元都有分布，数量上占优。这两个模块基本成对出现，总数也相近，达到了81个和82个，平均每单元为6.75个和6.83个。"地理技能"模块的频次有很大的波动，在部分单元可以达到5个，最多达到6个，还有5个单元的个数为0，这体现了澳大利亚地理教科书探究模块的非固定性。

从各单元来看，"理解课文"和"地理任务"模块出现频次超过8个的共有4个单元，集中在人文地理学部分。"地理技能"模块则迅速减少到1个，在最后3个单元甚至没有出现，似乎成了被编写者"遗忘的模块"。

三、澳大利亚地理教科书探究活动特点

1．形式上与课文内容紧密结合

澳大利亚地理教科书的大部分探究活动是基于课文内容进行的，如"理解课文"与为数众多的"地理任务"模块。从形式上看，这些模块由一系列问题组成，缺乏自己的主题，将课文中的文字和图片作为背景材料，基于此提出了任务要求，因此是非独立的。"地理技能"模块的形式和前两者相反，通常只有探究过程的指导，而没有直接提出具体问题。即使是这个模块，其中也用到了不少图像，如天气图（地理技能1）、双对数标准曲线图和半对数曲线图（地理技能21）和流线图（地理技能24）等，这些活动所用的图片均是在正文中出现的，相应的探究活动是解释这张图背后的制作方法或读图技能，起到了补充作用。总体来看，这些探究模块对课文的依存度较高，探究模块之间也存在一定的互补性。

2．重视探究过程和技能的培养

在"地理技能"模块，该地理教科书介绍了常用的地理技能，如读图、答题、调查、报告等。涉及的地理图片形式多样，有些是传统的地理研究用图，如天气图（地理技能1）、等值区域图（地理技能3）、比例图（地理技能4）、摄影图像（地理技能14）、地形图（地理技能15）、各类统计图（如地理技能21、地理技能22、地理技能23、地理技能24）等，还有些用于帮助学生形成地理思维的图解，如思维导图（地理技能25），它丰富了地理学的思维技能，也同样适用于地理以外的其他学科。

与一般的问答式探究相比，"地理技能"模块的探究活动更重视过程，给出了详细的探究方法，而不是设置简单的提问。比如，在"调查土壤"（地理技能9）活动中，活动目的是让学生撰写一份所在区域土壤形成因素和土壤形成过程的报告，作为写作的基础，书中给出了调查前的准备与观察点。这样的探究指导具体而明确，有利于学生高质量地完成学习任务、掌握地理技能。

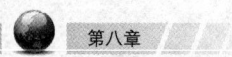

3. 重视身边的地理调查与实践

"地理技能"模块中多个活动涉及了区域调查（如地理技能9、地理技能13、地理技能16、地理技能17、地理技能18、地理技能19、地理技能20）。与其他国家地理教科书通常采用的特定区域案例研究相比，澳大利亚地理教科书探究活动所调查的区域更具开放性，要求学生选用身边的乡土地理为案例。这样做有明显的好处：能让学生走到自然环境中，发现生活中的地理问题，这也是探究活动注重引导的方向，如"调查沿岸漂移"（地理技能13）的指导语中提到："沿岸漂移（指海浪以与海岸平行的方向，或与其成一定角度的方向运动，推动沙粒、小石子等沿着海岸前进）影响海岸的多个方面，我们可以在澳大利亚东海岸见到实例。这项活动给你提供了一个在野外研究这个过程的机会。"当然，进行身边的地理调查也有一个前提，就是有详细可行的具体的活动过程指导，否则容易流于表面。在这一点上，澳大利亚地理教科书的做法具有启发意义。

第九章

日本地理教科书探究活动研究

第一节　概述

一、教科书介绍

日本《新详地理B》是供日本十年级学生使用的地理教科书，于2012年出版。全书有330页，分为4部，分别是"自然与生活""世界各地区""全球化发展的现代世界""全球性课题"，涵盖了自然地理、区域地理、人文地理三部分的内容。每部有3～4章，每章分为若干小节，少则1节，多则6节。全书的书目结构，如表9-1所示。

表9-1　日本《新详地理B》书目结构

序号	部	序号	章名	节数
1	自然与生活	1	自然环境和生活	5
		2	资源和产业	6
		3	生活和文化	3
2	世界各地区	4	市町村规模的区域性调查	2
		5	地域的观察方法	1
		6	国家规模的地域调查	3
		7	大洲、大陆规模的地域调查	3
3	全球化发展的现代世界	8	邻近各国的研究	3
		9	联系紧密的当代全球课题	3
		10	地图了解当代世界	2
		11	当今世界的地域划分	2
4	全球性课题	12	人口·粮食问题	4
		13	城市·居住问题	4
		14	环境·能源问题	4
		15	民族·领土问题	4
总计				49

二、探究活动类型

《新详地理B》的组成模块多样化。在每一节的开始部分，有"课题"模块，在课文中穿插有"话题""读解""技能训练"等，在部分章节的末尾还有"课题学习"模块。具备探究性内容的主要是"课题""技能训练""课题学习"几个模块。

三、探究活动主题

在《新详地理B》"课题""技能训练""课题学习"三类探究活动中，本书重点对"技能训练""课题学习"模块的活动进行介绍。

1. "技能训练"模块

《新详地理B》"技能训练"模块共有17个活动，如表9-2所示。

表9-2 《新详地理B》"技能训练"模块活动主题

序号	主题	序号	主题
1	照片的观察阅读1：地形	10	地形图的使用5：聚落的形成
2	地形图的使用1：地图标识	11	地形图的使用6：新旧比较
3	地形图的使用2：等高线	12	统计资料的图表化制作
4	地形图的使用3：V形谷和剖面图	13	调查的角度和资料收集
5	地形图的使用4：小地形的土地利用	14	时差的计算
6	照片的观察阅读2：气候	15	地图投影
7	气候的总结方法	16	主题图的使用和制作
8	照片的观察阅读3：产业	17	区域划分地图的阅读方法
9	照片的观察阅读4：衣食住	—	—

2. "课题学习"模块

《新详地理B》"课题学习"模块共有4个活动，如表9-3所示。

表9-3 《新详地理B》"课题学习"模块活动主题

序号	主题
1	粮食援助
2	新型都市交通的摸索
3	重构能源消费与生活的思考
4	为了谋求不同文化背景人们的共同生存

第二节 探究活动案例

一、"技能训练"模块样例

技能训练1 照片的观察阅读1：地形

作业

注意观察图9-1土地资源的利用特点，思考该地区地形的变化及其由来。

从照片中解读地形特点

以拍照的方式记录地球表面的自然景观、文化景观，从中解读相关信息，可以从中推测出画面中未直观表述的有关信息。通过对照片的解读，可以对地形特点、群落分布、区域内的土地利用等进行判断和推理，推测相应的变化和理由。

从图片中可以看见一条河流从图中左下位置向右上的方向蜿蜒延伸。仔细观察，可见道路左侧有散落的森林分布，地表略有倾斜。由此可见，道路左侧的耕地海拔略高于右侧，图片中的区域内有超过半数的森林区为高地。图中的村落所处的地势低于高地，可充分利用高地的水资源。图片的右下方，有河流分布，可知该区域的水流为活水源，并可看出周边的农田为水稻田。高地上设有高尔夫练习场（中部），由此判断出下总高地的地形布局及其变化过程。

图 9-1　下总高地

技能训练 2　地形图的使用 1：地图标识

作业

1. 结合教科书中的情境，将该同学的行走路线在图 9-2 的地形图中标注出来。

2. 将图 9-3 所列的图片あ～え，对照图 9-4 的地形图中 A～F 所标注的示意以及图 9-4 中地形图所用的标识，来进行思考。

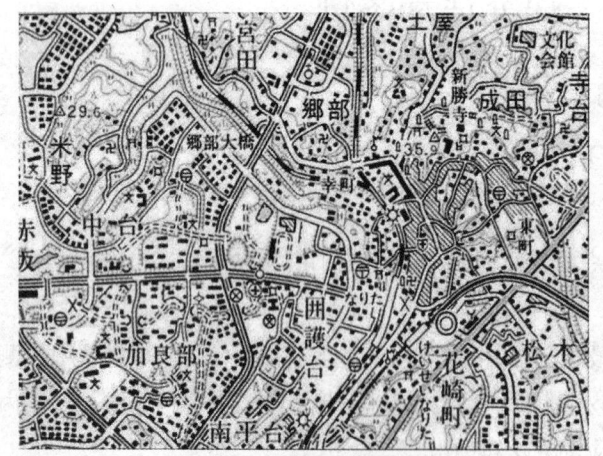

图 9-2　某区域地形图　　　　图 9-3　区域内的景观图片

第二节 探究活动案例

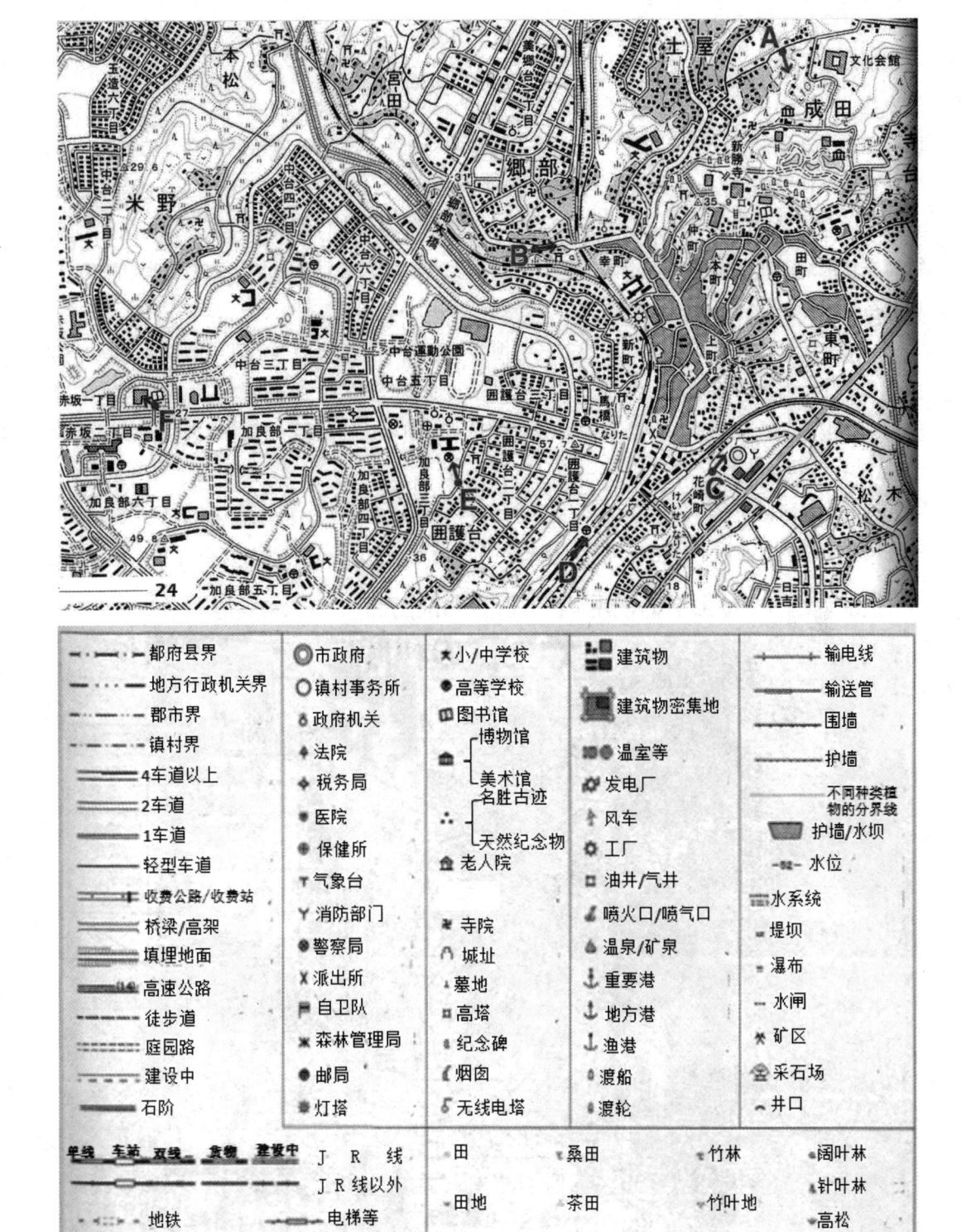

图 9-4 地形图的地图图例示例

地形图和地图标识

地形图的种类和用途有很多。比例尺为二万五千分之一和五万分之一的地形图主要用于城乡建设、交通导览、土地利用等。此外还有以统一标准进行详细准确记载为目的的县、市区域地形图,以便于识别未知地区、道路等为目的的地形图,以及表示区域自然特征和产业发展等详细信息的地形图。在地形图中,对土地利用和人工建筑分别以不同的符号标注。通过标识,对区域内的居民地、耕地、园林、工厂等位置关系进行观察,可以更加深入地对地域有关情况进行了解。通过以不同标识来表示土地利用的特殊记号,便于人们掌握和判断土地利用规划等。

日本国土部门发行的二万五千分之一的地形图和五万分之一的国土基本图是通过从高空拍摄和野外测量进行编制的实测图。五万分之一的地形图和二十万分之一的地势图等实测资料被称为编辑图。地图标识,则根据地图的不同类型和用途而使用不同的标准制定。因此阅读地图时,需要仔细阅读标识。

针对较小区域的地图,一般选择较大比例尺。针对较大的区域,则使用较小比例尺的地图。地图没有固定的尺寸规定,比例尺为十万分之一到一万分之一之间的地图较为常见。

技能训练 4　地形图的使用 3:Ｖ形谷和剖面图

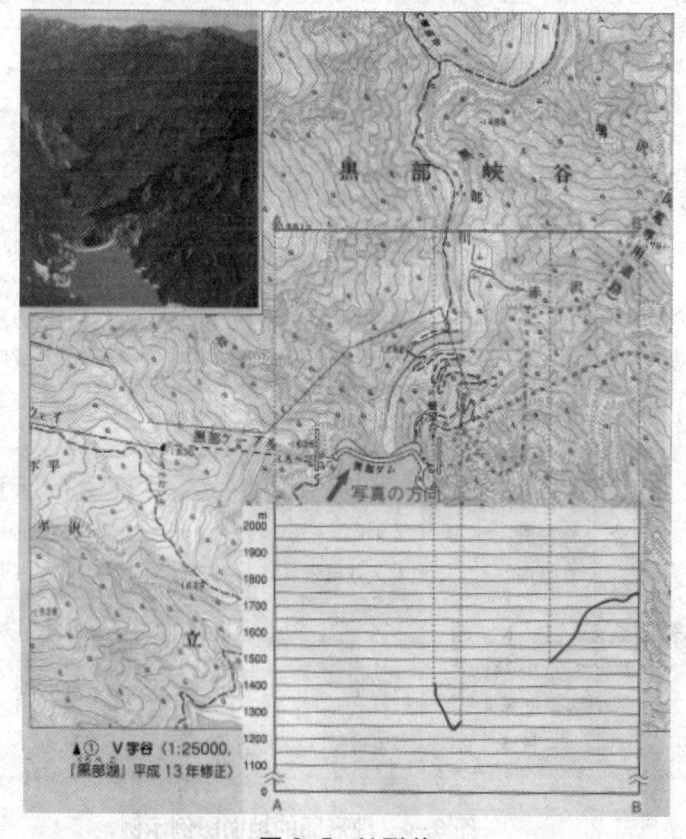

图 9-5　Ｖ形谷

作业

1. 观察 A、B 附近的数字，将黑部河水库的下游两岸 1 500 米高度的曲线连接，即完成 A 点和 B 点间的截面图制作。

2. 图 9-5 地形图中黑部河的上游为 V 形谷。1963 年黑部河水库建成，现已成为著名的旅游景区。思考并调研水库建设的目的。

技能训练 5　地形图的使用 4：小地形的土地利用

作业

图 9-6 是扇形地形，读图认识扇形地形的地理特征。

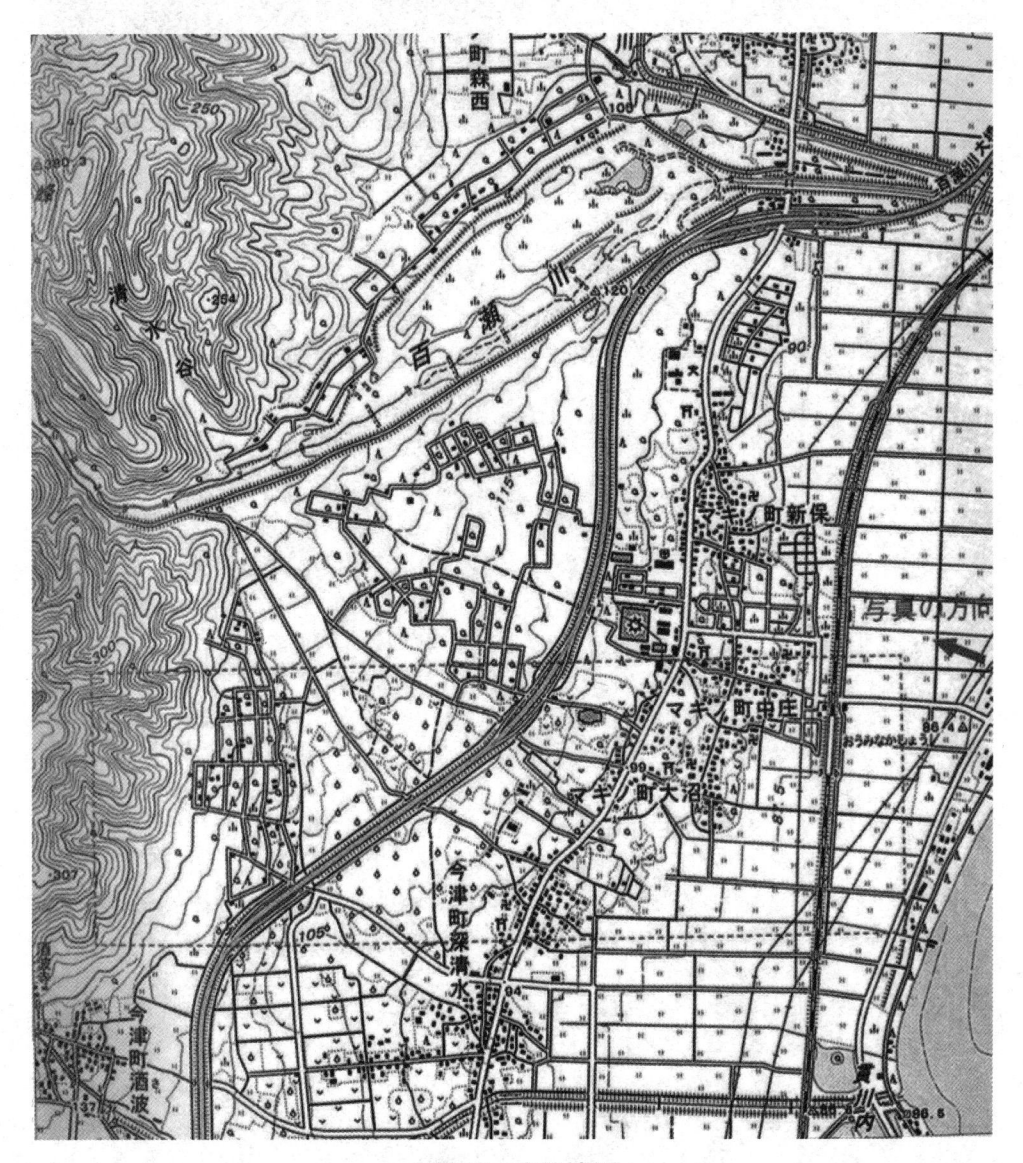

图 9-6　扇状地形

作业：

1. 在图9-7中分别将河流阶地的顶部和底部用不同颜色标注出来。
2. 分别了解河流阶地底部和顶部的海拔及其差距。
3. 调查分析河流阶地底部和顶部的土地利用的差别。

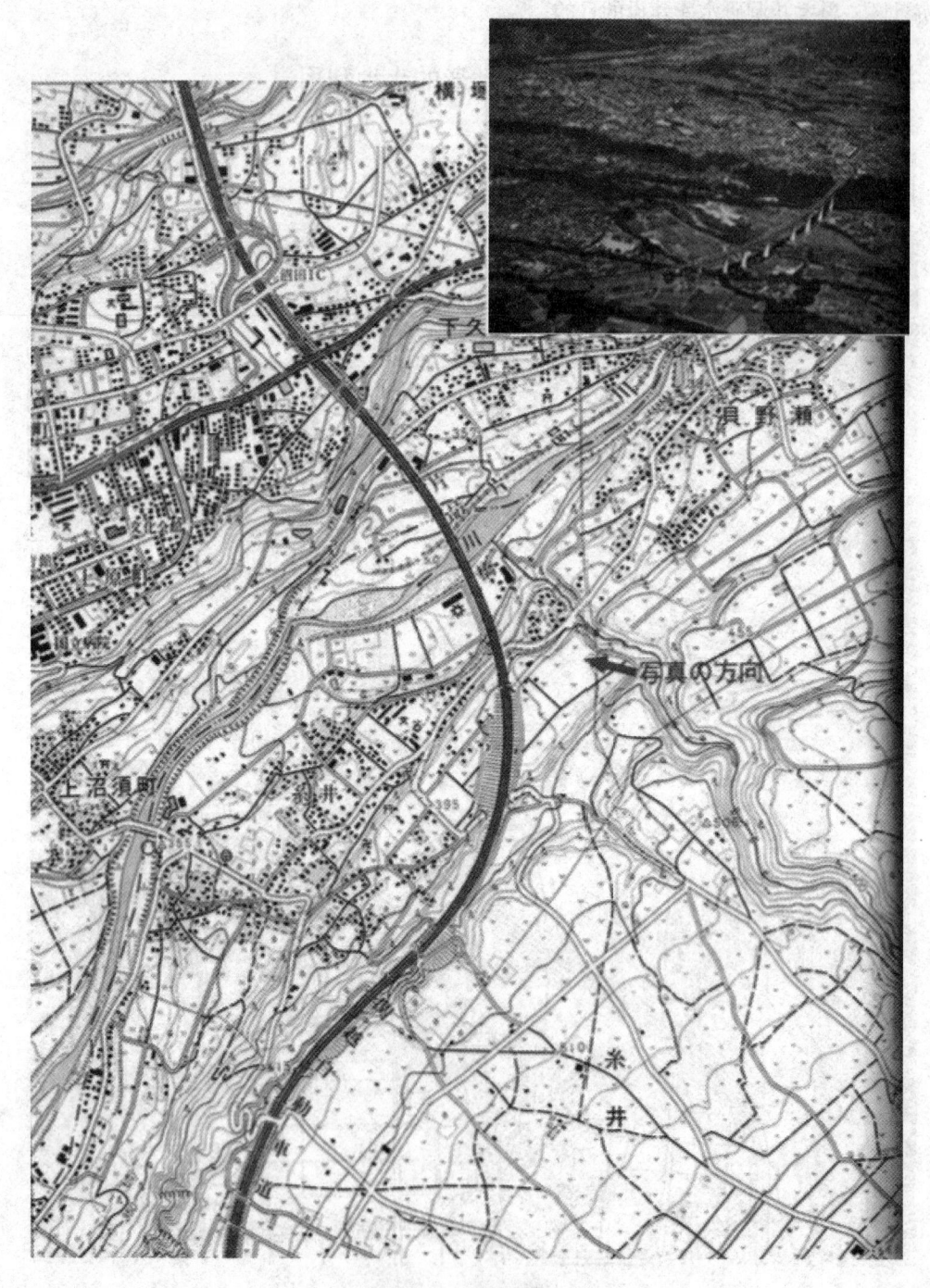

图9-7 河流阶地

作业

1. 在图 9-8 中用黄色表示耕地，用红色表示低地。
2. 观察灰冢、山饭野、平林的沉陷地，思考该地区是何种地形，并思考其成因。

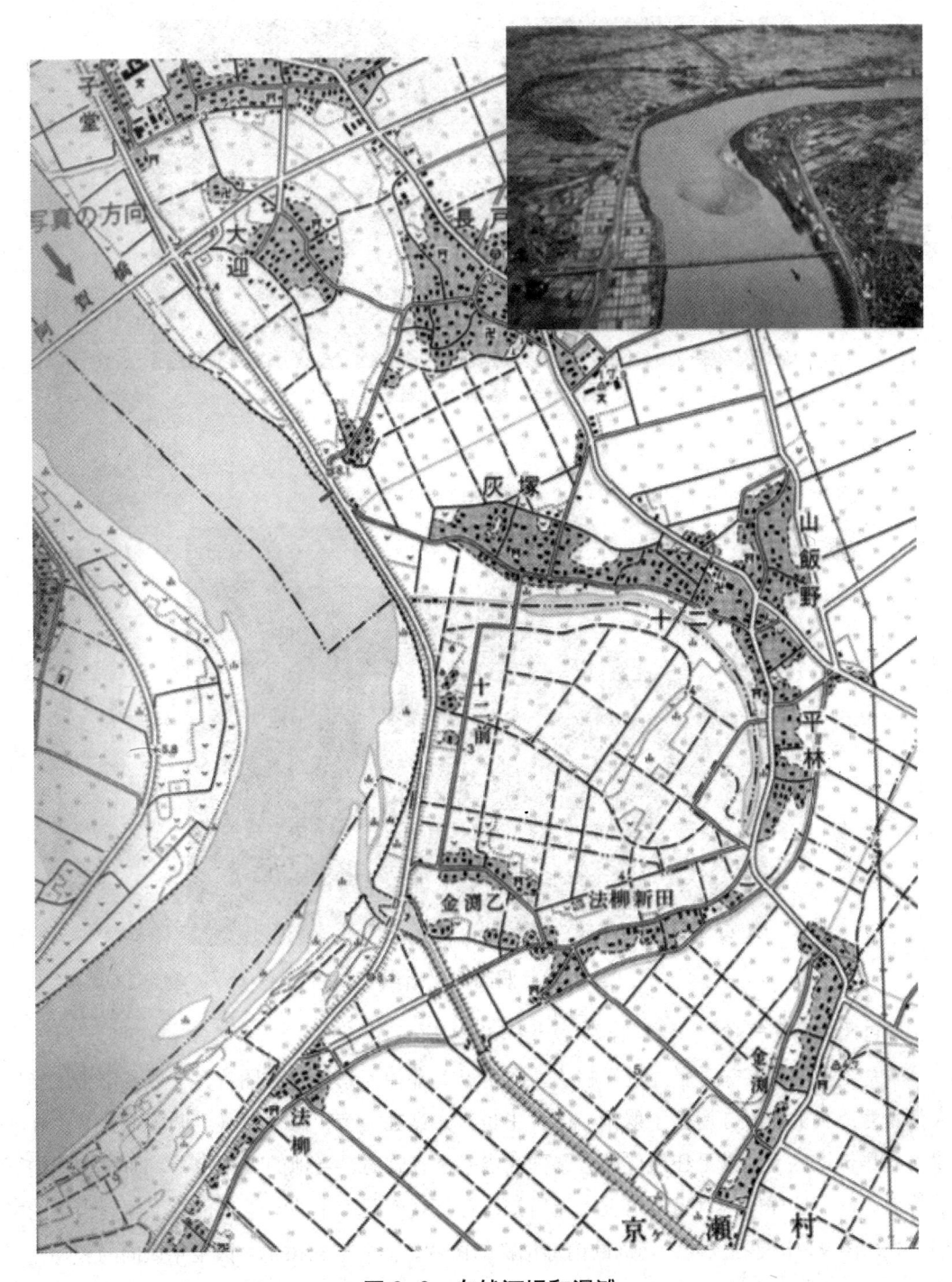

图 9-8　自然河堤和漫滩

技能训练 6　照片的观察阅读 2：气候

作业

观察图 9-9 中人们的服装有何特点，降雨与其他地方有何不同，思考当地的气候特点。

图 9-9　暴雨（菲律宾）

作业

分析图 9-10 中树木偏向的原因。此外，判读图中的风向。

图 9-10　偏向树（新西兰）

通过照片解读气候

联系当地的气候并对照片进行解读。图 9-9 为菲律宾暴雨中的图片，狂风暴雨中，当地人都身着凉爽的衣服在屋檐下躲雨。图片中也有人站在一旁，做祈祷（风调雨顺）状。在菲律宾的热带地区，经常是狂风伴随着暴雨。当暴雨来临时，当地的人不带伞，而是在屋檐下静静地等候。这样即使对当地情况一无所知，仔细观察照片中的情景，也能了解到当地的特别之处。图 9-10 是在新西兰南岛的南部拍摄的图片。图片中的树木，因全年风向的影响，树枝明显偏向西方。综上所述，通过人物的服装、建筑物、植物的种类和特点，可以了解及推测区域的气候特点。

技能训练 7　气候的总结方法

作业

观察图 9–11 和图 9–12，找出东京的月平均气温，最高气温和最低气温分别在哪个月，并推算东京气温的年较差为多少。

东京 4 月份平均气温和降水量分别为 14.4℃和 130.3 毫米，与 4 月气温和降水相近似的月份分别是几月？

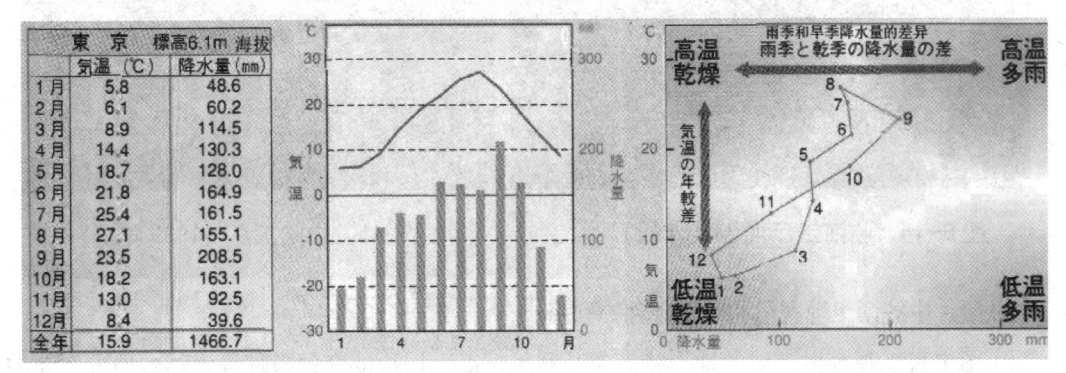

东　京	標高6.1m 海拔	
	气温（℃）	降水量（mm）
1月	5.8	48.6
2月	6.1	60.2
3月	8.9	114.5
4月	14.4	130.3
5月	18.7	128.0
6月	21.8	164.9
7月	25.4	161.5
8月	27.1	155.1
9月	23.5	208.5
10月	18.2	163.1
11月	13.0	92.5
12月	8.4	39.6
全年	15.9	1466.7

图 9–11　东京的气温、降水量

图 9–12　气温与降水量的月份分布

技能训练 8　照片的观察阅读 3：产业

作业

1. 观察图 9–13，了解水田及果树园的分布，思考其与地形间的关联及其之间的关系。

2. 观察图 9–14 和图 9–15，了解工厂所处的位置及其所选用的运输方式，并从中了解工业发展等方面的信息。

图 9–13　山形县的耕地（1999 年摄）

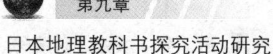

图 9-14　临海工厂（2004 年摄） 　　图 9-15　内陆工厂（1999 年摄）

从照片中解读土地利用和客观条件的利用

由图中可以观察出土地的地形特点及其利用情况，周边的交通条件等，结合地方产业的发展情况进行调查学习。比如，作物的培育需要平原等地形，能获得充足的水源，需要具备土壤、日照等先决条件的地方才适合。对于工厂选址，需要便于运输等条件。结合以上内容，分析图 9-14 临海工厂和图 9-15 内陆工厂分别适合哪种类型的工业。

图 9-16　美国的稻谷收割（1998 年摄） 　　图 9-17　巴西的稻谷收割（1995 年摄）

图 9-18　日本的稻谷收割（1998 年摄）

作业

观察阅读图 9-16、图 9-17、图 9-18，了解劳动者的工作方法和人数，比较耕地的规模和大小。

在图 9-16 中，机械化被广泛应用到耕地作业中，单位生产量中人工成本少，机械作业已基本取代人工作业，劳动生产力较高。图 9-17 中，单位生产力人工成本较高的情况下，劳动生产力则比较低。图 9-18 中，狭窄的耕地采取农业机械的施肥、收割等集约生产，土地生产量较高。

为了培育出更多的优良品种，也为了提高土地生产量，日本农业已经逐步实现机械化，但由于多采取较小规模的耕种，人力成本较大，其劳动生产力水平相对较低。

技能训练 9　照片的观察阅读 4：衣食住

图 9-19　马来西亚热带雨林中的房屋 　　　　图 9-20　蒙古草原上的易拆卸房屋

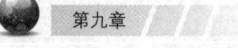

图 9-21　马里沙漠中的房屋　　　　图 9-22　南太平洋岛国萨摩亚的房屋

作业

1．观察图 9-19、图 9-20、图 9-21、图 9-22 中的房屋，分析使用的原材料有何不同，归纳房屋的特点。

2．房屋的建设也需要考虑当地气候和生活的特点作出不同的选择，读图并总结房屋的建设需要考虑哪些因素。

图 9-23　中国江苏省的家庭饮食

作业

观察图 9-23 中的饮食，分析比较中国江苏饮食与日本饮食相似和不同的地方。

图 9-24　波兰家庭的饮食

作业

观察图 9-24 中的饮食，说出图中主要的食物及其原材料。推测这些食物与波兰的气候和生活的关系。

读图了解生活习惯

通过当地人衣食住的生活照片，可以了解地区特点，如食材和烹饪方法、日常衣物材质及样式等，从中可以观察出地域性气候和生活特点。此外，结合居住地区的生产和生活习惯，综合判断他们如何适应地理环境，比如，在寒冷地区，人们种植的是耐寒性较强的小麦和黑麦，并制成面包，房屋和服装也具有防寒功能。所以说，通过观察照片中的每一个细节，可以了解世界不同地区人们的生活状态。

技能训练 10　地形图的使用 5：聚落的形成

作业

重点查找地名包含"条"的地方，并用红色标记。

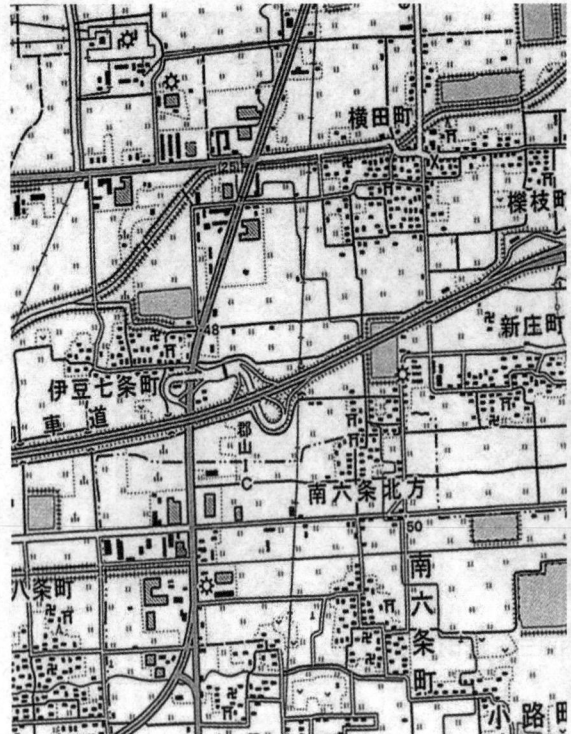

图 9-25　条理制（2000 年摄）

观察图 9-25 发现，日本奈良盆地的土地条理化整治（条理制）很典型。至今仍可见格子状交叉的道路和水路网、四边形的蓄水池。

作业

观察并思考与农家相邻的森林（屋敷森）的作用。

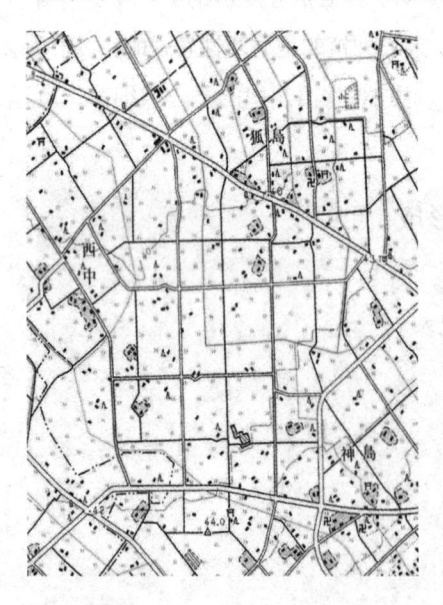

图 9-26　散村（2000 年摄）

散村是日本江户时代形成的村落。农家平均间隔为 150 米，房屋周围分布的土地可供农户开垦和耕作。这种村落布局可以预防因火灾蔓延所导致的重大灾害，但也导致了用水和通信等费用昂贵的弊端，如图 9-26 所示。

作业

在图中进行标注，用红色表示住宅，黄色表示耕地，绿色表示森林。

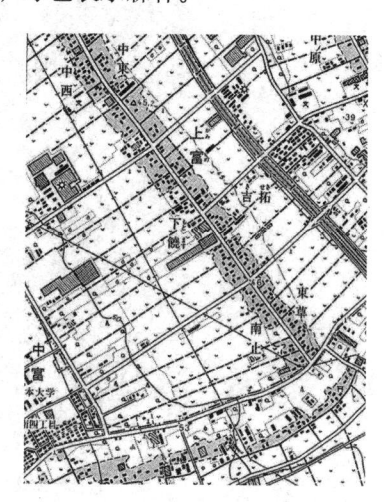

图 9-27　路村和新田部落（1998 年摄）

观察图 9-27 可知，日本江户时代开拓的路村和新田部落充分利用空间布局，农家沿道路两侧开垦短小规整的土地，道路两侧为住宅和耕地、树林等。

作业

重点寻找地名包含"兵"字的地点，并用红色标注其范围。

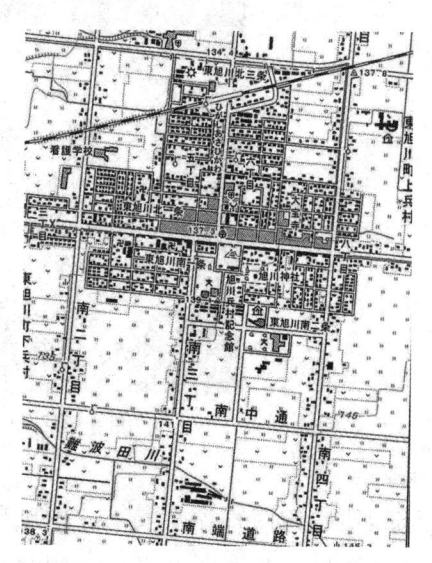

图 9-28　屯田兵村（1997 年摄）

日本明治时代开发北海道形成的屯田兵村，村落布局借鉴美国的村落规划特点，土地分布呈棋盘状，如图 9-28 所示。

技能训练 11　地形图的使用 6：新旧比较

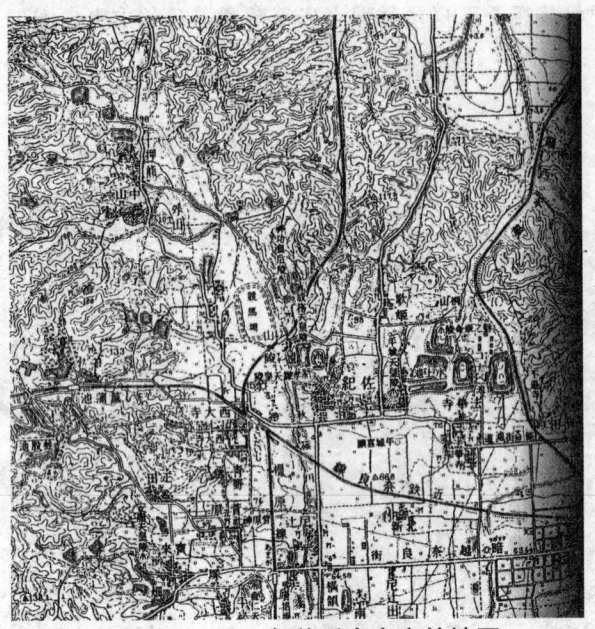

图 9-29　1948 年前后奈良市的地图

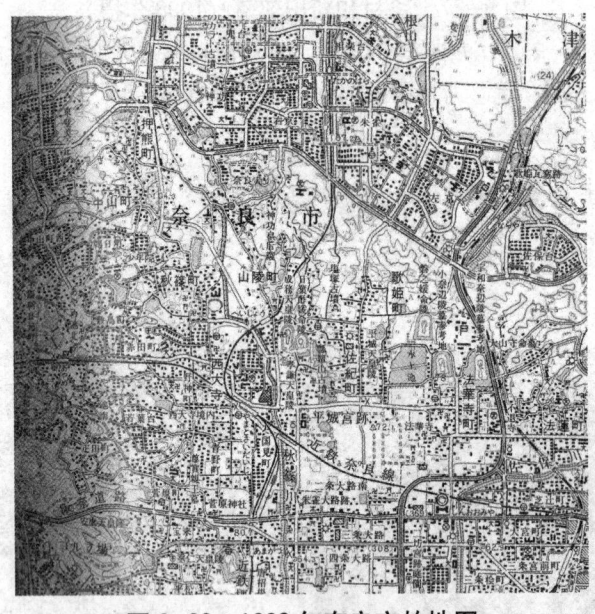

图 9-30　1996 年奈良市的地图

作业

通过新旧地形图的比较，了解土地利用的变化情况。

1．比较图 9-29 和图 9-30，分别用同样颜色标注出农田，并观察土地使用的变化。

2．观察对比高原车站附近的地形变化，分别在图 9-29 和图 9-30 中用引线和等高线画出并作比较。

在 1948 年前后的奈良市地图（图 9-29）中，水田和丘陵的间隔地带中，有古代坟墓和寺庙存在，丘陵周围有很多古代形成的块村的存在，占地宽广，风景优美。在1996年的奈良市地图（图9-30）中，开辟丘陵为新兴的住宅地，在开辟的区域内以大规模建造为主，紧邻历史遗留的遗址附近。这种人工改变地形的情况，在高原车站附近地区尤为突出和明显。

地形图的新旧比较

观察地形图，可以了解自然环境和土地利用等情况。地形图是从明治时期中叶开始被广泛使用，并逐年进行更新和修改。通过对新旧地形图的比较，可以观察地形的改变轨迹、土地利用的变化，以及了解住宅区的扩大等情况。借助照片形式的地形图，可以准确把握河流、铁道、古代寺庙等的位置。另外，通过照片中不同类型土地的利用情况，可以了解区域内的新旧海拔等即时的变化情况。

技能训练 12 统计资料的图表化制作

图9-31和图9-32是奈良市的相关统计资料，读图完成下列作业。

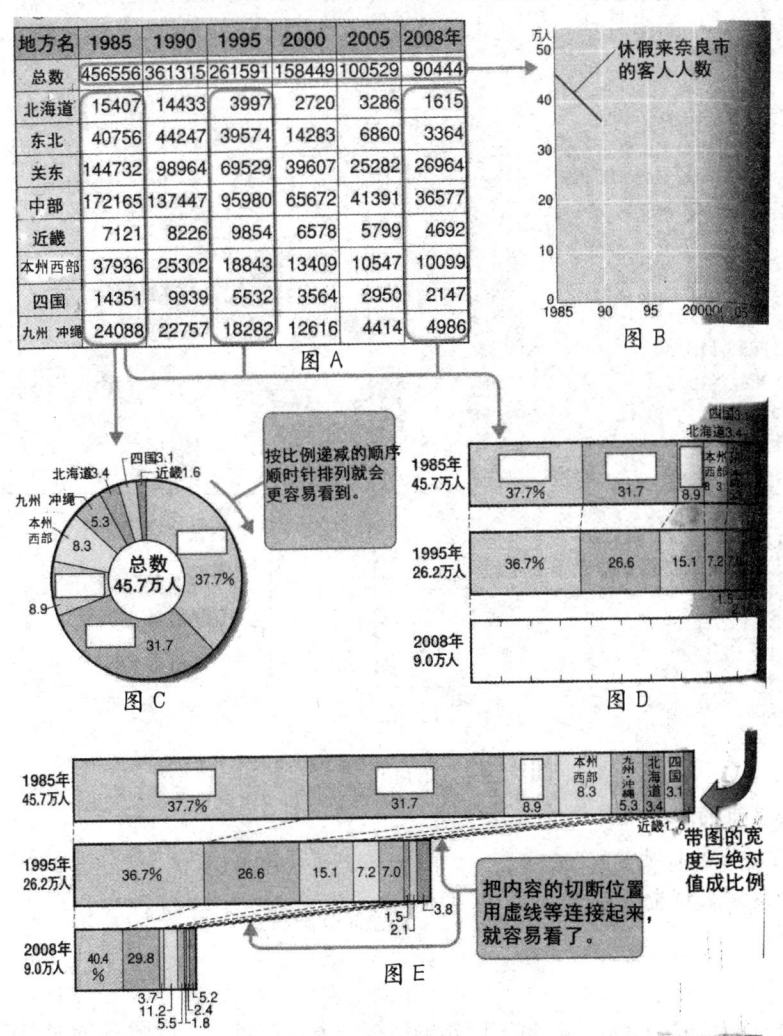

地方名	1985	1990	1995	2000	2005	2008年
总数	456556	361315	261591	158449	100529	90444
北海道	15407	14433	3997	2720	3286	1615
东北	40756	44247	39574	14283	6860	3364
关东	144732	98964	69529	39607	25282	26964
中部	172165	137447	95980	65672	41391	36577
近畿	7121	8226	9854	6578	5799	4692
本州西部	37936	25302	18843	13409	10547	10099
四国	14351	9939	5532	3564	2950	2147
九州 冲绳	24088	22757	18282	12616	4414	4986

图A

图B 休假来奈良市的客人人数

图C 总数 45.7万人

按比例递减的顺序顺时针排列就会更容易看到。

图D
1985年 45.7万人 37.7% 31.7 8.9
1995年 26.2万人 36.7% 26.6 15.1 7.2
2008年 9.0万人

图E
1985年 45.7万人 37.7% 31.7 8.9
1995年 26.2万人 36.7% 26.6 15.1 7.2 7.0 1.5 3.8 2.1
2008年 9.0万人 40.4% 29.8 3.7 11.2 5.5 5.2 2.4

带图的宽度与绝对值成比例

把内容的切断位置用虚线等连接起来，就容易看了。

图9-31 奈良市相关资料一

图A　前来奈良市修学旅行的住宿者和地区分布

图B　总人数的变化折线图

图C　1985年数值饼状图

图D　历年数值的带状图表

图E　绝对值的比例组合图

作业

1．根据图A的数值，与图B结合完成曲线图。

2．根据图A中各年度的统计数值，调查了解最大值和最小值所示的地区，并在图C、图D、图E中填写相应的地名名称。

3．参考图E中的数值，结合图D完成2008年的带状图表。

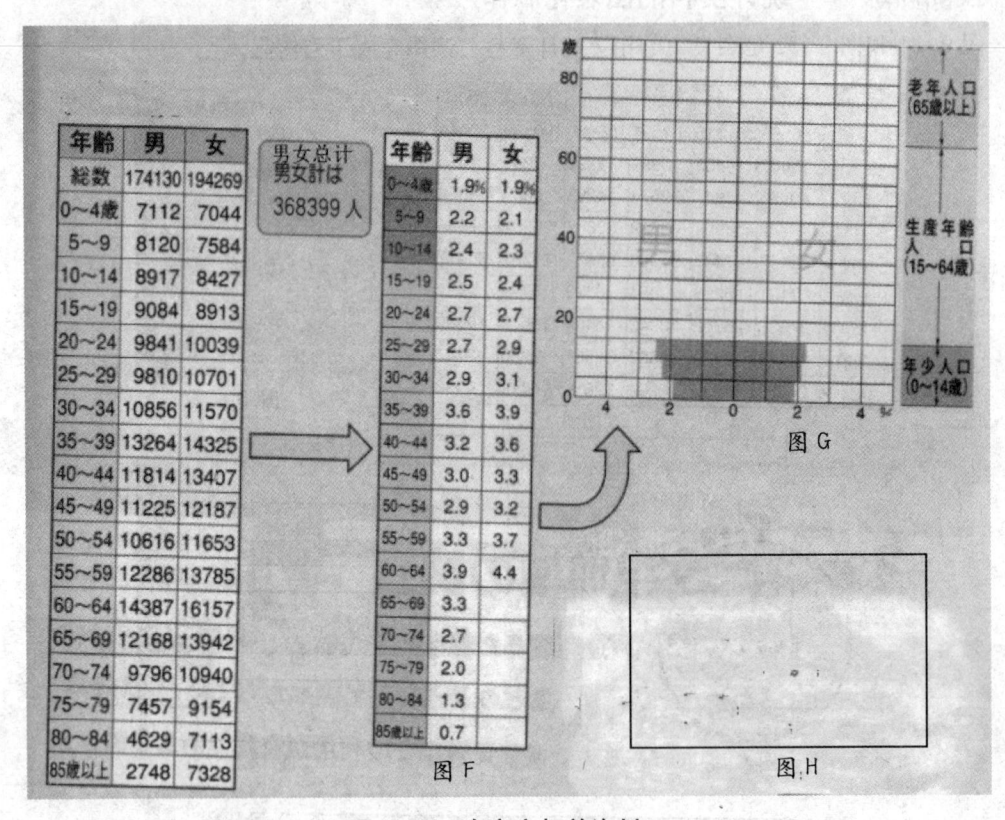

图9-32　奈良市相关资料二

图F　奈良市的人口年龄构成（2010年）

图G　人口性别比例

图H　奈良市人口金字塔

作业

1．以图F的数值为基础，计算不同年龄结构的人口比重，完成图G的相关内容。

2．以图G的数值为基础，完成奈良市的人口构成金字塔图H。

技能训练 13 调查的角度和资料收集

表 9-4 地域和地方志的调查角度和资料

调查项目	调查角度		资料	
		地图	统计	景观照片·卫星地图
自然环境	位置	纬度、经度/海拔/调查地区的面积/沿海或内陆	○	○	○
	地形	山地/平原·盆地的分布/河川·湖沼的分布/海岸线的形状/海滩与填筑地·填海地的分布/火山与地震等	○	○	○
	气候	气温/降水量/积雪量与降雪时间/季风与部分风的风向/季节的变化/气候划分/与日本气候的差异/土壤·植被等	○	○	○
人口	分布	总人口/市区的扩大/大都市的分布/人口密度/昼夜间人口/通勤与通学	○	○	
	构成	性别·按年龄人口构成/按产业人口构成/外国劳动者		○	
	变化	自然增长率（出生率·死亡率）/社会增长率（移入率·移出率）/国际移动（外出工作·移民）		○	
	问题	过密·过疏/人口抑制政策/少子化/高龄化	○	○	
资源产业	农林业	耕地（田·地·果树园）的分布·面积/森林的分布·面积/主体农林产品/农产品生产的细分·变化/主要运输目的地/农民人数/农业人口/农家的经营规模/劳动生产率/出口农产品的百分比/粮食自给率/在世界生产中所占的比例/土壤侵蚀·森林破坏·沙漠化等环境问题/农业政策等	○	○	○
	水产业	主要水产品/水量/主要水港的位置/主要的发货地点/渔业人口/出口水产品的比例	○	○	
	采矿业	工厂和工业区的分布/主要矿产品·工业产品/工业出货额的明细·变化/主要运输目的地/出口矿产和工业产品的百分比/原料供应商/矿产资源自给率/占全球产量的百分比/大气污染·酸性雨·水污染等环境问题/环境政策等	○	○	○
区域之间的联系	交通	铁路/高速道路/港口·机场的位置/路线，航空路线等	○	○	
	人	观光客数/主要旅游目的地/海外旅行者数量/海外旅行目的地/留学/移民/在日外国人/在外日本人/国际合作等		○	
	物品	主要的贸易品种/贸易项目的明细·变化/主要贸易对象国/占世界贸易量的比重/日本的贸易品种和贸易量等	○	○	
	地域	友好城市关系/国境/与邻国的位置关系/经济国家群/政治国家群/与日本的联系/边界·地区冲突等	○	○	○
生活·文化	生活·文化	人民生活/主食/当地美食/传统服装/建造房屋/主要节日/传统活动/特色产品·传统手工艺品/城乡之间的经济差距/国家之间的经济差距等	○	○	○
	民族	语言/宗教/种族·民族组成/少数民族/民族纷争	○	○	
	历史	当地历史/主要古迹和历史建筑/地名的由来与变更/历史人物/民族的形成和历史等	○	○	○

利用互联网搜集资料

通过互联网，可以轻松查找地域调查所需的各种资料。互联网的网络主页，多数是与其他网站的内容进行链接，通过链接可以切换到另一网站，并对信息进行快速收集。通过搜索引擎对专门内容进行查找，对于信息的收集也起到了很大的帮助作用。如表9-4表示地域和地方志的调查角度和资料。

技能训练14　时差的计算

作业

1. 5月1日下午5时乘坐东京出发的飞机飞行了17小时，到达美国圣弗朗西斯科（旧金山）时，是当地哪天和几点？到达时是日本的哪天和几点？

2. 某人于日本时间5月5日的下午4点乘坐班机回日本，按照圣弗朗西斯科（旧金山）的当地时间计算，需要乘坐哪天几点的航班？

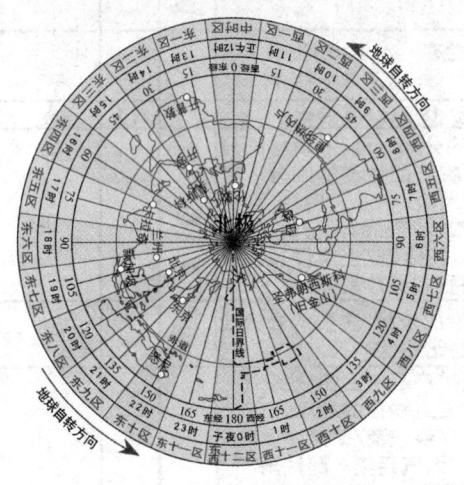

图9-33　时差的区域划分

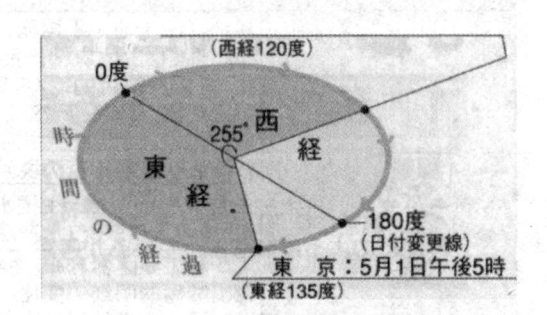

图9-34　东京-圣弗朗西斯科（旧金山）的时差计算

观察图9-33可知，地球自转一周（360°），360°÷24（小时）=15°，经度每隔15°产生1小时的时差。如图9-34所示，东京的经度为东经135°，圣弗朗西斯科（旧金山）的经度为西经120°，两地之间的经度差为135°+120°=255°，255°÷15°=17小时，即可得出两个城市间的时差为17小时。

技能训练15　地图投影

对面积进行准确描述的地图是等积投影地图。对角度进行准确表示的地图是等角投影地图。准确表达地图中心到各点之间的方位的地图是等方位投影地图，其在航线图中使用得较多。

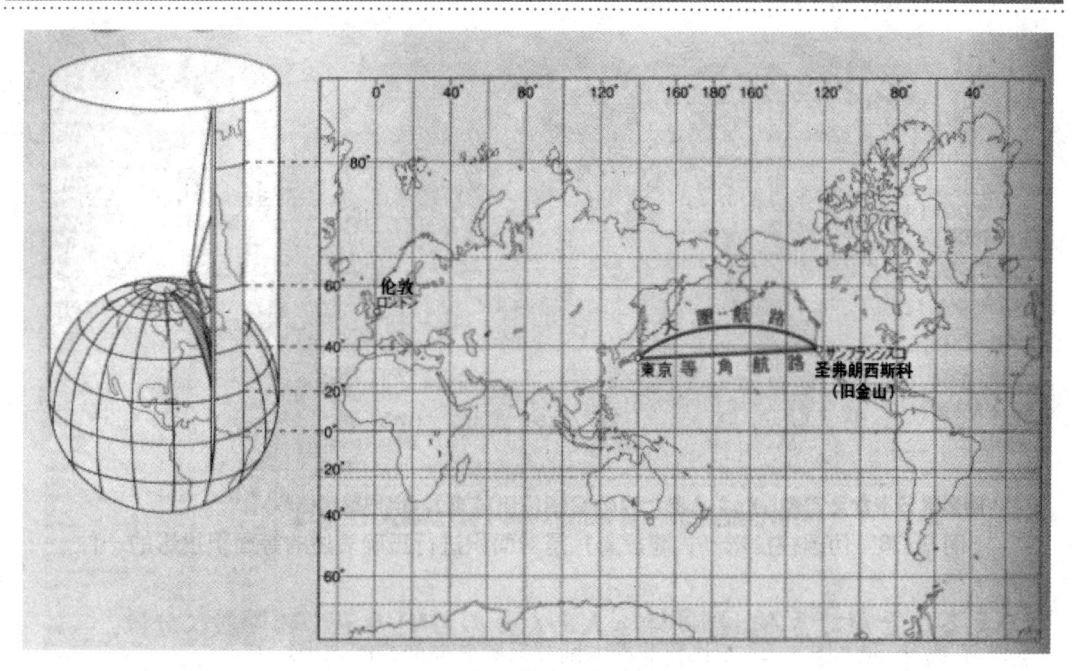

图 9-35　墨卡托投影图

将地球仪用两条经纬线进行纵向切割，由于地球仪的两极部分较为狭窄。通过相同纬度等宽的方式，对经线之间的间隔进行等宽放大处理，同时对纬度之间的间隔也做相应的放大处理，最终制作的地图，被称为墨卡托投影。高纬度的面积已做放大处理，两极地带则无法显示，这是墨卡托投影的缺点。

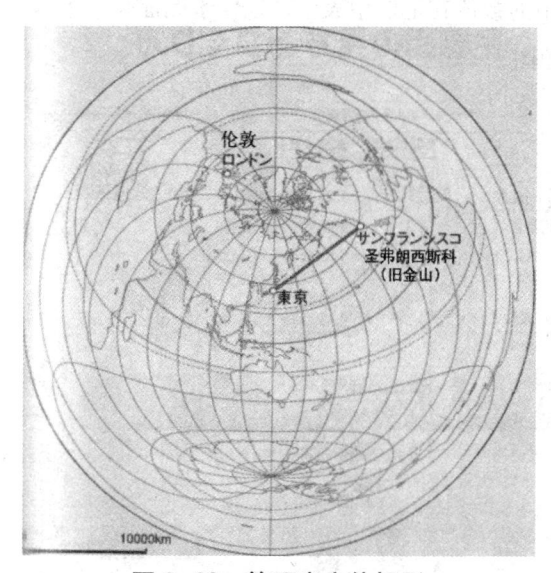

图 9-36　等距离方位投影

这种投影方法是以地图中心点（图中东京的位置）向他点进行等距离和方位移动的展示。

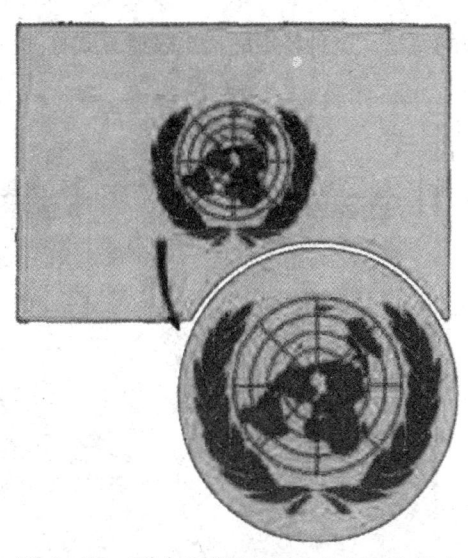

图 9-37　联合国徽标设计取自以北极点为中心的等距离方位投影的世界地图

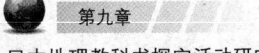

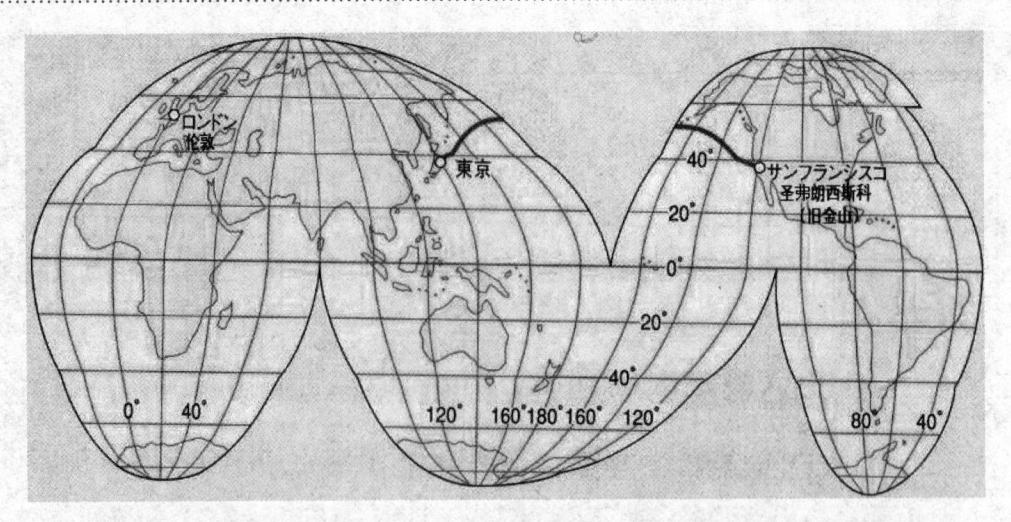

图 9-38 伪圆柱投影（古德投影）是对面积进行正确表述的等面积投影的一种

作业

1．在图 9-36、图 9-37 中比较非洲大陆和格陵兰岛面积的大小。

2．在图 9-38 中描绘东京到伦敦的最短距离（大圆航行路线）。然后将这条路线同样在图 9-36 中画出，比较投影的区别。

技能训练 16　主题图的使用和制作

各种各样的主题图

将人口、农业产量、气象观测等统计表中的数值在地图中表示，以便于图面化了解各区域的特征，这种特定的信息表述方式称为主题图。

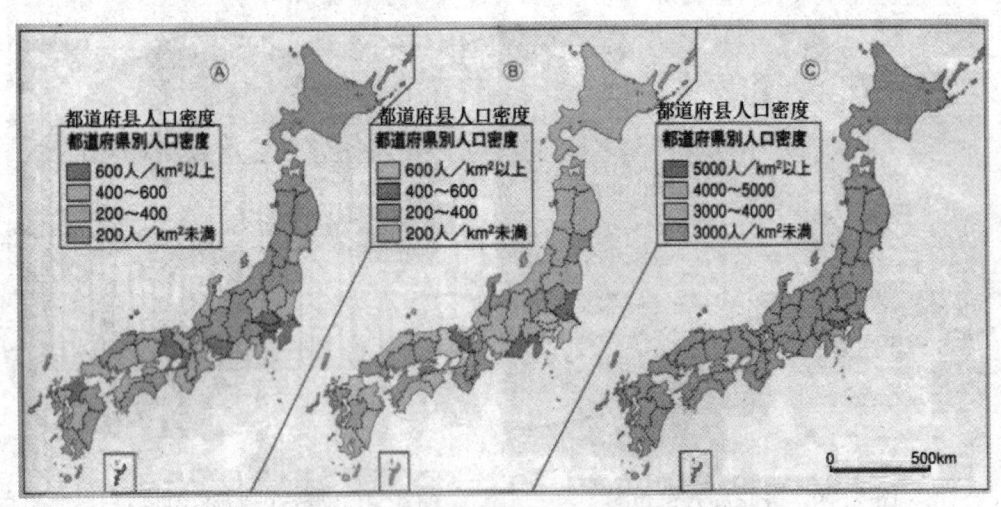

图 9-39　人口密度的不同阶梯区分图示例（2008 年）

将统计资料地图化时，首先将统计的种类和性质进行划分，这对于数据转换是非常重要的。人口数量分布图，需要在分布地点以点状符号标注（点图）。等值线图是相同数值的点用线条连接，如表示海拔的等高线图，表示气温和降水量使用等温线图、等降水量线图等。还有用圆形或正方形等根据数值大小不同进行比较展示的表现方法。分布图是以单位面积为单元，比如人均值分布图，可按人均值分级标准，不同地域单元使用不同颜色或符号等进行表述。

阶梯区分图的制作，首先要关注统计数值的最大值和最小值，将所有数值分为4~6个阶梯。其次，将阶梯区分通过浓淡和色彩，由明到暗，由暖色到冷色进行区分表述。最后，选择适宜的展现形式。阶梯区分未选择正确的颜色和区分标准，则会影响图示的效果。

作业

将图9-39中A-C进行比较，哪种图示法最能清晰表述日本人口密度的发展趋势？此外，不适宜的地图存在哪些问题？

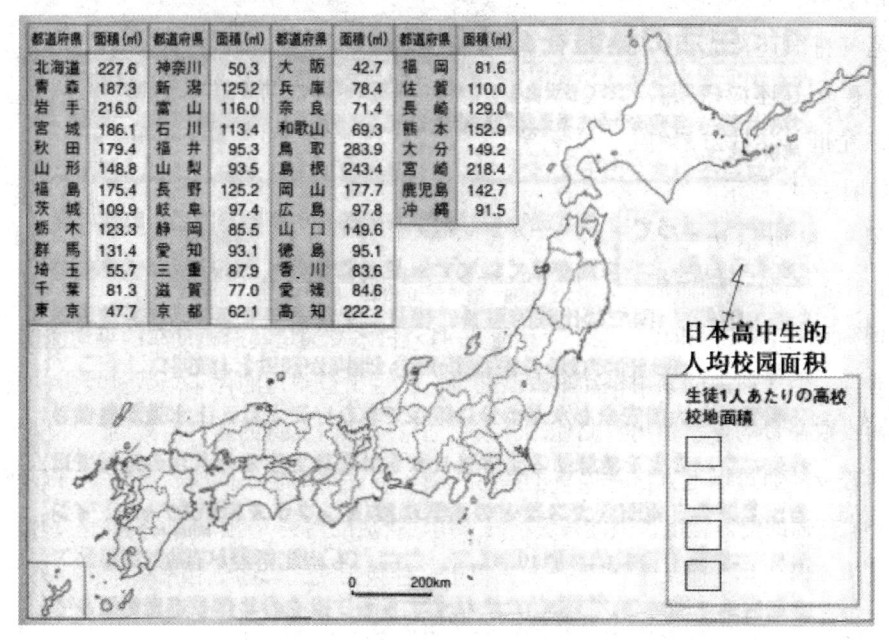

图9-40 日本高中生的人均校园面积（2008年）

作业

1．以统计资料为基础，制作相关的统计图。

2．读图9-40，分析并思考比较结果。

二、"课题学习"模块样例

课题学习1 粮食援助

课题：发展中国家的食物不足的地区，伴随着发达国家对其进行食物援助，带来了一系列的问题。围绕食物援助的问题，进行相关思考。

从世界主要的食物不足国家的情况（联合国世界粮食计划资料略）可以看出，世界上需要紧急粮食援助的国家多集中在非洲中南部。该地区许多国家在殖民地时期建立了以商品粮出口为主的农业政策，而独立之后仍未改变，政府亦无法实施有效的粮食增产政策。此外，内战、干旱灾害等也给粮食生产带来了巨大的影响。加纳是著名的可可豆生产国，可可栽培与作为主食的稻米生产并举,基本能够满足国内自给,但 1980 年发生了严重旱灾,造成了国内粮食不足,转而依赖稻米进口和国际援助。即使干旱过后,仍未放弃低价进口稻米政策,造成国内稻米需求降低。显而易见,国际粮食援助不应限于物质援助,更要考虑到当地的实际情况,否则将对其今后的生活、产业带来不良影响。

课题学习 2　新型都市交通的摸索

课题:交通堵塞和机动车尾气排放导致大气污染的问题,已经是全球性问题。人类与环境的和谐,以及城市交通问题,将何去何从?

城市因交通堵塞而造成了巨大的经济、社会损失。同时,尾气排放还造成了污染、生态破坏等环境问题。这些问题在世界各城市都很突出,如图 9-41 所示。

在图 9-42 所示法兰克福的城市中心石阶堆砌而成的城市旧街道中,电车和巴士有序通行,但区域内的家用机动车限制通行。由于街道附近的停车场数量较少,因此,对停留车辆收取昂贵的停车费用。此外,公共交通管理部门发行的当月有效的"环境定期券"基本得到普及。通过以上方法,提高了家用机动车的使用门槛,同时,公共交通管理部门积极完善公共交通的便捷程度,因此减缓了汽车尾气排放的污染,也降低了交通堵塞压力等。

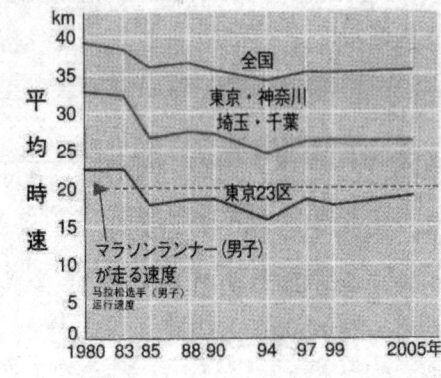

日本的大都市都存在交通堵塞问题。尤其是东京 23 区内,城市中心车流量较大,容易导致道路交通严重堵塞。

图 9-41　日本交通堵塞时机动车的平均速度

德国弗赖堡公共交通系统(图 9-43)提出一种换乘模式,即将私家车停在郊外停车场,换成电车进入城市中心。英国伦敦等城市已开始执行征收城市中心拥堵费制度等措施,并在解决交通堵塞、减少尾气排放等方面取得了成果。在日本,人们开始重新认识过去在路面上行走的有轨电车、社区巴士,更多的城市开始关注城市公共交通设施的再完善。

图 9-42　德国法兰克福的城市中心(1999 年摄)

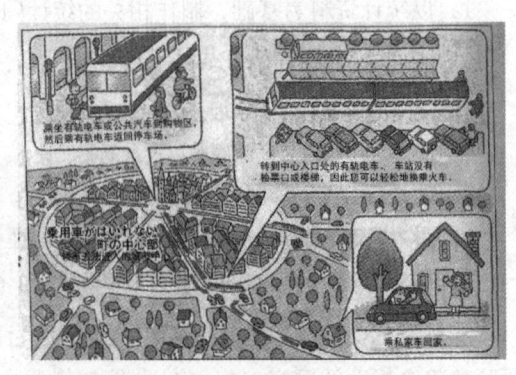

图 9-43　德国弗赖堡公共交通系统换乘模式示意

课题学习 4　为了谋求不同文化背景人们的共同生存

课题：自 20 世纪 90 年代开始，全球不同民族，不同宗教的集团之间的冲突引发的争端增多了。为了谋求不同文化背景人们的共同生存，我们可以做些什么呢？

以前，联合国通过协商调停争端，近年来这种方式似乎不管用了。就像巴尔干半岛国家掀起的民族争端一样，联合国也曾同意，为了制止迫害而动用军力。另一方面，世界最大的军事大国美国，出于自身安全的考虑，在没有征得联合国同意的情况下，使用武力，发动了伊拉克战争。伊拉克在战后进行重建工作，但是困难重重。伊拉克有三大集团，分别是居住在北部的库尔德人，中部的逊尼派穆斯林和以南部为中心的什叶派穆斯林。库尔德人以民族为纽带团结了起来，另外两个集团，虽然同为穆斯林，但是由于派系不同，相互倾轧。如果仅因民族和宗教不同就不容分说地对立起来，那人们就丧失了为共同生存而考虑对策的机会。另外，以解决争端为借口而使用武力，给受害人留下了长期而深痛的创伤。最近争端远离日本，但如果只考虑自身安全，并不能带来世界和平。让我们考虑一下，不同民族和宗教的人之间的价值观和生活方式的差异，到底来自哪里？为了让拥有不同文化背景的人实现全球化共存，到底需要做些什么呢？

第三节　研究结果

一、探究活动内部结构

1．"课题"模块

在部分小节的开篇或节内每一黑体字标题的开始处，给出了一个"课题"，通常是用陈述句的形式就开篇图片提出一个问题，作为该节或该目的目标引导。如第 2 章第 4 节的课题"日本在全球农业中的地位"：

课题：放眼全球，分析调查日本集约型水稻农业类型的特点及背景。此外，思考在全球化农业发展中，日本农业存在的问题。

2．"技能训练"模块

通常包括 3 个组成部分，按排列先后依次为图片、问题和讲解。

（1）图片。包括照片或地图，放在该模块的开篇。

（2）问题。称为"作业"，一般由 2～3 个问题构成，排版上紧接着图片出现。

（3）讲解。相当于答案，但不是直接呈现，而是通过一段叙述性的文字呈现。绝大多数的"技能训练"模块都有文字讲解部分，放在该模块的最后，作为问题的解答思路提示或知识拓展。在某些"技能训练"模块中没有最后一个部分，如第 1 部第 1 章第 2 节的"地形图的使用3：V形谷和剖面图"和"地形图的使用4：小地形的土地利用"，只有图片和作业，没有讲解。

3．"课题学习"模块

这一模块只存在于第4部的各章中。由于该部分讲的是各种全球性课题，所以这一部分每一章章末都设置了一个探究活动，称为"课题学习"，包括1个"课题"（与每节的"课题"形式相同）、图片资料和讲解。可以看出，"课题学习"模块的形式类似于前面各部章节的"技能训练"模块，只不过把"作业"部分换成了"课题"。

二、探究模块量化统计

表9-5 日本《新详地理B》"课题""技能训练"或"课题学习"探究模块
数量、主题与篇幅统计

部、章次	序号	节名	"课题"模块数量	"技能训练"或"课题学习"模块		
				数量	主题	页数
1.1	1	地形地貌是人类生活的舞台	0	1	照片的观察阅读1：地形	1
	2	世界地形	2	4	地形图的使用1：地图标识	2
					地形图的使用2：等高线	2
					地形图的使用3：V形谷和剖面图	1
					地形图的使用4：小地形的土地利用	3
	3	气候对人类生活的影响	0	1	照片的观察阅读2：气候	1
	4	世界气候	3	1	气候的总结方法	1
	5	日本的自然特征和日本人的生活	1	0	—	—
1.2	6	产业的发展和变化	1	1	照片的观察阅读3：产业	2
	7	农产品的生产和流通	2	0	—	—
	8	全球现代农业的现状和相关课题	1	0	—	—
	9	日本在全球农业中的地位	1	0	—	—
	10	资源的生产和消耗	4	0	—	—
	11	工业制品的生产和流通	4	0	—	—
1.3	12	衣食住	4	1	照片的观察阅读4：衣食住	2
	13	消费和休闲活动	3	0	—	—
	14	村落和城市	4	1	地形图的使用5：聚落的形成	2
2.1	15	身边的地域调查	0	2	地形图的使用6：新旧比较	2
					统计资料的图表化制作	2
	16	分离的地域调查	0	0	—	—
2.2	17	地域调查的方法	0	1	调查的角度和资料收集	1
2.3	18	美国	0	0	—	—
	19	澳大利亚	0	0	—	—
	20	印度				

表 9-5（续）

部、章次	序号	节名	"课题"模块数量	"技能训练"或"课题学习"模块 数量	"技能训练"或"课题学习"模块 主题	页数
2.4	21	西亚·中部亚洲	0	0	—	—
	22	欧洲	0	0	—	—
	23	东南亚	0	0	—	—
3.1	24	韩国的研究	3	0	—	—
	25	中国的研究	4	0	—	—
	26	俄罗斯的研究	2	0	—	—
3.2	27	现代世界各国	1	0	—	—
	28	连接世界的交通、通信	2	1	时差的计算	1
	29	当代世界的贸易和经济圈	3	0	—	—
3.3	30	地图的相关信息	0	2	地图投影	2
					主题图的使用和制作	2
	31	地图上的南北问题	2	0		
3.4	32	地域划分的目的和方法	1	1	区域划分地图的阅读方法	1
	33	区域划分及当代世界的课题	3	0	—	—
4.1	34	人口与粮食的生产	1	1	课题学习：粮食援助	1
	35	人口·粮食问题	2			
	36	日本的人口问题	1			
	37	解决人口·粮食问题	1			
4.2	38	世界的城市·居住问题	1	1	课题学习：新型都市交通的摸索	1
	39	城市·居住问题	2			
	40	日本的城市·居住问题	1			
	41	都市·居住问题的解决之道	1			
4.3	42	世界环境·能源问题	1	1	课题学习：重构能源消费与生活的思考	1
	43	环境·能源问题	3			
	44	日本的环境·能源问题	1			
	45	解决方案	1			
4.4	46	世界的民族·领土问题	2	1	课题学习：为了谋求不同文化背景人们的共同生存	1
	47	多样的民族·领土问题	3			
	48	日本的民族·领土问题	1			
	49	民族共生课题	1			
总计			74	21		32

表9-5还对"技能训练"和"课题学习"模块的篇幅进行了统计。可以看出，"技能训练"模块每个主题包括若干单页，常见的是占1页或2页，不会出现未满1页或溢出单页的情况。"课题学习"模块类似，但篇幅更为固定，均为1页。从表中可以看出，"技能训练"模块17个，"课题学习"模块4个，二者共占32页，平均每个模块不足2页。

三、日本地理教科书探究活动特点

1．重视读图等地理技能的培养

从篇幅和独立性上看，《新详地理B》中的探究活动重点是"技能训练"，涉及广泛的读图和调查等地理技能，活动以读图为主，包括景观照片、地形图、等值线图、剖面图、气候资料图、统计图表、主题图等读图，提升学生对图片、图表和地图的读图技能。

2．注重小区域实地研究

《新详地理B》探究活动的一个明显特点是研究区域的精细化。在进行小区域研究时，广泛采用了1∶50 000至1∶25 000的大比例尺地图。例如，技能训练5"地形图的使用4：小地形的土地利用"，所采用的等高线地形图的比例尺是1∶25 000。

3．探究材料丰富

《新详地理B》的探究活动在数量上并非最多，但每个探究活动至少占1页，常有2页的情况出现，最多的达到了3页。所给图片中常常有大幅地图，便于学生分析研究。

第十章

韩国地理教科书探究活动研究

第一节　概述

一、教科书介绍

韩国《地球科学 I》是由韩国天才教育出版社于 2012 年出版的地理教科书，适用于韩国十一年级的学生。

全书共 248 页，分为 3 部 8 章 25 节。每章 2～5 节，每节又可分为若干目，共计 59 目。书中的 3 部分别是"只有一个地球""变化中的地球""神秘的宇宙"，主要讲述了地球概况、圈层动态和天体探测等方面的知识。全书的书目结构如表 10–1 所示。

表 10–1　韩国《地球科学 I》书目结构

部	章名	节名	目数
1. 只有一个地球	1. 地球的探索	地球科学的研究领域和特征是什么？	3
		地球科学的探索方法	2
	2. 地球的构成	地球环境的构成要素是什么？	4
		地球环境的物质和能量是怎样循环的？	3
	3. 地球环境的变化	原始地球的环境是什么样的？	2
		地质时代的地球环境是什么样的？	2
		地球环境是怎么变化的？	2
2. 变化中的地球	4. 地壳变动	火山和地震是怎么发生的？	3
		地壳变动和板块运动的关系是什么？	2
	5. 天气的变化	大气中的水蒸气是怎样凝结的？	3
		降雨和云是怎样观察和测定的？	2
		天气是怎样预测的？	1
		天气是怎样变化的？	3
	6. 海洋的变化	海底地形具有什么样的特征？	2
		海水具有什么样的特征？	3
		世界的洋流是怎么分布的？	2
		海洋探查是怎么进行的？	2
3. 神秘的宇宙	7. 天体的观测	天体观测所需要的工具和方法有哪些？	3
		太阳的表面是什么样的？	2
		月亮的运动和位相有什么关联？	2
		行星是怎么运动的？	2
		星座的距离和亮度	2
	8. 探寻太阳系	太阳系探测船	2
		通过太阳系探测船的探测，有哪些新发现？	3
		宇宙观是怎么变化的？	2
总计		25	59

二、探究活动类型

韩国《地球科学I》教科书中设置了大量的探究活动，如"读图·启发""调查"（"探索调查"）"资料解析""讨论""观察""观测""课前讨论"（"课前研讨"）"课堂思考""知识运用"等，共计11种。这些模块中，有些是相对独立的，给出了探究主题、信息和问题等，如"读图·启发"；有些是以问题形式出现的，需要和课文结合才能解答，如"课前讨论"。

《地球科学I》中模块较多，有些模块虽然是补充材料，不具备探究性，但可以为我国的研究者提供借鉴。这样的模块共有6个，如"阅读"（"课外阅读"）"知识拓展""资料室"等，这些模块主要是文字资料，对学生拓展视野、增强兴趣、提升阅读能力有所帮助。

表10-2对韩国《地球科学I》探究性活动和非探究性活动的模块进行了统计。

表10-2　韩国《地球科学I》探究性（非探究性）活动的模块统计

类型	序号	模块名称	是否独立	出现频次	出现位置
探究性活动	1	"读图·启发"	是	每节一个	第一页下半页
	2	"资料解析"	是	不定	每目的首页下方
	3	"调查"	是	不定	每目的首页下方
	4	"讨论"	是	不定	每目的首页下方
	5	"观察"	是	不定	节尾
	6	"观测"	是	不定	每目的首页下方
	7	"实验·观测"	是	不定	每目的首页下方
	8	"动手做一做"	是	不定	每目的首页下方
	9	"课前讨论"	否	每章一个	第一页下方
	10	"课堂思考"	否	每目至少出现两者中的一个	每目的正文末尾
	11	"知识运用"	否		每目的正文末尾
非探究性活动	12	"阅读"	是	不定	节或目的结尾
	13	"知识拓展"	是	不定	节或目的结尾
	14	"资料室"	是	不定	穿插在正文中
	15	"科学—技术—社会"	是	不定	章末
	16	"科学与职业"	是	不定	节或目的结尾
	17	"生活中的科学"	是	不定	节或目的结尾

三、探究活动主题

《地球科学I》一书中具有主题的探究活动都是相对独立的模块，共有8种，分别是："读图·启发""资料解析""调查""讨论""观察""观测""实验·观测""动手做一做"，每个模块的主题数量不等。为方便研究，我们将这些探究模块的主题列举如下。

1. "读图·启发"模块

"读图·启发"模块共包含25个主题，分布在25个小节中，通常占据每节首页的下半页篇幅，如表10-3所示。由于内容较多，在本章第二节案例展示时只选取了其中的一部分，以便于进一步分析。

表 10-3　韩国《地球科学Ⅰ》探究活动"读图·启发"模块的主题统计

序号	主题	序号	主题
1	新的行星系	14	海洋科考船——"挑战者"号
2	地球科学在多领域的探索活动	15	海洋的性质与名字
3	地球科学的时间和空间范围	16	洋流
4	地球环境的相互作用	17	多种海洋探查方法
5	恐龙的灭绝	18	利用凸透镜来观测
6	各地质时代的生物变迁	19	太阳的活动对地球的影响
7	地球的气候	20	陨石坑的生成过程
8	电影中的火山爆发	21	恒星和行星
9	喜马拉雅山脉上发现的菊石化石	22	视角差和距离
10	水的循环	23	人类为宇宙探查付出的努力
11	测雨器	24	太阳系的构成
12	气象图中使用的符号	25	伽利略观测木星
13	天气谚语	—	—

2．"资料解析"模块

"资料解析"模块共有 30 个主题，为正文提供图像、表格和文字的补充，并设计题目，如表 10-4 所示。

表 10-4　韩国《地球科学Ⅰ》探究活动"资料解析"模块的主题统计

序号	主题	序号	主题
1	彗星的出现对社会的影响	16	水蒸气的凝结和气温的变化
2	板块构造学说的形成过程	17	气象图的分析和预报
3	水圈内水的分布	18	温带低气压的移动和天气的变化
4	岩石圈的化学组成	19	最近经过韩国的台风
5	物质和能量的循环	20	太平洋和大西洋的海底地形
6	地球上碳的分布	21	板块运动和海底地形
7	原始地球的形成	22	世界海洋的盐度分布
8	地层的对比	23	世界海洋的水温分布
9	古生物的灭绝	24	海水的密度和水温及盐度的关系
10	地质时代的平均气温变化	25	世界的洋流分布
11	沙漠化	26	韩国周边的洋流分布
12	世界火山活动	27	海洋的远程探测
13	世界地震活动	28	韩国周边海域的海水水温变化
14	火山带、地震带、造山带与板块的界限	29	行星的视运动
15	北大西洋海洋地壳的移动方向和速度	30	星星的距离

3．其他模块

与"读图·启发""资料解析"相比，其余的 6 种独立探究模块的主题数量较少，一共有 18 个，如表 10-5 所示。这些模块的主题内容及研究见第二节。

表 10-5 韩国《地球科学 I》探究活动其他模块的主题统计

模块	序号	主题	模块	序号	主题
调查	1	地球科学的研究领域	观测	10	太阳黑子的形状和位置的变化
	2	地球环境中各圈层的相互作用		11	月球表面的观测
	3	天体观测的工具		12	行星的观测
	4	太阳系探测船的探测方法和目的		13	星座的观测
	5	太阳系探测的进展	动手做一做	14	随着气温的垂直变化，大气圈层的分类
讨论	6	最近关于地球和行星探测资料的讨论		15	火山和地震的分布
	7	地心说和日心说的比较		16	韩国四季的特征
实验·观测	8	制作简易雨量计		17	望远镜的设置与操作方法
观察	9	云的观察		18	月球的运动和月相变化

第二节 探究活动案例

一、"读图·启发"模块

由于活动的数量较多，限于篇幅，本模块的展示中，删去了一部分活动，每 5 个主题保留其中的 3 个主题，其选取原则是能体现地理教科书的特色，能说明活动探究的特点，并对我国地理教学有启发意义。

1. 新的行星系

1999 年 4 月 15 日美国科学家宣布，在离地球约 44 光年远的地方发现了一个与太阳系相似的星系。这个行星系恒星的名字，叫作"尤普希斯仙女星"。在晴朗的晚上，用肉眼就能清楚地看到这颗恒星。三颗体积相当大的行星（这三颗行星似乎都是由气体组成的，跟木星非常相似）环绕在尤普希斯仙女星周围。科学家们期待能在这个行星系中发现和地球差不多的行星，这次太阳系外部行星系的发现进一步提高了外星人的存在可能性。

思考
- 恒星和行星的不同点是什么？
- 发现太阳系外部存在的行星系比较困难，一起讨论一下原因。

2. 地球科学在多领域的探索活动

图 10-1 反映的是地球科学在多领域的探索活动。

图1　　　　　　　　　图2

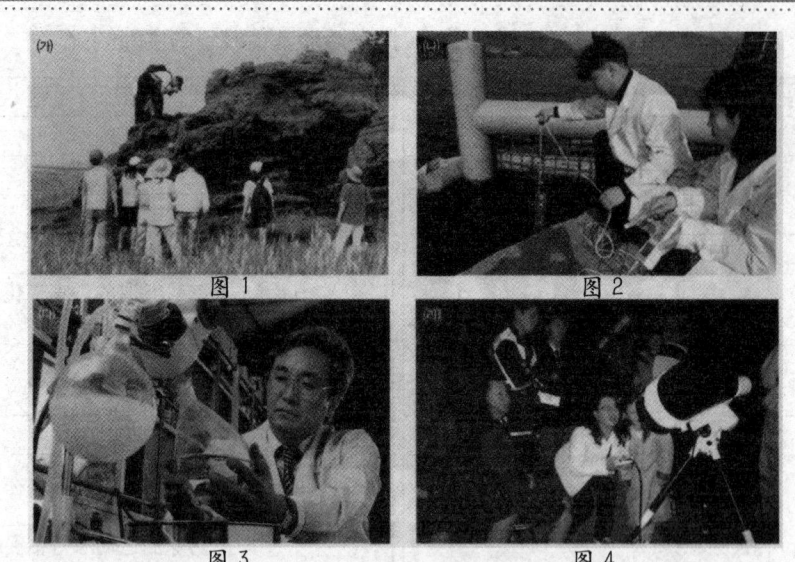

图3　　　　　　　　　图4

图 10-1　地球科学的探索活动

思考

- 上面四幅图片的观察、测定、实验活动具体在研究什么要素？
- 图1和图4的探索活动最大的不同点是什么？

5．恐龙的灭绝

恐龙是指支配全球生态系统大约2亿年之久的一类爬行类动物。究竟是什么原因使恐龙灭绝呢？

关于恐龙灭绝的原因，人们仍在不断地研究之中。到现在为止，最权威的观点是陨星碰撞说。据研究，当时曾有一颗小行星坠落在地球表面，强大的冲击力导致大地震和海啸的发生，巨大的能量爆发使得地球燃起大火，同时把大量的尘埃抛向大气层，形成遮天蔽日的尘雾，导致植物的光合作用暂时停止，恐龙失去了食物因此灭绝了，如图10-2所示。

- 陨石的冲撞使原始地球受到了怎样的影响？
- 原始地球经历了什么样的变化过程？

图 10-2　恐龙的兴盛和灭绝

海啸

海啸是由地震、火山爆发或水下塌陷和滑坡等大地活动造成的海面巨浪，并伴随巨响的现象。暴风引起的叫作暴风海啸；地震或火山爆发引起的叫作地震海啸。

8．电影中的火山爆发

观看以火山活动为素材拍摄的影片《天崩地裂》。

- 请查找火山爆发前的各种现象。
- 在互联网上探索火山和地震相关的描述，并与电影中的描述进行比较。

9．喜马拉雅山脉上发现的菊石化石

在喜马拉雅山脉的一个山谷中，人们发现了菊石化石，读图10-3并进行思考。

图 10-3　喜马拉雅山脉发现的菊石化石

- 菊石是哪个地质时代的生物？
- 请在互联网上搜索：除菊石之外，人们在喜马拉雅山脉上还发现了什么化石？

10．水的循环

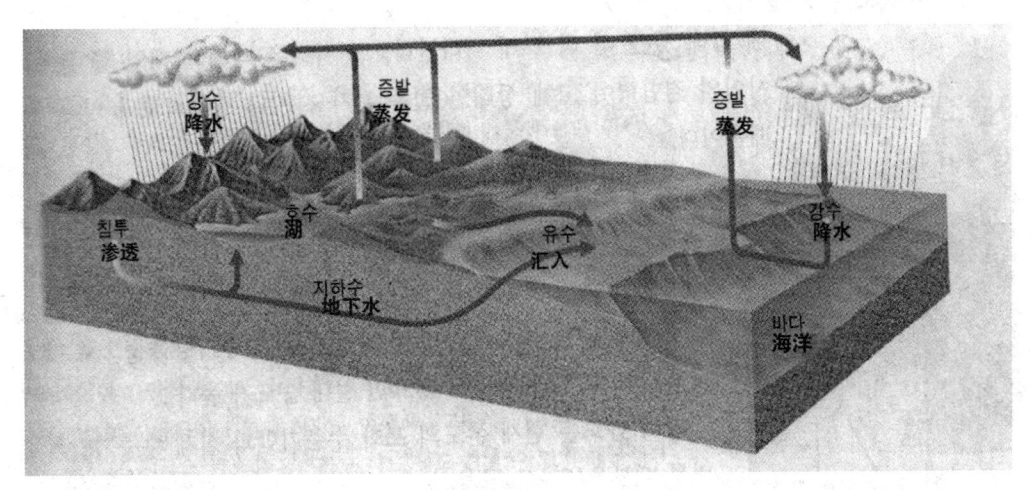

观察图10-4水循环过程。

图 10-4　水循环过程

- 在图 10-4 中找出热量的吸收过程和放出过程。
- 找一找我们日常生活中由于水蒸气的凝结发生的现象。

13. 天气谚语

天气谚语是人们在长期的生产生活实践中，不断积累下来的认识自然的经验，这些经验经过千百年的实践考验，逐渐概括成简明、易懂、易记的谚语，广泛流传下来。

例如：1. 青蛙叫，大雨到；2. 月晕而风，日晕则雨。

- 从气象学的角度解释天气谚语 1 和谚语 2 的科学性。
- 查一查除此之外还有什么天气谚语。

14. 海洋科考船——"挑战者"号

人类对海洋进行的科学考察，从很久以前就开始了。以 19 世纪的"挑战者"号为起点，人们开始了有系统、有目标的近代海洋科学考察。

1872—1876 年英国皇家学会依靠"挑战者"号在大西洋、太平洋和南极海域进行科学考察，总计行程 12.8 万千米，在 362 个水文站点上对海洋物理性质、海洋生物和水深等进行了科学考察。通过"挑战者"号的海洋科考，人们知道了海底也像陆地一样崎岖不平，具有复杂的地质构造。

- 了解一下"挑战者"号是使用什么方法对海底地形进行考察的。
- 利用网络查一查，有什么方法可以测定海水的深度。

16. 洋流

1990 年 5 月在北太平洋航行的一艘韩国货船由于受到暴风雨的袭击，一个装有运动鞋的集装箱丢失在大洋中。一段时间以后，在北美大陆西海岸的几个地方发现了货船丢失的运动鞋。

- 从北太平洋中部到北美大陆西海岸，使运动鞋移动的源动力是什么？
- 使运动鞋掉入大海中的暴风和使运动鞋移动的洋流之间的共同点和差异点是什么？

17. 多种海洋探查方法

图 10-5 所示是多种海洋探查的方法。

①海洋探查卫星　　②潜水艇　　③海洋科考船

图 10-5　多种海洋探查方法

- 利用上面①②③的方法可以得到什么样的资料?
- 利用网络或科学杂志等，了解除上述方法之外的海洋探查方法。

20．陨石坑的生成过程

图 10-6 反映的是月球上的陨石坑的生成过程。

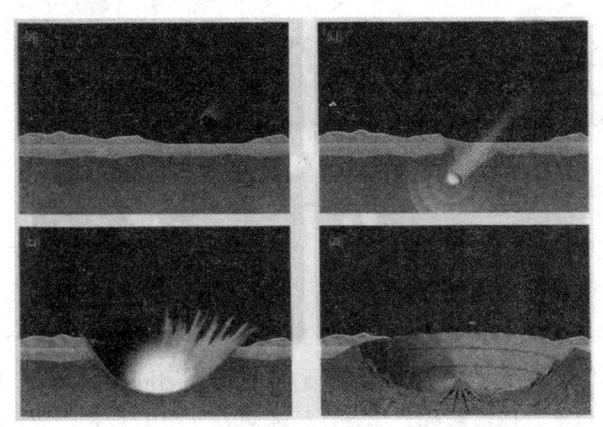

图 10-6　月球上的陨石坑的生成过程

- 讨论陨石坑的生成过程。

21．恒星和行星

- 简述恒星和行星的差异，介绍自己实际观测行星的经历。

24．太阳系的构成

读构成太阳系的天体的模式图（图略）。（天体的大小和天体之间的距离不是真实的，是经过调整之后的。）

- 构成太阳系的天体有哪些?
- 根据行星的公转轨道和物理性质，试着对行星进行分类。

25．伽利略观测木星

图 10-7 表示伽利略用自己制作的望远镜对木星的观测结果。中间的大天体是木星，周围的小天体是木星的卫星。从图中可以看出木星卫星的位置随着时间发生变化。

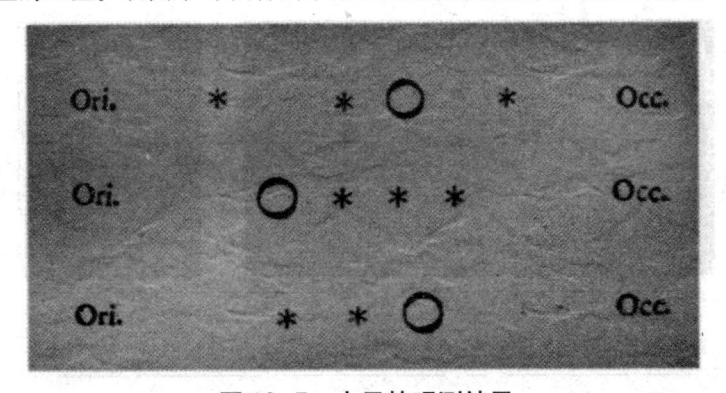

图 10-7　木星的观测结果

- 伽利略生活时期的天文观测是什么水平？当时处于支配地位的宇宙观又是什么？

二、"资料解析"模块

本模块共有 30 个主题，由于篇幅所限，按照每 3 个主题保留 2 个的办法，选取其中的 20 个主题进行展示。

2．板块构造学说的形成过程

下文是对板块构造学说形成过程的简略说明。

1911 年的秋天，魏格纳（1880—1930）在图书馆偶然阅读了关于巴西和非洲之间过去可能存在陆桥的论文。

次年，在德国地质学会上，魏格纳否定了"陆桥说"，并根据调查结果，即南美大陆的东海岸和非洲大陆的西海岸在古生物化石分布、古地质构造带、古冰川、古气候等方面均有密切联系，提出了"大陆漂移学说"。大约 2 亿年前，全球的大陆曾连接成一体，成为联合古陆或泛大陆，可能由于某种作用力的影响，泛大陆逐渐分离、漂移，形成现代海陆分布的基本格局。但是，由于魏格纳所列举的证据和对大陆漂移的源动力说明不充分，当时并没有得到学术界的广泛接受。随着魏格纳在格陵兰岛探险中遇难，"大陆漂移学说"逐渐被人们忘却。

20 世纪 50 年代，海洋探测的发展证实海底岩层薄而年轻。20 世纪 60 年代，美国科学家赫斯和迪茨分别提出了"海底扩张说"，相关学者认为地幔物质在这种裂缝带下因软流圈内的物质上涌、侵入和喷出而形成新的洋壳，随着这个作用不断进行，新上涌侵入的地幔物质把原已形成的洋壳向裂谷两侧推移扩张，致使洋底不断新生和更新。1965 年，威尔逊提出了转换断层的概念，证明岩石圈板块的水平位移的可能性，并因此阐明了洋中脊的新生洋壳和海沟带的洋壳消减之间的消长平衡关系，即扩张速率与消减速率相等。此后，板块构造学说逐渐形成。

思考

1．魏格纳的"大陆漂移学说"是基于对什么问题的认识提出的？

2．"大陆漂移学说"和"海底扩张学说"是通过什么样的研究方法确立的？

深入思考

讨论地球科学的探索是以什么样的过程逐渐形成的。

3．水圈内水的分布

表 10-6 是水圈内水的存在形式、数量与所占比重。

表 10-6 水的分布

存在位置	数量/L	占水资源总量的比重/%	存在位置	数量/L	占水资源总量的比重/%
淡水湖	1.25×10^{17}	0.009	地下水	8.34×10^{18}	0.62
咸水湖及内海	1.04×10^{17}	0.008	冰川	2.9×10^{22}	2.15
河流	9.3×10^{16}	0.007	大气	1.3×10^{16}	0.001
土壤中的水分	6.7×10^{16}	0.005	海洋	1.32×10^{25}	97.2

思考

1. 水分布最多的地方在哪里?
2. 陆地水占水资源总量的比重是多少?
3. 除了陆地水和海洋水，其他水占水资源总量的比重之和是多少?

5. 物质和能量的循环

读图 10-8。

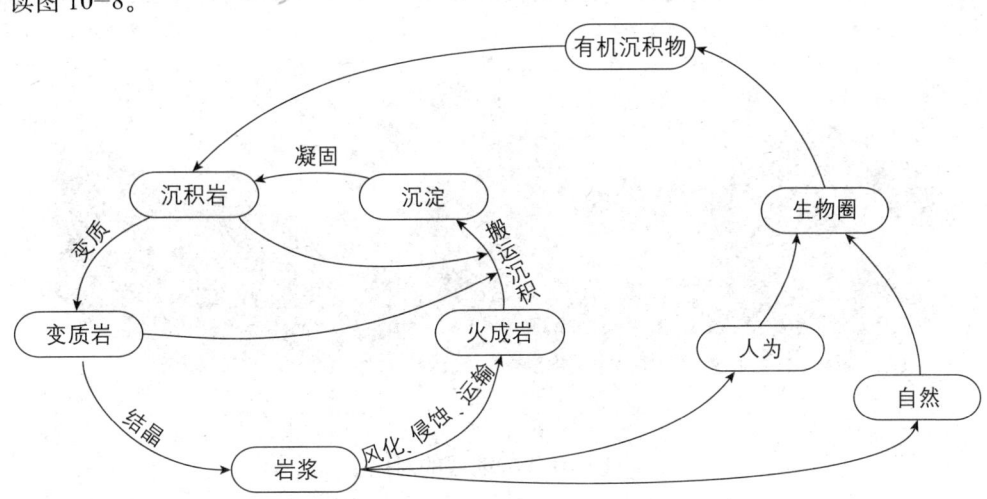

图 10-8　通过岩石的循环过程阐释各个圈层的相互作用

思考

1. 沉积作用和变质作用有什么区别?
2. 在循环的各阶段（如图中箭头所示），利用的物质或能量是什么?

6. 地球上碳的分布

表 10-7 表示的是碳的分布量。

表 10-7　碳的分布

内容	石灰石（碳酸盐）	沉积岩（有机碳）	石油和煤	海水	生物及其尸体	其他
具体分布／万吨	1.60×10^{13}	2.50×10^{12}	2.70×10^{9}	1.30×10^{10}	1.45×10^{9}	2.33×10^{8}
按大类统计总量及其比重	\multicolumn{3}{c} 1.85×10^{13} (99.9%)	\multicolumn{3}{c} 1.47×10^{10} (0.1%)

思考

1. 碳在什么物质中分布量最多呢?
2. 如果海水和岩石等含的碳全都释放出到大气中，地球的环境会发生什么样的变化呢?

7. 原始地球的形成

读原始地球的形成图（图略）

思考

1．早期地球半径是现在地球半径 1/2 的时候，地球内部主要由什么物质构成？之后变成金属类物质构成的原因是什么？

2．原始大气层中，哪一个是最先形成的？讨论一下这种现象出现的原因。

8．地层的对比

图 10-9 是三个地方向下挖数千米深露出的地层（A、B、C、D、E）和各地层中发现的化石。

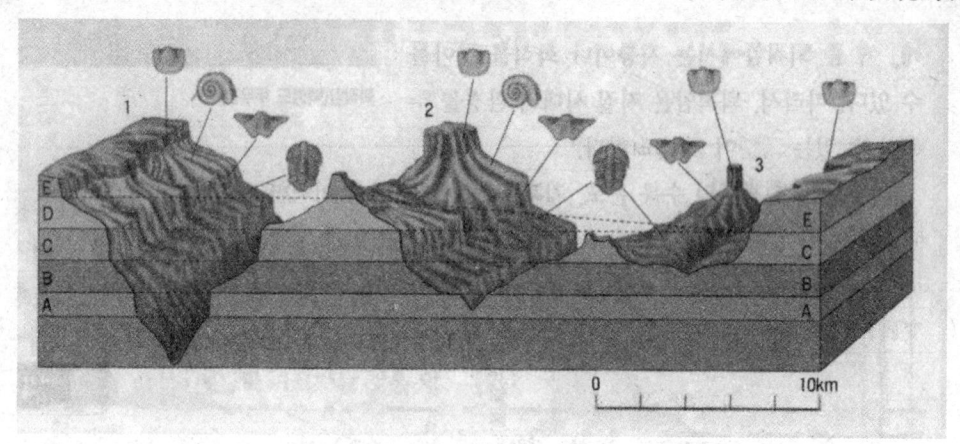

图 10-9　地层的对比

思考

1．判定三个不同场所的地层 B 都是在古生代形成的根据是什么？

2．中生代形成的地层是哪一层？判定的根据是什么？

3．推断一下在位置 3 处没有发现地层 D 的原因。

10．地质时代的平均气温变化

图 10-10 反映了过去 1 亿年间大气中二氧化碳的浓度和地球的平均气温的变化趋势。

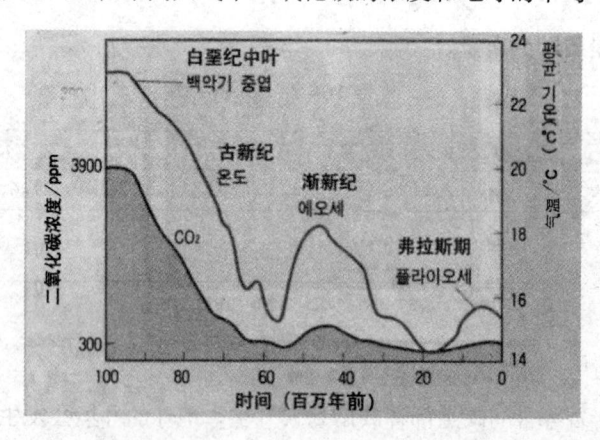

图 10-10　地质时代的平均气温变化

思考

1．大气中二氧化碳的浓度变化和地球的平均气温变化大体呈现出什么样的关系？

2．由于化石燃料的消费量激增导致大气中二氧化碳的浓度一直在增加。请解释一下白垩纪中叶的二氧化碳浓度和现在相比高出许多的原因。

12．世界火山活动

读2001年主要火山活动图（图略）。

思考

1．请调查一下火山爆发引起的危害。

2．借助互联网、报纸或杂志调查一下最近发生的火山爆发。

14．火山带、地震带、造山带与板块的界限

读图

1．图1 世界的火山带和地震带（图略）

2．图2 世界的造山带（图略）

3．图3 板块的界限（图略）

过程

1．在图1中分别用红色和蓝色标示出火山带和地震带。

2．在图2中用绿色标示出造山运动发生的区域。

3．图3表示的是包括造山带、地震带和火山带的各个板块的界限。

思考

1．地震带、火山带和造山带主要分布在哪些区域？

2．地震带、火山带和造山带与板块界限有怎样的关系呢？

深入思考

● 太平洋周边区域火山和地震活动特别活跃的原因是什么呢？

15．北大西洋海洋地壳的移动方向和速度

图10-11是北大西洋中海洋地壳的年龄分布图。

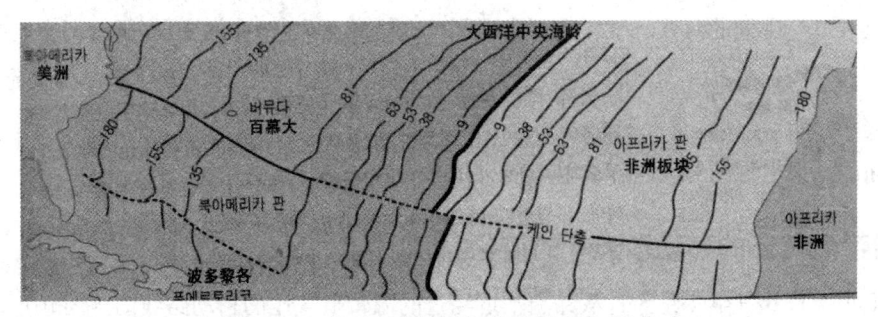

图10-11 北大西洋中海洋地壳的年龄分布

过程

1．请用尺子量一下中央海岭到各个相同年龄线的距离。
2．利用量出的距离和不同区间，利用时间来计算海洋岩层的移动速度。

思考

1．在大西洋中央海岭，海洋板块往哪个方向移动呢？
2．离海岭越远，海洋地壳的年龄是怎样变化的？
3．海洋地壳的移动速度是怎样变化的？
4．请从互联网上查找一下海岭的特征。

16．水蒸气的凝结和气温的变化

准备

隔热实验装置、温度计、抽气泵、水、香和火柴等。

过程

1．在隔热实验装置内放入少量的水和香焚烧产生的烟气。
2．如图 A 所示，关闭阀门，用抽气泵把烧杯里的空气进行压缩。
3．在充分压缩后，如图 B 所示打开关闭的阀门，仔细观察烧杯内部有何变化。

A　空气压缩时 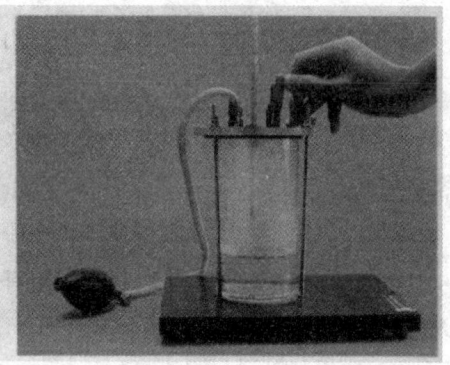　　　　B　空气膨胀时

图 10-12　随着空气的压缩和膨胀气温的变化

思考

1．对空气进行压缩的时候，烧杯内部出现了什么样的变化？这时的温度是如何变化的？
2．在快速把阀门打开，空气发生膨胀时，烧杯内部出现了什么样的变化？温度又是如何变化的？
3．上面的结果出现的原因是什么？

18．温带低气压的移动和天气的变化

读 2001 年 4 月 6 日至 4 月 8 日从韩国附近经过的温带低气压的移动路线图（图略）。

思考

1．温带低气压往哪个方向移动？为什么？

2．预测一下4月9日温带低气压的中心会移动到哪里。

19．最近经过韩国的台风

读经过韩国附近的台风的卫星云图（图略）（如2000年9月11日、13日、15日、17日）。

思考

1．看过上面的卫星云图后，在地图中标出各台风中心的移动路径。

2．利用网络、报纸及相关书籍，调查最近影响韩国的台风的移动路径和台风带来的危害。

21．板块运动和海底地形

读利用计算机图形技术呈现出的海底地形图（图略）。

思考

1．在上图中找出海沟的位置，说明海沟具有的一般特征。

2．在上图中找出海岭的位置，与陆地上山脉的位置进行比较，说明它们之间的不同点。

深入思考

● 运用教科书关于"板块移动的方向"的相关知识，解释板块运动和海岭、海沟的生成之间的关系。

22．世界海洋的盐度分布

读世界海水表层的盐度分布图（图略）。

思考

1．盐度较高的纬度是哪里？这个纬度盐度较高的原因是什么？

2．盐度特别低的地区是哪里？那个地区盐度低的原因是什么？

3．决定海水表层盐度的要素有哪些？

24．海水的密度和水温及盐度的关系

读图10-13和图10-14，试比较一下不同纬度海水的水温和密度分布的不同。

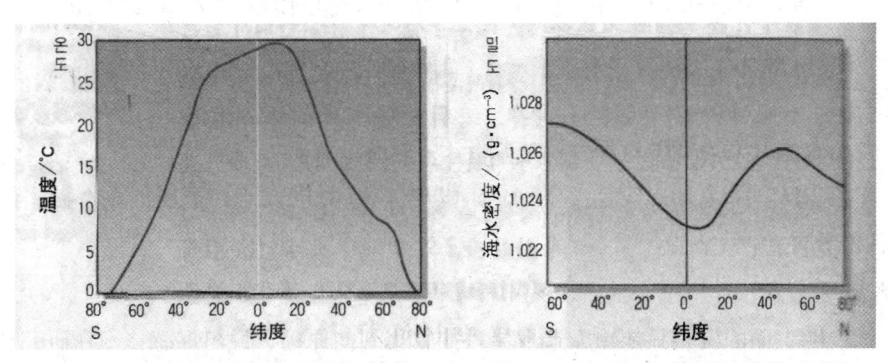

图10-13　海水温度随纬度分布　　图10-14　海水密度随纬度分布

思考

1．海水的水温和盐度对密度有什么影响？

2．海水的密度在赤道附近最低，其原因是什么？

3．海水的密度分布与洋流有密切的关系，其原因是什么？

26．韩国周边的洋流分布

图10-15是东亚局部地区的水温分布卫星图。

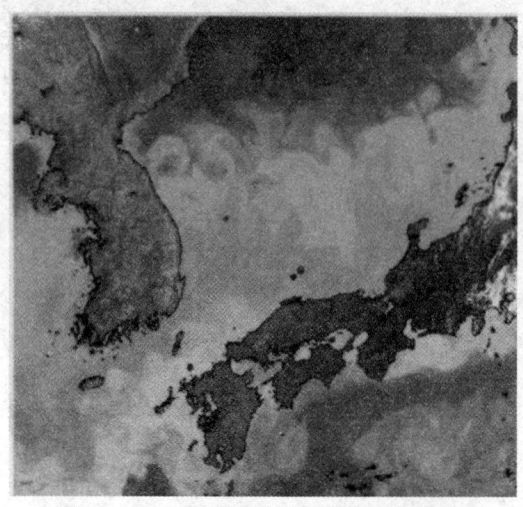

图10-15　东亚局部地区的水温分布

思考

1．从东亚局部地区的水温分布来看，韩国周边海域各有什么洋流经过？

2．韩国周边海域流动的暖流来自什么洋流？

3．归纳流入韩国东侧海域的寒流和暖流的特征。

深入思考

讨论一下流经韩国周边海域的洋流对海水水温和盐度的分布有什么影响。

27．海洋的远程探测

读根据某人造卫星在1993年、1997年、1998年观测到的太平洋表层水温分布资料（资料略）。

思考

1．上述人造卫星利用什么方法对海水的表层温度进行测定？

2．比较1993年12月、1997年12月和1998年12月的太平洋表层海水水温，然后说明其相同点和不同点。

深入思考

● 试说明上面的资料只能由人造卫星才能收集到的原因，说出遥感技术在研究全球性海洋环境变化时的重要性。

28．韩国周边海域的海水水温变化

下图所示是1993年4月和2002年4月美国海洋卫星获得的韩国周边海域的紫外线影像图（图略）。参考图中的表层海水水温研究韩国周边海域的海水水温变化。

思考

1．1993年和2002年韩国周边海域的海水水温分布有什么差异？

2．描述东海的水温变化，分析这样的海水水温变化会引发什么现象。

3．解释这样的海水水温变化出现的原因。

深入思考

● 对于韩国水产科学院发布的远程遥感资料，相关从业人员应该如何利用？

三、"调查"模块

1．地球科学的研究领域

下图（图略）表示的是与地球科学有关的领域（①韩国海洋研究院、②韩国天文研究院、③韩国气象研究所、④韩国地质资源研究院），请在旁边的空格处写下各个研究机构的职能。

注意点

1．以小组为单位，讨论地球科学的研究领域有哪些。

2．讨论如何调查（例如，通过网络、实地、电话等）各个研究机构的研究领域，然后确定调查计划和小组各成员的分工。

思考

1．各个研究机构正在进行什么样的研究？

2．讨论各个研究机构的研究成果和我们日常生活有什么联系。

深入思考

● 除上述的研究机构之外，韩国还有哪些和地球科学相关的研究机构？

2．地球环境中各圈层的相互作用

过程

1．请分别调查地表附近的各子系统（大气圈、水圈、岩石圈和生物圈）的特征。

2．以调查的各子系统的特征为基础，讨论各子系统之间的相互作用。

思考

1．各子系统是如何相互作用的？

2．列举生活中发生的和上面相同的实例，了解它们的特征。

3．天体观测的工具

观察图10-16所示的各种望远镜。

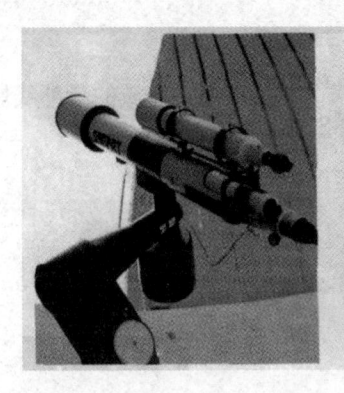

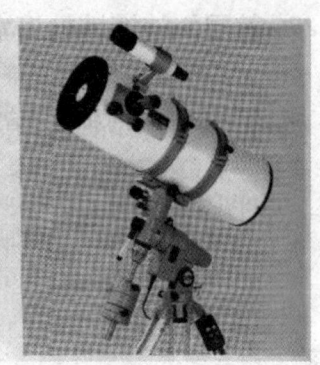

图 10-16　各种望远镜

思考

1. 了解各种望远镜的名称和用途。
2. 通过互联网或科学杂志查找天体观测的工具和配件，并将它们的功能写在表 10-8 中。

相关网站

韩国业余天文爱好者学会（网址略）。

表 10-8　天体观测的工具和功能

天体观测工具	性能
1. 天体望远镜	可以聚集远距离天体的光
2. 目镜	可以像放大镜一样使在焦点上的像放大
……	……

深入思考

● 从查找的天体观测工具中选出一些来观测周边的物体，并把天体观测工具的缺点整理出来。

4．太阳系探测船的探测方法和目的

关注太阳系探测船，记下其探测的天体、计划、方法等（图略）。

软着陆

宇宙飞船等在降落过程中，逐渐减低降落速度，使得航天器在接触地球或其他星球表面瞬时的垂直速度降低到很小，最后不受损坏地降落到地面或其他星球表面上。

思考

1. 太阳系探测船的探测方法有哪些？
2. 太阳系中有哪些天体可以进行软着陆？
3. 还在持续进行探测活动的探测船有哪些？
4. 继续进行太阳系探索的原因是什么？

深入思考

● 对太阳系进行探索的最经济的方法有哪些？

5. 太阳系探测的进展

通过互联网或科学杂志查找对太阳系天体的探索进展到了什么地步，然后在空白处用柱形图来表示。

思考

1. 太阳系的天体中，探测次数最多的天体是哪一个？
2. 通过对太阳系的探测，发现的各天体的特征有哪些？

四、"讨论"模块

1. 最近关于地球和行星探测资料的讨论

查阅最近对地球和行星进行探测获得的资料（图略），相关名称见表10-9。

表10-9　最近的探测资料名称

1．厄尔尼诺现象发生时海水的温度分布图	2．臭氧空洞（1984年10月—1995年10月）
3．火星的面貌（哈勃天文望远镜）	4．海底地形的模型图

注意点

通过互联网或科学杂志，对最近地球科学的发展现状进行调查，然后进行小组讨论。

思考

1. 厄尔尼诺现象是什么样的现象？这种现象给人类生活带来了什么影响？
2. 南极大陆上空的臭氧浓度在逐渐减小，臭氧空洞逐渐增大的原因是什么？
3. 火星的表面看起来像火一样的原因是什么？
4. 利用音频探测法可以对海底地形进行准确探测，其工作原理是什么？

2. 地心说和日心说的比较

观察地心说和日心说的示意（图10-17）。

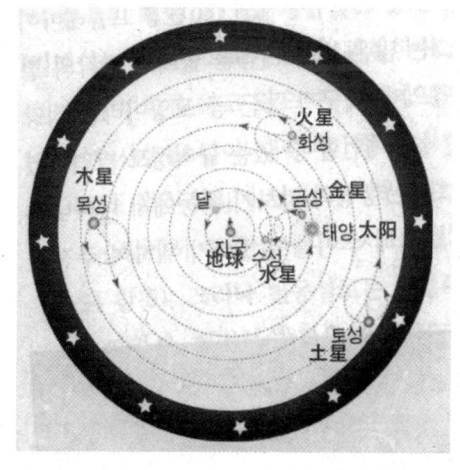

A．地心说的示意 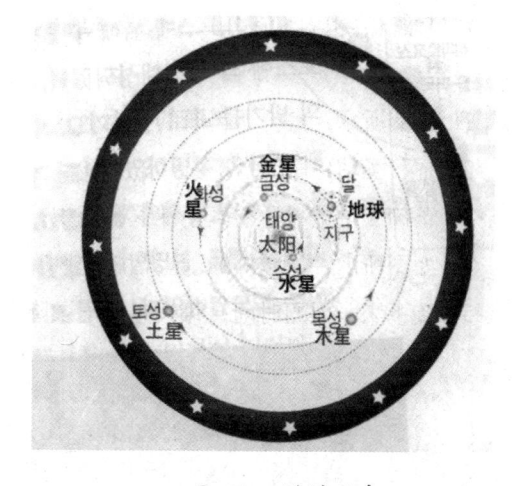　　　　　　　　B．日心说的示意

图10-17　地心说和日心说的示意

思考

1．地心说和日心说有什么不同点？

2．读金星的实际变化图，如图 10-18 所示。这些变化图更符合地心说和日心说中的哪一个？请说明理由。

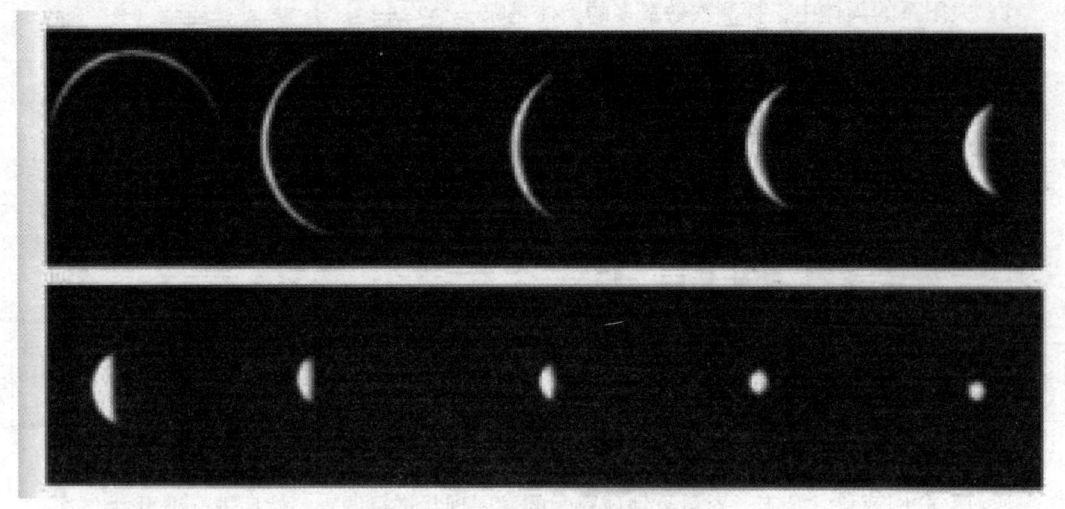

图 10-18　金星的实际变化图

深入思考

● 收集资料，说明日心说作为正确的宇宙观被接受的契机有哪些。

五、"实验·观测"模块

制作简易雨量计

准备

塑料瓶（容积为 1.5 升）、尺子（最小刻度单位为 1 毫米）、胶水。

过程

1．如图所示，剪去塑料瓶的上面部分，反过来作为漏斗。

2．把尺子粘在圆筒上。

3．正确测量塑料瓶的直径并算出面积。

4．如图所示，把做好的雨量计放在风吹不到的草地上。

5．接下来一周的时间，每天定时记录降雨量。

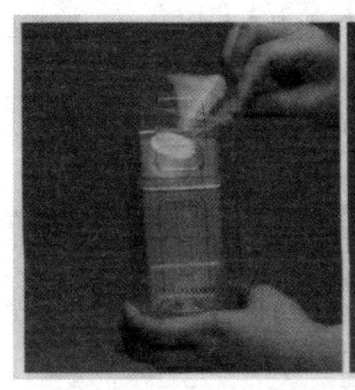

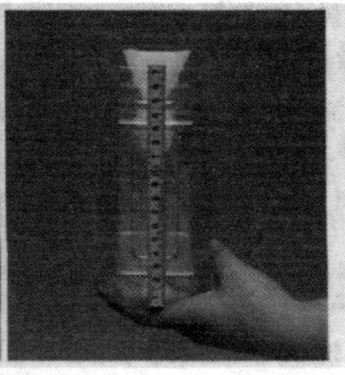

A. 简易雨量计的制作　　　　　　B. 简易雨量计的设置和测定

图 10-19　简易雨量计的制作和设置

思考

1. 把用简易雨量计测定的降水量和气象台公布的降水数值比较一下。
2. 如果测定值与气象台公布的降水数值出现很大的差别，可能的原因是什么？

六、"观察"模块

云的观察

过程

1. 在运动场等空旷的场地上，观察云层并记录其形状。
2. 把云同周围建筑或山体的高度进行比较，推测云层的高度。
3. 把观察到的云和教科书上的照片做比较，判断观察到的云属于哪一种类。
4. 观察云层的移动方向。
5. 连续三天使用上面的方法对云层进行观察。

思考

1. 云层移动的一般规律是什么？
2. 把这三天观察到的云层与气象图进行比较，了解云的形状和天气之间的关系。

七、"观测"模块

1. 太阳黑子的形状和位置的变化

准备

天体望远镜、太阳投影板、记录用纸和笔等。

过程

1. 在天体望远镜上设置上投影板，投影板上放上记录用纸并固定好。
2. 使望远镜正确地对准太阳，调节目镜和投影板的位置关系。
3. 调节焦点，使太阳在记录纸上呈现出清晰的影像。

4．在记录用纸上，画出太阳黑子的形状和位置。与此同时，仔细观察太阳中央和太阳边缘的亮度差异，并在纸上画出观察结果。

5．对于太阳黑子的观测，观测时间要多于一周，并且每天都尽量在相同的视角来观测。

注意

当观测太阳的时候，如果没有滤光片，就可能会造成失明，所以千万不要通过望远镜直接观测。

思考

1．能看到几个太阳黑子？太阳黑子的形状像什么？

2．在太阳表面中心区域的太阳黑子和在边缘区域的太阳黑子有什么不同？

深入思考

● 太阳黑子往哪边移动？移动了多少？请思考一下太阳黑子位置变化的原因。

2．月球表面的观测

准备

望远镜、月光过滤器、目镜、记录用纸和笔等。

过程

1．架好望远镜，将望远镜的中心对准月球，将主望远镜的焦点调好，就可以观测了。

2．仔细观测月球表面上我们能看到的特征事项。

3．仔细观测月球表面那些坑的大小和形状，并在记录用纸上画出来。

注意

因为月球很亮，会有些刺眼，所以我们应该用月亮滤光片，使光减弱后再观测。

思考

1．根据观测，月球表面有什么特征？

2．在月球表面既有亮的地方又有暗的地方。产生这种差异的原因是什么？

3．月球表面的坑是怎样形成的？

深入思考

讨论一下，从月球表面坑周边的呈放射状散开的痕迹可以看出什么。

3．行星的观测

准备

望远镜、焦距不同的目镜、日历、星图、记录用纸和手电筒等。

过程

1．利用日历、星图和互联网等，了解金星、火星、木星、土星升起和降落的时间，选择要观测的行星。

2．定好要观测的行星后，在观测前，要先搞清楚该行星在天空中的大致方位。

3．确定行星的具体位置。

4．架好望远镜，使行星在望远镜的中央。

5．用主望远镜仔细地观察行星，并画出它的特性。

6．改变目镜的倍率，再仔细地观测。

注意

要选择可以观测到的行星。

思考

1．观测的行星叫什么？在天空中的哪个位置能观测到它？

2．观测到的行星的特征是什么？

3．观测行星的时候，比较难的是什么？

深入思考

● 通过科学杂志或互联网查找自己观测到的行星的特性。

4．星座的观测

准备

星座看板、记录用纸、手电筒和指南针等。

过程

1．星座看板外缘标示出日期，内部标示出观测的视角。然后，对准要观测的视角进行观测。

2．将星座看板对准天空的方向，并对准方位。星座看板上写着北的一方对准观测者的北方。

3．将用肉眼观测到的星座的大致的亮度顺序，在记录用纸上画出来。

4．将观测的星座的亮度与实际亮度对比一下。

思考

1．我们肉眼能看到什么星座？

2．我们肉眼观测的星座亮度和实际亮度之间有什么差异？

3．产生差异的原因是什么？

深入思考

● 比较一下自己用双目镜、肉眼和望远镜观测到的亮度。

八、"动手做一做"模块

1．随着气温的垂直变化，大气圈层的分类

1．利用图10-20提供的材料，完成气温的垂直分布图。

高度/km	温度/℃	高度/km	温度/℃
0	15.15	45	−8.84
5	−17.32	50	−2.35
10	−49.75	60	−25.98
15	−56.35	70	−53.41
20	−56.35	80	−74.36
25	−51.45	90	−86.13
30	−49.49	100	−77.92
35	−36.49	120	33.00
40	−22.65	150	87.00

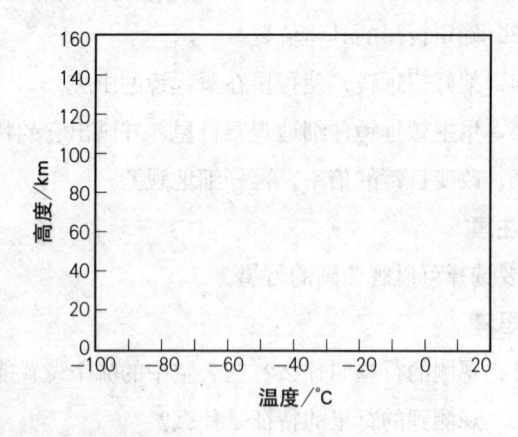

图 10-20　气温的垂直分布

2．画完图后，把大气分层的界面表示出来，并填写各自气层的名称。

3．根据气温的垂直变化填写四个气层的名称。

气压

1 标准大气压 ≈ 1 013hPa

思考

1．在大气圈层，随着高度的增加，气温是怎样变化的？

2．在平流层，随着高度的增加，气温升高的原因是什么呢？

深入思考

● 尽管中间层和对流层的气温分布是类似的，但是中间层却没有任何的天气变化。请说明原因。

2．火山和地震的分布

找出世界地图（图略）上标出的最近发生的火山活动和地震活动，其中，红色代表的是最近发生火山活动的 20 个区域，蓝色代表的是最近发生地震活动的 20 个区域。

相关的网站

气象厅地震资料室网站（网址略）

美国地质调查局网站（网址略）

思考

1．在什么区域容易发生地震和火山爆发？

2．比较地震经常发生的区域和火山经常爆发的区域有什么不同。

3．韩国四季的特征

思考

1．韩国各季节会受到什么气团的影响？

2．通过各季节的天气，了解各气团的特征。

4．望远镜的设置与操作方法

注意

1．选择没有灯光、视野开阔的地方。

2．选择在晴朗的天气观测。

3．不要在室内观测。

准备

望远镜、目镜、三脚架、聚焦望远镜、支架、星图和观测日志等。

过程

1．在平整的地面上先将三脚架支上，然后在三脚架上面固定好支架，最后安装好重锤。

2．在支架上安装好镜筒。

3．将目镜装入镜筒。

4．在镜筒上装好聚焦望远镜。

5．将镜筒拧紧，使镜筒的前后保持平衡，调整重锤位置，使镜筒和重锤也保持平衡。

6．使远的物体在主望远镜的中央和十字线的中央出现，然后固定聚焦望远镜的螺丝。

7．使望远镜的轴对准北极。

8．使天体在聚焦望远镜的中央位置，然后用主望远镜仔细地观察。

思考

1．地上的物体看起来是什么样子的呢？

2．将主望远镜焦距小的目镜和焦距大的目镜交换，视野和物体的大小有什么不同？

5．月球的运动和月相变化

注意

1．将自己想象成地球上的一名固定的观测者。

2．月球直接接收太阳光的一面看起来是亮的，它的背面是暗的。

3．地球—太阳是几乎维持在一定的距离的，并且月球在地球周围不停地公转。

准备

地球—月球—太阳的模型和记录用纸等

过程

1．当月球在太阳和地球中间的时候，请画出观测者看到的月相。

2．分别画出当月球在太阳左边 90°和太阳右边 90°时的月相。

3．画出当变成太阳—地球—月球的顺序时的月相。

思考

1．当月球、地球、太阳在一条线上的时候，会发生什么现象？当地球、月球、太阳在一条线上并排的话，又会出现怎样的现象？

2．如上所述，月相变化的原因是什么？

第三节　研究结果

一、探究活动内部结构

1．独立的探究模块

独立成模块的探究活动有"读图·启发""资料解析""调查""讨论""观测""动手做一做"等。这些探究模块的篇幅均不固定，通常不足一页。呈现方式比较类似，主要包括三部分。

（1）主题。

（2）图文资料。在"动手做一做"模块中，这一部分给出的是完成技能所需的步骤。所给材料有时会加入一些"注意点"或"相关网址"。

（3）练习题。它也被称为"思考题"。有时，练习题还会补充一个"深入思考"部分，增加难度更高的题目。

2．与课文结合的探究活动

（1）"课前讨论"

"课前讨论"设置在每章的首页，它是以若干问句的形式出现，数量通常为2~5个。如第1部第1章的"课前讨论"。

【课前讨论】
1．在我们的生活中，和地球科学相关的事物或者现象有哪些？
2．在韩国的历史上，和地球科学相关的发明或者遗物遗迹有哪些？
3．地球科学的发展和现代产业发展有什么关系？

（2）"课堂思考"或"知识运用"

"课堂思考"和"知识运用"这两个模块较为类似，故在此一并讲述。从形式上看，二者通常都是一个句子，前者是问句，后者是陈述句；从内容上看，两者设置的问题数量都只有1个，比"课前讨论"更少且更为固定；从位置上看，都出现在每一节中每一目（黑体字标题）正文的结尾处，而且两者通常是互相替代的，即在每一目的结尾一般只设置二者其中之一，出现了"课堂思考"就不设置"知识运用"，反之亦然。

为更清楚地看出两者的以上特点，我们以第2部第1章第2节"地壳变动和板块运动的关系是什么？"为例，这一节第1目"变动带的分布和板块的界限"的结尾很罕见地出现了两者并存的情况，从中我们可以对比出细微差别。

【课堂思考】

与韩国相比，日本的地壳变动更活跃的原因是什么？

【知识运用】

请查找世界上高大山脉的分布地。

二、探究模块量化统计

韩国《地球科学Ⅰ》教科书中的独立探究模块共计8种，和其他国家的地理教科书相比，具有种类多、频次大、结构一致的特点。这8种探究模块的详细统计，如表10-10所示。

从表中可以看出，这些独立的探究模块中，只有"读图·启发"模块是每节必有的，其他都不固定。但在数量上，"资料解析"却是最多的，比"读图·启发"还要多，这是因为"资料解析"是依据节内的条目数量设计的。

从表中最右列的合计栏中可以看出，这些探究模块的设计具有互补性。该教科书的"资料解析"模块并不是每节都有，但缺少了这个模块的小节会设计其他模块来替换，这就保证了每节探究活动的存在。具体选取何种模块，与所在章节的内容有关，如第2部第2章第2节"降雨和云是怎样观察和测定的？"主要讲述天气的观测方法，因此设置的是"观测"模块，代替了"资料解析"模块。

表10-10 韩国《地球科学Ⅰ》的独立探究模块统计

部、章次	节名	读图·启发	资料解析	调查	讨论	观察	观测	实验·观测	动手做一做	合计
1.1	1.地球科学的研究领域和特征是什么？	1	1	1	1	0	0	0	0	4
	2.地球科学的探索方法	1	1	0	0	0	0	0	0	2
1.2	3.地球环境的构成要素是什么？	1	2	0	0	0	0	0	1	4
	4.地球环境的物质和能量是怎样循环的？	1	2	1	0	0	0	0	0	4
1.3	5.原始地球的环境是什么样的？	1	1	0	0	0	0	0	0	2
	6.地质时代的地球环境是什么样的？	1	2	0	0	0	0	0	0	3
	7.地球环境是怎么变化的？	1	2	0	0	0	0	0	0	3
2.1	8.火山和地震是怎么发生的？	1	2	0	0	0	0	0	1	4
	9.地壳变动和板块运动的关系是什么？	1	2	0	0	0	0	0	0	3
2.2	10.大气中的水蒸气是怎样凝结的？	1	1	0	0	0	0	0	0	2
	11.降雨和云是怎样观察和测定的？	1	0	0	0	1	0	1	0	3
	12.天气是怎样预测的？	1	1	0	0	0	0	0	0	2
	13.天气是怎样变化的？	1	2	0	0	0	0	0	1	4

表10-10（续）

部、章次	节名	读图·启发	资料解析	调查	讨论	观察	观测	实验·观测	动手做一做	合计
2.3	14. 海底地形具有什么样的特征？	1	2	0	0	0	0	0	0	3
	15. 海水具有什么样的特征？	1	3	0	0	0	0	0	0	4
	16. 世界的洋流是怎么分布的？	1	2	0	0	0	0	0	0	3
	17. 海洋探查是怎么进行的？	1	2	0	0	0	0	0	0	3
3.1	18. 天体观测所需要的工具和方法有哪些？	1	0	1	0	0	0	0	1	3
	19. 太阳的表面是什么样的？	1	0	0	0	0	1	0	0	2
	20. 月球的运动和位相有什么关联？	1	0	0	0	0	1	0	1	3
	21. 行星是怎么运动的？	1	1	0	0	0	1	0	0	3
	22. 星座的距离和亮度	1	1	0	0	0	1	0	0	3
3.2	23. 太阳系探测船	1	1	0	0	0	0	0	0	2
	24. 通过太阳系探测船的探测，有哪些新发现？	1	0	1	0	0	0	0	0	2
	25. 宇宙观是怎么变化的？	1	0	0	1	0	0	0	0	2
总计		25	30	5	2	1	4	1	5	73

三、韩国地理教科书探究活动特点

1. 资料来源较为丰富，重视互联网资源的使用

韩国《地球科学Ⅰ》的探究活动中，图片形式多样，所引用的图片有电影截图，如"读图·启发"模块的"电影中的火山爆发"（读图·启发8），也有网页截图，如"调查"模块的"地球科学的研究领域"（调查1），还有数个韩国研究院所网站的网页截图。

对互联网资源的重视还体现在回答问题时，要求学生自己动手查找网络资料，如"读图·启发"模块的"喜马拉雅山脉上发现的菊石化石"（读图·启发9），"多种海洋探测方法"（读图·启发17）等，"调查"模块的"太阳系探测的进展"（调查5），"最近经过韩国的台风"（调查19）等，均提出了利用网络学习的思路。有的活动还给出了建议的网站和网址，如"资料解析"模块的"海洋的远程探测"（资料解析27），"调查"模块的"天体观测的工具"（调查3），"动手做一做"模块的"火山和地震的分布"（动手做一做2）。

2. 探究模块分类较细，分工比较明确

与其他国家地理教科书相比，韩国地理教科书中探究模块分类较为细致，种类较多，仅独立的探究模块就达到了8种。根据内容可以发现，这些探究模块承担着不同的作用，有些起到增进趣味的导学作用，如"读图·启发"模块；有些重在提供分析素材，如"资料解析"模块，所提出的问题可以引起学生注意正文的重点内容；还有些模块重在培养地理技能，比如"观察""观测""实验·观测""动手做一做"等，这些活动强调动手操作，有利于地理实践力的培养。

然而，过细的分类也存在一些问题。首先，有些模块在功能方面的区别不大，如"资料解析"模块的"世界海洋的盐度分布"（资料解析22）、"世界海洋的水温分布"（资料解析23）、"海水的密度和水温及盐度的关系"（资料解析24）、"世界的洋流分布"（资料解析25）等活动无论从形式上还是问题上，都与"读图·启发"模块极为类似，几个强调地理实践的模块，功能也近似。其次，模块案例数量相差较大，最多的有30个案例，但有的模块仅有1个案例。因此，这些探究模块在细化了内容的同时，也增加了模块名称的复杂性和"一目了然"迅速理解模块目的的难度，难以体会不同模块之间的区别。

3. 注重传统文化，增强民族文化认同

地理学科价值观培养的一个重要目标就是爱国情感。韩国地理教科书，虽然只有地球科学部分，但仍然在多处探究活动中体现了对民族文化和民族意识的培养。例如，在"读图启发"部分的"测雨器"（读图·启发11）主题下，专门提到了古代朝鲜人发明的一种科学测雨器，并将其发明时间与国外相比，增加民族文化认同。

探究活动中的一些细节也反映出韩国注重对民族意识的培养，如"读图·启发"模块的"地球科学在多领域的探索活动"（读图·启发2），选用的是本国科学家进行科学研究活动时的照片，体现了对本民族科技实力的自信；选用的案例研究也多来自本国故事，如"天气谚语"（读图·启发13）、"洋流"（读图·启发16）等。

4. 注重科学史教育，增加趣味性

科学史的故事能增加学习的趣味性。韩国地理教科书对科学史的教育体现在多个探究模块中，如"读图·启发"模块的"海洋科考船——'挑战者'号"（读图·启发14）和"伽利略观测木星"（读图·启发25），"资料解析"模块的"板块构造学说的形成过程"（资料解析2），均对相关的科学史进行了介绍，既增进了学生对科研过程的了解，也增强了趣味性。

对趣味性的重视还体现在对图片的选择上。如"读图·启发"模块下每个活动都会有配套图片，一般都是科研照片或科学过程示意图，但在"天气谚语"（读图·启发13）和"恒星和行星"（读图·启发21）的活动中，配的却是漫画，表达的意思也很简单，分别是两句天气谚语和常见的对行星的前概念（漫画中的男生将土星误认为恒星）。这完全可以通过简单的文字来说明，之所以占用大篇幅，唯一的解释就是出于增添趣味性的考量，而这其实也正是中学地理教科书不可忽视的一点。

5. 探究情境设置简单化，问题深度不足

总体看来，韩国地理教科书探究活动的单个题目内容较为简单，文字量不大，完整度不高，这样塑造的情境很难完整。有的甚至是没有背景文字，仅就图提问，如"读图·启发"模块的"陨石坑的生成过程"（读图·启发20），"资料解析"模块的"原始地球的形成"（资料解析7），"讨论"模块的两个活动。这样的探究活动虽然有图片和地图作为情境，对锻炼学生的读图能力有帮助，但很难带领学生深入某种情境，探究内容也难以反映日常生活中的实际问题。

这种探究情境简单化的问题还反映在纯文字的活动上。例如，对科学史的论述"板块构

造学说的形成过程"虽然全部都是文字,但却是用缺少情感色彩的语言记录了魏格纳提出学说、死亡、理论沉寂的过程。这种流水账式的平铺直叙,让人忽略了科学研究背后的艰苦曲折,难以引起学生情感上对科学家坚韧性格的共鸣。至于其后的"深入思考"题:"讨论地球科学探索的过程",学生根据这段文字所能回答出的恐怕也仅仅只是对各种理论兴衰的排序结果,而其中的科学精神却被忽略了。从科学史的教育目的上,这种探究活动需要进一步补充完善。

  探究情境简单化带来的另一后果就是问题深度不足。所给资料并不充分,学生只能答出相对封闭的问题,如"菊石是在哪个地质时代生活的生物?"之类。当然,这种客观性较强的问题也是地球科学课程的特点之一,在人文地理教学中,我们更应注意探究情境的生活性、现实性和开放性。

第十一章

新加坡地理教科书探究活动研究

第一节　概述

一、教科书介绍

新加坡的地理教科书《地球：我们的家园》由马歇尔卡文迪什教育出版社于 2008 年出版，适用于新加坡十年级学生。

全书正文部分共计 247 页，分为 5 大主题 14 章。主要涉及人文地理内容，包括人文地理学简介、产业类型、旅游业、全球发展与合作、粮食安全等内容。全书书目结构如表 11-1 所示。

表 11-1　《地球：我们的家园》书目结构

序号	主题	序号	章名
1	地理学简要介绍	1	人文地理学简要介绍
2	世界产业	2	产业类型
		3	产业区位
		4	全球产业格局的变化
		5	新兴工业经济的研究
3	旅游业	6	旅游业
		7	旅游业增长带来的影响
		8	管理旅游业带来的影响
4	发展	9	世界发展的不平衡
		10	世界发展不平衡的原因
		11	减缓不平衡现象的策略
5	食品地理	12	食品消费
		13	粮食生产
		14	食品生产及发展

二、探究活动类型

新加坡地理教科书《地球：我们的家园》共设计了四个探究模块，包括每章的课题、自我测试、回顾、知识应用等。它们在各章中的出现位置不同，其分布如表 11-2 所示。

表 11-2　《地球：我们的家园》探究模块分布

位置	序号	探究模块
每章开头	1	课题
散布在课文中	2	自我测试
	3	回顾
每章结尾	4	知识应用

三、探究活动主题

探究活动中，每章"课题"具备独立的主题，一共14个，如表11-3所示。

表11-3 《地球：我们的家园》每章"课题"的主题

序号	主题	序号	主题
1	景观变迁	8	预测旅游业带来的影响
2	不同的工业类型	9	世界各地学校的差异
3	调查产业区位	10	比较差异
4	"我的帽子是中国制造的！"	11	回顾过去
5	世界范围内的新兴工业化经济体	12	饥饿
6	全球度假目的地	13	两种收割玉米的方法
7	保护加拉帕戈斯	14	"超大个番茄？"

第二节　探究活动案例

一、"课题"模块

第1章　景观变迁

当人类把沼泽地改造为工业区，或者砍伐森林后建筑房屋和道路时，就会引起自然环境的改变。随着时间的推移，自然环境不断被人类改变，并被人文环境或者具有人文环境特征的环境所替代。下面的两幅图片显示了新加坡裕廊某地1962年和2006年的景观。观察这两幅图片并回答下面的问题：

图A 裕廊1962年的景观　　　　　　　图B 裕廊2006年的景观
图11-1　新加坡裕廊某地1962年和2006年的景观

1. 随着时间的推移，人们是如何影响裕廊的自然环境的？
2. 解释人们为什么要这样做。

299

第 2 章　不同的工业类型

读不同产业类型的图片（图略），图 A 显示的是海边的钻油装备；图 B 显示的是一个在炼油厂工作的工人；图 C 显示的是加油站的汽车。

1．描述图片中的活动。
2．以上活动利用资源的方式各不相同，请说出它们之间的关系。

第 3 章　调查产业区位

图 11-2 的 A 展示了位于新加坡红山与住宅区之间的一个工厂大楼，B 是一幅位于裕廊岛的炼油厂的鸟瞰图。

图 11-2　新加坡某地图像

1．你怎样划分 A、B 照片中的两种第二产业？
2．猜想为什么工业园区分布在住宅区，而炼油厂则远离新加坡的本岛呢？

第 4 章　"我的帽子是中国制造的！"

图 11-3 漫画"我的帽子是中国制造的！"由欧洲公司设计的衣服和配件可能是在亚洲或者南美洲的公司制造的。你如何看待这种现象？

1．为什么这个男孩说他正在帮助不富裕的人们？
2．为什么男孩的衣服是在亚洲或南美洲的国家制造的？

第 5 章　世界范围内的新兴工业化经济体

这幅世界地图标示了新兴工业化经济体（NIE）的位置（图略）。红色标注的经济体是早在 20 世纪 80 年代就获得了 NIE 地位（注：如韩国），而绿色（注：如墨西哥、南非、巴西等）和蓝色（注：如中国、印度、越南、智利等）标注的经济体在 20 世纪 80 年代和 20 世纪 90 年代才各自开始快速的工业化。

图 11-3　漫画"我的帽子是中国制造的！"

1．标注为蓝色的经济体的特征是什么？
2．分析标注为红色和蓝色的经济体间生活水平的差异。

第6章　全球度假目的地

近年来旅游业在世界范围内迅速发展。图 11-4 的图片展示了一些著名度假目的地的旅游景观。

图 11-4　世界部分著名度假目的地

1．说明为什么人们会被图中所示的度假目的地吸引。
2．提出一些影响游客选择度假目的地的因素。

第7章　保护加拉帕戈斯

加拉帕戈斯群岛是位于厄瓜多尔西部的太平洋上的火山群岛，主要由 13 个大岛、6 个小岛、100 多个暗礁组成。图 11-5 是加拉帕戈斯的相关图像。1987 年，厄瓜多尔政府把游客数量限制在每年 25 000 人。然而，这个限定在当年就被打破，并且从没被执行过。

图 11-5　加拉帕戈斯群岛

1．为什么厄瓜多尔政府要限制游客人数？
2．这个限制没有被执行的可能原因是什么？

第 8 章 预测旅游业带来的影响

坐落在新加坡最南端未经开发的韩都岛、姐妹岛和拉扎勒斯岛很少有当地人和游客到访。它们合称为南岛,对于自然爱好者来说,这里的自然环境和野生动物资源非常丰富。随着新加坡经济的快速发展,该岛的开发被提上了议事日程。因此,新加坡旅游委员会(STB)已经计划在 2015 年之前初步开发这些岛屿。

1．对于发展南岛,为什么一些人认为这是一个好主意,而另外一些人则不这么认为呢?

2．发展将对南岛的原生自然环境带来多大的影响?

第 9 章 世界各地学校的差异

世界各地的学生都有不同的学校体验。你是否好奇世界其他地区的学校是什么样子的?下面的两幅图片(图略)展示的是世界不同地区的教室。对比两幅图片:

1．描述这两幅图片中展示的教室的相同点与不同点。

2．在你看来,哪幅图片展示的是发展中国家的教室?

第 10 章 比较差异

世界上的小部分人享受了大部分的资源,而世界大部分人口都处于贫困状态,这是真的吗?图 11-6 漫画"世界上的小部分人享受了大部分的资源"。

图 11-6　漫画"世界上的小部分人享受了大部分的资源"

1．你认为这幅漫画想传递的是什么信息?

2．这些信息的真实程度有多少?用实例来支持你的答案。

第 11 章 回顾过去

在《新加坡的领导者》一书中,新加坡建屋发展局的主管分享了他看到建于 20 世纪 50 年代的落后民居的经历。以下文字叙述了他的经历:

在他游历的期间,他遇到了一个躺在楼梯下面的木板上的人。尽管天气很热,但是这个人却裹着毯子。当问这个人有没有生病时，这个人的回答令人吃惊。那个人说，由于他的哥哥穿着他的裤子，他只穿了内裤，所以只好裹在毯子里来维护自己的尊严。

1. 按照以上的描述，你认为这种生活条件将会产生什么问题？
2. 如果让你管理建于20世纪50年代的落后民居，你将怎样做来减缓该地区这种过度拥挤的问题？

第12章 饥饿

我们有时会在报纸、杂志上看到令人心碎的饥饿人群的图像。这些图像冲击着我们的情感。在下面的诗中，一位美国诗人和我们分享了她对所见情景的感受。

面对饥饿

当我们看着这些南非饥饿儿童的照片的时候，

你轻蔑地说：

"他们为什么不停止生育呢？"

我非常震惊，也非常无语。

当我们看到一个绝望的母亲把干瘪的奶头放到婴儿的口中时，

我努力控制自己，没有掉下眼泪。

1. 描述你读完诗歌之后的感受。
2. 你认为饥饿问题在世界上有多严重？

第13章 两种收割玉米的方法

图11-7的图片A和图片B分别展示了在泰国和美国的玉米收割情景。读图并回答以下问题。

图11-7 世界部分国家玉米收割情景

1. 描述两幅图片中玉米收割的方式。
2. 如果你是一名农民，你更倾向于使用哪种方法收割？回答并解释。

第 14 章 "超大个番茄？"

你知道有些食物是转基因的吗？例如，图（图略）中左边的番茄是经过科学家的改造，变大并且增进了味道的。对比这个转基因番茄与正常生长的番茄：

1．你觉得这种超大个番茄可以帮助消除饥饿和营养不良的问题吗？
2．列出你认为人们反对转基因食品的理由。

二、"自我测试"模块

第 2 章　自我测试 1

在 20 世纪 70 年代，第一产业曾经遍布新加坡。那时，在 14 000 公顷的土地上大约有 2 000 多种行业。请在相关网站上查询更多的信息，并回答下列问题。

1．在渔业、农业、林业和矿业这几种产业中，说出哪种产业在新加坡至今还存在。
2．解释这种产业在新加坡存在的原因。
提示：要考虑新加坡的特点（例如，面积狭小）对第一产业的影响。
3．描述这些第一产业自 20 世纪 70 年代以来在新加坡的发展历程。

第 2 章　自我测试 2

说出图（铜厂照片，略）中显示的是重工业还是轻工业，解释你的答案。
提示：根据重工业和轻工业的不同特点进行回答。

三、"回顾"模块

"回顾"穿插在文中出现，作为阅读课文时的刺激性提示，通常只有 1 个简单的问题，多涉及回忆、比较等方面的技能。如以下是第 2 章"产业类型"课文中的"回顾"模块，共出现了 7 个。

第 2 章回顾 1：描述第一产业的特点。
第 2 章回顾 2：描述第二产业的特点。
第 2 章回顾 3：重工业和轻工业之间的区别是什么？
第 2 章回顾 4：劳动力密集型产业和资金密集型产业的不同之处是什么？
第 2 章回顾 5：第三产业有什么特点？
第 2 章回顾 6：描述第四产业的特征。
第 2 章回顾 7：解释某个国家的工业化进程。

四、"知识应用"模块

第 2 章　知识应用

读图（图略）并回答问题：不同产业在服装生产中承担的环节（A 产业：收获棉花；B 产业：制作衣服；C 产业：销售衣服）

1．说出每幅图片所表示的产业类型并解释原因。

2．描述 A 产业和 B 产业之间的关系。

3．解释第四产业是如何给以上三种产业提供帮助的：①帮助 A 产业提高产量和改变其收割方式；②降低 B 产业的产品成本并提高产品质量；③提高 C 产业的服务质量。

第 3 章　知识应用

读图 11-8 津巴布韦的维多利亚大瀑布（比例尺 1∶50 000），回答下列问题。

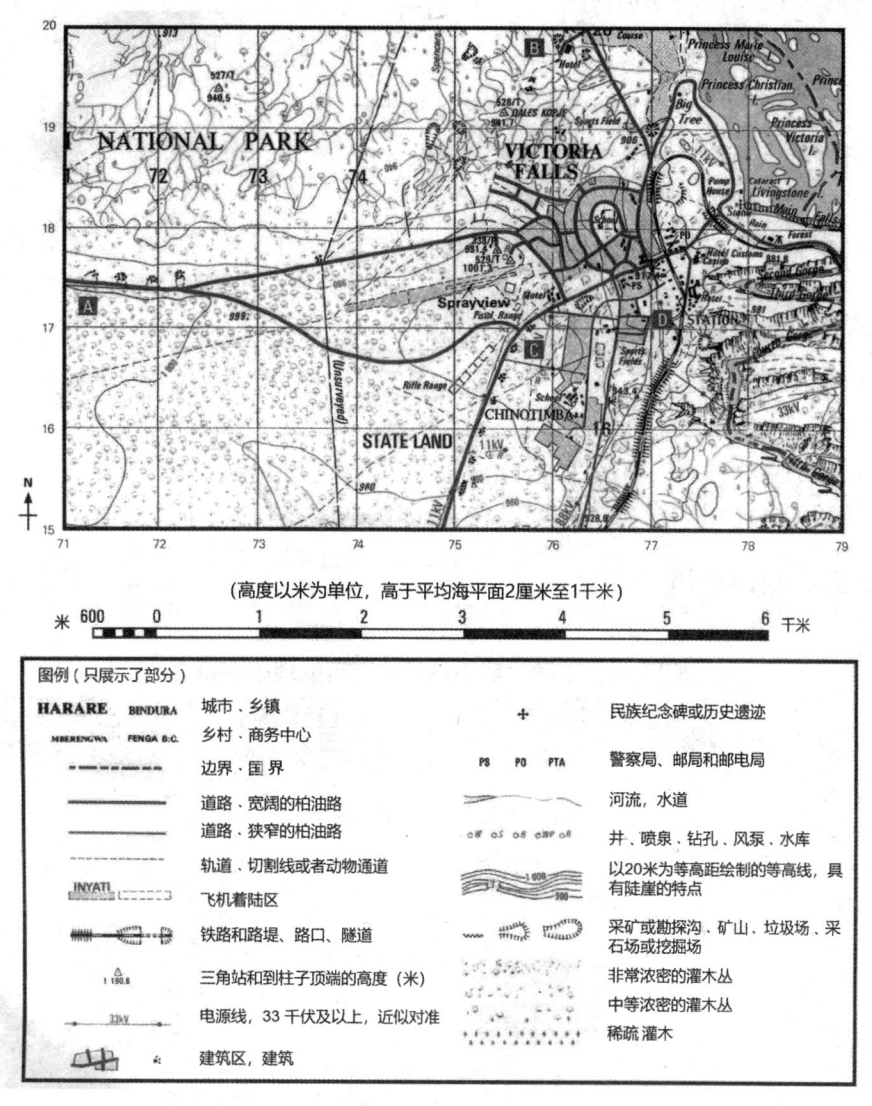

图 11-8　津巴布韦的维多利亚大瀑布

1．从 A、B、C、D 四点中选择以下产业的最佳区位，并且解释你选择的原因。

A．伐木厂

B．家具厂

C．商业咨询公司

2．讨论科技对以上三种产业的影响程度。

第4章　知识应用

西门子是一家知名的德国公司，制造手机、电话等电信设备，也生产空调、洗衣机等家电。它计划在未来的几年中，在中国设立工厂。

1．说出西门子产业区位选址必须考虑的因素。
2．说出西门子考虑在中国设立工厂的可能原因。
3．空间联系技术如何帮助西门子公司在中国选址？

第5章　知识应用

印度关于微芯片问题的两种观点

一位从事半导体测试和硬件设计的印度专家说："印度大约有125家公司在从事电子设计自动化与开发软件测试的半导体方面的工作。"

这位专家还说："半导体制造企业价值2 400亿美元，印度的制造工厂会开启整个半导体供应链。我们有才华，但我们需要与美国投资者合作才能充分施展我们的才华。"

但是有其他专家并不同意以上观点。

有的专家说："印度的基础设施限制了芯片生产，……虽然有才华，但是缺乏经验，印度在芯片设计方面并没有做得很好。"

1．说出文章中所体现的印度半导体制造企业的两种不同观点。
2．印度为了发展半导体制造产业，应该采取哪些措施？请提出你的建议。

第6章　知识应用

读表11-4，并回答下列问题。

表11-4　不同时期的热门旅游目的地国家排名

排名	1970年	占世界旅游市场份额/%	1990年	占世界旅游市场份额/%	2000年	占世界旅游市场份额/%
1	意大利	43	法国	38	法国	35
2	加拿大		美国		美国	
3	法国		西班牙		西班牙	
4	西班牙		意大利		意大利	
5	美国		匈牙利		中国	
6	奥地利	22	奥地利	19	英国	15
7	德国		英国		俄罗斯	
8	瑞士		墨西哥		墨西哥	
9	南斯拉夫		德国		加拿大	
10	英国		加拿大		德国	
11	匈牙利	10	瑞士	11	奥地利	11
12	捷克和斯洛伐克		中国		波兰	
13	比利时		希腊		匈牙利	
14	保加利亚		葡萄牙		希腊	
15	罗马尼亚		马来西亚		瑞士	
	其他	25	其他	32	其他	39

1．陈述这些年来最热门的 5 个旅游目的地发生了怎样的变化，并解释发生这些变化的原因有哪些。

2．解释法国为什么是一个热门旅游目的地。

3．非洲国家没有进入热门旅游目的地前 15 名。解释非洲没有在世界旅游市场占据一席之地的原因。

4．非洲国家如何能够提高其入境旅游人数的市场份额？

第 7 章　知识应用

图 11-9 的两幅图反映的是游客对环境带来的消极影响。

　　　　（a）自然的热带沿海地区　　　　　　　　（b）热带沿海地区被旅游业破坏

图 11-9　旅游业对热带沿海地区的影响

1．描述旅游业发展给热带沿海地区带来的变化。

2．解释当自然热带沿海地区受到消极影响时，游客数量会受到怎样的影响。

第 8 章　知识应用

阅读以下文章并回答问题。

联合保护瓜拉雪兰莪的萤火虫

位于马来西亚瓜拉雪兰莪的萤火虫奇景引人入胜，这是因为海桑树给当地萤火虫的繁殖提供了合适的条件。然而，附近的工业污染，游客的打扰，加上红树林栖息地不断被砍伐，威胁着这些昆虫的生存。

因此，当地政府和马来西亚最大的供电公司国家电力公司正在联手保护萤火虫栖息地。他们计划通过在村庄建立信息中心来唤起公众意识和对大家进行自然环境保护教育。研究人员对萤火虫进行了深入研究，在接下来的时间里努力增加萤火虫的种群数量。

与此同时，为了将来人们也能看到萤火虫。有关当局正督促瓜拉雪兰莪的村民通过举报那些砍伐海桑树的违法团体，尽自己的一份力保护这些萤火虫，同时村庄附近的大部分公司也被鼓励参于到保护行动中来。

（摘自马来西亚国家新闻中心，2005.9.27）

1．描述文中提到的这些组织在保护瓜拉雪兰莪的萤火虫过程中所发挥的作用。

2．到瓜拉雪兰莪旅游的人要怎样做才能促进当地的可持续发展？

第9章　知识应用

图 11-10 表示的是 A、B、C、D 四个国家的就业结构。

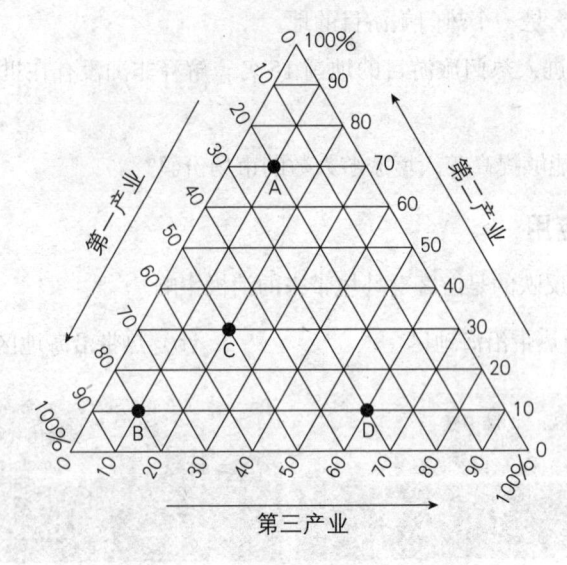

图 11-10　四个国家的就业结构

1. 分析图中哪些国家是发达国家，并解释原因。
2. 分析图中哪些国家是发展中国家，并解释原因。

第10章　知识应用

人口金字塔是反映一个国家（地区）人口年龄和性别分布的条形统计图。每个条形代表一个年龄组。轴的左半部分显示的是男性的分布，轴的右半部分显示的是女性的分布。图 11-11 和图 11-12 分别显示的是意大利和肯尼亚的人口年龄结构。我们通过读图可以看出，这两个国家在人口数量和结构方面都存在差异。我们已经学过，一个国家的人口增长率会影响其发展。分析这两个国家人口金字塔，回答下面的问题。

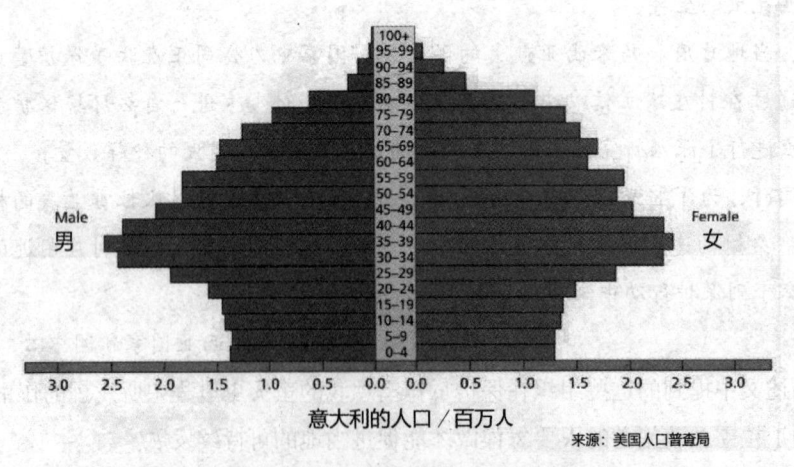

图 11-11　2005 年意大利的人口年龄结构

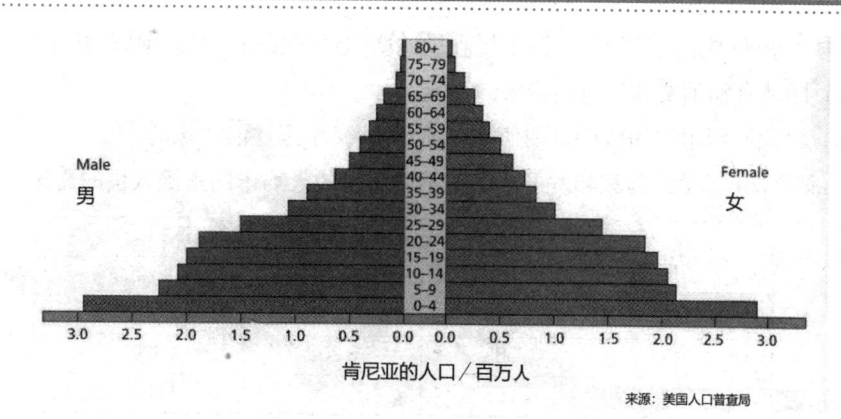

图 11-12　2005 年肯尼亚的人口年龄结构

1．描述意大利和肯尼亚的人口年龄分布情况。
2．解释这两个国家人口数量和结构的差异。
3．这两个国家之中，哪个是发达国家？哪个是发展中国家？

第 11 章　知识应用

联合国千年发展目标的第一个目标是，从 1990 年至 2015 年使一天生活费不足 1 美元的人口比重减少一半。读表 11-5，回答以下问题。

表 11-5　1990 年和 2002 年一天生活费不足 1 美元的世界人口比重

区域	1990 年一天生活费不足 1 美元的人口比重／%	2002 年一天生活费不足 1 美元的人口比重／%
世界	27.9	19.4
北美与西亚	2.2	2.4
撒哈拉以南非洲	44.6	44.0
拉丁美洲	11.3	8.9
东亚	33.0	14.1
南亚	39.4	31.2
东南亚与大洋洲	19.6	7.3
独联体	0.4	2.5
东南欧转型国家	0.4	1.8

1．描述 1990—2002 年世界上一天生活费不足 1 美元的人口比重变化趋势，并解释这种变化的原因。
2．你认为联合国千年发展目标的第一个目标可以达到吗？陈述你的理由。
3．什么因素会阻碍这个目标的达成？
4．为什么各国应该关注本国的贫困水平？

第 12 章　知识应用

研究表 11-6，回答下列问题。
1．运用表 11-6 给出的信息，描述 20 世纪 60 年代以来发达国家和发展中国家间食物消费的差异。

2．解释发展中国家居民的日卡路里摄入量的增加量明显高于发达国家的原因。

3．（a）阐述食物消费差异可能带来的影响。

（b）讨论国际组织和政府是如何响应你在（a）中阐述的看法的。

表 11-6　发达国家和发展中国家不同年份的人均卡路里摄入量的比较

区域	每人每天卡路里的摄入量／cal				
	1964—1966 年	1974—1976 年	1984—1986 年	1997—1999 年	2015 年 *
世界	2 358	2 435	2 655	2 803	2 940
发达国家	1 947	3 065	3 206	3 380	3 440
发展中国家	2 054	2 152	2 450	2 681	2 850

* 预估数据　　（来源：世界卫生组织《膳食营养与慢性疾病预防报告 2003》）

第 13 章　知识应用

阅读文章，回答下面的问题。

气象灾害威胁非洲部分国家的粮食安全

马拉维的很多农民在作物生长季的第一次降雨期种植了作物，但是不得不无助地看着他们的作物因为降水不足而死亡。在过去几年，严重的干旱已经影响了作物的生长。导致很多人由于粮食短缺而死亡。

在马拉维、莫桑比克、赞比亚和津巴布韦等非洲国家，很多农民历来都可以适应经常变化的天气。然而，近期的干旱影响了农民的生活。

由于缺少相应的基础设施，非洲国家的农民无法像发达国家的农民那样迅速地对干旱进行响应。在发达国家，农民可以使用灌溉技术打破雨季短的限制。然而，由于贫困和不发达，非洲的农民通常在缺乏甚至没有基础灌溉系统的土地上耕种。其结果就是，非洲人的生活越来越受反复出现的干旱的影响。

1．气象灾害如何影响马拉维的粮食生产？

2．除了气象灾害，说出其他影响马拉维土地生产力的因素。

3．说出改善马拉维粮食短缺情况的方法，并评估其有效性。

第 14 章　知识应用

读图 11-13，回答下面的问题。

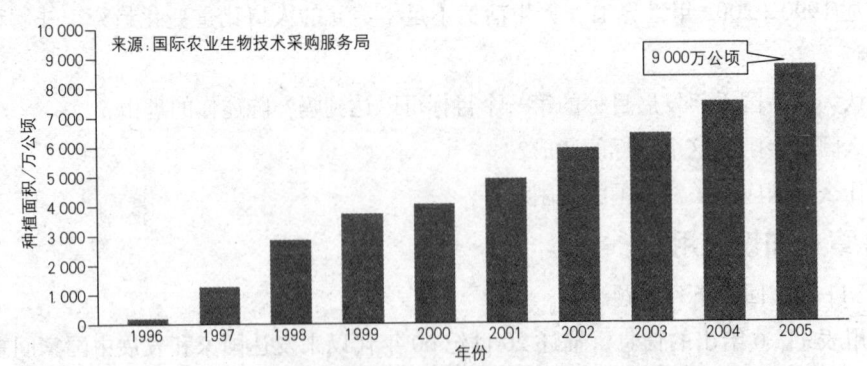

图 11-13　1996—2005 年全球转基因作物的种植面积的变化

1．描述 1996—2005 年转基因作物种植面积的变化趋势。

2．即使转基因食品存在各种潜在的问题，为什么上述趋势仍然存在？

第三节 研究结果

一、探究活动内部结构

每章"课题"这一模块没有给出专门的名称，而是根据所在章的内容给出一个标题。其位置是在每章的首页，位于章名和学习目标（"你将学习"模块）之后，是每章首页的主体部分。每个导入课题包括三部分：标题、简短图文资料（通常为1段文字和1幅大图）、问题（通常为2个）。

"自我测试"和"回顾"穿插在课文中，每次出现时只有1个问题。"自我测试"的问题是以带有行为动词的陈述句形式出现的，帮助学生反思学习进度，是一种辅助学习策略。

"知识应用"模块类似于课题模块，除第1章"人文地理学简介"外，每章固定出现1次。

二、探究活动量化统计

表 11-7 给出了"课题""自我测试""回顾""知识应用"这四个探究模块在每章的问题数量。由于每个"自我测试"和"回顾"只有1个问题，因此其问题数量也就相当于其出现的次数。

表 11-7 《地球：我们的家园》各探究模块的问题数量

主题	章名	每章课题	自我测试	回顾	知识应用
1．地理学简要介绍	1．人文地理学简要介绍	2	0	0	—
2．世界产业	2．产业类型	2	2	7	3
	3．产业区位	2	1	2	2
	4．全球产业格局的变化	2	2	3	3
	5．新兴工业经济的研究	2	1	3	2
3．旅游业	6．旅游业	2	1	6	4
	7．旅游业增长带来的影响	2	2	6	2
	8．管理旅游业带来的影响	2	2	2	2
4．发展	9．世界发展的不平衡	2	4	4	2
	10．世界发展不平衡的原因	2	3	6	3
	11．减缓不平衡现象的策略	2	2	0	4
5．食品地理	12．食品消费	2	3	5	3
	13．粮食生产	2	3	5	3
	14．食品生产及发展	2	3	4	2
总计		28	29	53	35

三、新加坡地理教科书探究活动特点

1. 重视行为动词的区别

《地球：我们的家园》的"自我测试"和"知识应用"模块中的问题包含明确的行为动词，或称"命令词"，以表达不同层级的能力目标要求。在教科书开头对探究活动中的这些行为动词做了归类，给出了"命令词"的列表，并对其作用进行了说明：

"'命令词'一般出现在'自我测试'和'知识应用'两部分，帮助学生练习。表11-8解释了当'命令词'出现时，学生应该做什么。"

表11-8 《地球：我们的家园》教科书中的"命令词"列表

命令词	学生应该如何作答
评价	运用所有和情境相关的事实 仔细权衡优缺点，然后根据已知事实的意义、价值或者质量作出判断 权衡你所作出的决断的优势与不足
比较（列出／阐述／描述相同与不同之处）	详细阐述两个区域或者两个事实之间的相同点与不同点 使用比较级词语，比如"高于""低于""更深刻""更温和"等 对两个区域或者两个事件的描述并不能算作比较
描述	基于已知事实，列出事件或者概念的显著特征 不需要解释
讨论	对持有的不同观点进行详细描述
解释（说明原因／为什么／如何可能）	阐述一件事情为什么发生 运用相关知识来阐述一件事情为什么或者如何发生
如何	（根据问题）证明／论证／解释通过什么方式／从何种程度／基于什么原因／通过什么方法或者方式
区分／说出／陈述	运用简短的句子或者词语作答
证明	解释选择某件事或者观点的原因，为什么某件事以特殊的方式处理，或者为什么选择该种立场
列出	为了满足特定的目的，识别或者说出若干特征

在探究活动的具体实施过程中，这些"命令词"的详细规定是非常有益的。不仅能帮助师生了解、评价自己的探究进度，使探究过程有了指导和评价的标准，也展示了地理教科书的专业水平。

2. 探究活动主题较为吸引人

《地球：我们的家园》在给每章课题的主题命名时，有不少是用感叹号或问号结尾的，如第4章"我的帽子是中国制造的！"，第14章"超大个番茄？"等，给人以轻松活泼或疑惑求助之感，这样的标题不同于其他国家的平铺直叙式的写法，而是采用贴近真实生活的语言表达方式，有很强的情感倾向，自成一体，比较吸引读者的注意力。

第十二章

中国地理教科书探究活动研究

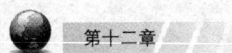

第一节 概述

一、教科书介绍

本研究选取中图版高中地理必修教科书为研究材料,对中国地理教科书探究活动进行研究。该套教科书由北京师范大学王民教授主编,以探究活动为主线,将探究贯穿始终,经全国中小学教材审定委员会 2004 年初审通过并出版发行,被多个省市使用,在 2007 年发行了第 2 版。高中必修部分供高一、高二年级学生使用,分为必修·第 1 册、必修·第 2 册、必修·第 3 册共三册,各分册的内容依次是:自然地理、人文地理和区域地理。各分册各章的主题,如表 12-1 所示。

表 12-1 中图版高中地理必修教科书各分册内容结构

章次	必修·第 1 册:自然地理	必修·第 2 册:人文地理	必修·第 3 册:区域地理
第 1 章	宇宙中的地球	人口的增长、迁移与合理容量	区域地理环境和人类活动
第 2 章	自然地理环境中的物质运动和能量交换	城市的空间结构与城市化	区域可持续发展
第 3 章	地理环境的整体性和区域差异	生产活动与地域联系	地理信息技术的应用
第 4 章	自然环境对人类活动的影响	人类与地理环境的协调发展	—

二、探究活动类型

中图版高中地理必修·第 1 册、必修·第 2 册、必修·第 3 册这三册教科书除在具体内容上有差别外,在形式上是基本相同的。各册教材的每一章节由正文、探究活动、复习题三部分构成。其中,探究活动主要包括每章的"课题"、每节的"探索""活动"和"案例研究"。

第二节 探究方式

一、章节"课题"

1. 概述

中图版高中地理必修教材每章课题位于每章的开篇位置,是贯穿整章的探究活动,接近完全探究活动。每章课题的设置,使学生在进入正式的章节内容学习之前,先以课题的形式对所学内容有所了解,并形成一定的心理暗示和预期,这样便有利于对章节内容的把握。

每个课题都介绍了课题背景,指出了课题目标,提示为完成课题而需要进行的准备工作,设置进度检查计划,明确课题成果。随着课程的进行,在适当的小节设有进度检查栏,将课题分解成几个阶段,布置阶段任务和检查阶段成果,并在章节的最后部分要求学生展示自己的课题成果。每章课题多结合调查、实验、讨论等多种探究形式，综合培养学生全面思考、动手操作和交流表达的能力。同时，每章课题讲究一定的程序和过程，要求学生按进度设置具有可操作性的计划，在完成预定目标的过程中，达到知识与技能、情感态度与价值观的多重学习。

从篇幅上看，中图版高中地理必修教科书每章均设有 1 个课题研究活动，且篇幅基本为 1 页。其中仅有必修·第 3 册的第 2 章与其他章不同，章课题所占篇幅为 1.4 页，使得本册教科书中章节课题的平均篇幅高于其他两本书，平均每个章节课题占 1.13 页。

2．内容

从地理概念、地理过程、地理事实和实际问题这四方面来看，中图版高中地理必修教科书每章具体的课题都有所涉及。各章课题的内容分布如图 12-1 所示。

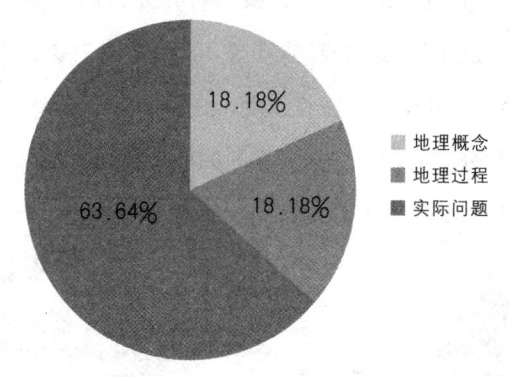

图 12-1　中图版高中地理必修教科书课题内容统计

由图 12-1 可以看出，课题内容主要是对实际问题的探究，其比重占 63.64%；其次为对地理过程和地理概念的探究，比重均占 18.18%；而在中图版的三册必修教科书中，均未出现对地理事实的探究。可以看出，每章课题由于其较高的综合性要求，因此这类探究活动比较重视理论知识在实际生活中的应用，旨在通过探究活动让学生认识到生活中的地理，从地理的角度审视生活中的问题，并思考解决问题的方法。

3．探究形式

按照探究形式的分类方式，对中图版高中地理必修教科书各章课题探究形式进行归类统计，统计结果如图 12-2 所示。

由图 12-2 可以看出，在各类探究形式中，调查类探究所占比重最大，占 45.45%，即各章课题更多地采取了课后探究活动，更侧重让学生在课后了解社会，在实际情况中加深对知识的理解；培养学生的沟通能力。其次，各章课题也较为重视引导学生通过交流加强对地理事物的认识和全面理解，交流类探究形式比重占 27.28%；再次，思考、观察、实验这三类探究形式分别被采用了 1 次，体现出中图版高中地理必修教科书对各类探究形式的兼顾性，这样可以让学生更好地了解各类探究形式的探究方法和不同特点。

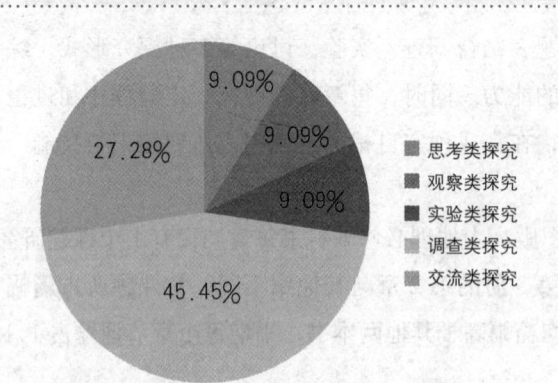

图 12-2　中图版高中地理必修教科书各章课题探究形式分布

4．技能与能力要求

针对中图版地理教科书中的这部分内容，我们将其分为技能与能力两方面。根据中图版地理教科书的特点，确定了技能与能力的具体维度，其中技能主要包括使用地理仪器的技能、读取分析地图图表的技能、观测技能、实验技能、调查技能和野外实习技能；思维能力主要包括发现问题的能力、解释分析的能力、预测决断的能力和交流讨论的能力。

通过统计分析，可作出技能与能力的分布图，如图 12-3、图 12-4 所示。

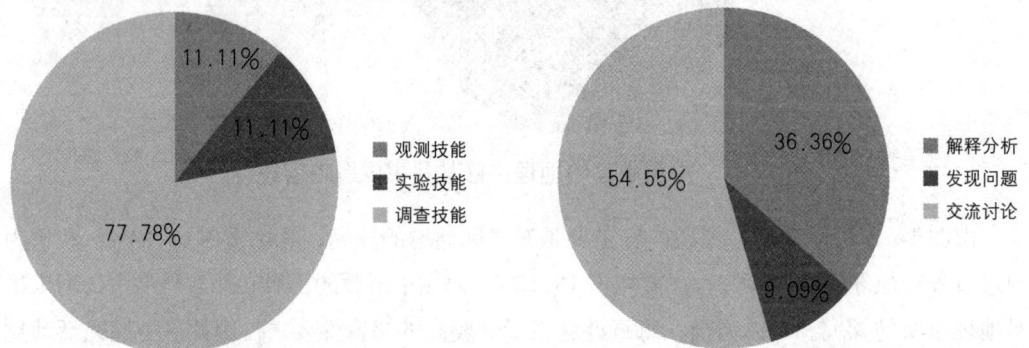

图 12-3　中图版高中地理必修教科书各章课题探究技能分布

图 12-4　中图版高中地理必修教科书各章课题思维能力分布

由图 12-3 可以看出，在探究技能方面，与探究形式相对应，各章课题更多地是注重提高学生的调查技能，比重占 77.78%。其次为对观测技能和实验技能的培养，比重均占 11.11%。各章课题所涉及的技能类型较少，仅为上述三个方面，缺少对使用地理仪器的技能、读取分析地图图表的技能以及野外实习技能的训练，这也是教材有待改进的地方。

由图 12-4 可以看出，从对思维能力的培养来看，由于各章课题具有综合性和复杂性，需要学生通过小组活动的分工合作以及交流讨论来更好地完成相关任务，因此更侧重对学生交流讨论能力的培养，其比重占 54.55%。其次是对学生解释分析能力的培养，这是学生学习和解决问题的最基本的能力，比重占 36.36%。同时，它还兼顾了对发现问题能力的培养，比重占 9.09%。但是，这一类探究活动依旧兼顾全部思维能力的类型，缺乏对预测推断能力的培养。

5．问题设置

每章课题的问题设置不是固定不变的，每章课题设置的问题数量也不是固定的。在三册教科书中，必修·第3册每章课题活动问题设置的数量最多，平均每一课题活动设置3个问题；最少的为必修·第1册，平均每章活动设置1.5个问题，仅为必修·第3册的1/2。这些问题设置多是为了督促学生检查课题进度，时刻反思已有成果的准确性，将新旧知识建立联系，激发学生的创新意识，从而更好地完成课题。

二、"探索"

1．概述

"探索"位于每小节正文的最前面，是课前的思考与探索，通常以操作性较强的简单实验和小游戏的形式进行，相当于教学中的引入环节。从文本设置上来看，它为学生和教师提供了明确的活动情景，多配有插图说明活动过程或提供素材，并围绕小节知识内容配有相应问题，在编排结构上与课文系统联系密切。

"探索"活动旨在通过学生的亲自观察和操作得到明显的实验效果，揭示一些问题，进而激发学生的兴趣和引导学生思考，从而顺承过渡到正文内容的学习。

从篇幅上看，中图版高中地理必修教科书中"探索"活动所占篇幅大小不固定，但总体看篇幅相对较小，平均每个活动的篇幅为0.35页。在自然地理、人文地理和区域地理这三大模块内容上，也存在篇幅上的差异。区域地理中"探索"活动篇幅相对最大，平均为0.46页；其次为人文地理部分，平均为0.36页；自然地理部分最少，平均每个"探索"活动仅占0.23页。

2．内容

将每节"探索"活动的内容按照本研究的内容分类进行划分，可作出章节课题的内容的分布图，如图12-5所示。

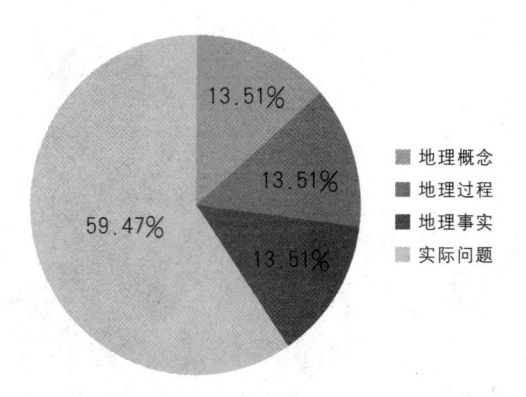

图12-5　中图版高中地理必修教科书"探索"活动内容分布

由图12-5可以看出，"探索"活动的内容主要是对实际问题的探究，其比重占59.47%；其次为对地理概念、地理过程和地理事实的探究，三者所占的比重相同，均占13.51%。其中，值得注意的是，在三册必修教科书中，区域地理部分的"探索"活动主要集中在了对实际问题的探究上,这与区域地理内容的综合性和区域性是分不开的。

3. 探究形式

按照本研究中采取的探究分类方式,对各章节"探索"活动的探究形式进行归类统计,可作出统计图,如图12-6所示。

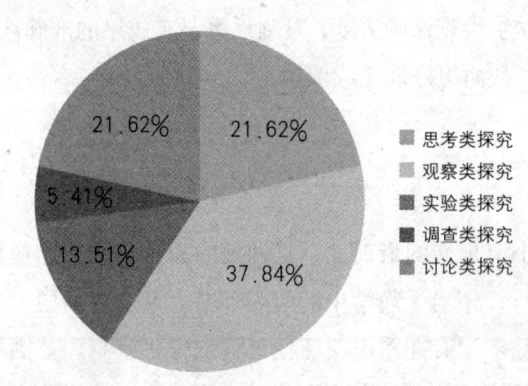

图12-6 中图版高中地理必修教科书"探索"活动的探究形式分布

由图12-6可以看出,在各类探究形式中,观察类探究所占比重最大,占37.84%,即"探索"活动更倾向于通过观察的方式引起学生的注意、吸引学生的兴趣,为之后的学习奠定基础。其次,"探索"活动对其他类型的探究形式的应用相对较为平均,仅调查类探究的比重与其他形式相差较大,占5.41%。此外,从自然地理、人文地理、区域地理这三大模块内容来看,由于学习内容特点各异,因此,自然地理部分更多地采用了实验类探究,而人文地理部分更多地采用了观察类探究和讨论类探究的形式,区域地理则更侧重对思考类探究的使用。

4. 技能与能力要求

按照对中图版高中地理教科书的技能与能力的分类,对"探索"活动的技能与能力要求进行统计分析,可作出技能与能力分布图,分别如图12-7、图12-8所示。

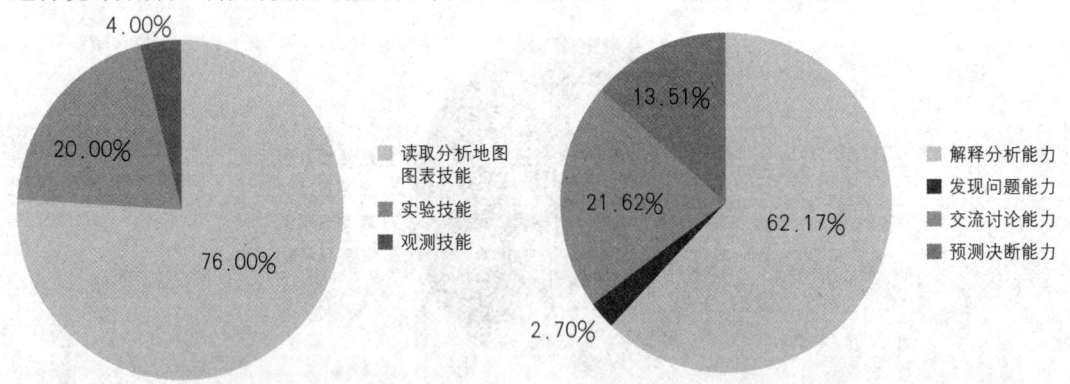

图12-7 中图版高中地理必修教科书"探索"活动的探究技能分布

图12-8 中图版高中地理必修教科书"探索"活动的思维能力分布

由图12-7可以看出,在探究技能方面,"探索"活动尤其注重提高学生读取分析地图图表的技能,其比重占76.00%。其次为对实验技能和观测技能的培养,比重分别占20.00%和

4.00%。但"探索"活动所涉及的技能类型较少,仅为上述三个方面,缺少使用地理仪器的技能、调查技能以及野外实习技能的训练,这也是教科书的待改进之处。

由图12-8可以看出,从对思维能力的培养来看,由于"探索"活动具有的主要作用即为激发学生兴趣、引发学生思考,因此在思维能力的培养上也更侧重对学生解释分析能力的培养,其比重占62.17%。其次是对学生交流讨论能力和预测决断能力的培养,比重分别占21.62%和13.51%。但是,"探索"活动对发现问题能力的培养力度较弱,比重仅占2.70%,而这一能力却是开启探究之路的重要起点,因此这也是教科书需要加强的地方。

5. 问题设置

在三册教科书中,必修·第3册"探索"活动问题设置数量最多,平均每个"探索"活动设置2.89个问题;必修·第1册和必修·第2册的问题设置数量较为接近,平均每个"探索"活动分别设置1.33个和1.29个问题。这些问题设置多是为了激发学生对某一现象的思考,激发学生的学习兴趣,自然过渡到正文内容的学习。

三、"活动"

1. 概述

"活动"是穿插于各节正文中探究活动的总称,它们出现的位置较为灵活,每一个活动所占篇幅很小,从探究环节的设置来看属于部分探究。这类探究活动包括"思考""读图""读表""填图""填表""实验""比较""讨论"等多种具体类别,又可以将其归为思维训练类("思考""讨论""比较")、动手操作类("实验""制作")和图表运用类("读图""填表")等。其中以思考、讨论的探究形式居多,重点培养学生对理论知识的深入分析,以及对实际生活中问题的思辨能力。

该类探究活动穿插于正文之间,因此和课文之间存在很好的关联性。通常是以正文内容为依托,发散出以简短文字表述的用以印证或深入探讨正文内容的思考问题或具体活动,而不另外单独提供材料与活动情景,以使学生形成对知识内容的深入理解和思维上的拓展。

从篇幅上看,中图版高中地理必修教科书中"活动"所占篇幅大小不固定,但总体看篇幅非常小,平均每个"活动"的篇幅仅为0.11页。在自然地理、人文地理和区域地理这三大模块内容上,也存在篇幅上的差异。区域地理部分中"活动"的篇幅相对最大,平均为0.17页;自然地理部分与人文地理部分相差不大,平均分别为0.10页和0.06页。

2. 内容

将每节"活动"的内容按照本文的内容分类进行划分,可作出"活动"探究的内容分布图,如图12-9所示。

由图12-9可以看出,"活动"的内容主要是对实际问题的探究,其比重占60.00%;其次为对地理过程的探究,比重占26.00%;对地理概念和地理事实的探究较少,比重分别为6.00%和8.00%。由于"活动"是贴近教科书设置的探究活动,因此在内容选择上,也以教科书为依托，兼顾四类探究内容类型，且多发散到实际问题上，引导学生有意识地将所学理论知识与生活实践相结合。

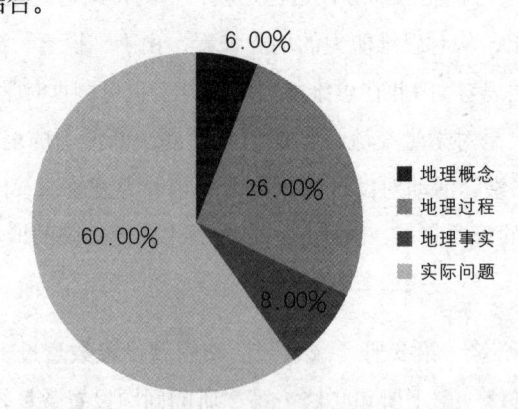

图 12-9 中图版高中地理必修教科书"活动"探究内容分布

3. 探究形式

按照本研究中采取的探究分类方式，对"活动"探究形式进行归类统计，可作出探究形式分布图，如图 12-10 所示。

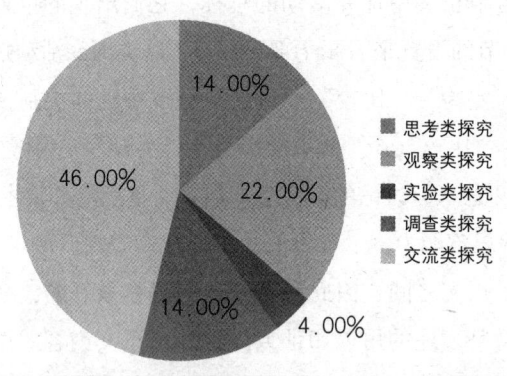

图 12-10 中图版高中地理必修教科书"活动"探究形式统计

由图 12-10 可以看出，在各类探究形式中，思考类探究所占的比重最大，占 46.00%。这是由于"活动"与教科书的内容联系紧密，更倾向于让学生通过对与教科书相联系的问题的思考，加深其对教科书内容的理解。其次，"活动"也较多地采用了观察类探究形式，占比 22.00%，并且多是让学生通过对图像的细致观察，提取相关信息进行分析归纳，培养学生读取图表的能力。此外，"活动"一栏还涉及调查类探究和交流类探究形式，但数量相对较少，比重均占 14.00%，而实验类探究的比重最少，比重仅占 4.00%。

4. 技能与能力要求

按照本研究对探究活动技能与思维能力的分类方法，对本套教科书的"活动"模块的技能与能力要求进行统计分析，可作出技能与能力分布图，分别如图 12-11、图 12-12 所示。

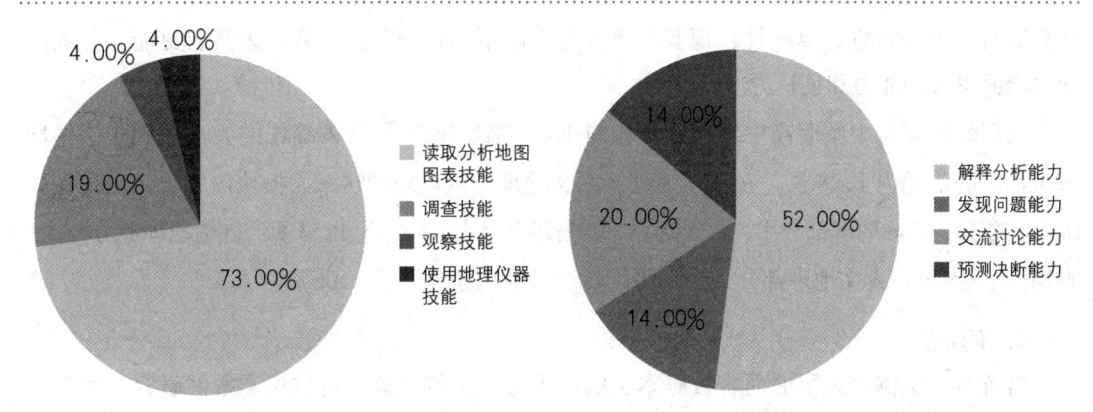

图 12-11　中图版高中地理必修教科书
"活动"探究技能分布

图 12-12　中图版高中地理必修教科书
"活动"思维能力分布

由图 12-11 可以看出，在探究技能方面，"活动"和"探索"类似，都尤为注重提高学生读取分析地图图表的技能，其比重占 73.00%。其次为对调查技能的培养，比重占 19.00%。"活动"所涉及的技能类型相对较多，兼顾了观察技能和使用地理仪器的技能，但数量较少，比重均仅占 4.00%。然而，该栏目仍然缺少对野外实习技能的训练，这也是教科书有待改进的地方。

由图 12-12 可以看出，从对思维能力的培养来看，由于"活动"与教科书内容的紧密联系和其增进对教科书理解的主要目的，因此在思维能力的培养上也更侧重对学生解释分析能力的培养，其比重占 52.00%。其余各项思维能力基本均匀分布，交流讨论能力相对较多，比重占 20.00%；发现问题能力和预测决断能力培养的比重均占 14.00%。值得注意的是，在"活动"一栏中，发现问题能力较其他栏目相比尤其突出，体现了编者对学生在教科书内容中发现问题能力的重视。

5．问题设置

在三册教科书中，必修·第 2 册"活动"设置的问题数量最多，平均每个"活动"都设置 1.94 个问题；必修·第 1 册与必修·第 3 册相差不多，平均每个"活动"分别设置 1.58 个和 1.44 个问题。这些问题的设置多是为了引导学生对教科书内容进行深入思考，进而加深对课文的理解，起到承上启下的作用。

四、"案例研究"

1．概述

"案例研究"位于每一小节的末尾，所占篇幅较多，是运用整节知识内容对实际案例的分析研究。从文本设置上来看，该活动为学生提供完整的案例素材，并配有相关图片帮助学生分析，提供相应问题引发学生思考。

从内容选择上来看，"案例研究"具有很强的区域性，多数案例是以一个区域为研究对象，基于这一区域的实际现象或问题进行思考探究。这类探究是理论与实际相结合的，在巩固知识原理的同时，培养学生对现实世界的思辨能力和解决实际问题的能力。同时，实际案例也具有其特有的综合性、复杂性、现实性等其他活动不具备的独特优势，因而它更能充分发挥学生全面思考的能力和创造力。

从篇幅上看，中图版高中地理必修教科书中"案例研究"所占篇幅的大小不固定，平均每个活动的篇幅为1.28页。在自然地理、人文地理和区域地理这三大模块内容上，也存在篇幅上的差异。区域地理部分中"案例研究"篇幅相对最大，平均为1.53页；自然地理部分其次，平均为1.25页；人文地理部分最少，平均每个"案例研究"为1.06页。

2．内容

将每节"案例研究"的内容按照本文的内容分类进行划分，可作出"案例研究"的内容分布图，如图12-13所示。

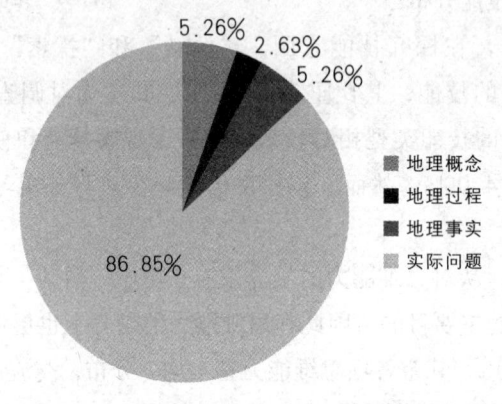

图12-13 中图版高中地理必修教科书"案例研究"的内容分布

由图12-13可以看出，"案例研究"的主要内容是对实际问题的探究，其比重占86.85%，且人文地理部分全部为对实际问题的探究，没有选择其他几个类型的内容。关于地理概念、地理过程和地理事实的探究数量均较少，比重分别为5.26%、2.63%和5.26%。这一特点也与"案例研究"的设置目的相符合，即要通过对实际问题的分析，将理论知识与现实问题建立联系，让学生学会运用理论知识来分析实际问题。

3．探究形式

按照本研究中采取的探究分类方式，对各节"案例研究"的探究形式进行归类统计，可作出探究形式分布图，如图12-14所示。

由图12-14可以看出，在各类探究形式中，思考类探究所占比重最大，占40.54%，即"案例研究"更倾向于通过思考的方式，让学生从材料中提取有效信息，进行分析、归纳与总结，对地理问题形成较为全面的理解和认识。其次，"案例研究"对其他类型的探究形式的应用相对较为均衡，调查类探究、交流类探究和观察类探究的比重分别为21.62%、21.62%和16.22%。这一探究栏目中没有涉及实验类探究形式，这也与其和实际问题相关的内容选择有关。

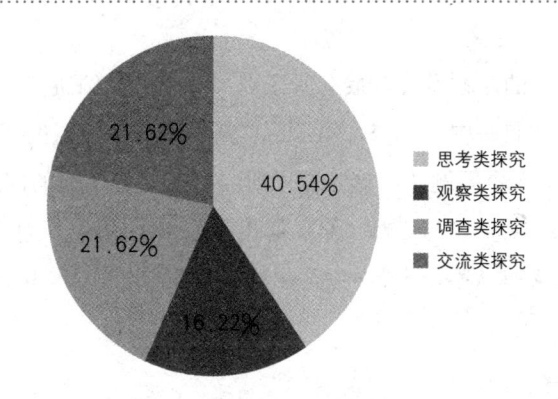

图 12-14　中图版高中地理必修教科书"案例研究"的探究形式分布

4．技能与能力要求

按照本研究对探究活动的技能与能力的分类，对中图版高中地理必修教科书"案例研究"模块的技能与能力要求进行统计分析，可作出技能与能力要求分布图，分别如图 12-15、图 12-16 所示。

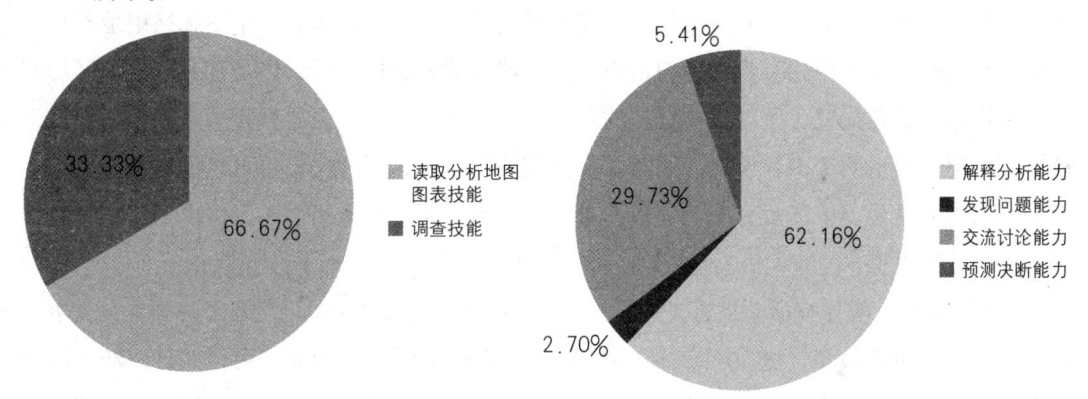

图 12-15　中图版高中地理必修教科书"案例研究"的探究技能分布

图 12-16　中图版高中地理必修教科书"案例研究"的思维能力分布

由图 12-15 可以看出，在探究技能方面，"案例研究"活动仅涉及了两类技能，一是该栏目相对较为重视学生读取分析地图图表的技能，比重占 66.67%。其次为对调查技能的培养，比重占 33.33%。但该栏目的探究活动所涉及的技能类型太过单一，仅包括上述两个方面，缺少对使用地理仪器的技能、观测技能以及野外实习技能的训练，应使这一综合性较强的探究活动也兼顾更多的技能类型。

由图 12-16 可以看出，从对思维能力的培养来看，该栏目和上述两个栏目一样，也最为侧重对学生解释分析能力的培养，比重占 62.16%。其次是对学生交流讨论能力的培养，比重占 29.73%。对发现问题能力和预测决断能力的培养则非常少，比重分别占 2.70% 和 5.41%。

5. 问题设置

每节"案例研究"的问题设置个数有所区别，每个"案例研究"设置的问题数量都不是固定的。在三册必修教科书中，必修·第3册"案例研究"设置的问题数量最多，平均每个"案例研究"设置 2.75 个问题；必修·第1册与必修·第2册的问题设置数量基本相同，分别设置 1.77 个和 2.00 个，与必修·第3册相差近1个问题。这些问题的设置多是为了激发学生对某一实际现象的思考，引导学生运用理论知识分析实际问题，进而形成自己的解释，表达自己的观点。

第三节 研究结果

一、篇幅与数量

中图版高中地理教科书的总体探究活动数量较多，约占80页，平均每个探究活动所占篇幅为0.6页。就自然地理、人文地理和区域地理这三大内容模块来看，中图版高中地理教科书探究活动的篇幅分配相对较为均匀，由于区域地理部分的探究活动多是针对某一地区的实际问题进行的综合探究，所以需要更多的背景资料和材料说明，因此教科书这部分的探究活动篇幅均超过其他两个内容模块。同时，从探究活动所占篇幅的比重也可以推断出探究活动在教科书中的地位，中图版高中地理教科书中探究活动所占比重为26%，体现了该套教科书对探究活动的重视。

此外，从每一类探究活动来看，中图版地理教科书各类探究活动间数量差异较大。其中，以"活动"数量为最多，达50个，而"课题"数量仅为11个，相差较大；并且"活动"数量在不同模块间有明显变化，自然地理部分的数量是区域地理部分的两倍。可见，中图版高中地理教科书在自然地理部分更注重对教科书内容的深入理解分析，这部分探究活动与教科书的联系更为紧密。而就各类探究活动的篇幅来看，"案例研究"以绝对优势列在第一位，约为47页。而数量最多的"活动"却由于每一个活动篇幅很小使得总篇幅最少，仅为5页。

二、内容

首先从总体上看，中图版高中地理教科书的探究内容主要集中在对实际问题的探究上，其占比为67%。由此可以看出，中图版高中地理教科书较为重视理论知识在实际生活中的应用，意在通过探究活动让学生认识到生活中的地理，从地理的角度审视生活中的问题，并对其进行解决。此外，中图版高中地理教科书关注到了理论知识与实际问题之间的过渡，采用描述式的地理事实探究，让理论知识先以简单的形式在学生心里出现，再逐步加大难度过渡到完全对实际问题的探究，以更符合学生的认知特征。总体上看，中图版高中地理教科书涉及了全部探究内容，除对实际问题的探究占有绝对大的比重外，其余探究内容的分布相对均衡，兼顾各类探究内容。

其次，从探究栏目上看中图版高中地理教科书对探究内容的设置。中图版高中地理教科书中的"案例研究"以对实际问题的探究为主体部分，同时加入了对其他三个类别内容的探究，如将厄尔尼诺作为异常天气现象的案例，对这一地理现象进行理论探究等。此外，在中图版高中地理教科书其他三类探究栏目中，对实际问题的探究均占据主要地位，比重均超过50%，其中仅"活动"一栏的内容设置相对均衡；由此可见，中图版高中地理教科书的各个探究栏目均以对实际问题的探究为主体，重视理论知识与生活实际的结合。

三、探究形式

从总体上看，中图版高中地理教科书在探究形式上的分布则相对均衡，但仍以思考类探究所占比重最大，为30.7%，其次为观察类探究、调查类探究和交流类探究，比重均在20%左右，而实验类探究所占比重与之相差较大，仅占5.3%。可见，教科书在探究形式的选择上，更侧重于思考类和观察类这两种探究形式，且观察类探究以对文本的观察为主，多为对统计图表和地图的观察。这两种探究形式的独立性相对较强，更侧重培养学生对问题的解释分析和推理能力。考虑到学校教学的实施条件和课时限制，这两类探究形式需要的探究条件相对简单，比较容易实现。而教科书对实验类探究的选择较少，虽然这类探究能够综合培养学生的分析思考和动手操作的能力，但它在探究条件、教师素质和时间要求上都较难以实现，因此设置较少，并且设置的实验类探究都分布在自然地理部分，用来加深学生对抽象地理事物的理解。同时，中图版高中地理教科书采用了较多的课后调查探究活动，更侧重让学生在课后了解社会，在实际情况中加深对知识的理解，培养学生与人沟通的能力。

从探究栏目上来看，中图版高中地理教科书在栏目内部的探究性设置则相对较为均衡，每类探究活动基本上都涉及了所有的探究形式。其中，实验类探究多集中在自然地理部分的探索栏目中，教科书意图通过实验现象激发学生兴趣，为后续学习进行铺垫。观察类探究多集中在"探索"和"活动"这两类和教科书联系较紧密的探究活动中，意在通过观察加深对教科书知识的理解。调查探究，则多分布于"课题""活动"和"案例研究"这三类探究活动中，其中以"课题"一栏中调查类探究所占的比重最大。由此可见，在探究形式的设置上，中图版高中地理教科书更侧重每种探究形式的均衡分布。

四、技能与能力要求

1. 操作技能方面的要求

从总体上看，中图版高中地理教科书较好地平衡了各项技能的比重，形成图表技能为主、多项技能兼顾的格局。中图版地理教科书侧重对读取分析地图图表技能的训练，其比重占64%。对图表的读取分析可以分为四类，分别是对景观图、示意图、地图和统计图表的读取分析。其中，对景观图的读取分析更侧重通过观察，让学生形成直观感受，发现问题；对示意图的读取分析则多和地理过程、地理概念联系在一起，加深对教科书知识的理解；对地图的读取分析侧重通过观察分析，培养学生的空间感知能力，体会地理学科的区域性特点；对统计图表的读取分析更侧重对数据的处理分析，通过数据分析现象、解释原理。中图版高中地理教科书则以对景观图和地图的读取分析居多，用以加深学生对地理景观的直观感受。由此可以看出，因为地理学科具有特殊的空间性和时间性，地理教学又受到时间和空间的限制，所以学生不能亲身感受各类景观、区域和地理现象，因此教科书较为重视对图表的使用，让学生通过对图表的观察感知地理景观和地理事件。此外，在调查技能的设置上，其比重占24%，并且多分布在自然地理和人文地理部分。

从探究栏目上来看，中图版高中地理教科书的技能设置相对较为均衡，其中每章课题并未涉及占总体比重最高的读取分析地图图表技能，而是以调查技能为主，兼顾观测和实验技能；其余探究栏目也大都以读取分析地图图表技能和调查技能为主。

2．思维能力方面的要求

从总体上看，中图版高中地理教科书最为重视对解释分析能力的培养，其比重占56%。这项思维能力是学习新知、解决理论和现实问题中必不可少的能力，是最基本也是最重要的思维能力，多与思考这一探究形式相联系。此外，中图版高中地理教科书注重培养学生的交流表达和沟通合作的能力，让学生在讨论中对问题形成自己的认识，进而对其进行评价并得以解决。

从探究栏目上来看，中图版高中地理教科书的四类探究栏目间相差不大，以"活动"一栏的思维能力分布最为均衡，兼顾各类思维能力的训练；其余三类栏目皆以解释分析能力为主，其次为交流讨论能力，这也和总体的思维能力分布比重相符合。由此可以看出，与对操作技能的要求和训练不同，中图版高中地理教科书各栏目间对思维能力的要求和训练差异不明显，思维能力分布均匀。

五、问题设置

从总体上看，中图版高中地理教科书平均每个探究活动设置的问题数量为1.98个，数量较为适中。

从地理教科书的探究栏目内部来看，中图版高中地理教科书各栏目间问题数量分布相对均衡。不过，不同栏目的问题设置目的有所不同，这主要与各栏目的设置目的有着密切联系。各章"课题"的问题设置多是为了督促学生检查课题进度，时刻反思已有成果的准确性，将新旧知识建立联系，激发学生的创新意识，以更好地完成课题；"探索"活动的问题设置多是为了激发学生对某一现象的思考，引发学生的学习兴趣，自然过渡到正文内容的学习；"活动"的问题设置多是为了引导学生对课文内容进行深入思考，进而加深对课文的理解，起到承上启下和引发思考的作用；"案例研究"的问题设置多是为了激发学生对某一实际现象的思考，引导学生运用理论知识分析实际问题，进而形成自己的解答，发表自己的观点。

第十三章

结论与启示

第十三章

结论与启示

自"探究式学习"的理念于 20 世纪 60 年代提出以来,便迅速影响了世界范围内多个国家的教育思路,引起了教学方法的转变与教科书设计方式的变化。本书所研究的多国教科书是从地理学科的角度给我们呈现了探究活动的多样性,是一种结合各国具体国情而进行的横向比较。在这些教科书出版以后,各国持续进行了若干常态化课程改革,这将影响到教科书中的探究活动,使其呈现出新的特点,需要用发展的眼光来看待这些变化。

一、核心素养背景下的教科书探究活动设计

2018 年初,教育部颁布了《普通高中地理课程标准(2017 年版)》,正式将培养学生必备的核心素养作为基本理念,并由此确定了高中地理课程的总目标为:通过地理学科核心素养的培养,从地理教育的维度落实立德树人的根本任务。作为一种基于现代教学思想的学习方式,探究学习在新课标中仍然被多次提及。据统计,"探究"一词在地理新课标全文中共出现了 27 次之多,在"基本理念"(1 次)、"课程内容"(7 次)、"实施建议"(19 次)部分均有涉及。其中,"探究学习"出现了 4 次,常与"自主学习"和"合作学习"共同成为新课程理念下主导的学习方式。

在新课程理念的指导下,地理教科书中的探究活动也出现了新变化。新课标的"教材编写建议"部分明确地提出了要"以学生能力培养为重点,创新地理教科书的呈现方式",要求教科书的设计服务于地理学科核心素养的培养。其中,有三点具体表现值得注意,它们为教科书中探究活动的设计提供了新的思路。

第一,创新内容编排方式。这要求地理教科书运用问题、情境、案例等多种内容组织方式,使学习内容与生产和生活实际密切联系,并且将学生"放"到情境中,增强学生分析和解决问题的能力。

第二,创设多种表达方式。这要求地理教科书采用文字、地图、图表、模型等方式呈现教学内容,为学生提供生动、直观、富有启发性的学习材料,丰富学生说明和分析地理问题的手段。

第三,设计多种课内外的学习活动。这要求地理教科书设计自主学习、合作学习、探究学习等,还可以适当设计户外考察活动,突出地理学科实践性强的特色,使学生在自然和社会的大课堂中学习地理。

总体上看,核心素养的培养要求地理教科书探究活动应充实情境、优化表达方式,并增加活动的多样性。遍览十国高中地理教科书的探究活动的类型与设计方式,可以为中国地理教科书的编写带来新的启发。

二、比较研究

各国的高中地理教科书中的探究活动表现出了一些共同点，也各有特色。综合所选十国高中地理教科书，我们可以从多个角度得出研究结论。

从探究活动的类型上看，十国高中地理教科书探究活动种类的多少和命名特点，是我们首先关注的问题。

表 13-1　十国高中地理教科书中探究活动类型一览表

国家	探究活动类型	类别数量	国家	探究活动类型	类别数量
英国	● 技能 ● 剖析 ● 研讨 ● 案例研究	4	俄罗斯	● 自我检测版块和互测版块 ● 自学指南	2
美国	《地理》 ● 地图与图表技能 ● 案例研究	2	澳大利亚	● 理解课文 ● 地理任务 ● 地理技能	3
美国	《科学探索者》 ○ 学科探索 ● 每章课题 ● 探索 ● 增进技能 ● 试一试 ● 技能实验室 ● 生活实验室 ○ 跨学科探索 ● 数学工具箱 ● 科学与历史 ● 科学与社会 ● 链接 ○ 综合探索	11	日本	● 课题 ● 技能训练 ● 课题学习	3
			韩国	● 读图·启发 ● 资料解析 ● 调查 ● 讨论 ● 观察 ● 观测 ● 实验·观测 ● 动手做一做 ● 课前讨论 ● 课堂思考 ● 知识运用	11
德国	● 方法 ● 地理能力	2	新加坡	● 课题 ● 自我测试 ● 回顾 ● 知识应用	4
法国	● 活动 ● 能力评估	2	中国	● 课题 ● 探索	4

从表 13-1 中可以看出，十国高中地理教科书探究活动的种类普遍为 2~4 个，美（《地理》教科书）、德、法、俄四国均有 2 类，英国、新加坡、中国均有 4 类，澳大利亚和日本有 3 类。其中出现了两个例外：一个是美国的《科学探索者》丛书，另一个是韩国的《地球科学Ⅰ》。二者均有 11 类探究活动，这是由于地理学在这两国是分为"地球科学"与"地理学"两门学科的，所以这种探究活动也体现了地球科学与地理课程的区别。例如，从名称上看，这些探究以动手操作与实验活动为主，而"地理学"的探究活动多关注地理知识、技能和方法。因此，与地球科学的探究活动相比，地理探究更重视对分析思维的培养，而较少有动手操作能力的训练，探究形式以思考和观察为主，重点培养学生的读图分析技能和解释分析的能力，体现出对分

析思维培养的高度重视。这也是各国高中地理教科书中探究活动的共同特征之一。

从篇幅上看，探究活动在高中地理教科书中占有重要地位。大部分国家高中地理教科书的探究活动都占有较大的比重。其中英国高中地理教科书的篇幅较长，不仅探究活动的种类多样，而且设置了大量的情境材料，如照片、统计图表等。可以说，高中地理教科书中的探究活动可以承担课堂教学的主要任务。

从呈现方式上看，大部分国家的高中地理教科书探究活动的情境设置较为丰富，图文并茂。其中，典型的如英国和德国的高中地理教科书，常常有数百字的文字资料和大幅图片；有的探究活动多以图片为主，配上较精简的文字材料，如美国、法国、日本、韩国、新加坡等国的高中地理教科书，中国的中图版高中地理教科书也与之类似；澳大利亚的高中地理教科书的探究活动文字材料明显多于图片，常用教科书中已有的图片设计读图指导与提问活动，俄罗斯的高中地理教科书的探究活动与之类似，文字多于图片，只是这些文字多以直接提问为主，缺少情境设置，也缺少图片。

从内容上看，各国高中地理教科书都较为注重对实际问题的探究。在选题上，都主要集中在对实际问题的探究。例如，英国和中国的地理教科书中的"案例研究"模块通过思考、调查、讨论等形式，让学生针对实际生活中的现象和案例进行分析讨论，将理论与实际相结合，学习"生活中的地理"，培养学生对现实世界的思辨能力和解决实际问题的能力。

此外，各国高中地理教科书各探究模块的顺序和固定性以及教师在教学中选择的自主性上，也各有特点。

三、启示与建议

通过对十国高中地理教科书特点的研究以及在教学实践中的应用分析，可以为中国高中地理教科书中探究活动的设计与编制提供一些启示与建议。

1. 丰富地理教科书中探究活动的资料

探究活动的设置不应仅仅依存于教科书的内容存在，而应为学生提供丰富的文字及图片资料，让学生依据这些资料进行探究分析。同时，资料的选取也不应仅仅局限于理论知识层面，可吸取英国高中地理教科书的优势，选取更具时代性的资料，引导学生关注现实问题，培养学生的社会意识，提升学生发现问题的能力和批判性思维。

2. 深入设置探究问题，注意与"作业"问题的区别

探究问题是探究活动开展的核心，探究问题的选择对探究活动的开展起着尤为关键的作用。现有中国中图版高中地理教科书中提示性问题较多，提示性问题也较为简单，与课后作业区别不大。可配合探究材料，适当增加渐进性问题的设置，引导学生进行层层深入的分析，对探究问题形成自己的认识和解决方案。

3. 适当增加对学生综合行为能力的培养

由于时间和教学条件的限制，现有中国中图版高中地理教科书更偏重在课堂实现的对思维能力的训练，却并未涉及野外实习考察的探究形式，同时实验类探究等涉及学生动手操作的探究数量也较少。但这些探究形式却是让学生全面掌握地理技能、理解地理知识的最好途径，因此，可以在高中地理教科书中适当增加实验类探究和野外实习考察的内容。考虑到依旧存在多方面的限制，野外实习考察设置次数不宜过多，以一学期一到两次为宜。

4. 加入探究活动指导

结合地理教学实践可以发现，由于课堂时间有限，高中地理教科书中的探究活动难以全部完成。因此，高中地理教科书可以为学生提供一些明确的活动指导，让学生根据自己的意愿按照指导步骤自行完成课堂上未完成的探究活动，满足地理兴趣浓厚的学生的需求，也使课堂上的地理探究活动开展得更顺利。

后　记

本书终于要出版了，这是我计划的"中学地理教科书研究丛书"其中的一本，这个系列从计划编写到今天出版，已经有10多年了。如果从我开始研究中学地理教科书算起，已经40多年了。

当我坐在电脑前写这个后记时，眼前浮现出一幕幕清晰的场景，把这些场景串起来，正好说明了写这本书，确切地说，是写这个系列丛书的原因和背景。

一、1982年发表介绍美国中学地理教科书的文章

1981年，我当时在北京师范大学地理系学习，高如珊老师给我们地理系77级同学上"地理教学法"课。为了让我们了解国际地理教科书发展的动态，高老师给我们班布置了翻译美国中学地理教科书《世界地理》及作业册（1979年出版）的任务。当时全班同学分工合作，齐心协力完成了任务。

1982年2月，我毕业留校任教，从事地理教学法方向的教学和研究工作，那些翻译材料的整理工作自然也就落在我身上了。当时很少接触国外的教科书，看到美国的中学地理教科书和作业册，大开眼界。整理研究后，我写了一篇介绍文章，题目为《一本编排新颖的地理教科书——介绍美国最近出版的〈世界地理〉》，发表在《中学地理教学参考》杂志1982年第6期，这是我发表的第一篇专业研究的文章。从此，我也开始了对中学地理教科书的研究。

二、1982—1984年去北京师范大学附属中学兼课，认真研读中学地理教科书

为了做好地理教学法教学研究，需要熟悉了解中学地理教学，系领导安排我到北京师范大学附属中学实习教课，向当时在北京师范大学附属中学任教的著名特级教师王树声、秘际韩老师以及宣武区地理教研员李志嫒老师学习。从1982年9月到1984年1月，在这一年半的时间里，我每星期有两节课，但为上一节课常常一去就是一天，骑自行车从北三环到南二环，穿城而过。为了备好课，我认真研读了高中地理教科书，也仔细研究了北京师范大学地理系于1981年编写的实验教材《地学》（编者有宋春青、武吉华、李之保、邬翊光、郭瑞涛等）。当时写的教案，不是提纲要点，而是把上课要说的每一句话都写下来。

当时正值我国改革开放初期，那是一个奋发进取、积极向上的年代。那时候的中学地理教学，材料很少，条件简陋，但老师们热情很高，积极探索。在王树声、秘际韩两位特级教师的带领下，师大附中的地理教学水平高，课堂活跃，方法灵活，注重启发，积极开发新的教具，在北京市乃至全国地理教学领域都起到引领的作用。通过认真研读、仔细分析高中地理教科书，体验地理课堂教学，研究地理教科书的使用情况，加深了我对地理教科书和教学的认识，也为后来我编写地理教科书打下了基础。

三、1986—1993年参加编制九年义务教育初中地理教学大纲与编写"五四"制初中地理教科书

1986年4月12日,第六届全国人民代表大会第四次会议通过了《中华人民共和国义务教育法》,并于1986年7月1日起施行。同年也开始了九年义务教育初中地理教学大纲的编写。当时,初中地理课程分为三种模式:一是编写适合全国大多数地区的地理教学大纲,由人民教育出版社地理室(陈尔寿、徐岩等)、北京师范大学地理系(郭瑞涛、冯嘉萍、王民等)和北京教育学院(郭正权、李志媛等)等单位编写,并在全国进行实验;二是由上海市编写的地理教学大纲,并在上海市进行实验;三是由浙江省编写综合课的教学大纲(其中包括地理),并在浙江省进行实验。

编写全国地理教学大纲的三个单位在各自完成大纲初稿的基础上,经多次讨论,形成了九年制义务教育《全日制初级中学地理教学大纲(初审稿)》,由国家教委于1988年颁发。根据这个教学大纲(初审稿),国家教委实行"一纲多本"的方针,规划了几套不同学制、不同层次的教科书,具体是:人民教育出版社编写"六三"制(小学六年、初中三年)初中地理教科书、北京师范大学地理系编写"五四"制(小学五年、初中四年)初中地理教科书、广东省编写适用于沿海地区的初中地理教科书、四川省编写适用于内陆地区的初中地理教科书,并陆续在全国各地进行实验。当时,使用"五四"制教科书的主要有山东诸城等地。

经过实验,国家教委组织对初中地理教学大纲进行了多次修改后,于1992年正式颁布了《全日制初级中学地理教学大纲(试用)》。北京师范大学地理系编写的"五四"制教科书(主编冯嘉萍、金陵、王民)1992年经国家教委审查通过,从1993年秋季开始在全国试用。

我参加了九年制义务教育地理教学大纲编制、"五四"制初中地理教科书编写的全过程,历时7年。在这7年中,我学到了很多东西,也遇到了很多问题,促使我对中学地理课程和教科书进行了深入思考和研究。

四、1994—2000年参加编制普通高中地理教学大纲与编写北京版高中地理教科书

1994年,国家教委开始组织与九年义务教育初中地理教学大纲相衔接的普通高中地理教学大纲的编制,我是大纲编制组的成员。根据国家教委制定的高中课程方案,高中三个年级均开设有地理课。高一是必修课(每周3课时),面向全体学生,高二(每周1课时)、高三(每周2课时)是限定性选修课,即文科学生必修。国家教委提出,高中地理课程的制定,要从我国国情和21世纪初对人才的需求出发,要面向全体高中学生。

1996年5月,国家教委颁布《全日制普通高级中学地理教学大纲(供试验用)》。高一、高二为系统地理,高三为区域地理。其中,高一学习地理环境的基础知识和人地关系;高二学习人文地理基础知识;高三学习中国地理区域知识。随后由人民教育出版社新编的地理教科书开始在天津、山西、江西进行实验。

北京市教委根据北京市的情况,在高中新大纲的基础上,增加了相关内容,编写北京市高中地理实验教材,聘我为主编,由中国地图出版社出版,并从1999年秋季开始,在北京师范大学附属中学等一些重点高中进行实验,后经过修改,于2002年经全国中小学教材审定委员会审查通过。我也第一次完整地编写了初中到高中的地理教科书,一共8册。

后记

从 1986 至 2000 年，历时 15 年，我国完成了从初中到高中、从教学大纲编制到教科书编写出版、从实验到推广使用的整个过程，这标志着我国中学地理课程、教科书建设走上正轨。我有幸亲身参加了初中、高中地理教学大纲的编制和教科书编写，受益良多。经过针对诸多问题的思考与研究，我编写了《地理课程论》一书（广西教育出版社，2000 年），对地理课程与教科书进行了较为系统的研究。

五、中国—德国地理教科书合作项目

1991 年 11 月，当时的国家教委有关部门与德国乔治—埃格特国际教科书研究所签署了两国"关于教学计划、教科书交流与合作的议定书"，同时制订了"中国、德国关于历史、地理教科书的评审办法"。根据协议，双方交换了教科书。从那时起，我开始参与中国与德国合作项目，并对德国七本中学地理教科书中有关中国地理内容进行评审，撰写评审报告。

1993 年 6 月，由当时国家教委基础教育课程教材研究中心主任兼基础教育司副司长游铭钧带队，中国教科书代表团赴德，参加在德国不伦瑞克乔治—埃格特国际教科书研究所举行的第一次中国—德国教科书评审会议。我作为中国教科书代表团地理学科代表，在大会上作了"对德国中学地理教科书中有关中国地理内容的初步评价"的报告，德方代表作了"中国地理教科书中的德国"的报告。双方对对方地理教科书中介绍本国的内容进行了评审，各自指出对方地理教科书中介绍不准确甚至错误的地方。

1994 年 9 月，两国在北京召开了第二次中国—德国教科书会议，德方发表了"德国新版地理教科书中的中国"，我发表了"关于德国情况的调查报告"，这是我们 1993 年 10 月在北京市 9 所中学进行问卷调查的结果。通过进一步的研讨，中德双方同意，在尊重历史、尊重科学的原则下，对审查出的问题进行修订。从 1994 年开始，我便与德国维尔茨堡大学地理系博恩教授、德国乔治—埃格特国际教科书研究所亨瑞先生开始了长达 20 多年的深入合作。双方合作研究两国的地理教学大纲，经过充分讨论，尝试并开辟出一个新的思路，即由一国的地理学家为另一国的学生编写本国的地理，以此作为另一国编写相关内容的基础资料，这是国际地理教科书研究中的一个新发展，被当时德国乔治—埃格特国际教科书研究所所长贝歇尔教授称为国际上此类研究的首创。

经过 3 年多的合作，我与博恩教授合作编写完成了《中国—德国：地理教科书视野的扩展》一书，该书分别由德国汉诺威雄鸡出版社于 1997 年 10 月以德文出版，1998 年 8 月由中国地图出版社以中文出版。该书分为三部分，第一部分为欧洲地理（包括欧洲概况、欧洲的划分、欧洲在合作的道路上、欧盟的经济结构、欧洲的社会结构、欧洲的农村、欧洲的城市、欧洲的交通），第二部分为德国地理（包括德国的位置、德国自然地理与区域划分、德国的人口、德国的农业、德国的工业、城市、空间规划、被危害的环境），这两个部分由博恩教授编写完成。第三部分为中国地理，由我编写完成。中国地理部分包括中国概况、中国的地形和地势、中国的气候——受季风强烈影响的气候、中国自然地理三分区、中国的河流、中国的自然灾害及中国人民与自然的斗争、中国的人口和民族、中国的农业、中国的工业、中国的交通运输、中国的城市、中国的现代化与改革开放。该书的编写思路可以概括为：重视国家区域地理结构，重视该结构发展变化的过程，重视人的生活，补充日常生活案例，重

334

视教给学生活生生的地理。

该书作为乔治—埃格特国际教科书研究所《国际教科书研究》第90卷出版，已经成为德国各州编写地理教科书有关"中国地理"内容的重要参考书，一些德国中学地理教科书引用了书中的材料，如德国康乃馨出版社2005年出版的《人类与环境》（Mensch und Raum Geographie Der asiatisch-pazifische Raum）中使用了《德国—中国：地理教科书视野的扩展》一书中的不少材料。

有比较才有鉴别。通过中德教科书项目，我看到两国地理教科书的差异，也为中国教科书研究提供了国际视野和新鲜素材。在20多年的合作中，我们发表了多项研究成果，也见证了中国地理教科书的迅速发展。

六、2000年新一轮课程改革，编写中图版初中地理教科书

2000年教育部开始新一轮的课程改革。我们递交了国家基础教育课程改革《初中、高中地理课程标准研究与编制》（王民撰写）项目书，经教育部基教司组织的专家委员会评审，以地理第一名中标。

2001年7月，《全日制义务教育地理课程标准（实验稿）》颁布。立项申请通过后，我开始主编初中地理教科书，由中国地图出版社出版（简称中图版地理教科书），2003年完成初中地理教科书（4册）编写，送审一次通过。

在这套教科书中，我们设计了课文—探究双系列的编写架构，即有课文系列（包括章、节、节下标题和作业题等）和探究系列（包括课题、探索、检查进度等）。两个系列结合：在每章开始，设计一个课题，贯穿全章，在每节结尾处有"检查进度"予以落实；每节前有探索。这已经成为中图版地理教科书的显著特色。同时，我们开展了大量的研究，特别是对国外教科书的研究。

从2004年到2012年，经当时国际地理联合会副主席刘昌明院士的推荐，我当选并连任国际地理联合会地理教育委员会执委。教科书编写与研究是与国外同行交流的重要的话题。通过交流既能帮助我们了解、研究国外地理教科书，也能向国外同行积极介绍我国地理教科书的发展。

七、2004—2007年中图版高中地理教科书

2003年4月，《普通高中地理课程标准（实验）》颁布。教育部组织高中教科书编写立项申请，11个单位申报有4个通过，我们是其中之一。

编写高中地理教科书时间紧，工程浩大。当时北师大地理教育实验室经常是通宵亮灯，我们夜以继日地编写。我也经常到位于北京市白纸坊西街的中国地图出版社修改文稿，加班吃盒饭是常事。

在高中地理教科书中，我们保持了双系列结构的编写架构，在每节之后，增设案例研究，扩充探究系列。高中地理教科书的必修教科书有3册，选修教科书有7册，一共10册教科书，历时4年，到2007年全部审查通过。

在2002—2007年的5年中，我们编写完成了从初中到高中的一整套中学地理教科书，一共14册。这是我第二次完整编写从初中到高中的地理教科书。作为配套材料，我们还编写了

地图册、作业册、教师教学用书等。在这几年中,从编写实践到理论研究,我对地理教科书的认识不断深化,逐渐从青涩到成熟。

八、2011—2013年高中地理教科书评价

2011年和2013年,教育部在多个省份组织了实地调研。高中实验版地理教科书使用情况跟踪调查研究是由北京师范大学王民教授团队承担的,2011年对全国10个省份12 000多名教师、学生、教研员进行了关于高中地理教科书使用情况的问卷调查。调查内容分为教科书对实验版课标核心思想的体现、内容的选择与组织、内容的表述与呈现、教学情境与活动设计、地区适应性五个维度。2013年,王民教授团队又对已经参加高中地理课程改革的3个省份(北京、湖北、甘肃)的教师、学生和教研员进行了关于高中地理教科书使用情况的问卷调查,通过对比实现教科书使用情况的跟踪分析与比较。在此数据分析的基础上,得到地理教科书的综合分析与评价。

这次调查研究,从调研工具设计到调查的实施,从数据整理到全面分析,完成了对地理教科书评价理论与实践的探索。

九、2012—2014年10个国家地理教科书难度国际比较项目

2012年初,我承担了国家社科基金重大委托项目《中小学理科教材难易程度的国际比较研究》的子项目《高中地理教材难度的国际比较研究》(课题批准号:AHA120008)。本课题选取四大洲的10个国家(英国、法国、德国、俄罗斯、日本、韩国、新加坡、中国、美国和澳大利亚)的高中地理教科书(每个国家选择一套主流教科书),从教科书内容的广度、深度对其进行难度分析和比较研究。课题拟解决两个主要问题:(1)中学地理教科书难易程度应该如何表述?具体可以采用哪些指标进行度量?(2)与所选的国家相比较,我国当前使用的高中地理教科书难度水平如何?

项目紧紧围绕"中小学""教科书""难度"3个关键词开展研究,重点研究教科书中的知识问题,不做教科书好坏的价值性判断。课题组研制开发了评价研究工具,选择了10个国家有代表性的教科书进行翻译;同时分别对这10套教科书从广度和深度两方面进行了赋值,并计算了相应的难度。经过两年多的研究,结果表明我国初中地理教科书的难度排在10个国家的第5位、高中地理教科书的难度排在10个国家的第4位,在国际上处于中等水平。

2014年5月6日,全国教育科学规划领导小组办公室在北京会议中心举行《中小学理科教材难度的国际比较研究》成果报告暨专题研讨会,数学、物理、化学、生物、地理、科学共6个学科的专家均到场参加汇报和研讨。我代表地理学科作了题为《中学地理教科书难易程度的国际比较——基于国际10国中学地理教科书的研究》的大会发言。

本课题研究团队翻译了澳大利亚、英国、新加坡、美国、俄罗斯、德国、法国、韩国和日本9个国家地理教科书,打印成册,共3 177页,也为本套丛书的深入研究与编写提供了丰富的、可比较的素材。《中小学理科教材难度国际比较研究(高中地理卷)》一书于2016年12月由教育科学出版社出版。书中在回答了中国地理教材"难不难"的问题后,我们也试着对教材"好不好"的问题进行了研究。

十、2012—2019年中图版初中、高中地理教科书修订

依据《义务教育地理课程标准（2011年版）》，我们全面修订了初中地理教科书。2012年七年级地理教科书审查通过，2013年八年级地理教科书审查通过。

依据《普通高中地理课程标准（2017年版）》，我们于2018年全面修订高中必修第一册、必修第二册，选择性必修1、2、3共5册地理教科书。2019年11月，经国家教材委员会专家委员会审查，全部通过。这是我第三次完整编写修订了从初中到高中的地理教科书。

2021年10月，在国家教材委员会开展的"首届全国教材建设奖"评选中，我主编的普通高中教科书《地理》必修第一册获得全国优秀教材（基础教育类）一等奖；我主编的义务教育教科书《地理》七年级上册、义务教育教科书《地理》八年级下册获得全国优秀教材（基础教育类）二等奖。

十一、2022—2024年中图版初中地理教科书修订

依据《义务教育地理课程标准（2022年版）》，我们全面修订了初中地理教科书。2024年5月这套教科书经国家教材委员会专家委员会审核通过，于2024年9月在全国使用。

我在大学教书，但编写与研究中学地理教科书贯穿职业生涯始终，共七次主编了地理教科书，共35册。与此同时，开展了地理教科书研究，我指导的进行地理教科书方面研究的研究生、本科生总数超过了70人。

本研究系列反映了我们对中学地理教科书领域全面、深入的思考，可以分为三部分：一是地理教科书历史与发展研究，包括《中国中学地理教科书发展与演变研究(1902—2019)》《20世纪80年代以来国际中学地理教育动态研究》《国外地理教科书有关中国地理与国家形象的比较研究》《基于OECD课程内容图谱的地理内容领域与能力框架研究》；二是地理教科书内容与编写研究，包括《中学地理教科书内容体系研究》《中学地理教科书结构研究》《中学地理教科书图像系统研究》《中学地理教科书作业系统研究》《中学地理教科书探究活动研究》《中小学理科教材难度国际比较研究（高中地理卷）》；三是评价方法、教师教学用书研究，有《中学地理教科书评价研究》《中学地理教师教学用书研究》。

本书汇集了我们多个研究成果，本书由王民、张鹏韬、伊娜等完成。

感谢北京师范大学地理教育团队毕业的各届同学，我们研究成果中留下了你们坚实的脚印；感谢中国地图出版社，从集团领导到教材出版分社的领导对教科书研究项目给予了长期的、坚定的支持；感谢中国地图出版社教材出版分社陶宁平社长、马宝艳副总编、相远红和陈瑶编辑对本书顺利出版所付出的辛勤努力。

由于时间和能力有限，虽已尽力，但书中难免存在各种缺陷和不足，敬请批评指正。

王　民

2024年10月22日于北京师范大学地理学院385实验室

责任编辑　相远红　陈　瑶
审　　校　赵　亮　王　强
复　　审　张万春
审　　订　孙　玥
封面设计　徐海燕